1

BRONWYN
Montag,
24. September,
14:55 Uhr

Ein Sex-Tape. Eine mögliche, ungewollte Schwangerschaft. Zwei Fremdgeh-Skandale. Und das ist bloß der Post von dieser Woche. Wenn jemand sein gesamtes Wissen über die Bayview High ausschließlich aus der von Simon Kelleher entwickelten und regelmäßig mit Updates gefütterten Gossip-App beziehen würde, müsste er sich fragen, ob irgendeiner der Schüler überhaupt noch Zeit hat, am Unterricht teilzunehmen.

»Das ist Schnee von gestern, Bronwyn«, sagt eine Stimme direkt hinter mir. »Warte, bis du den Post von morgen siehst.«

Mist. Ich lasse mich nur extrem ungern dabei erwischen, wie ich *About That* lese, am allerwenigsten vom Urheber höchstpersönlich. Ertappt lasse ich mein Handy sinken und knalle die Tür meines Schließfachs zu. »Und? Wessen Leben wirst du als Nächstes ruinieren, Simon?«

Er setzt sich neben mir in Bewegung, als ich mich gegen den Strom der zum Ausgang strebenden Schüler schiebe. »So was nennt man Dienst an der Allgemeinheit«, sagt er mit einer wegwerfenden Geste. »Du gibst Reggie Crawley doch Nachhilfe, oder? Bist du nicht froh, zu wissen, dass er in seinem Zimmer eine versteckte Kamera installiert hat?«

Ich spare mir die Mühe, ihm zu antworten. Dass ich mich auch nur in die Nähe des Zimmers des notorisch bekifften

Reggie Crawley begebe, ist ungefähr so wahrscheinlich wie die Möglichkeit, dass Simon doch noch mal so etwas wie ein moralisches Gewissen entwickeln könnte.

»Das haben sich die Leute schon selbst zuzuschreiben. Würden sie nicht lügen und betrügen, wäre ich arbeitslos.« Er sieht mich mit seinen kalten blauen Augen von der Seite an, als ich schneller gehe. »Wohin so eilig? Lass mich raten – du kannst es mal wieder nicht erwarten, dich in irgendeiner AG mit Ruhm zu bekleckern?«

Ich wünschte, es wäre so. Wie um mich zu verhöhnen, ploppt genau in dem Moment eine Erinnerung auf dem Display meines Smartphones auf: *Mathlete-Training um 15 h, Epoch Coffee.* Gefolgt von einer Textnachricht einer meiner Teamkolleginnen: *Evan ist hier.*

Das war ja klar. Evan, der supersüße Mathe-Crack – viel weniger ein Widerspruch in sich, als man meinen sollte –, scheint immer nur an den Tagen zum Training für den Mathematik-Wettbewerb aufzutauchen, an denen ich nicht kann.

»Falsch geraten«, antworte ich kurz angebunden. Im Allgemeinen, und in letzter Zeit auch im Besonderen, versuche ich Simon gegenüber so wenige Informationen wie möglich preiszugeben. Wir schieben uns durch die grün lackierte Stahltür, die ins hintere Treppenhaus führt und als eine Art Trennlinie zwischen dem muffigen alten Gebäudetrakt der Schule und ihrem großzügigen, lichtdurchfluteten neuen Anbau dient. Mit jedem Jahr steigt die Zahl wohlhabender Familien, die von San Diego nach Bayview ziehen und erwarten, für ihre Steuergelder etwas Schickeres geboten zu bekommen als vergilbte Schallschluckdecken und zerschrammte Linoleumböden.

Karen M. McManus

ONE OF US IS LYING

Karen M. McManus

ONE OF US IS LYING

Aus dem Amerikanischen
von Anja Galić

cbj

Sollte diese Publikation Links auf Webseiten Dritter enthalten, so übernehmen wir für deren Inhalte keine Haftung, da wir uns diese nicht zu eigen machen, sondern lediglich auf deren Stand zum Zeitpunkt der Erstveröffentlichung verweisen.

Dieses Buch ist auch als E-Book erhältlich.

MIX
Papier aus verantwortungsvollen Quellen
FSC® C014496

Verlagsgruppe Random House FSC® N001967

6. Auflage

Published by Arrangement with Karen M. McManus
Dieses Werk wurde vermittelt durch die
Literarische Agentur Thomas Schlück GmbH, 30827 Garbsen
Die amerikanische Originalausgabe erschien 2017 unter dem Titel
»One of Us Is Lying« bei Delacorte Press,
an imprint of Random House Children's Books, New York.

Aus dem Amerikanischen von Anja Galić
Lektorat: Katarina Ganslandt
Umschlaggestaltung: © Suse Kopp, Hamburg,
unter Verwendung mehrerer Motive von
Gettyimages (CoffeeAndMilk, drbimages, Henry Arden),
iStockphoto (cometary)
he · Herstellung: AnG
Satz: KompetenzCenter, Mönchengladbach
Druck und Bindung: GGP Media GmbH, Pößneck
ISBN: 978-3-570-16512-6
Printed in Germany

www.cbj-verlag.de

Für Jack,
der mich immer zum Lachen bringt

ERSTER TEIL

»SIMON SAGT …«

Simon klebt mir immer noch an den Fersen, als wir den Chemiesaal im dritten Stock erreicht haben. »Hast du nichts anderes zu tun?«, frage ich und verschränke die Arme.

»Doch. Ich muss zum Nachsitzen«, sagt er und wartet offenbar darauf, dass ich weitergehe. Als ich stattdessen die Hand auf die Türklinke lege, lacht er schallend los. »Das ist jetzt nicht dein Ernst. Du etwa auch? Und, wie lautet dein Vergehen?«

»Ich wurde zu Unrecht beschuldigt«, zische ich und reiße die Tür auf. Es sitzen schon drei andere Schüler im Raum, allerdings gehören sie alle nicht zu den üblichen Verdächtigen, mit denen ich gerechnet hätte. Bis auf einen.

Nate Macauley kippt seinen Stuhl etwas nach hinten. »Bist du falsch abgebogen?«, fragt er mich grinsend. »Das hier ist der Raum fürs Nachsitzen, nicht die Schülermitverwaltung.«

Er muss es wissen. Nate bringt sich seit der fünften Klasse praktisch ständig in irgendwelche Schwierigkeiten, was übrigens auch ungefähr der Zeitpunkt ist, zu dem wir das letzte Mal miteinander geredet haben. Aus der Gerüchteküche weiß ich, dass er wegen irgendwas zu einer Bewährungsstrafe verurteilt worden ist. Vielleicht Trunkenheit am Steuer oder Drogenhandel. Jeder weiß, dass er dealt, wobei mein Wissen natürlich rein theoretisch ist.

»Sparen Sie sich Ihre Kommentare.« Mr Avery hakt unsere Namen auf einem Klemmbrett ab und schließt hinter Simon die Tür. Die durch die hohen Rundbogenfenster in den Raum fallende Sonne malt Dreiecke auf den Boden, und vom Sportfeld hinter dem Parkplatz wehen Geräuschfetzen vom Footballtraining herüber.

Ich setze mich neben Cooper Clay, der einen Zettel zusammenknüllt und ihn kurz wie einen Baseball in der Hand wiegt, bevor er ihn mit einem leisen »Achtung, Addy!« dem Mädchen gegenüber von ihm zuwirft. Addy Prentiss blinzelt, lächelt unsicher und macht keine Anstalten, den Papierball zu fangen, der zu Boden fällt.

Die Zeiger der Wanduhr steuern langsam auf drei zu und ich verfolge ihre Vorwärtsbewegungen mit dem ohnmächtigen Gefühl einer zu Unrecht Verurteilten. Ich sollte nicht hier sein. Ich sollte jetzt im Epoch Coffee über Differentialgleichungen brüten und versuchen mit Evan Neiman zu flirten.

Mr Avery ist die Art von Lehrer, der einen beim geringsten Verdacht sofort zum Nachsitzen verdonnert, statt sich irgendwelche Erklärungen anzuhören, aber vielleicht kann ich ihn trotzdem noch dazu bringen, einzusehen, dass ich nichts getan habe. Als ich mich räuspere und die Hand hebe, bemerke ich, wie Nates Grinsen breiter wird. »Mr Avery, das Handy, das Sie bei mir gefunden haben, gehört mir gar nicht. Ich habe keine Ahnung, wie es in meine Tasche gekommen ist. *Das hier* ist meins«, sage ich und halte mein in einer pink und melonengrün gestreiften Hülle steckendes iPhone in die Höhe.

Ganz ehrlich, man muss schon extrem ahnungslos sein, um in Mr Averys Unterricht ein Handy mitzubringen. Er verfolgt eine harte »Handys bleiben draußen«-Politik und verbringt die ersten zehn Minuten jeder Stunde damit, Rucksäcke zu filzen, als wäre er der Chef der Flughafensicherheitskontrolle und wir würden alle auf der schwarzen Liste stehen. Mein Handy lag – wie immer – in meinem Schließfach.

»Im Ernst jetzt?« Addy dreht sich so schnell zu mir um, dass ihre blonde Mähne wie in einer Shampoo-Werbung um ihre Schultern schwingt. Sie muss chirurgisch von ihrem Freund amputiert worden sein, dass sie allein hier auftauchen konnte. »Bei mir wurde auch ein Handy gefunden, das mir nicht gehört.«

»Da wären wir dann schon zu dritt«, schaltet Cooper sich mit seinem weichen Südstaaten-Akzent ein. Er und Addy wechseln einen überraschten Blick, und ich frage mich, wie es sein kann, dass sie bis jetzt noch nicht darüber gesprochen haben, obwohl beide zur Kaste der Schulstars gehören. Aber vielleicht haben die Hyperbeliebten Besseres zu tun, als sich über zu Unrecht verhängtes Nachsitzen zu unterhalten.

»Jemand hat uns reingelegt!« Gespannt wie eine Sprungfeder, die nur darauf gewartet hat, sich auf den neuesten Skandal zu stürzen, beugt Simon sich mit aufgestützten Ellbogen über den Tisch. Sein Blick huscht über Cooper, Addy und mich und heftet sich dann auf Nate. »Aber warum sollte irgendjemand wollen, dass eine Gruppe von Leuten mit nahezu makelloser Schülerakte zum Nachsitzen verdonnert wird? So was Beknacktes kann sich eigentlich nur ein Typ einfallen lassen, der … hier Stammgast ist.«

Ich schaue zu Nate rüber, kann mir aber nicht vorstellen, dass er dahintersteckt. So etwas auszuhecken macht eine Menge Arbeit, und alles an Nate – von seinen ungekämmten dunklen Haaren bis hin zu seiner abgewetzten Lederjacke – schreit förmlich *Kein Bock*. Oder gähnt es vielmehr. Er begegnet meinem Blick, sagt jedoch nichts, sondern kippt in seinem Stuhl bloß noch ein Stück weiter zurück. Ein Millimeter mehr und er knallt hintenüber.

Cooper setzt sich aufrechter hin und legt die Stirn seines attraktiven Captain-America-Gesichts in Falten. »Moment mal. Ich dachte, das Ganze wäre einfach eine Verwechslung, aber wenn uns allen das Gleiche passiert ist, kann das nur auf dem Mist von irgendeinem dämlichen Scherzkeks gewachsen sein. Und wegen so was verpasse ich gerade das *Baseballtraining.*« Er klingt wie ein Herzchirurg, der daran gehindert wird, eine lebensrettende Operation durchzuführen.

Mr Avery verdreht die Augen. »Spart euch die Verschwörungstheorien für einen anderen Lehrer auf. Bei mir zieht die Nummer nicht. Ihr wisst, dass es verboten ist, Handys in den Unterricht mitzubringen, und ihr alle habt gegen diese Regel verstoßen.« Er wirft Simon einen besonders finsteren Blick zu. Jeder Lehrer an der Schule kennt seine App, kann aber so gut wie nichts dagegen unternehmen. Simon verwendet lediglich die Initialen der Leute, über die er schreibt, um ihre Identität nicht allzu offensichtlich preiszugeben, und erwähnt auch nirgendwo, um welche Schule es sich handelt. »Ihr werdet also alle bis vier Uhr hier sitzen und einen Aufsatz von mindestens fünfhundert Wörtern darüber schreiben, wie die sogenannten modernen Kommunikationsmittel amerikanische Schulen zugrunde richten. Wer die Aufgabe nicht erledigt, darf morgen gleich noch mal nachsitzen.«

»Und womit sollen wir den Aufsatz schreiben?«, fragt Addy. »Ich sehe hier keine Computer.« Die meisten Klassenräume sind mit Chromebooks ausgestattet, aber Mr Avery, der zu seinem eigenen Besten schon vor zehn Jahren in Rente hätte gehen sollen, sperrt sich hartnäckig dagegen.

Er tritt zu Addy an den Tisch und tippt auf den linierten gelben Schreibblock, der vor ihr liegt. Wir haben alle so einen vor uns liegen. »Entdecken Sie den Zauber handschriftlicher Aufzeichnungen. Es ist eine fast vergessene Kunst.«

Addys hübsches herzförmiges Gesicht spiegelt vollkommene Verwirrung wider. »Aber woher sollen wir wissen, wann wir fünfhundert Wörter erreicht haben?«

»Indem Sie sie *zählen*«, entgegnet Mr Avery, dann fällt sein Blick auf mein Smartphone, das ich immer noch in der Hand halte, und er dreht sich zu mir. »Und das hier nehme ich so lange an mich, Miss Rojas.«

»Gibt Ihnen die Tatsache, dass Sie gerade zum *zweiten* Mal ein Handy von mir konfiszieren, nicht zu denken?«, frage ich. »Ich meine, wer besitzt schon zwei Handys?« Nate grinst so unmerklich, dass ich es mir vielleicht auch nur eingebildet habe. »Im Ernst, Mr Avery, da hat uns jemand einen üblen Scherz gespielt.«

Mr Averys schlohweißer Schnurrbart zuckt genervt und er streckt ungeduldig die Hand aus. »*Handy*, Miss Rojas. Es sei denn, Sie möchten unbedingt morgen wiederkommen.« Seufzend gebe ich es ihm, während er missbilligend in die Runde sieht. »Die Handys, die ich bereits eingezogen habe, befinden sich in meinem Schreibtisch. Sie bekommen sie nach dem Nachsitzen zurück.« Addy und Cooper tauschen einen amüsierten Blick, weil ihre richtigen Handys garantiert sicher in ihren Rucksäcken verstaut sind.

Mr Avery wirft meins in eine Schublade seines Schreibtischs, dann setzt er sich und schlägt ein Buch auf. Alles an seiner Haltung lässt erkennen, dass er beabsichtigt, uns während der nächsten Stunde zu ignorieren. Ich hole einen Stift heraus, trommle damit auf den Schreibblock und denke über die Aufgabe nach. Glaubt Mr Avery wirklich, die modernen Kommunikationsmittel würden unsere Schulen zugrunde richten? Ziemlich drastische Aussage nur wegen ein paar in den Unterricht geschmuggelter Handys. Oder ist die Frage als Provokation gemeint und er will, dass wir ihm widersprechen?

Ich spähe zu Nate rüber, der über seinen Block gebeugt

dasitzt und die Seite in Druckbuchstaben mit den Worten *Computer sind scheiße* füllt.

Vielleicht denke ich auch einfach zu viel nach.

COOPER
Montag,
24. September,
15:05 Uhr

Mir tut schon nach ein paar Minuten die Hand weh. Ganz schön erbärmlich, aber ich kann mich nicht erinnern, wann ich das letzte Mal irgendwas von Hand geschrieben habe. Außerdem schreibe ich mit rechts, was sich immer noch unnatürlich anfühlt, egal wie viele Jahre ich es schon so mache. Als ich in der zweiten Klasse war, hat mein Vater darauf bestanden, dass ich lerne, mit der rechten Hand zu schreiben, nachdem er meinen ersten Pitch gesehen hatte. *Dein linker Arm ist Gold wert*, meinte er. *Verschwende die Kraft darin nicht für irgendwelchen Mist, der komplett unwichtig ist.* Und soweit es ihn betrifft, gilt das für alles außer für das Werfen eines Baseballs.

Damals fing er an, mich *Cooperstown* zu nennen – nach der Stadt, in der die Baseball Hall of Fame steht. Gibt doch nichts Schöneres, als einen Achtjährigen ein bisschen unter Druck zu setzen.

Simon bückt sich zu seinem Rucksack und kramt darin herum, dann hebt er ihn auf seinen Schoß und schaut hinein. »Wo zur Hölle ist meine Wasserflasche?«

»Hier wird nicht geredet, Mr Kelleher«, sagt Mr Avery, ohne aufzuschauen.

»Ich weiß, aber ... meine Wasserflasche ist weg. Und ich hab Durst.«

Mr Avery zeigt auf das Waschbecken im hinteren Teil des

Raums, auf dessen Ablage sich Reagenzgläser und Laborschalen stapeln. »Dann holen Sie sich was zu trinken. Aber *leise*.«

Simon steht auf, geht rüber, nimmt sich einen der Pappbecher, die umgekehrt ineinandergeschachtelt als Turm ebenfalls auf der Ablage stehen, und füllt ihn mit Wasser aus dem Hahn. Er kehrt an seinen Platz zurück und stellt den Becher auf seinem Tisch ab, aber statt zu trinken, schaut er stirnrunzelnd zu Nate rüber, der immer noch eifrig vor sich hin schreibt. »Hey«, sagt er und tritt gegen Nates Stuhl. »Jetzt mal im Ernst. Hast du die Handys in unsere Rucksäcke geschmuggelt, um uns eins auszuwischen?«

Diesmal hebt Mr Avery streng den Blick. »Ich sagte *leise*, Mr Kelleher.«

Nate lehnt sich zurück und verschränkt die Arme vor der Brust. »Warum sollte ich so was machen?«

Simon zuckt mit den Achseln. »Damit du bei der Strafe für das, was auch immer deine Schnapsidee des Tages war, Gesellschaft hast?«

»Wenn einer von Ihnen noch einen Ton von sich gibt, kann er morgen gleich noch mal nachsitzen«, warnt Mr Avery.

Simon öffnet trotzdem den Mund, aber bevor er etwas sagen kann, dringt von draußen Reifenquietschen zu uns herein, gefolgt von einem lauten metallischen Krachen. Addy schnappt erschrocken nach Luft und ich stemme mich gegen mein Pult, als wäre mir gerade jemand hinten reingefahren. Nate, der heilfroh über die Unterbrechung zu sein scheint, ist der Erste, der aufspringt und zum Fenster läuft. »Wer ist so dämlich, auf dem Schulparkplatz einen Unfall zu bauen?«, sagt er.

Bronwyn schaut zu Mr Avery, als wolle sie erst um Erlaubnis bitten, aber als er aufsteht, geht sie ebenfalls zum Fenster.

Addy folgt ihr und ich hieve mich schließlich auch vom Stuhl hoch … bevor ich weiter hier blöd rumsitze. Ich habe mich gerade ans Fensterbrett gelehnt, um rauszuschauen, da taucht Simon neben mir auf und lacht abfällig, als er sieht, was unten los ist.

Zwei Autos, ein roter älterer Camaro und ein unscheinbarer silbergrauer Wagen, sind ineinandergekracht. Wir starren schweigend hinunter, bis Mr Avery schwer seufzend den Kopf schüttelt. »Ich sollte wohl besser mal runtergehen und mich vergewissern, dass niemand verletzt wurde.« Er lässt den Blick über uns wandern und nimmt dann Bronwyn ins Visier, die er wahrscheinlich für die Verantwortungsbewussteste hält. »Miss Rojas, Sie sorgen hier für Ruhe, bis ich wieder da bin.«

»Okay.« Bronwyn schaut nervös zu Nate rüber. Wir bleiben am Fenster stehen und warten darauf, wie es weitergeht, aber bevor Mr Avery oder ein anderer Lehrer unten auftaucht, setzen die beiden Wagen zurück und fahren vom Parkplatz.

»Schade, da hatte ich mir jetzt ein bisschen mehr von versprochen«, sagt Simon enttäuscht. Er kehrt an seinen Platz zurück und nimmt seinen Becher, aber statt sich hinzusetzen, schlendert er damit nach vorn und schaut sich das Poster mit dem Periodensystem der Elemente an. Dann geht er zur Tür, als hätte er vor, den Raum zu verlassen, späht aber nur kurz in den Flur hinaus, bevor er zurückkommt und seinen Becher hebt, als wollte er uns zuprosten. »Will sonst noch jemand einen Schluck Wasser?«

»Ich gerne.« Addy setzt sich wieder an ihren Tisch.

»Hol dir selbst welches, *Prinzessin*«, sagt Simon grinsend. Addy verdreht die Augen, bleibt aber sitzen, während Simon zu Mr Averys Pult spaziert und sich dagegenlehnt. »Ist doch so, oder? Wie geht's denn mit dir weiter, jetzt wo die Homecoming-Party vorbei ist? Bis zum Abschlussball ist es noch eine ganz schöne Durststrecke. Meinst du, du hältst das durch?«

Addy sieht mich Hilfe suchend an. Ich kann es ihr nicht verübeln. Wenn es um unsere Clique geht, kennt Simon kein Pardon. Er tut zwar so, als wäre es ihm komplett egal, ob er an der Schule beliebt ist oder nicht, hat sich aber ziemlich viel darauf eingebildet, als er letztes Jahr auf dem Abschlussball in den Hofstaat des Prom Kings gewählt wurde. Mir ist immer noch nicht so ganz klar, wie er das angestellt hat. Durchaus vorstellbar, dass er schmutzige Geheimnisse gegen Wählerstimmen getauscht hat.

Aber auf der Homecoming-Party letzte Woche hat er es nicht in den Hofstaat geschafft, dafür bin ich zum König gewählt geworden. Also stehe ich vielleicht als Nächster auf seiner verdammten Abschussliste.

»Worauf willst du hinaus, Simon?«, frage ich und setze mich neben Addy. Ich kann nicht behaupten, dass Addy und ich total eng befreundet wären, aber irgendwie fühle ich mich für sie verantwortlich. Sie ist seit der Neunten mit meinem besten Freund zusammen und ziemlich nett. Zu nett, um jemandem wie Simon, der einfach nie weiß, wann es reicht, die Stirn bieten zu können.

»Addy ist das Prinzesschen und du bist die Sportskanone«, sagt Simon zu mir. Er deutet mit dem Kinn auf Bronwyn und danach auf Nate. »Du die Intelligenzbestie und du der Outlaw. Ihr seid allesamt wandelnde Teenie-Film-Stereotypen.«

»Was ist mit dir?«, fragt Bronwyn, die vom Fenster an ihren

Platz zurückkehrt und sich auf ihr Pult setzt. Sie schlägt die Beine übereinander und zieht ihren dunklen Zopf über die Schulter nach vorn. Mir fällt auf, dass sie dieses Jahr hübscher aussieht als früher. Vielleicht eine neue Brille? Längere Haare? Jedenfalls hat sie auf einmal so eine »Sexy Nerd«-Ausstrahlung.

»Ich bin der allwissende Erzähler«, antwortet Simon.

Bronwyns Brauen schießen über den schwarzen Rand ihrer Brille. »Die Rolle gibt's in Teenie-Filmen nicht.«

»Ach, Bronwyn …« Simon zwinkert ihr zu, hebt den Wasserbecher an den Mund und trinkt ihn in einem Zug aus. »Im wahren Leben schon.«

Es klingt wie eine Drohung, und ich frage mich, ob er irgendwas über Bronwyn herausgefunden hat, das er über seine blöde App verbreiten kann. Ich hasse dieses Ding. Fast alle meine Freunde sind dort schon durch den Dreck gezogen worden, was in manchen Fällen zu echten Problemen geführt hat. Mein Kumpel Luis ist wegen dem, was Simon über ihn geschrieben hat, von seiner Freundin verlassen worden. Ja, okay, an der Geschichte, dass Luis was mit der Freundin seines Cousins hatte, war tatsächlich was dran. Aber trotzdem. So was darf man nicht einfach online stellen. Der Flurtratsch ist schon schlimm genug.

Wenn ich ehrlich sein soll, habe ich ziemlich viel Schiss davor, was Simon über mich schreiben könnte, wenn er mich ins Visier nehmen würde.

Simon hält seinen Becher hoch und verzieht das Gesicht. »Schmeckt total widerlich.« Er lässt ihn mit einer dramatischen Geste fallen und ich verdrehe die Augen. Selbst als Simon zu Boden sackt, glaube ich immer noch, dass er das Ganze bloß spielt. Bis er zu röcheln anfängt.

Bronwyn springt auf und läuft zu ihm. »Simon …« Sie schüttelt ihn an den Schultern. »Alles okay? Was ist los? Simon! Hey, kannst du mich hören?« Die Sorge in ihrer Stimme verwandelt sich in Panik, sodass ich ebenfalls aufspringe, aber da hat Nate sich schon an mir vorbeigeschoben und kniet sich neben Bronwyn.

»Wir brauchen den Pen«, sagt er mit Blick auf Simons Gesicht, das dunkelrot angelaufen ist. »Hast du ihn dabei?« Simon nickt wild und fasst sich an die Kehle. Ich schnappe mir schnell meinen Kuli und halte ihn Nate hin, weil ich annehme, dass er einen Luftröhrenschnitt oder so was in der Art durchführen will, aber Nate schaut mich so entgeistert an, als wäre mir gerade ein zweiter Kopf gewachsen. »Seinen EpiPen, meine ich. Dieses Ding, mit dem man sich Adrenalin spritzen kann.« Er schaut sich suchend nach Simons Rucksack um. »Ich glaub, er hat einen allergischen Schock.«

Addy ist mittlerweile ebenfalls aufgestanden. Sie steht einfach da, hat die Arme um den Körper geschlungen und scheint vor Schock kein Wort rauszukriegen. Bronwyn dreht sich mit hektisch gerötetem Gesicht zu mir. »Ich rufe einen Krankenwagen und gehe einen Lehrer holen. Bleib so lange bei ihm, okay?« Sie holt ihr Handy aus Mr Averys Schublade und läuft auf den Flur hinaus.

Ich hocke mich neben Simon. Seine Augen treten ihm aus dem Kopf, die Lippen sind blau angelaufen und er gibt grauenhafte Erstickungsgeräusche von sich. Nate hat mittlerweile den kompletten Inhalt von Simons Rucksack auf den Boden geschüttet und wühlt sich durch das Chaos aus Büchern, Arbeitsblättern und anderem Zeug. »Wo hast du ihn, Simon?« Er zieht den Reißverschluss des Vorderfachs auf und kramt zwei Stifte und einen Schlüsselbund heraus.

Aber Simon ist nicht mehr in der Lage zu sprechen. »Alles wird gut, du schaffst das, Kumpel. Ganz ruhig«, sage ich und lege ihm eine schweißnasse Hand auf die Schulter, als ob das irgendetwas nützen würde. »Wir haben dafür gesorgt, dass Hilfe kommt.« Wie immer, wenn ich aufgeregt oder nervös bin, verfalle ich in meinen gedehnten Südstaatenslang. Vielleicht ist das eine Art Auto-Programm zur Selbstberuhigung, keine Ahnung. Ich drehe mich zu Nate um. »Bist du sicher, dass er sich nicht nur an irgendwas verschluckt hat?« Möglicherweise braucht er keinen verdammten EpiPen, sondern ein beherztes Heimlich-Manöver.

Nate ignoriert mich und wirft Simons leeren Rucksack zur Seite. »Fuck!«, schreit er und schlägt mit der Faust auf den Boden. »Das gibt's doch nicht. Hast du ihn irgendwo in der Hosentasche, Simon? Simon!« Simons Augen rollen in die Höhlen zurück, während Nate seine Klamotten absucht. Aber alles, was er findet, ist ein zerknülltes Taschentuch.

Aus der Ferne sind Sirenen zu hören und im nächsten Moment stürzt Mr Avery mit zwei anderen Lehrern in den Raum, dicht gefolgt von Bronwyn, die ihr Handy ans Ohr presst. »Wir können seinen EpiPen nicht finden«, sagt Nate knapp und deutet auf den kleinen Haufen mit Simons Sachen.

Mr Avery starrt einen Augenblick entsetzt auf Simon hinunter, dann dreht er sich zu mir. »Cooper! Im Krankenzimmer gibt es irgendwo Adrenalin-Pens. *Beeilen Sie sich!*«

Ich laufe auf den Flur hinaus und höre Schritte hinter mir, die aber leiser werden, während ich zum hinteren Treppenhaus renne und die Tür aufreiße. Immer drei Stufen auf einmal nehmend, rase ich in den ersten Stock hinunter und laufe im Zickzackkurs zwischen ein paar Schülern hindurch zum

Krankenzimmer. Die Tür ist angelehnt, aber es ist niemand da.

Hektisch schaue ich mich in dem vollgestopften kleinen Raum um. An der Fensterwand steht eine Liege, links davon ein großer grauer Materialschrank. Mein Blick fällt auf zwei weiße Hängeschränke, die mit dicken roten Buchstaben beschriftet sind. Auf dem einen steht DEFIBRILLATOR, auf dem anderen ADRENALIN-PENS. Ich stürze zum zweiten und reiße ihn auf.

Er ist leer.

Ich versuche es mit dem anderen, in dem aber nur ein Gerät aus Kunststoff mit einem Herz-Logo liegt. Da ich mir ziemlich sicher bin, dass es nicht das ist, was ich suche, nehme ich mir den grauen Materialschrank vor, ziehe hektisch Schubladen mit Verbandszeug und Tablettenschachteln heraus und wühle darin herum, kann aber nirgends etwas finden, das nach einem Adrenalin-Stift aussieht.

»Sind Sie fündig geworden, Cooper?« Ms Grayson, die vorhin mit Mr Avery und Bronwyn in den Chemieraum gekommen ist, stürzt ins Krankenzimmer und hält sich keuchend die Seite.

Ich deute auf den leeren Hängeschrank. »Eigentlich müssten sie da drin sein, oder? Sind sie aber nicht.«

»Schauen Sie im Materialschrank nach«, sagt sie, ohne auf die über den Boden verstreuten Packungen mit Verbandszeug und Tabletten zu achten, die beweisen, dass ich das bereits getan habe. Kurz darauf stößt noch ein weiterer Lehrer zu uns und wir nehmen fieberhaft den kompletten Raum auseinander, während das Heulen der Sirenen immer näher kommt. Nachdem wir den letzten Schrank geöffnet haben, wischt sich Ms Grayson mit dem Handrücken über ihre verschwitzte Stirn. »Cooper, geben Sie Mr Avery Bescheid, dass wir noch nichts gefunden haben. Mr Contos und ich suchen weiter.«

Ich komme gleichzeitig mit den blau gekleideten Rettungssanitätern im Chemiesaal an. Sie sind zu dritt, zwei von ihnen schieben eine weiße Rollbahre, der andere rast vorneweg, um die kleine Menge Schaulustiger zur Seite zu schieben, die sich vor der Tür versammelt hat. Ich folge ihnen und mein Blick fällt auf Mr Avery, der zusammengesackt mit aus der Hose hängendem gelben Hemd neben der Tafel auf dem Boden sitzt. »Wir haben keine EpiPens gefunden«, informiere ich ihn keuchend.

Er fährt sich mit zitternder Hand durch seine schütteren weißen Haare, während einer der Sanitäter Simon irgendein Mittel spritzt, bevor seine Kollegen ihn auf die Trage heben. »Gott helfe diesem Jungen«, flüstert er, aber er scheint es mehr zu sich selbst zu sagen als zu mir.

Addy steht immer noch wie erstarrt an ihrem Platz, ihr laufen Tränen über die Wangen. Ich gehe zu ihr hin und lege ihr einen Arm um die Schultern, als die Sanitäter Simon in den Flur hinausschieben. »Würden Sie bitte mitkommen?«, sagt einer von ihnen zu Mr Avery, der sich hochhievt und ihnen aus dem Klassenraum folgt. Zurück bleiben nur ein paar erschütterte Lehrer und wir vier, die wir uns hier mit Simon zum Nachsitzen eingefunden haben.

Was gerade mal fünfzehn Minuten her sein kann, auch wenn es sich wie Stunden anfühlt.

»Meint ihr, er kommt wieder in Ordnung?«, fragt Addy mit bebender Stimme. Bronwyn presst ihr Handy zwischen die Handflächen, als würde sie damit beten. Nate hat die Fäuste in die Hüften gestemmt und starrt fassungslos zur Tür, durch die sich langsam immer mehr Lehrer und Schüler in den Raum schieben.

»Wenn du mich fragst, eher nein«, sagt er.

— 2 —

ADDY
Montag,
24. September,
15:25 Uhr

Bronwyn, Nate und Cooper sprechen mit den Lehrern, aber ich bringe kein Wort heraus. Ich brauche Jake. Als ich mein Handy aus der Tasche hole, um ihm zu schreiben, zittern meine Hände so sehr, dass ich ihn stattdessen anrufe.

»Baby?« Er geht beim zweiten Klingeln dran und klingt überrascht. Wir haben es nicht so mit Telefonieren. Eigentlich schreiben wir uns in unserem Freundeskreis alle immer nur Nachrichten. Wenn ich mit Jake zusammen bin und sein Handy klingelt, hält er es manchmal hoch und sagt gespielt ratlos: »›Eingehender Anruf‹ – was bedeutet das?« Meistens ist es seine Mutter.

»Jake …?« Mehr kann ich nicht sagen, weil mir gleich wieder die Tränen kommen. Cooper hat immer noch den Arm um mich gelegt, und das ist das Einzige, was mich davor schützt, zusammenzubrechen. Vor lauter Schluchzen bringe ich kein Wort heraus, bis Cooper mir schließlich das Handy aus der Hand nimmt.

»Hey, ich bin's.« Sein Südstaatenakzent ist stärker als sonst. »Wo bist du?« Er hört kurz zu. »Kannst du draußen auf uns warten? Es hat … Es ist was passiert. Addy ist total fertig. Nein, nein, mit ihr ist alles in Ordnung, aber … Simon Kelleher hatte beim Nachsitzen einen allergischen Schock oder so was. Er ist auf dem Weg ins Krankenhaus und wir wissen nicht, ob er durchkommt.«

Bronwyn sieht Ms Grayson an. »Sollen wir hierbleiben? Brauchen Sie uns noch?«

Ms Grayson greift sich mit fahrigen Händen an den Hals. »Du liebe Güte, nein, ich glaube nicht, dass das nötig ist. Haben Sie den Sanitätern genau erzählt, was passiert ist? Wie war das noch mal? Simon hat … er hat Leitungswasser getrunken und ist anschließend zusammengebrochen?« Bronwyn und Cooper nicken. »Das ist wirklich seltsam. Soweit ich informiert bin, hat er eine Erdnussallergie, aber … sind Sie sicher, dass er nichts gegessen hat?«

Cooper gibt mir mein Handy zurück und fährt sich durch seine akkurat gestutzten rotblonden Haare. »Gesehen habe ich es jedenfalls nicht. Er hat nur das Wasser getrunken und ist danach umgekippt.«

»Vielleicht hat er beim Mittagessen irgendetwas Falsches zu sich genommen«, sagt Ms Grayson. »Möglich, dass er verzögert darauf reagiert hat.« Sie schaut sich im Klassenraum um, und ihr Blick bleibt an Simons Becher hängen, der auf dem Boden liegt. »Den sollten wir wohl besser aufheben«, murmelt sie, tritt an Bronwyn vorbei und bückt sich danach. »Vielleicht will ihn sich jemand genauer ansehen.«

»Ich würde jetzt gern gehen«, stoße ich hervor und wische mir die Tränen von den Wangen. Ich halte es keine Sekunde länger in diesem Raum aus.

»Ist es okay, wenn ich Addy nach unten begleite?«, fragt Cooper und Ms Grayson nickt. »Soll ich danach wiederkommen?«

»Nein, ist schon in Ordnung, Cooper. Ich bin mir sicher, dass man sich bei Ihnen melden wird, falls es noch etwas zu klären gibt. Gehen Sie nach Hause und kommen Sie erst mal ein bisschen zur Ruhe. Simon ist jetzt in guten Händen.« Sie beugt sich etwas näher zu uns und ihr Ton wird sanfter. »Es tut mir so leid für Sie alle. Das muss schrecklich gewesen sein.«

Mir fällt auf, dass sie dabei vor allem Cooper ansieht. Es gibt keine Lehrerin an der Bayview High, die seinem Charme widerstehen kann.

Auf dem Weg nach unten lässt Cooper den Arm um meine Schultern liegen. Ich bin froh, dass er bei mir ist. Ich habe keinen Bruder, stelle mir aber vor, dass es genau das ist, was ein Bruder tun würde, wenn es einem nicht gut geht. Bei den meisten seiner Freunde hätte Jake etwas dagegen, wenn sie mir so nah kommen würden, aber bei Cooper ist es okay. Er ist ein Gentleman. Ich lehne mich an ihn, als wir an den Plakaten für die Homecoming-Party von letzter Woche vorbeigehen, die noch nicht abgehängt worden sind, und lasse mich durch die Eingangshalle führen. Kurz darauf hält er mir die Glastür auf und – Gott sei Dank – da wartet Jake.

Erleichtert lasse ich mich in seine Arme fallen und eine Sekunde lang ist alles gut. Ich werde nie vergessen, wie ich Jake in der Neunten das erste Mal gesehen habe: Damals trug er eine Zahnspange und war noch nicht so groß und breitschultrig wie jetzt, aber ein einziger Blick auf seine Grübchen und in seine himmelblauen Augen hat gereicht und ich *wusste:* Das ist er. Die Tatsache, dass er sich mittlerweile in einen Adonis verwandelt hat, ist bloß ein kleiner Zusatzbonus.

Er streicht mir über die Haare, während Cooper ihm mit leiser Stimme erklärt, was passiert ist. »Gott, Ads«, sagt Jake. »Das ist ja schrecklich. Komm, ich bring dich nach Hause.«

Cooper bleibt allein zurück und plötzlich tut es mir leid, dass ich es nicht geschafft habe, ihn auch ein bisschen aufzufangen. Ich habe seiner Stimme angehört, dass ihm das alles genauso zusetzt wie mir, er kann es nur besser verbergen. Aber Cooper ist ein solcher Goldjunge, der kommt mit allem klar. Seine Freundin Keely ist eine meiner besten Freundinnen und die Art Mädchen, die immer alles richtig macht. Sie wird wissen, was sie tun muss, um ihm zu helfen. Das kann sie viel besser als ich.

In Jakes Wagen sitzend, schaue ich zu, wie die Stadt an mir vorbeifliegt, während er mich eine Spur zu schnell nach Hause fährt. Da ich nur ungefähr anderthalb Kilometer von der Schule entfernt wohne, dauert die Fahrt nicht lange, und ich wappne mich innerlich für die Begegnung mit meiner Mutter, die mit Sicherheit bereits gehört hat, was passiert ist. Ihre Kommunikationskanäle sind geheimnisvoll, aber absolut zuverlässig. Und natürlich steht sie lauernd auf der Veranda, als Jake in unsere Einfahrt biegt. Obwohl das Botox ihre Züge schon vor langer Zeit zu einer Maske eingefroren hat, sehe ich trotzdem sofort, in welcher Stimmung sie ist.

Ich warte, bis Jake um den Wagen herumgegangen ist und mir die Tür aufmacht. Als ich aussteige, schlüpfe ich wie immer unter seinen Arm. Meine ältere Schwester Ashton macht gern Witze darüber, dass ich wie ein Parasit bin, der sich an seinen Wirt heftet und ohne ihn sterben würde. Ich kann nicht darüber lachen.

»Adelaide!« Meine Mutter streckt mir theatralisch die Hände entgegen, als wir die Stufen hochkommen. »Was ist passiert? Du musst mir alles ganz genau erzählen.«

Ich will nichts erzählen. Schon gar nicht, solange ihr Freund Justin hinter ihr in der Tür lauert und seine Sensationsgier als Sorge tarnt. Er ist zwölf Jahre jünger als meine Mom, womit er fünf Jahre jünger ist als ihr zweiter Ehemann und fünfzehn Jahre jünger als mein Dad. Bei dem Tempo, das sie vorlegt, würde es mich nicht überraschen, wenn sie als Nächstes mit Jake zusammenkommen würde.

»Alles okay«, murmle ich und schiebe mich an ihnen vorbei. »Mir geht's gut.«

»Hallo, Mrs Calloway«, begrüßt Jake sie. Mom trägt den Nachnamen ihres zweiten Ehemanns, nicht den meines Dads. »Ich bringe Addy erst mal in ihr Zimmer hoch und versuche sie ein bisschen zu beruhigen. Das ist alles ganz schrecklich für sie gewesen. Ich erkläre Ihnen später, was genau passiert ist.« Es verblüfft mich immer wieder, wie lässig Jake mit meiner Mutter redet, so als wären sie gleichaltrig.

Und sie lässt es ihm durchgehen. *Steht* sogar darauf. »Natürlich, mein Lieber«, säuselt sie und lächelt affektiert.

Meine Mutter ist der Meinung, dass Jake zu gut für mich ist. Das darf ich mir immer wieder anhören, seit er sich in der Zehnten zum heißesten Jungen der Schule entwickelt hat, während ich dieselbe blieb. Als wir noch jünger waren, hat Mom Ashton und mich regelmäßig zu Schönheitswettbewerben geschleppt, die für uns immer mit demselben Ergebnis endeten: dritter Platz. Nie Königin, sondern immer bloß Prinzessin. Nicht schlecht, aber definitiv nicht gut genug, um die Art von Mann anzuziehen und zu halten, der eine Frau versorgen kann.

Ich weiß gar nicht, ob das überhaupt jemals offen als zu erreichendes Lebensziel ausgesprochen wurde, aber genau das wird von uns erwartet. Meine Mutter ist daran gescheitert. Meine Schwester Ashton, die seit zwei Jahren mit einem Mann verheiratet ist, der sein Jurastudium geschmissen hat und so gut wie nie Zeit mit ihr verbringt, ist gerade auf dem besten Weg, daran zu scheitern. Tja, mit den Prentiss-Mädchen scheint irgendetwas nicht zu stimmen.

»Ich schäme mich so«, sage ich auf dem Weg nach oben leise zu Jake. »Statt irgendwie zu helfen, bin ich total zusammengebrochen. Du hättest Bronwyn und Cooper sehen sollen. Die waren echt toll. Und Nate – mein Gott. Ich hätte nie gedacht, dass Nate Macauley mal so viel Verantwortungsbewusstsein zeigen würde. Ich war die Einzige, die zu nichts zu gebrauchen war.«

»Schsch, sag so was nicht«, raunt Jake in meine Haare. »Das stimmt doch nicht.«

Sein Tonfall ist entschieden, weil er sich weigert, etwas anderes als das Beste in mir zu sehen. Sollte sich das jemals ändern, weiß ich ehrlich gesagt nicht, was ich tun werde.

NATE
Montag, 24. September, 16:00 Uhr

Als Bronwyn und ich auf den Parkplatz kommen, sind kaum noch irgendwelche Schüler zu sehen, und wir bleiben unschlüssig stehen. Obwohl ich Bronwyn schon seit dem Kindergarten kenne, haben wir nie sonderlich viel miteinander zu tun gehabt. Trotzdem fühlt sich ihre Nähe nicht fremd an. Nach der krassen Szene, die wir gerade miterlebt haben, hat sie sogar fast etwas Tröstliches.

Sie sieht sich benommen um, als wäre sie gerade erst aufgewacht. »Ich bin heute nicht mit dem Wagen gekommen«, sagt sie. »Eigentlich hatte ich vor, nach der Schule bei einer Freundin mitzufahren. Wir wollten ins Epoch Coffee.«

Irgendetwas an ihrem Tonfall lässt mich denken, dass es ihr dabei nicht nur um eine verpasste Mitfahrgelegenheit geht.

Ich hätte zwar ein paar geschäftliche Dinge zu erledigen, aber das ist jetzt wahrscheinlich nicht der richtige Zeitpunkt. »Soll ich dich mitnehmen?«

Bronwyn wirft einen Blick auf mein Motorrad. »Ist das dein Ernst? Ich würde mich noch nicht mal auf dieses mörderische Ding setzen, wenn du mich dafür bezahlen würdest. Weißt du, wie viele Leute jährlich tödlich verunglücken? Das ist echt kein Spaß.« Sie sieht aus, als würde sie jeden Moment eine Statistik aus der Tasche holen und mir unter die Nase halten.

»Wie du willst.« Ich sollte sie einfach hier stehen lassen und nach Hause fahren, aber dort zieht es mich gerade am allerwenigsten hin. Seufzend lehne ich mich neben dem Eingang an die Wand, ziehe einen Flachmann aus der Jackentasche, schraube den Deckel ab und halte ihn Bronwyn hin. »Auch einen Schluck Whiskey?«

Sie verschränkt geschockt die Arme vor der Brust. »Soll das ein Witz sein? Du willst dir erst mal einen genehmigen, bevor du auf deine Höllenmaschine steigst, und das auch noch mitten auf dem Schulgelände?«

»Mit dir kann man echt eine Menge Spaß haben, weißt du das?« Genau genommen trinke ich eher wenig. Den Flachmann habe ich heute Morgen meinem Vater abgenommen und dann vergessen. Aber es hat etwas Befriedigendes, Bronwyn aus der Fassung zu bringen.

Ich will ihn gerade wieder wegstecken, als Bronwyn stirnrunzelnd die Hand danach ausstreckt. »Ach, was soll's.« Sie lehnt sich neben mich an die rote Backsteinwand und lässt sich zu Boden rutschen. Plötzlich muss ich an früher denken, an die Zeit, als Bronwyn und ich auf derselben katholischen Grundschule waren. Bevor es mit meinem Leben vollends den Bach runterging. Die Mädchen trugen damals alle so karierte Schuluniformröcke und heute hat sie einen ganz ähnlichen Rock an, der ein Stück ihre Schenkel hochrutscht, als sie die Füße kreuzt. Der Anblick ist nicht übel.

Sie nimmt einen überraschend tiefen Schluck, dann sieht sie mich an. »Was. Ist. Da. Gerade. Eben. Passiert?«

Ich hocke mich neben sie, nehme ihr den Flachmann ab und stelle ihn zwischen uns. »Ich hab keine Ahnung.«

»Es sah aus, als würde er sterben.« Bronwyns Hände zittern so heftig, als sie wieder nach dem Flachmann greift, dass er klirrend umfällt. »Findest du nicht auch?«

»Doch«, sage ich, während Bronwyn den nächsten Schluck nimmt und eine Grimasse zieht.

»Armer Cooper«, sagt sie. »Er hat sich angehört, als wäre er gestern erst aus Mississippi hierhergezogen. So redet er immer, wenn er nervös ist.«

»Kann ich nicht beurteilen. Aber dieses Blondchen war echt zu gar nichts zu gebrauchen.«

»Sie heißt *Addy*.« Bronwyn stupst mich mit der Schulter an. »Solltest du eigentlich wissen.«

»Warum?« Mir fällt kein Grund dafür ein. Diese Addy und ich haben bis heute so gut wie nichts miteinander zu tun gehabt und werden uns wahrscheinlich auch in Zukunft kaum näherkommen. Womit wir beide mit Sicherheit sehr gut leben können. Ich kenne die Sorte. Die haben nichts anderes im Kopf als ihren Freund und die kleinen Machtspielchen, die sie mit anderen Mädchen abziehen. Okay, sie ist ziemlich sexy, aber darüber hinaus hat sie absolut nichts zu bieten.

»Weil wir gerade eben eine extrem traumatische Erfahrung miteinander durchgemacht haben«, sagt Bronwyn, als wäre das eine Erklärung.

»Du stellst für dich und andere ziemlich gern Regeln auf, kann das sein?«

Ich hatte total vergessen, wie *anstrengend* Bronwyn ist. Der Aktionismus, den sie schon seit der Grundschule an den Tag legt, würde jeden normalen Menschen fertigmachen. Ständig nimmt sie an irgendwelchen Projektgruppen teil oder gründet selbst welche, an denen dann andere Leute teilnehmen. Natürlich ist sie immer diejenige, die alles organisiert.

Aber wenigstens ist sie nicht langweilig. Das muss ich ihr lassen.

Wir sitzen da und schauen schweigend zu, wie die letzten Schüler vom Parkplatz fahren, während Bronwyn immer wieder an dem Flachmann nippt. Als ich ihn ihr schließlich wegnehme, bin ich überrascht, wie leicht er ist. Ich kann mir nicht vorstellen, dass Bronwyn harten Alkohol gewöhnt ist. Sie scheint mir eher der Typ für Alcopops zu sein. Wenn überhaupt.

Als ich den Flachmann wieder wegstecke, zupft sie zaghaft an meinem Ärmel. »Ich wollte dir schon damals, als es passiert ist, sagen, dass … Es hat mir wirklich leidgetan, als ich das von deiner Mom erfahren hab«, sagt sie stockend. »Mein Onkel ist auch bei einem Unfall gestorben, das war ungefähr zur selben Zeit. Ich wollte dich eigentlich darauf ansprechen, aber … du und ich, du weißt schon, wir waren ja nie wirklich …« Sie verstummt, ihre Hand liegt immer noch auf meinem Arm.

»Kein Problem«, sage ich. »Ist schon okay. Tut mir leid wegen deinem Onkel.«

»Du vermisst sie bestimmt sehr.«

Ich habe keine Lust, über meine Mutter zu reden. »Der Rettungswagen ist verdammt schnell da gewesen, was?«

Bronwyn errötet leicht und zieht ihre Hand zurück, versucht das Thema aber nicht weiter zu vertiefen. »Woher wusstest du das mit dem EpiPen?«

»Ist doch bekannt, dass Simon eine Erdnussallergie hat«, antworte ich achselzuckend.

»Aber dass er immer so einen Stift bei sich trägt, wusste ich nicht.« Sie schüttelt den Kopf. »Cooper hat dir einen Kuli hingehalten. Was hat er sich dabei gedacht? Dass du ihm eine Nachricht oder so was schreiben willst? Oh mein Gott, echt.« Sie schlägt ihren Hinterkopf so hart gegen die Backsteinwand, dass ich fast Angst bekomme, dass sie sich den Schädel bricht. »Ich sollte nach Hause. Bringt nichts, noch länger hier rumzusitzen.«

»Das Mitfahrangebot steht noch«, sage ich und stehe auf.

Zu meiner Überraschung nickt Bronwyn. »Klar, warum nicht«, sagt sie und streckt mir eine Hand hin. Sie schwankt ein bisschen, als ich ihr aufhelfe. Wahrscheinlich hätte ich ihr den Flachmann schon früher wegnehmen sollen, mir war nicht klar, dass Alkohol auch schon innerhalb von fünfzehn Minuten wirken kann. Wobei ich mir das bei einem Fliegengewicht wie Bronwyn Rojas hätte denken können.

»Wo wohnst du denn?«, frage ich, als ich auf mein Bike steige und den Schlüssel ins Zündschloss stecke.

»Thorndike Street. Durchs Zentrum und nach dem Starbucks dann links auf die Stone Valley Terrace.« Im Nobelviertel. War ja klar.

Normalerweise nehme ich niemanden auf dem Motorrad mit, weshalb ich keinen zweiten Helm mithabe, also gebe ich ihr meinen und muss mich zwingen, den Blick von der nackten Haut ihrer Schenkel abzuwenden, als sie hinter mir aufsteigt und sich den Rock zwischen die Beine klemmt.

»Fahr aber nicht so schnell, okay?«, sagt sie nervös, als ich den Motor starte, und schlingt die Arme viel zu fest um meine Taille. Irgendwie hätte ich Lust, sie noch ein bisschen mehr aus der Fassung zu bringen, fahre aber nur halb so schnell vom Parkplatz wie sonst. Trotzdem klammert sie sich sogar noch fester an mich und presst ihren behelmten Kopf an meinen Rücken, während ich mich durch den Verkehr fädele, aber ich sage nichts. Wenn ich tausend Dollar hätte, würde ich sie darauf verwetten, dass sie die ganze Fahrt über die Augen zukneift.

Das Haus sieht exakt so aus, wie man es erwarten würde – eine riesige viktorianische Villa umgeben von einem gepflegten Rasen mit exotisch aussehenden Bäumen und Blumenbeeten. In der Einfahrt parkt ein Volvo SUV. Mein Motorrad – das man, wenn man großzügig ein Auge zudrückt, als Oldtimer bezeichnen könnte – wirkt daneben genauso fehl am Platz wie ich neben Bronwyn. Es gibt hier gleich mehrere Dinge, die nicht zusammenpassen.

Bronwyn steigt ab und fummelt am Riemen des Helms herum. Ich helfe ihr und löse eine Haarsträhne, die sich im Verschluss verfangen hat, bevor ich ihr den Helm abziehe, worauf sie tief durchatmet und ihren Rock glatt streicht.

»Das war ziemlich … beängstigend«, sagt sie und zuckt zusammen, als ihr Handy klingelt. »Wo ist mein Rucksack?«

»Auf deinem Rücken.«

Sie nimmt ihn ab und holt ihr Handy aus dem Vorderfach. »Hallo? Ja, ich kann … Ja, hier spricht Bronwyn. Haben Sie … Oh mein Gott. Sind Sie sicher?« Der Rucksack rutscht ihr aus der Hand und fällt ihr vor die Füße. »Verstehe. Danke, dass Sie angerufen haben.« Sie lässt das Handy sinken und sieht mich mit großen Augen an, in denen Tränen glitzern.

»Er hat es nicht geschafft, Nate«, sagt sie mit zitternder Stimme. »Simon ist … er ist tot.«

— 3 —

BRONWYN
Dienstag,
25. September,
8:50 Uhr

Ich kann nicht aufhören, es immer wieder im Kopf durchzurechnen. Es ist Dienstag, zehn vor neun. Vor exakt vierundzwanzig Stunden ist Simon das letzte Mal zu seinem Klassenzimmer gegangen. Sechs Stunden und fünf Minuten später sind wir gemeinsam zum Nachsitzen angetreten. Eine Stunde später war er tot.

Siebzehn Jahre einfach so ausgelöscht, von jetzt auf gleich.

Ich schlüpfe an meinen Platz in der letzten Reihe und bilde mir ein, dass sich fünfundzwanzig Köpfe zu mir umdrehen, als ich mich setze. Auch ohne Update bei *About That* hat sich die Nachricht von Simons Tod schon gestern Abend überall herumgesprochen. Sämtliche Leute, denen ich je meine Handynummer gegeben habe, haben mich mit Nachrichten bombardiert.

»Alles okay?« Meine Freundin Yumiko greift nach meiner Hand und drückt sie. Ich nicke, aber die kleine Bewegung reicht, um das schmerzhafte Pochen in meinem Kopf noch zu verstärken. Wie sich herausgestellt hat, ist es eine ganz *miese* Idee, auf nüchternen Magen einen halben Flachmann Bourbon zu trinken. Zum Glück waren meine Eltern beide noch arbeiten, als Nate mich absetzte, und meine Schwester Maeve hat mir so viel schwarzen Kaffee eingeflößt, dass ich mich wieder halbwegs verständlich ausdrücken konnte, als sie nach

Hause kamen. Was von dem Rausch an Nachwirkungen übrig war, erklärten sie sich damit, dass ich noch traumatisiert war.

Es gongt zur ersten Stunde, doch das Lautsprecherknacken, das sonst die morgendlichen Durchsagen ankündigt, bleibt aus. Stattdessen räuspert sich unsere Klassenlehrerin Mrs Park und steht von ihrem Pult auf. Der Zettel, den sie in der Hand hält, zittert, als sie zu lesen anfängt. »Dies ist eine offizielle Bekanntmachung der Schulleitung. Es tut mir unendlich leid, euch diese schreckliche Nachricht überbringen zu müssen. Gestern Nachmittag hat einer eurer Mitschüler, Simon Kelleher, einen heftigen allergischen Schock erlitten. Es wurde sofort ein Krankenwagen gerufen, der auch sehr schnell vor Ort war, aber unglücklicherweise war es bereits zu spät, um Simon noch zu helfen. Er starb kurz nach seiner Ankunft im Krankenhaus.«

Ein leises Raunen geht durch den Raum und jemand schluchzt unterdrückt auf. Als ich mich umschaue, sehe ich, dass die Hälfte der Klasse ihr Handy gezückt hat. Für heute heißt es wohl zur Hölle mit den Vorschriften. Bevor ich länger darüber nachdenken kann, hole ich mein eigenes Handy aus dem Rucksack und öffne *About That.* Ich rechne fast damit, dass es darin eine Ankündigung zu den saftigen Neuigkeiten gibt, mit denen sich Simon gestern vor dem Nachsitzen aufgespielt hat, aber natürlich steht dort nur das Update der letzten Woche.

Unser dauerbreiter Lieblingsdrummer ist unter die Filmschaffenden gegangen. RC hat an der Deckenlampe in seinem Zimmer eine Kamera installiert und regelmäßig Premierenabende für seine ganzen Freunde abgehalten. Ihr seid gewarnt worden, Ladys. (Für KL kam die Warnung allerdings zu spät.)

Es gibt vermutlich niemanden, der den heißen Flirt zwischen dem Manic-Pixie-Dream-Girl TC und unserem Bonzen-Neuzugang GR nicht mitbekommen hat, aber wer hätte gedacht, dass den Blicken Taten folgen würden? Ihr Freund offensichtlich nicht, der saß beim Spiel am Samstag nämlich völlig ahnungslos auf der Tribüne, während es direkt unter ihm zwischen T&G heftig zur Sache ging. Sorry, JD. Du bist mal wieder der Letzte, der es erfährt.

Das Problem mit *About That* ist immer gewesen, dass man mit ziemlicher Sicherheit davon ausgehen konnte, dass jedes Wort, das dort stand, wahr war. Simon hat die App in der Zehnten entwickelt, nachdem er während der Frühlingsferien in irgendeinem superteuren Computercamp im Silicon Valley Programmieren gelernt hatte. Außer ihm durfte dort niemand etwas posten. Er hatte überall an der Schule seine Quellen und war extrem vorsichtig mit dem, was er veröffentlichte. Meistens stritten die Betroffenen natürlich alles ab oder taten so, als wäre es ihnen egal, aber er lag mit seinen Behauptungen kein einziges Mal falsch.

Über mich hat er nie etwas geschrieben; dafür ist meine Weste zu weiß. Es gibt nur eine einzige Sache, die Simon über mich hätte ausplaudern können, aber ich wüsste nicht, wie er das jemals hätte herausfinden sollen.

Tja, jetzt ist mein Geheimnis wohl für immer sicher.

»In der Aula wurde eine Trauerberatung eingerichtet, die euch den ganzen Tag offensteht«, fährt Mrs Park mit bebender Stimme fort. »Ihr dürft jederzeit den Unterricht verlassen, wenn ihr das Bedürfnis habt, mit jemandem über diese schreckliche Tragödie zu sprechen. Die Schule möchte nach dem Footballspiel am Samstag einen Gedenkgottesdienst für Simon abhalten. Sobald uns die Einzelheiten dazu bekannt sind, geben wir sie an euch weiter. Das gilt natürlich auch für die Beerdigung, über die uns seine Familie noch informieren wird.«

Kurz darauf gongt es und wir stehen alle auf. Ich bücke mich gerade nach meinem Rucksack, da ruft Mrs Park mich zu sich. »Bronwyn, könnten Sie bitte noch einen Moment bleiben?«

Yumiko wirft mir beim Aufstehen einen mitfühlenden Blick zu und streicht sich eine Strähne ihrer stumpf geschnittenen schwarzen Haare hinters Ohr. »Kate und ich warten draußen auf dich, okay?«

Ich nicke und hänge mir meinen Rucksack um. Mrs Park hält immer noch den Zettel in der Hand, als ich zu ihr nach vorne gehe. »Die Schulleiterin möchte, dass alle Schüler, die mit Simon im Chemiesaal waren, heute ein Therapeutengespräch führen. Mrs Gupta hat mich gebeten, Ihnen zu sagen, dass Sie um elf einen Termin in Mr O'Farrells Büro haben.«

Mr O'Farrell ist mein Vertrauenslehrer. In den letzten sechs Monaten bin ich öfter Gast in seinem Büro gewesen, um mit ihm eine Strategie für meine College-Bewerbung zu entwickeln. »Spricht Mr O'Farrell mit mir darüber?«, frage ich. Damit könnte ich gut leben.

Mrs Parks Stirn legt sich in Falten. »Oh, nein. Die Schule hat eigens einen Therapeuten einbestellt.«

Na toll. Ich habe den halben Abend gebraucht, um meine Eltern davon zu überzeugen, dass ich keine psychologische Betreuung benötige. Sie werden begeistert sein, wenn sie erfahren, dass ich trotzdem dazu gezwungen worden bin. »Okay.« Ich warte einen Moment für den Fall, dass sie mir noch etwas anderes sagen will, aber sie tätschelt bloß unbeholfen meinen Arm.

Als ich auf den Flur komme, erwarten mich dort wie versprochen Kate und Yumiko. Sie nehmen mich in ihre Mitte, während wir uns zu unserem Kurs in Infinitesimalrechnung aufmachen, als wollten sie mich vor irgendwelchen aufdringlichen Paparazzi abschirmen. Aber als Yumiko Evan Neiman vor der Tür zu unserem Kurs stehen sieht, gibt sie Kate unauffällig ein Zeichen und die beiden lassen sich hinter mir zurückfallen.

»Bronwyn, hey.« Evan trägt eines seiner üblichen Poloshirts mit seinem Monogramm auf der linken Brust – EWN. Ich habe mich immer gefragt, wofür das *W* steht. Walter? Wendell? William? Ich hoffe für ihn, dass es William ist. »Hast du meine Nachricht gestern Abend bekommen?«

Habe ich. *Kann ich irgendwas für dich tun? Brauchst du vielleicht jemanden zum Reden?* Evan Neiman hat vorher noch kein einziges Mal versucht, mit mir Kontakt aufzunehmen, weshalb meine zynische Seite die Oberhand gewann und zu dem Schluss kam, dass er es nur auf einen Logenplatz abgesehen hatte, um auch ja alle makabren Details des erschütterndsten Ereignisses zu erfahren, das sich je an der Bayview High zugetragen hat. »Ja, hab ich. Danke. Aber ich war total durch.«

»Verstehe. Melde dich einfach, wenn dir nach reden ist.« Evan, dem Pünktlichkeit über alles geht, schaut sich im leerer werdenden Flur um. »Okay. Vielleicht sollten wir lieber langsam mal rein.«

Yumiko zwinkert mir zu, als wir uns setzen. »Evan hat beim Mathlete-Training gestern ständig gefragt, warum du nicht gekommen bist«, flüstert sie.

Ich wünschte, ich könnte ihre Begeisterung teilen, aber irgendwann zwischen Nachsitzen und Infinitesimalrechnung habe ich jegliches Interesse an Evan Neiman verloren. Vielleicht leide ich nach der schrecklichen Sache mit Simon gestern unter einer posttraumatischen Belastungsstörung, aber gerade kann ich mich noch nicht mal daran erinnern, was ich überhaupt jemals an ihm gefunden habe. Nicht dass ich ihm völlig verfallen gewesen wäre. Ich dachte nur, dass Evan und ich vielleicht das Potenzial hätten, bis zum Abschluss eine solide Beziehung zu führen, um uns danach in aller Freundschaft zu trennen und an unsere jeweiligen Unis weiterzuziehen. Kein besonders aufregender Gedanke, ich weiß. Aber so sind Highschool-Beziehungen nun mal, oder? Jedenfalls stelle ich sie mir so vor.

Ich sitze die Stunde im Grunde nur ab und bin mit den Gedanken weit, weit weg von allem, was mit Mathematik zu tun hat. Nach dem Gong folge ich Kate und Yumiko wie ferngesteuert in den nächsten Kurs, diesmal steht Englisch auf dem Plan. Mein Kopf ist immer noch so voll mit dem, was gestern passiert ist, dass es mir ganz normal vorkommt, »Hi, Nate« zu rufen, als wir ihm auf dem Flur begegnen. Zu meiner eigenen – und seiner – Überraschung bleibe ich sogar stehen, worauf er ebenfalls anhält.

»Hey«, sagt er. Seine dunklen Haare sind noch unordentlicher als sonst, und ich bin mir ziemlich sicher, dass er dasselbe T-Shirt wie gestern anhat. Aber irgendwie funktioniert der Look bei ihm. Fast ein bisschen zu gut. Alles an ihm, von seiner großen, langgliedrigen Gestalt bis zu seinen hohen Wangenknochen und den weit auseinanderstehenden Augen mit den dichten dunklen Wimpern, bringt mich aus dem Konzept.

Kate und Yumiko starren ihn ebenfalls an, aber auf eine andere Art. Eher so, als wäre er ein unberechenbares Tier in einem nicht sonderlich stabil wirkenden Käfig im Zoo.

Dass Nate Macauley und ich uns auf dem Flur unterhalten, gehört nicht unbedingt zu unserer alltäglichen Routine. »Hattest du schon dein Therapiegespräch?«, frage ich.

Sein Gesicht bleibt vollkommen ausdruckslos. »Mein was?«

»Die Trauerberatung. Wegen Simon. Hat dein Klassenlehrer nichts zu dir gesagt?«

»Bin gerade erst gekommen«, antwortet er und ich sehe ihn groß an. Zwar bin ich nie davon ausgegangen, dass Nate je einen Preis für den Schüler mit den wenigsten Fehlstunden gewinnen würde, aber mittlerweile ist es schon fast zehn.

»Oh … okay. Anscheinend soll jeder, der gestern dabei war, ein Einzelgespräch führen. Meins ist um elf.«

»Auch das noch«, murmelt Nate und fährt sich durch die Haare.

Die Geste lenkt meinen Blick auf seinen ziemlich muskulösen Arm, wo er hängen bleibt, bis Kate sich leise räuspert. Mir wird heiß und ich versuche mich wieder auf das zu konzentrieren, was um mich herum vorgeht, allerdings habe ich nicht mitbekommen, was sie gerade gesagt hat. »Tja dann. Man sieht sich«, murmle ich.

Sobald wir außer Hörweite sind, beugt Yumiko sich zu mir und flüstert: »Er sieht aus, als wäre er gerade erst aus dem Bett gekrochen. Und zwar *nicht allein*.«

»Ich hoffe, du hast in Desinfektionsmittel gebadet, nachdem du von seinem Motorrad gestiegen bist«, fügt Kate hinzu. »Nate ist die totale männliche Schlampe.«

Ich sehe sie stirnrunzelnd an. »Dir ist schon klar, dass das sexistisch ist, oder? Wenn du schon unbedingt irgendeinen abfälligen Begriff benutzen musst, solltest du wenigstens geschlechtsneutral bleiben.«

»Meinetwegen«, winkt Kate ab. »Der Punkt ist, dass der Typ garantiert eine wandelnde Geschlechtskrankheit ist.«

Ich erwidere nichts. Dass über Nate so einiges geredet wird, ist klar, aber im Grunde wissen wir absolut nichts über ihn. Ich bin kurz davor, ihr zu sagen, wie vorsichtig er mich gestern nach Hause gefahren hat, lasse es dann aber, weil ich selbst nicht weiß, was genau ich damit zum Ausdruck bringen wollen würde.

Nach der Englischstunde mache ich mich auf den Weg zu Mr O'Farrells Büro, der mich hereinwinkt, als ich an die offen stehende Tür klopfe. »Setzen Sie sich, Bronwyn. Dr. Resnick verspätet sich etwas, muss aber jeden Moment hier sein.« Ich setze mich ihm gegenüber und mein Blick fällt auf den Kartonhefter mit meinem Namen, den er vor sich liegen hat. Ohne zu überlegen, strecke ich die Hand danach aus, zögere dann aber, weil ich nicht weiß, ob der Inhalt vielleicht vertraulich ist, doch er schiebt ihn mir lächelnd hin. »Die Empfehlung Ihres Gruppenleiters bei den Model United Nations. Mit genügend Vorlauf, um sich um eine Frühzulassung in Yale zu bewerben.«

Ich seufze erleichtert auf. »Super, vielen Dank!«, sage ich und verstaue die Empfehlung in meinem Rucksack. Es ist die letzte, auf die ich gewartet habe. Yale ist sozusagen eine Familientradition – mein Großvater war dort Gastprofessor und ist mit seiner kompletten Familie von Kolumbien nach New Haven gezogen, als er an die Uni berufen wurde. Alle seine Kinder, einschließlich meines Dads, haben dort studiert, und meine Eltern haben sich auch dort kennengelernt. Die beiden sagen immer, dass es unsere Familie ohne Yale gar nicht geben würde.

»War mir eine Freude, Bronwyn.« Mr O'Farrell lehnt sich

in seinem Drehsessel nach hinten und rückt seine Brille zurecht. »Falls Ihnen irgendwann heute die Ohren geklingelt haben, liegt das daran, dass Mr Camino bei mir war und gefragt hat, ob Sie Lust hätten, dieses Semester in Chemie Nachhilfeunterricht zu geben. Er hat ein paar vielversprechende Elftklässler im Kurs, die genauso mit dem Stoff kämpfen wie Sie letztes Jahr und es toll fänden, wenn jemand, der den Kurs am Ende dann sogar mit Bestnote abgeschlossen hat, seine Strategie an sie weitergeben würde.«

Ich muss ein paarmal schlucken, bevor ich antworten kann. »Das würde ich gern«, sage ich so begeistert wie möglich, »es könnte nur sein, dass ich mich damit ein bisschen übernehmen würde.« Meine Lippen spannen sich beim Lächeln viel zu fest über meine Zähne.

»Kein Problem, das verstehe ich. Sie haben tatsächlich einen ziemlich vollen Stundenplan.«

Chemie ist das einzige Unterrichtsfach, in dem ich je Schwierigkeiten hatte, und zwar so große, dass in meinem Zwischenzeugnis ein D stand. Mit jedem Test, den ich in den Sand setzte, spürte ich, wie Yale Stück für Stück außer Reichweite rückte. Selbst Mr O'Farrell deutete irgendwann behutsam an, dass es doch auch jede andere Top-Universität tun würde.

Also habe ich dafür gesorgt, dass meine Noten sich verbesserten und ich am Ende des Jahres ein A hatte. Allerdings dank einer Strategie, von der mit Sicherheit niemand wollen wird, dass ich sie an andere Schüler weitergebe.

COOPER
Donnerstag,
27. September,
12:45 Uhr

»Sehen wir uns heute Abend?«

Keely greift nach meiner Hand, als wir nach der Mittagspause zu unseren Schließfächern gehen, und schaut mit ihren großen dunklen Augen zu mir auf. Ihre Mutter stammt aus Schweden und ihr Vater ist Philippiner – eine Kombination, die Keely zu dem mit Abstand schönsten Mädchen der Schule macht. Dadurch, dass ich diese Woche total viel mit Baseball und familiärem Kram um die Ohren hatte, hatten wir nicht viel Gelegenheit, uns zu treffen, und ich spüre, dass sie langsam ungeduldig wird. Keely ist im Grunde keine Klette, aber sie braucht regelmäßige Pärchen-Zeiten.

»Ich weiß nicht, ob ich es schaffe«, sage ich. »Ich hänge ziemlich mit Hausaufgaben hinterher.«

Die Mundwinkel ihrer perfekt geschwungenen Lippen ziehen sich nach unten, und sie will gerade protestieren, als eine Durchsage aus den Lautsprechern kommt. *»Cooper Clay, Nate Macauley, Adelaide Prentiss und Bronwyn Rojas. Bitte melden Sie sich im Sekretariat. Cooper Clay, Nate Macauley, Adelaide Prentiss und Bronwyn Rojas werden ins Sekretariat gebeten.«*

Keely schaut sich um, als würde sie erwarten, dass ihr irgendjemand eine Erklärung gibt. »Was soll das? Hat es was mit Simon zu tun?«

»Wahrscheinlich«, sage ich achselzuckend. Ich bin schon vor ein paar Tagen bei unserer Schulleiterin Mrs Gupta gewesen und von ihr zu dem befragt worden, was während der Nachsitzstunde passiert ist, aber vielleicht schaltet sie jetzt noch einen Gang höher. Mein Vater sagt, Simons Eltern hätten ziemlich gute Verbindungen im Ort und unsere Schule könnte sich auf eine Klage gefasst machen, falls sich herausstellen sollte, dass ihrerseits irgendwelche Versäumnisse vorliegen. »Besser, ich mache mich sofort auf den Weg. Wir reden später, okay?« Ich küsse Keely flüchtig auf die Wange, hänge mir meinen Rucksack um und jogge den Flur hinunter.

Als ich im Büro der Schulleitung ankomme, winkt mich die Sekretärin in den kleinen Konferenzraum, der bereits voller Leute ist: Mrs Gupta, Addy, Bronwyn, Nate und ein Polizist. Mein Mund wird trocken, als ich auf dem letzten freien Stuhl Platz nehme.

»Ah, Cooper, gut. Wir können anfangen.« Gupta verschränkt die Hände vor sich und blickt in die Runde. »Ich möchte Ihnen Officer Hank Budapest vom Bayview Police Department vorstellen. Er hat ein paar Fragen zu dem schrecklichen Vorfall von Montag.«

Officer Budapest steht auf, beugt sich über den Tisch und schüttelt jedem von uns die Hand. Er wirkt noch relativ jung, aber seine rotblonden Haare über dem sommersprossigen Gesicht werden schon schütter. Keine besonders einschüchternde Autoritätsperson. »Freut mich, Sie alle kennenzulernen. Die Befragung sollte nicht viel Zeit in Anspruch nehmen, aber nachdem wir mit der Familie Kelleher gesprochen haben, würden wir Simons Tod gern etwas gründlicher untersuchen. Wir haben heute Morgen die Ergebnisse der Autopsie erhalten und …«

»So schnell?«, unterbricht ihn Bronwyn, wofür sie sich einen stirnrunzelnden Blick der Schulleiterin einfängt, was sie allerdings gar nicht mitbekommt. »Dauert das normalerweise nicht länger?«

»Vorläufige Ergebnisse können schon innerhalb weniger Tage vorliegen«, antwortet Officer Budapest. »In diesem Fall waren sie ziemlich aufschlussreich. Sie beweisen, dass Simon kurz vor seinem Tod Erdnussöl zu sich genommen haben muss. Seine Eltern halten das für extrem merkwürdig, weil er in Anbetracht seiner Allergie offenbar immer sehr darauf geachtet hat, was er isst und trinkt. Jeder von Ihnen hat gegenüber Ihrer Schulleiterin Mrs Gupta ausgesagt, dass Simon vor seinem Zusammenbruch lediglich einen Becher Leitungswasser getrunken hat, ist das richtig?«

Als wir alle nicken, fährt Officer Budapest fort: »In dem Becher wurden Spuren von Erdnussöl gefunden, es scheint also auf der Hand zu liegen, dass Simon daran gestorben ist. Wir versuchen herauszufinden, wie das Öl in seinen Becher gelangen konnte.«

Niemand sagt etwas. Addy späht kurz stirnrunzelnd zu mir rüber und schaut dann schnell wieder weg. »Kann sich noch jemand von Ihnen daran erinnern, woher Simon den Becher hatte?« Officer Budapests Stift schwebt abwartend über dem leeren Notizblock vor ihm.

»Ich habe nicht darauf geachtet«, sagt Bronwyn. »Ich war mit dem Aufsatz beschäftigt, den Mr Avery uns aufgegeben hat.«

»Ich auch«, behauptet Addy, obwohl ich schwören könnte, dass sie noch nicht mal angefangen hatte, zu schreiben. Nate streckt sich und starrt nachdenklich an die Decke.

»Ich weiß es noch«, sagt er. »Er hatte den Becher von einem Stapel neben dem Waschbecken.«

»Standen die Becher mit der Öffnung nach oben oder nach unten auf dem Waschbeckenrand?«

»Nach unten«, sage ich. »Simon hat den obersten Becher abgezogen.«

»Ist Ihnen vielleicht aufgefallen, ob irgendeine Flüssigkeit aus dem Becher lief, als er danach griff? Hat er ihn womöglich ausgeschüttet?«

Ich versuche mich zu erinnern. »Nein. Er hat ihn bloß mit Wasser gefüllt.«

»Und es dann getrunken?«

»Genau«, sage ich, aber Bronwyn korrigiert mich.

»Nein«, widerspricht sie. »Nicht sofort. Vorher hat er noch mit uns geredet. Wisst ihr nicht mehr?« Sie sieht Nate an. »Er hat gefragt, ob du die Handys in unsere Rucksäcke geschmuggelt hast. Die, wegen denen wir nachsitzen mussten.«

»Ach ja, die Handys.« Officer Budapest kritzelt etwas auf seinen Block. Es klingt nicht wie eine Frage, aber Bronwyn klärt ihn trotzdem auf.

»Jemand hat uns einen Streich gespielt«, erzählt sie. »Deswegen waren wir gestern alle beim Nachsitzen. Mr Avery hat in unseren Taschen Handys gefunden, die uns aber gar nicht gehörten.« Sie wendet sich mit einem verletzten Gesichtsausdruck an Mrs Gupta. »Das war wirklich unfair. Gibt es dafür eigentlich einen Eintrag in die Schülerakte?«

Nate verdreht die Augen. »Ich bin das nicht gewesen. Mir hat auch jemand eins in den Rucksack gesteckt.«

Mrs Gupta runzelt die Stirn. »Von der Sache höre ich heute zum ersten Mal.«

Ich zucke mit den Achseln, als sie mich ansieht. Das mit den Handys war das Letzte, worüber ich in den vergangenen Tagen nachgedacht habe.

Officer Budapest wirkt nicht überrascht. »Mr Avery hat es erwähnt, als ich mich vorhin mit ihm unterhalten habe. Er sagte, bis jetzt sei keiner von den Schülern gekommen, um die Handys zurückzuverlangen, weshalb er das Ganze mittlerweile tatsächlich auch für einen Streich hält.« Er nimmt den Stift zwischen Zeige- und Mittelfinger und tippt damit rhythmisch auf die Tischplatte. »Ist das die Art von Streich, den Simon Ihnen hätte spielen können?«

»Ich wüsste nicht, wozu er das hätte tun sollen«, sagt Addy. »Ihm ist ja selbst ein Handy untergeschoben worden. Außerdem kenne ich ihn kaum.«

»Bei der Junior-Prom war er Mitglied des Hofstaats«, sagt Bronwyn und Addy blinzelt, als würde sie sich erst jetzt wieder daran erinnern.

»Hatte irgendeiner von Ihnen schon einmal Schwierigkeiten mit Simon?«, fragt Officer Budapest. »Ich habe von dieser App gehört, die er entwickelt hat. Wie hieß sie noch mal? *About That*, richtig?« Er sieht mich an, also nicke ich. »Ist einer von Ihnen schon einmal in den Einträgen erwähnt worden?«

Alle bis auf Nate schütteln den Kopf. »Schon oft«, sagt er.

»Und worum ging es da?«, fragt Officer Budapest.

Nate grinst. »Was er gepostet hat, war der letzte Scheiß …«, beginnt er, wird aber scharf von Mrs Gupta unterbrochen.

»Achten Sie auf Ihre Sprache, Mr Macauley.«

»Dämliches Geschwätz«, korrigiert sich Nate. »Es ging hauptsächlich um mein Sexleben.«

»Hat Sie das gestört, dass man über Sie geredet hat?«

»Eigentlich nicht.« Nate sieht aus, als hätte er wirklich kein Problem damit gehabt. Wahrscheinlich ist es keine große Sache, regelmäßig Gegenstand einer Klatsch-und-Tratsch-App zu sein, wenn man schon mal im Knast gesessen hat. Falls das überhaupt stimmt. Simon hat nie etwas darüber gepostet, also weiß eigentlich niemand so genau, was wirklich passiert ist.

Ganz schönes Armutszeugnis, dass ausgerechnet Simon unsere zuverlässigste Informationsquelle war.

Officer Budapest sieht mich und die beiden Mädchen an. »Aber über Sie wurde nie etwas geschrieben?« Wieder schütteln wir den Kopf. »Hatten Sie Angst, irgendwann auf Simons App zu landen? Oder das Gefühl, dass Ihnen womöglich irgendetwas in dieser Richtung bevorstand?«

»Ich nicht«, sage ich, merke aber selbst, dass meine Stimme nicht so fest klingt, wie ich es mir wünschen würde. Ich schaue von Officer Budapest zu Addy und Bronwyn, die nicht unterschiedlicher aussehen könnten: Addy ist plötzlich weiß wie ein Laken und Bronwyn feuerrot im Gesicht. Nate mustert die beiden einen Moment, bevor er in seinem Stuhl ein Stück nach hinten kippt und Officer Budapest anschaut.

»Jeder hat so seine Geheimnisse«, sagt er. »Hab ich recht?«

Mein Training dauert an diesem Abend länger, aber Dad besteht darauf, dass der Rest der Familie wartet, bis ich nach Hause komme, damit wir zusammen essen können. Mein Bruder Lucas presst sich die Hände auf den Magen und wankt mit übertriebener Leidensmiene ins Esszimmer, als wir uns um sieben endlich an den Tisch setzen.

Gesprächsthema Nummer eins ist wie schon die ganze Woche: Simon. »Davon war auszugehen, dass die Polizei sich die Sache genauer anschauen wird«, sagt Paps und lädt sich einen Berg Kartoffelbrei auf den Teller. »Irgendetwas ist faul daran, wie der Junge gestorben ist.« Er schnaubt. »Erdnussöl in der Wasserleitung? Das wäre ein gefundenes Fressen für die Anwälte.«

»Wie haben seine Augen ausgesehen, als sie ihm aus dem Kopf getreten sind? *Sooo* vielleicht?« Lucas zieht eine Grimasse. Er ist zwölf und Simons Tod ist für ihn nicht viel schlimmer als das pixelige Blut in irgendeinem Videospiel.

Meine Großmutter verpasst Lucas einen Klaps auf den Hinterkopf. Nonny mit ihrem Schopf voller dichter weißer Löckchen ist zwar kaum einen Meter fünfzig groß, aber man legt sich besser nicht mit ihr an. »Halt lieber den Mund, wenn du von diesem armen jungen Mann nicht respektvoll sprechen kannst.«

Nonny wohnt bei uns, seit wir vor fünf Jahren aus Mississippi hierhergezogen sind. Es hat mich damals ziemlich überrascht, dass sie mitgekommen ist; unser Großvater ist schon vor Jahren gestorben, aber sie hatte zu Hause einen riesigen Freundeskreis und war in diversen Vereinen, sodass sie immer viel unterwegs war und ihr nie langweilig wurde. Nachdem wir jetzt schon eine ganze Weile hier leben, habe ich kapiert, warum sie nicht geblieben ist. Unser einfaches Haus im Kolonialstil kostet dreimal so viel wie das alte in Mississippi und ohne Nonnys Geld könnten wir es uns niemals leisten. Aber in Bayview kann man das ganze Jahr über Baseball spielen und die Schule hat eine der besten Mannschaften im ganzen Land. Paps glaubt fest daran, dass meine zukünftige Karriere die fette Hypothek, mit der er sich verschuldet hat, und den Job, den er hasst, irgendwann wieder aufwiegen wird.

Vielleicht. Nachdem mein Fastball sich während des Trainings in den Sommerferien um acht Stundenkilometer verbessert hat, stehe ich jetzt an vierter Stelle im Ranking für den MLB Draft im Juni nächsten Jahres, wo nach Nachwuchsspielern Ausschau gehalten wird. Mittlerweile haben auch schon einige Colleges ein Auge auf mich geworfen. Ehrlich gesagt hätte ich nichts dagegen, erst mal zu studieren. Aber beim Baseball ist es nicht wie beim Football oder Basketball. Wenn man die Chance geboten bekommt, direkt von der Highschool als Spieler in die Minor League zu wechseln, tut man das in der Regel auch.

Paps deutet mit seinem Messer auf mich. »Vergiss nicht, dass du am Samstag ein Präsentationsspiel hast.«

Wie könnte ich das vergessen. Überall im Haus hängen Kopien meines Terminplans.

»Willst du ihm nicht wenigstens dieses Wochenende mal eine Pause gönnen, Kevin?«, wirft meine Mutter halbherzig ein. Sie weiß, dass sie auf verlorenem Posten kämpft.

»Cooperstown macht am besten so weiter wie immer«, entgegnet Paps. »Wenn er sich jetzt hängen lässt, bringt das den Jungen auch nicht wieder zurück. Gott hab ihn selig.«

Nonnys kleine, hellwache Augen heften sich auf mich. »Ihr wisst hoffentlich, dass keiner von euch etwas für Simon hätte tun können, Cooper. Die Polizei muss der Sache auf den Grund gehen, das ist alles.«

Ich weiß nicht so recht. Officer Budapest hat mich immer wieder nach den verschwundenen EpiPens gefragt und wollte wissen, wie lang ich allein im Krankenzimmer gewesen bin. Es kam mir fast so vor, als würde er mich verdächtigen, irgendetwas damit angestellt zu haben, bevor Ms Grayson reinkam. Aber das hat er nicht offen ausgesprochen. Falls er glaubt, jemand von uns könnte seine Finger im Spiel gehabt haben, verstehe ich nicht, warum er sich nicht als Erstes Nate vorknöpft. Wenn man mich fragen würde – was niemand tut –, würde ich sagen, dass es schon ein bisschen merkwürdig ist, dass ein Typ wie er sich so gut mit diesen Adrenalin-Stiften auskennt.

Wir haben gerade den Tisch fertig abgeräumt, als es an der Tür klingelt. »Ich geh schon!«, schreit Lucas und läuft in den Flur. Ein paar Sekunden später brüllt er: »Es ist Keely!«

Nonny stützt sich auf ihren Stock mit dem Totenkopf-Knauf, um sich aus dem Stuhl zu hieven. Den Stock hat Lucas letztes Jahr für sie ausgesucht, als sie sich der Tatsache stellen musste, dass sie eine Gehhilfe braucht. »Ich dachte, du hättest gesagt, ihr würdet euch heute Abend nicht sehen, Cooper.«

»Hatten wir eigentlich auch nicht vor«, murmle ich, als Keely in die Küche kommt und lächelnd die Arme um mich schlingt.

»Wie geht's dir?«, raunt sie in mein Ohr und streift mit den Lippen leicht über meine Wange. »Ich habe den ganzen Tag an dich gedacht.«

»Ganz okay«, sage ich. Sie löst sich von mir, greift in ihre Tasche und zeigt mir lächelnd ein Tütchen aus Zellophan. *Red Vines* – definitiv kein Bestandteil meiner strengen Diät, aber meine absolute Lieblingsweingummisorte. Sie weiß, welche Knöpfe sie bei mir drücken muss. Und bei meinen Eltern, mit denen sie noch ein paar Minuten Small Talk macht, bevor sie zu ihrem Bowling-Abend aufbrechen.

Als Keely sich gerade mit meinem Bruder unterhält, vibriert mein Handy und ich ziehe es aus der Tasche. *Hey, Hübscher.*

Ich senke den Kopf, um das Lächeln zu verbergen, das sich unwillkürlich in meine Mundwinkel schleicht, und tippe verstohlen: *Hey.*

Sehen wir uns heute Abend?

Heute ist schlecht. Ich ruf dich später an, okay?

OK. Du fehlst mir.

Ich schaue unauffällig zu Keely rüber, die meinem Bruder mit leuchtenden Augen zuhört. Das Interesse ist nicht gespielt. Keely ist nicht nur wunderschön, sie ist das, was Nonny

»durch und durch bezaubernd« nennt. Ein absolut süßes Mädchen. Jeder Typ auf der Bayview wünscht sich, an meiner Stelle zu sein.

Du fehlst mir auch, schreibe ich zurück.

— 4 —

ADDY
Donnerstag,
27. September,
19:30 Uhr

Eigentlich sollte ich Hausaufgaben machen, bevor Jake vorbeikommt, stattdessen sitze ich in meinem Zimmer am Schminktisch und taste die Haut an meinem Haaransatz ab. An der linken Schläfe ist eine Stelle, die sich anfühlt, als würde sich dort einer dieser grauenhaften Monsterpickel entwickeln, die ich alle paar Monate kriege. Immer, wenn ich einen habe, denke ich, dass jeder, der mich ansieht, nur noch dieses ekelhafte Ding wahrnimmt.

Ich werde die Haare wohl eine Zeit lang offen tragen müssen, aber so gefallen sie Jake sowieso am besten. Meine Haare sind das Einzige an mir, von dem ich immer zu hundert Prozent überzeugt bin. Letzte Woche war ich mit meinen Freundinnen in Glenn's Diner und saß gegenüber von dem großen Wandspiegel neben Keely, die mir irgendwann durch die Haare strich und dabei grinsend unser Spiegelbild betrachtete. *Können wir bitte tauschen? Nur für eine Woche?*, sagte sie.

Ich habe gelächelt, obwohl ich lieber auf der anderen Seite des Tischs gesessen hätte, weil ich es hasse, Keely und mich nebeneinander zu sehen. Sie ist so wunderschön mit ihrem etwas dunkleren Teint, den langen Wimpern und ihrem Angelina-Jolie-Mund. In einem Film hätte sie die Hauptrolle und ich wäre die nette beste Freundin, deren Namen man schon vor dem Abspann wieder vergessen hätte.

Es klingelt an der Tür, aber ich weiß, dass es noch einen Moment dauern wird, bis Jake hochkommt. Zuerst wird Mom ihn mindestens zehn Minuten lang in Beschlag nehmen. Sie kann sich an dieser Sache mit Simon einfach nicht satthören, und wenn ich sie lassen würde, würde sie mich noch stundenlang darüber ausfragen, was bei dem Treffen mit Officer Budapest heute alles rausgekommen ist.

Während ich meine Haare in einzelne Strähnen teile und sie nacheinander sorgfältig bürste, wandern meine Gedanken wieder zu Simon. Seit der neunten Klasse hat er permanent die Nähe zu unserem Freundeskreis gesucht, hat aber nie zu uns gehört. Seine einzige echte Freundin war so ein Goth-Mädchen namens Janae. Ich dachte lange, sie wären zusammen, bis Simon irgendwann anfing, sämtliche meiner Freundinnen anzugraben und zu fragen, ob sie mal mit ihm ausgehen. Natürlich hatte er bei ihnen keine Chance. Wobei Keely sich letztes Jahr, kurz bevor sie und Cooper ein Paar wurden, mal fünf Minuten lang auf einer Party von ihm in einem Wandschrank küssen ließ, aber das ist nur passiert, weil sie total betrunken war. Es hat ewig gedauert, bis sie ihn danach wieder loswurde.

Ehrlich gesagt weiß ich nicht, was Simon sich dabei gedacht hat. Keely steht nur auf Sportler. Bei jemandem wie Bronwyn hätte er vielleicht mehr Chancen gehabt. Sie ist auf eine unauffällige Art ganz süß, hat interessante graue Augen, und wenn sie ihre Haare auch mal offen tragen würde, würden sie wahrscheinlich toll aussehen. Außerdem müssten sie und Simon sich ständig in ihren diversen Leistungskursen über den Weg gelaufen sein.

Wobei ich heute irgendwie das Gefühl hatte, dass Bronwyn Simon nicht sonderlich gemocht hat. Vielleicht auch gar nicht. Als Officer Budapest davon sprach, wie Simon starb, wirkte Bronwyn … keine Ahnung. Jedenfalls nicht traurig.

Es klopft, und während ich mir weiter die Haare bürste, beobachte ich im Spiegel, wie die Tür aufgeht, Jake reinkommt, seine Sneakers auszieht und sich mit ausgebreiteten Armen übertrieben erschöpft auf mein Bett fallen lässt. »Deine Mom macht mich fertig, Ads. Ich kenne niemanden, der ein und dieselbe Frage auf so viele unterschiedliche Arten stellen kann.«

»Wem erzählst du das.« Ich stehe auf und lege mich zu ihm. Er schlingt einen Arm um mich und ich schmiege mich an ihn, den Kopf auf seine Schulter gebettet, die Hand auf seiner Brust. Wir wissen genau, in welcher Position unsere Körper sich perfekt ineinanderfügen, und zum ersten Mal, seit ich heute ins Büro der Schulleiterin gerufen wurde, fange ich an, mich zu entspannen.

Ich streiche mit den Fingerspitzen über seinen Bizeps. Jake ist zwar nicht so definiert wie Cooper, der durch das viele Training auf Profisportlerniveau praktisch wie ein Superheld gebaut ist, aber für mich ist er die perfekte Mischung aus muskulös und sehnig. Und er ist schnell. Der beste Runningback, den die Bayview High seit Jahren hatte. Um ihn wird nicht derselbe Wirbel gemacht wie um Cooper, aber es gibt ein paar Colleges, die sehr an ihm interessiert sind, er hat also ziemlich gute Aussichten auf ein Stipendium.

»Mrs Kelleher hat mich angerufen«, sagt Jake.

Meine Hand hält auf seinem Arm inne und ich starre auf den blauen Baumwollstoff seines T-Shirts. »Was? Simons Mutter? Warum?«

»Sie hat mich gebeten, auf der Beerdigung am Sonntag einer der Sargträger zu sein.« Er zuckt mit den Achseln. »Ich hab natürlich Ja gesagt. Konnte ja schlecht ablehnen, oder?«

Manchmal vergesse ich, dass Simon und Jake auf der Grundschule und der Middle School befreundet waren, bevor Jake sich in einen Sportgott verwandelt hat und Simon in einen ... was auch immer. In der Neunten kam Jake ins Footballteam und freundete sich mit Cooper an, der damals schon eine Bayview-Legende war, weil er sein Team von der Middle School beinahe in die Little League World Series gepitcht hätte. In der Zehnten waren die beiden die Superstars unserer Stufe, und Simon war irgendein Nerd, den Jake mal gekannt hat.

Manchmal glaube ich, dass Simon nur deswegen mit *About That* angefangen hat, um Jake zu beeindrucken. Er hatte herausgefunden, dass einer von Jakes Football-Konkurrenten hinter den obszönen Nachrichten steckte, mit denen eine Gruppe von Mädchen aus der Neunten belästigt wurde, und postete die Info auf einer App, die *After School* heißt. Der Post bekam ein paar Wochen lang jede Menge Aufmerksamkeit – und damit auch Simon selbst. Das war vielleicht das erste Mal, dass er auf der Bayview wahrgenommen wurde.

Wahrscheinlich hat Jake ihm einmal auf die Schulter geklopft und die Angelegenheit danach wieder vergessen, aber Simon hatte Blut geleckt und entwickelte seine eigene App. Mit normalem Klatsch und Tratsch kommt man auf Dauer allerdings nicht weit, also begann er, Sachen zu posten, die viel fieser und persönlicher waren als das mit den obszönen Nachrichten. Von da an betrachtete ihn zwar niemand mehr als Helden, aber dafür bekamen die Leute Angst vor ihm, und ich glaube, für Simon war das fast genauso gut.

Trotzdem hat Jake Simon meistens in Schutz genommen, wenn jemand von unseren Freunden sich über *About That* beschwerte. *Es ist ja nicht so, als würde er Dinge behaupten, die nicht stimmen*, hat er immer gesagt. *Wer nicht hinter dem Rücken von anderen irgendwelchen Mist baut, kriegt auch keine Probleme.*

Bei Jake habe ich manchmal das Gefühl, dass es für ihn nur gut oder böse gibt. Schwarz oder weiß. Was vielleicht auch normal ist, wenn man selbst immer alles richtig macht.

»Wir würden morgen Abend trotzdem gern an den Strand, wenn das für dich okay ist«, sagt er jetzt und wickelt sich eine Haarsträhne von mir um den Finger. Er sagt es, als würde die Entscheidung von mir abhängen, dabei wissen wir beide, dass immer er es ist, der bestimmt, was wir machen und was nicht.

»Klar«, murmle ich. »Wer kommt alles?« *Sag jetzt bitte nicht TJ.*

»Cooper und Keely, wobei sie nicht wusste, ob er in der Stimmung dafür ist. Luis und Olivia. Vanessa, Tyler, Noah, Sarah …«

Bitte nicht TJ.

»… und TJ.«

Shit. Ich weiß nicht, ob ich es mir nur einbilde oder ob TJ, der noch nicht so lange zu unserem Freundeskreis gehört, sich langsam zum harten Kern vorarbeitet, während ich mir nichts mehr wünsche, als dass er komplett verschwindet. »Cool«, sage ich so lässig wie möglich und hebe den Kopf, um Jake auf die Wange zu küssen, die neuerdings um diese Uhrzeit immer ein bisschen stoppelig ist.

»Adelaide!« Die Stimme meiner Mutter hallt durchs Treppenhaus. »Wir sind dann weg.« Sie und Justin gehen beinahe jeden Abend aus, meistens nur zum Essen, aber manchmal feiern sie danach auch noch in irgendwelchen Szeneclubs.

Justin ist erst dreißig und macht immer noch gern Party. Meine Mutter hat fast genauso viel Spaß daran, vor allem, wenn die Leute glauben, sie wäre noch genau so jung wie er.

»Okay!«, rufe ich und höre, wie die Tür ins Schloss fällt. Einen Moment später beugt Jake sich über mich, um mich zu küssen, und lässt eine Hand unter mein Shirt gleiten.

Viele denken, dass wir schon seit der Neunten miteinander schlafen, aber das stimmt nicht. Jake wollte bis nach dem Abschlussball warten. Es war eine ziemlich große Sache; er reservierte ein Zimmer in einem teuren Hotel, das er mit Kerzen und Blumen dekorierte, und kaufte mir sexy Unterwäsche von Victoria's Secret. Ich glaube, ich hätte nichts dagegen gehabt, wenn es etwas spontaner abgelaufen wäre, aber ich weiß, dass ich mich mehr als glücklich schätzen kann, einen Freund zu haben, dem das erste Mal so wichtig war, dass er alles bis ins kleinste Detail geplant hat.

»Ist das okay?« Jake sieht mich fragend an. »Oder möchtest du lieber einfach nur ein bisschen abhängen?« Er zieht die Brauen hoch, als wäre die Frage ernst gemeint, dabei ist seine Hand bereits tiefer gewandert.

Ich weise Jake nie ab, weil ich immer an das denken muss, was meine Mutter auf der Fahrt zu meinem ersten Frauenarzttermin zu mir gesagt hat: *Wenn du zu oft Nein sagst, wird schon bald eine andere Ja sagen.* Außerdem will ich es genauso sehr wie er. Ich lebe für diese Momente, in denen Jake und ich uns so nah sind; ich würde in ihn hineinkriechen, wenn ich könnte.

»Mehr als okay«, sage ich und ziehe ihn auf mich.

NATE
Donnerstag, 27. September, 20:00 Uhr

Es gibt diese Häuser, von denen die Leute, die daran vorbeifahren, sagen: *Ich kann nicht fassen, dass tatsächlich jemand hier wohnt.* Tja, wir wohnen in so einem Haus, wobei »wohnen« ein dehnbarer Begriff ist. Ich bin so oft ich kann unterwegs, und mein Dad vegetiert im Grunde nur noch vor sich hin.

Unser Haus liegt am äußersten Stadtrand von Bayview und ist eine dieser heruntergekommenen Bruchbuden, die reiche Leute sich kaufen, um sie abreißen zu lassen und auf dem Grundstück etwas Neues zu bauen. Es ist klein und hässlich und hat nach vorne raus nur ein einziges Fenster. Der Kamin zerbröckelt schon, seit ich zehn war. Jetzt, sieben Jahre später, macht sich der Verfall ringsum bemerkbar: Überall blättert die Farbe ab, die Fensterläden hängen aus den Angeln, die Stufen der Verandatreppe haben tiefe Risse. Der Garten ist genauso ungepflegt. Das Gras steht fast kniehoch und ist nach der Sommerhitze völlig verdorrt. Früher hab ich es manchmal noch gemäht, bis mir irgendwann klar wurde, dass die Arbeit in diesem komplett verwilderten Garten ein Fass ohne Boden ist.

Mein Vater liegt komatös auf der Couch, als ich reinkomme, eine leere Flasche Seagram's neben sich. Dad sieht es als Glücksfall, dass er während eines Dachdeckerjobs vor ein paar Jahren, als er noch das war, was man einen »funktionierenden Alkoholiker« nennt, von der Leiter fiel. Er bekam eine Abfindung und einen Behindertenausweis, mit dem er Sozialhilfe beantragen konnte, was für einen Typen wie ihn praktisch ein Sechser im Lotto ist. Jetzt kann er in einem fort trinken und das Geld kommt trotzdem rein.

Allerdings ist es nicht viel Geld. Ich will wenigstens Kabelanschluss, muss mein Motorrad in Schuss halten und möchte von Zeit zu Zeit mal was anderes als Käsemakkaroni essen. Das erklärt, wie ich zu meinem Teilzeitjob gekommen bin und warum ich heute nach der Schule vier Stunden damit verbracht habe, in und um San Diego herum eine Plastiktüte voller Schmerzmittel zu verticken. Was ich natürlich besser bleiben lassen sollte, wenn man bedenkt, dass ich im Sommer wegen des Verkaufs von Gras eine Zeit lang gesessen habe und auf Bewährung bin. Aber es gibt nun mal nichts, womit sich so schnell und so einfach Geld verdienen lässt.

Ich gehe erst mal in die Küche und hole die Reste von den gebratenen Nudeln, die ich mir gestern beim Chinesen bestellt habe, aus dem Kühlschrank. An der Tür hängt ein Foto, das so rissig wie eine gesprungene Fensterscheibe ist und meinen Dad, meine Mutter und mich zeigt, als ich elf war. Kurz bevor sie sich dann aus dem Staub gemacht hat.

Sie hatte eine bipolare Störung und war nicht besonders zuverlässig, wenn es darum ging, regelmäßig ihre Medikamente zu nehmen. Es ist also nicht so, als hätte ich eine tolle Kindheit gehabt, solange sie noch da war. Meine früheste Erinnerung ist, wie ihr aus Versehen ein Teller aus der Hand rutschte, worauf sie sich mitten in die Scherben setzte und Rotz und Wasser heulte. Einmal bin ich aus dem Schulbus gestiegen, als sie gerade dabei war, alle unsere Sachen aus dem Fenster zu werfen. Sie konnte aber auch tagelang apathisch im Bett liegen.

Ihre manischen Phasen dagegen waren ein einziger Höhenflug. An meinem achten Geburtstag nahm sie mich in ein Kaufhaus mit, stellte einen Einkaufswagen vor mich und sagte, dass ich alles reintun dürfte, was ich haben wollte. Als ich neun war und total auf Reptilien abfuhr, überraschte sie mich eines Tages mit einer Bartagame samt Terrarium, das sie im Wohnzimmer aufgebaut hatte. Wir tauften die Echse nach dem legendären Comicautor Stan Lee auf den Namen Stan, und ich habe sie heute noch. Diese Viecher leben ewig.

Mein Vater hat damals noch nicht so viel getrunken, also kriegten sie es irgendwie hin, dafür zu sorgen, dass ich zur Schule ging und Sport machte. Irgendwann setzte meine Mutter ihre Medikamente eigenmächtig ab und begann, mit anderen bewusstseinsverändernden Substanzen zu experimentieren. Ja, genau, ich bin das Arschloch, das mit Drogen dealt, obwohl sie seine eigene Mutter kaputtgemacht haben. Aber um eins klarzustellen: Ich verkaufe ausschließlich Gras und Schmerzmittel. Hätte meine Mutter die Finger vom Kokain gelassen, wäre sie bestimmt nicht so abgestürzt.

Eine Zeit lang tauchte sie alle paar Monate wieder aus der Versenkung auf und kam zu uns zurück. Dann wurden die Besuche seltener, bis ich sie irgendwann nur noch ein- oder zweimal im Jahr sah. Das letzte Mal kam sie vorbei, als ich vierzehn war. Damals fing es an, mit meinem Dad den Bach runterzugehen. Mom redete die ganze Zeit von dieser landwirtschaftlichen Kommune in Oregon, wo sie mittlerweile wohnte, wie toll es dort war und dass sie mich zu sich nehmen würde und ich mit den ganzen anderen Hippiekindern zur Schule gehen und Bio-Beeren ernten könnte, oder was auch immer für einen Scheiß sie dort anbauten.

Sie kaufte mir einen riesigen Eisbecher bei Glenn's Diner, als wäre ich immer noch ein kleiner Junge, und schwärmte von ihrem neuen Leben. *Es wird dir gefallen, Nathaniel. Man wird dort so akzeptiert, wie man ist, und nicht in irgendwelche Schubladen gesteckt, wie das die Leute hier machen.*

Für mich hörte sich das schon damals nach ausgemachtem Quatsch an, aber es klang besser als mein Leben in Bayview. Also packte ich eine Tasche, verfrachtete Stan in seinen Reisekäfig und setzte mich auf die Veranda, um auf sie zu warten. Ich muss die halbe Nacht dort gesessen haben, wie ein verdammter Loser, bevor mir endlich dämmerte, dass sie nicht kommen würde.

Tja, wie sich herausstellte, hatte ich sie bei diesem Besuch in Glenn's Diner zum letzten Mal gesehen.

Während mein Essen in der Mikrowelle warm wird, schaue ich nach Stan, der noch einen kleinen Haufen welkes Gemüse und ein paar lebende Heimchen von heute Morgen in seinem Terrarium hat. Als ich die Abdeckung anhebe, blinzelt er von dem Stein, auf dem er liegt, träge zu mir hoch. Stan ist ziemlich gechillt und pflegeleicht, was der einzige Grund dafür ist, warum er es die letzten acht Jahre geschafft hat, in diesem Haus zu überleben.

»Alles klar, Alter?« Ich setze ihn mir auf die Schulter, schnappe mir mein Essen und lasse mich gegenüber von meinem komatösen Vater auf einen Sessel fallen. Im Fernsehen läuft das Finale der Baseball-Profiligen, das ich ausschalte, weil ich a) Baseball hasse und es mich b) an Cooper Clay erinnert, der mich wiederum an Simon Kelleher und diese ganze kranke Geschichte erinnert, die beim Nachsitzen passiert ist. Ich hab den Typen nie gemocht, aber es war echt schrecklich, ihm quasi beim Sterben zusehen zu müssen. Wenn man es genau nimmt, ist Cooper in der Situation genauso nutzlos gewesen wie das Blondchen. Bronwyn war die Einzige, die wirklich was unternommen hat, statt bloß rumzustehen oder irgendwelchen Müll von sich zu geben.

Meine Mutter hat Bronwyn gemocht. Auf Schulveranstaltungen ist sie ihr immer aufgefallen und sie hat irgendeine Bemerkung über sie gemacht. Wie bei dem Krippenspiel in der vierten Klasse, bei dem ich ein Schäfer war und Bronwyn die Heilige Jungfrau Maria spielte. Irgendjemand hatte vor der Aufführung das Jesuskind geklaut, wahrscheinlich um Bronwyn eins auszuwischen, weil sie schon damals immer alles viel zu ernst genommen hat. Und was machte Bronwyn? Sie borgte sich von jemandem aus dem Publikum eine Tasche, wickelte sie in eine Decke und trug sie mit sich herum, als wäre alles in bester Ordnung. *Das Mädchen lässt sich von niemandem ans Bein pinkeln,* hat meine Mutter danach anerkennend gesagt.

Okay. Um ganz ehrlich zu sein – derjenige, der damals das Jesuskind geklaut hat, war *ich*, und es ging definitiv darum, Bronwyn eins auszuwischen. Es wäre nur witziger gewesen, wenn sie deswegen ausgeflippt wäre.

In meiner Jacke piepst es und ich krame in den Taschen nach dem richtigen Handy. Fast hätte ich laut gelacht, als Bronwyn am Montag beim Nachsitzen meinte, niemand hätte zwei Handys. Ich habe sogar drei: eins für Leute, die ich kenne, eins für Lieferanten und eins für Kunden. Zusätzlich hab ich noch mehrere Reservetelefone, damit ich sie regelmäßig austauschen kann. Aber ich wäre garantiert nicht so dämlich, eins davon in Averys Unterricht mitzubringen.

Meine Arbeitshandys sind immer auf Vibrationsalarm gestellt, deswegen weiß ich, dass es eine private Nachricht ist. Ich hole mein altes iPhone raus und sehe, dass Amber mir geschrieben hat, die ich vor einem Monat auf einer Party kennengelernt habe. *Noch wach?*

Ich zögere. Amber ist echt heiß und bleibt nie länger als nötig, allerdings ist sie erst vor ein paar Tagen hier gewesen.

Meiner Erfahrung nach fängt es an, kompliziert zu werden, wenn solche Treffen öfter als einmal die Woche stattfinden. Aber ich bin unruhig und könnte Ablenkung gebrauchen.

Komm vorbei, antworte ich.

Ich will mein Handy gerade wieder wegstecken, als ich noch eine Nachricht kriege. Sie ist von Chad Posner, einem Typen von der Bayview High, mit dem ich ab und zu abhänge. *Hast du das schon gesehen?* Ich tippe auf den Link, den er mitgeschickt hat, worauf sich eine Tumblr-Seite mit der Überschrift »About This« öffnet.

Die Idee, Simon zu töten, kam mir, als ich *Dateline* schaute.

Ich hatte schon eine Weile darüber nachgedacht. Klar, so was beschließt man ja nicht einfach mal so. Aber die Frage, *wie* ich ungestraft damit davonkommen sollte, hat mich erst davon abgehalten. Ich bilde mir nicht ein, ein kriminalistisches Superhirn zu sein. Und in den Knast zu wandern ist definitiv keine Option, dafür sehe ich viel zu gut aus.

In der Folge, die an dem Tag lief, hatte ein Typ seine Frau umgebracht. Das übliche *Dateline*-Schema, oder? Es ist immer der Ehemann. Aber wie sich herausstellte, gab es eine Menge Leute, die über ihren Tod froh waren. Sie hatte gegen eine Arbeitskollegin intrigiert, die daraufhin gefeuert wurde, Leute aus dem Stadtrat über den Tisch gezogen und eine Affäre mit dem Mann einer Freundin. Im Grunde war sie ein absolutes Miststück.

Der Ehemann war nicht die hellste Leuchte im Universum. Er heuerte jemanden an, um seine Frau umbringen zu lassen, was sich letztlich ziemlich einfach über seine Telefonverbindungen nachweisen ließ. Weil es aber so viele andere Verdächtige gab, hatten die Ermittler ihn anfangs gar nicht wirklich auf dem Schirm. In dem Moment wurde mir klar, dass das die Art von

Mord ist, mit der man durchkommen kann: jemanden umzubringen, von dem sich jeder wünscht, er wäre tot.
Schauen wir den Tatsachen ins Auge: Jeder an der Bayview High hat Simon gehasst. Außer mir hatte bloß niemand den Mumm, etwas gegen ihn zu unternehmen.
Hey, gern geschehen.

Mir fällt fast das Handy aus der Hand. Mittlerweile ist noch eine andere Nachricht von Chad Posner reingekommen. *Wie krank kann man sein?*

Ich schreibe zurück: *Woher hast du das?*

Irgendjemand hat den Link per Mail geschickt, antwortet Chad mit einem vor Lachen heulenden Emoji. Er glaubt, dass irgendein Psycho sich einen Scherz erlaubt hat. Was wahrscheinlich die meisten Leute denken würden, wenn sie nicht gerade eine Stunde mit einem Polizeibeamten verbracht hätten, der auf zehn verschiedene Arten gefragt hat, wie Erdnussöl in Simon Kellehers Becher gelangen konnte. Zusammen mit drei anderen Leuten, die verdammt schuldbewusst gewirkt haben.

Keiner von denen hat viel Erfahrung, wenn es darum geht, cool zu bleiben, während ihnen die Scheiße um die Ohren fliegt. Zumindest nicht so viel wie ich.

5

BRONWYN
Freitag,
28. September,
18:45 Uhr

Ich bin erleichtert, als endlich Freitagabend ist. Maeve und ich haben es uns in ihrem Zimmer für einen »Buffy – im Bann der Dämonen«-Marathon auf Netflix gemütlich gemacht. Das ist unsere neueste Suchtserie, und ich hatte mich schon die ganze Woche darauf gefreut, aber wir sind trotzdem nur halb bei der Sache. Maeve hockt auf der Fensterbank und tippt auf ihrem Laptop herum, während ich mit meinem E-Reader auf ihrem Bett liege und nebenbei versuche, ein bisschen im *Ulysses* von James Joyce zu lesen. Das Buch steht auf Platz eins der Liste der hundert besten englischsprachigen Romane des zwanzigsten Jahrhunderts, und ich bin fest entschlossen, es bis zum Ende des Schuljahrs gelesen zu haben, komme aber nur zäh voran. Ich kann mich einfach nicht konzentrieren.

In der Schule wurde heute über nichts anderes als diesen Post bei Tumblr geredet. Irgendjemand hat gestern Abend den Link über eine »About This«-Gmail-Adresse herumgemailt und bis zur Mittagspause hatte ihn jeder gelesen. Yumiko hilft freitags immer im Sekretariat aus und hat mitbekommen, wie in der Schulleitung über die Möglichkeit gesprochen wurde, den oder die Verantwortlichen mithilfe der IP-Adresse ausfindig zu machen.

Ich bezweifle, dass sie damit Erfolg haben werden. Niemand, der auch nur halbwegs bei Sinnen ist, würde so etwas von seinem eigenen Rechner verschicken.

In den ersten Tagen nach dem Nachsitzen sind die Leute an der Schule ganz behutsam und fast übertrieben freundlich mit mir umgegangen, aber heute war die Stimmung anders. Sobald ich irgendwohin kam, verstummten alle schlagartig und schauten unbehaglich. Als ich Yumiko darauf ansprach, meinte sie: »Es ist nicht so, als würden sie denken, *du* hättest die Mail verschickt. Sie finden es nur ein bisschen komisch, dass ihr gestern von der Polizei vernommen worden seid und dann taucht plötzlich so ein Post auf.« Als ob mich das trösten würde.

»Stell dir vor.« Maeves Stimme reißt mich aus meinen Gedanken. Sie stellt ihren Laptop beiseite und klopft leise an die Fensterscheibe. »Nächstes Jahr um diese Zeit bist du in Yale. Was du wohl dort an einem Freitagabend so treiben wirst? Bestimmt bist du jede Woche auf einer anderen Party.«

Ich verdrehe die Augen. »Klar, weil man gleichzeitig mit seiner Zusage eine neue Persönlichkeit transplantiert bekommt. Außerdem bin ich noch nicht mal angenommen worden.«

»Nenn mir einen Grund, warum du nicht angenommen werden solltest.«

Ich rutsche unruhig auf ihrem Bett hin und her. *Da gibt es einige.* »Man kann nie wissen.«

Maeve trommelt weiter mit den Fingern gegen die Scheibe. »Wenn du bloß mir zuliebe so tiefstapelst, kannst du es ruhig bleiben lassen. Ich fühle mich ganz wohl in der Rolle der lahmen Ente in einer Familie von Überfliegern.«

»Du bist keine lahme Ente«, protestiere ich, aber sie grinst bloß und wedelt mit der Hand. Maeve ist einer der klügsten

Menschen, die ich kenne, fehlte aber bis zur neunten Klasse ziemlich oft im Unterricht. Mit gerade mal sieben Jahren erkrankte sie an Leukämie und gilt erst seit zwei Jahren, damals war sie vierzehn, als völlig geheilt.

Ein paarmal hätten wir sie fast verloren. Als ich in der Vierten war, habe ich einmal gehört, wie ein Priester im Krankenhaus meine Eltern fragte, ob sie daran gedacht hätten, »Vorkehrungen« zu treffen. Ich wusste, was das bedeutet. Ich senkte damals den Kopf und betete: *Bitte, lieber Gott, nimm sie uns nicht weg. Ich werde immer alles richtig machen, wenn du sie bei uns bleiben lässt. Ich werde perfekt sein. Ich verspreche es.*

Dadurch, dass Maeve fast die Hälfte ihres Lebens immer wieder in Krankenhäusern verbracht hat, hat sie nie so richtig aktiv am Leben teilnehmen können. Ich übernehme diesen Job für uns beide: bin Mitglied in verschiedenen Vereinen, gewinne Preise und sorge für Bestnoten, damit ich die Familientradition fortführen und nach Yale gehen kann. Das macht meine Eltern glücklich und nimmt Maeve hoffentlich etwas von dem Druck.

Maeve starrt mit ihrem üblichen träumerischen Blick aus dem Fenster. Sie sieht selbst wie ein lebendig gewordener Traum aus: Meine Schwester hat dieselben dunkelbraunen Haare wie ich, ist dabei aber blass und ätherisch und hat unglaublich helle bernsteinfarbene Augen. Ich will sie gerade fragen, woran sie denkt, als sie sich plötzlich aufrichtet, die Hände an die Schläfen legt und das Gesicht ans Fenster presst. »Sag mal … ist das da draußen etwa … Nate Macauley?« Als ich bloß schnaube, fügt sie hinzu: »Im Ernst. Schau selbst.«

Ich stehe auf und stelle mich neben sie ans Fenster. Trotz des abendlichen Dämmerlichts erkenne ich sofort, dass der Typ auf dem Motorrad in der Einfahrt tatsächlich Nate ist.

»Komisch.« Maeve und ich schauen uns einen Moment verdutzt an, dann verzieht sich ihr Mund zu einem Grinsen. »*Was?*«, sage ich. Meine Stimme klingt schnippischer als beabsichtigt.

»*Waaas?*«, macht sie mich kichernd nach. »Meinst du, ich weiß nicht mehr, wie du ihn in der Grundschule angeschmachtet hast? Ich war vielleicht krank, aber nicht tot.«

»Darüber macht man keine Scherze. *Gott.* Und außerdem ist das Lichtjahre her.« Nate steht immer noch in unserer Einfahrt. »Was will er hier?«

»Gibt nur eine Möglichkeit, es herauszufinden.« In Maeves Stimme schwingt ein nerviger Singsang mit, aber der warnende Blick, den ich ihr zuwerfe, prallt wirkungslos an ihr ab.

Mein Herz klopft wie wild, als ich die Treppe hinuntergehe. Nate und ich haben diese Woche in der Schule so oft miteinander geredet wie seit der fünften Klasse nicht mehr, was zugegebenermaßen immer noch nicht besonders viel ist. Jedes Mal, wenn wir uns begegnen, habe ich das Gefühl, er würde am liebsten sofort umdrehen und das Weite suchen. Trotzdem laufen wir uns ständig über den Weg.

Als ich die Haustür aufmache, geht das Flutlicht vor unserer Garage an, und es wirkt, als würden Nate und sein Motorrad auf einer Bühne stehen. Meine Nerven sind zum Zerreißen gespannt, als ich auf ihn zugehe, und ich bin mir überdeutlich der Tatsache bewusst, dass ich aussehe, wie ich immer aussehe, wenn ich es mir mit Maeve gemütlich mache: Flipflops, ein Hoodie und Shorts. Nicht dass *er* sich besondere Mühe mit seinem Aussehen gegeben hätte. Das Guinness-T-Shirt, das er anhat, habe ich diese Woche schon mindestens zweimal an ihm gesehen.

»Hi, Nate«, begrüße ich ihn. »Was gibt's?«

Er zieht seinen Helm ab und seine dunkelblauen Augen wandern kurz an mir vorbei zur Haustür. »Hey.« Das ist erst mal alles, was er sagt, und es entsteht eine unbehagliche Stille. Ich verschränke die Arme und schaue ihn abwartend an. Als er mich schließlich mit einem schiefen Lächeln ansieht, schlägt mein Magen einen kleinen Purzelbaum. »Eigentlich gibt es keinen bestimmten Grund, warum ich hier bin.«

»Willst du vielleicht kurz reinkommen?«, frage ich, ohne nachzudenken.

Er zögert. »Kann mir irgendwie nicht vorstellen, dass deine Eltern besonders viel davon halten würden.«

Das trifft es noch nicht mal ansatzweise. Für Dad gibt es kein schlimmeres Klischee, als dass alle Kolumbianer Drogendealer sind – wenn sich seine eigene Tochter mit einem Typen einlassen würde, der Drogen verkauft, wäre das wahrscheinlich, als würde sein schlimmster Albtraum wahr werden. Trotzdem sage ich: »Sie sind nicht da.« Bevor Nate auf irgendwelche falschen Gedanken kommen kann, schiebe ich hastig hinterher: »Ich hänge bloß ein bisschen mit meiner Schwester ab.«

»Okay, warum nicht.« Nate steigt von seinem Motorrad und geht hinter mir her ins Haus, als wäre es keine große Sache, also versuche ich, mich genauso lässig zu geben. Maeve lehnt an der Arbeitstheke, als wir in die Küche kommen, obwohl ich mir sicher bin, dass sie noch vor zehn Sekunden aus ihrem Zimmer zu uns runtergestarrt hat. »Kennst du meine Schwester, Maeve?«

Nate schüttelt den Kopf. »Nein, nicht persönlich. Hi, alles klar?«

»Bestens«, antwortet Maeve, die ihn ungeniert mustert.

Er zieht seine Jacke aus, wirft sie über einen Küchenstuhl

und ich habe keine Ahnung, was ich als Nächstes tun soll. Wie soll ich Nate Macauley … *unterhalten*? Im Grunde ist das doch auch gar nicht mein Job, oder? Schließlich ist er derjenige, der einfach so hier aufgetaucht ist. Eigentlich sollte ich das machen, was ich freitagsabends immer mache. Nur dass ich freitags selten mehr mache, als bei meiner Schwester im Zimmer zu hocken, alte Vampirserien zu schauen und dabei mit einem Auge *Ulysses* zu lesen.

Ich bin völlig überfordert.

Nate, dem mein Unbehagen nicht aufzufallen scheint, schlendert durch die offene Flügeltür ins Wohnzimmer. Maeve rammt mir den Ellbogen in die Seite, als wir ihm folgen, und murmelt: »*Que boca tan hermosa*.«

»Halt die Klappe«, zische ich. Dad spornt uns zwar immer dazu an, zu Hause seine Muttersprache zu sprechen, aber ich glaube nicht, dass er dabei an Kommentare wie diesen dachte. Außerdem könnte es durchaus sein, dass Nate fließend Spanisch spricht.

Er bleibt vor dem Flügel stehen und schaut uns über die Schulter an. »Wer von euch spielt?«

»Bronwyn«, sagt Maeve, bevor ich auch nur den Mund öffnen kann. Ich bleibe mit verschränkten Armen in der Tür stehen, als sie sich in Dads Lieblingsledersessel vor der Terrassentür fallen lässt. »Sie ist sogar richtig gut.«

»Ach, echt?«, fragt Nate im selben Moment, in dem ich »Nein, bin ich nicht«, sage.

»Und ob«, widerspricht Maeve und reißt unschuldig die Augen auf, als ich ihr einen finsteren Blick zuwerfe.

Nate geht zu dem hohen Regal aus Walnussholz, das eine ganze Wand einnimmt, und greift nach einem gerahmten Foto von Maeve und mir. Wir stehen vor dem Cinderella-

Schloss in Disneyland und strahlen beide mit Zahnlücken-Lächeln in die Kamera. Das Bild ist sechs Monate vor Maeves Diagnose aufgenommen worden und war lange Zeit das einzige Foto eines gemeinsamen Familienausflugs, das wir hatten. Er betrachtet es einen Moment lang und sieht dann mit einem kleinen Lächeln in meine Richtung. Maeve hatte recht mit dem, was sie über seinen Mund gesagt hat – er ist wunderschön. »Komm schon, spiel mir was vor.«

Ich seufze, dann nicke ich. Was soll's. Das ist zumindest einfacher, als mich mit ihm zu unterhalten.

Ich setze mich an den Flügel und rücke die Notenblätter auf dem Ständer zurecht. Es ist die Partitur »Kanon und Gigue in D-Dur«, die ich jetzt schon seit Monaten übe. Ich habe mit acht angefangen, Unterricht zu nehmen, und bin technisch ziemlich gut. Aber ich weiß, dass ich es bis jetzt nie geschafft habe, dass die Zuhörer etwas dabei *fühlen.* »Kanon und Gigue in D-Dur« ist das erste Stück, das in mir den Ehrgeiz geweckt hat, es zu versuchen. Irgendetwas an dem Aufbau der Partitur fesselt mich – sie beginnt ganz leise und zart und wird dann immer lauter und intensiver, bis sie schließlich beinahe in so etwas wie einem Wutausbruch mündet. Das ist dann auch der schwierigste Teil, weil die Noten ab einem bestimmten Punkt so schroff werden, dass sie beinahe schon misstönig klingen, und es will mir einfach nicht gelingen, sie mit der nötigen Kraft und Wucht zu spielen.

Ich habe das Stück schon seit über einer Woche nicht mehr geübt. Beim letzten Mal habe ich mich so oft verspielt, dass sogar Maeve zusammenzuckte. Sie scheint sich auch daran zu erinnern, weil sie jetzt plötzlich Nate anschaut und sagt: »Das Stück ist echt schwierig.« Als würde es ihr auf einmal leidtun, mich so in Verlegenheit gebracht zu haben. Aber jetzt ist es sowieso zu spät. Diese ganze Situation ist irgendwie zu surreal, als dass ich sie ernst nehmen könnte. Wenn ich morgen aufwachen und Maeve mir erzählen würde, ich hätte das alles nur geträumt, würde ich es ihr sofort glauben.

Als ich die ersten Tasten anschlage, fühlt es sich sofort anders an als sonst. Freier und nicht so holprig an den schwierigeren Stellen. Für ein paar Minuten vergesse ich beinahe, dass noch jemand mit mir im Raum ist, und genieße die Leichtigkeit, mit der mir die Noten zufließen, die mich sonst zum Stolpern bringen. Sogar das Crescendo klappt – ich nehme es zwar nicht so hart in Angriff, wie ich müsste, aber mein Spiel ist viel flüssiger und sicherer als sonst und ich verfehle keinen einzigen Ton. Als ich fertig bin, schaue ich mit einem triumphierenden Lächeln zu Maeve, und erst als mein Blick Richtung Nate wandert, fällt mir wieder ein, dass ich zwei Zuhörer hatte.

Er lehnt mit verschränkten Armen an unserem Bücherregal und sieht zum ersten Mal nicht gelangweilt aus und auch nicht so, als wollte er sich gleich über mich lustig machen. »Das ist das Schönste, was ich je gehört habe«, sagt er.

ADDY
Freitag,
28. September,
19:00 Uhr

Gott, meine Mutter. Die Frau hat tatsächlich den Nerv, mit Officer Budapest zu *flirten* – dem Polizeibeamten mit dem geröteten Sommersprossengesicht und den Geheimratsecken. »Adelaide wird selbstverständlich alles tun, um Ihnen zu helfen«, sagt sie mit rauchiger Stimme und kreist dabei mit dem Zeigefinger um den Rand ihres Weinglases. Justin isst heute bei seinen Eltern, die

Mom hassen und nie zu sich einladen, und das ist ihre Art, ihn dafür zu bestrafen, dass er sie so im Stich lässt. Dass er gar nichts davon mitbekommt, ist ihr egal.

Officer Budapest hat an der Tür geklingelt, als wir gerade mit unserem vegetarischen Pad Thai fertig waren, das Mom immer bestellt, wenn meine Schwester Ashton zu Besuch ist. Er scheint vor Verlegenheit nicht zu wissen, wo er hinschauen soll, und heftet den Blick schließlich auf ein Gebinde aus Trockenblumen, das an der Wohnzimmerwand hängt. Meine Mutter dekoriert das Haus alle sechs Monate um, und ihr aktueller Lieblingseinrichtungsstil ist ein seltsamer Mix aus Shabby Chic und Strandhüttenromantik – üppige Rosenbouquets und Muscheln so weit das Auge reicht.

»Es geht nur um ein paar nachträgliche Punkte, die ich gern noch kurz mit Ihnen besprechen würde, wenn Sie einverstanden sind, Addy«, sagt er.

»Natürlich«, sage ich. Eigentlich dachte ich, wir hätten schon alles geklärt, aber wahrscheinlich laufen die Ermittlungen immer noch auf vollen Touren. Der Chemiesaal war heute mit gelbem Flatterband abgesperrt und den ganzen Tag liefen Polizeibeamte durch die Schule. Cooper meinte, die Schulleitung würde womöglich Schwierigkeiten bekommen, weil das Erdnussöl ja anscheinend im Wasser war.

Ich betrachte meine Mutter, deren Augen auf Officer Budapest geheftet sind, aber gleichzeitig diesen abwesenden Ausdruck haben, den ich gut kenne. Gedanklich hat sie sich schon längst ausgeklinkt und stellt wahrscheinlich gerade ihre Outfits fürs Wochenende zusammen. Ashton kommt ins Wohnzimmer und setzt sich mir gegenüber in einen Sessel. »Sprechen Sie mit allen Schülern, die an diesem Tag nachsitzen mussten?«, fragt sie.

Officer Budapest räuspert sich. »Die Ermittlungen laufen, aber ich bin hier, weil ich Addy etwas Bestimmtes fragen wollte. Sie sind an dem Tag, an dem Simon starb, im Krankenzimmer gewesen, ist das richtig?«

Ich zögere und schaue kurz zu Ashton rüber, bevor ich wieder Officer Budapest ansehe. »Nein.«

»Doch«, sagt er. »Zumindest steht Ihr Name im Protokoll der Krankenschwester.«

Mein Blick wandert zum Kamin, aber ich spüre, wie sich Ashtons Blick in mich bohrt. Ich wickle mir eine Haarsträhne um den Zeigefinger und zupfe nervös daran herum. »Echt? Daran kann ich mich aber nicht erinnern.«

»Sie können sich nicht daran erinnern, am Montag das Krankenzimmer aufgesucht zu haben?«

»Na ja, ich bin öfter dort«, sage ich schnell. »Wenn ich Kopfschmerzen habe, hole ich mir eine Tablette.« Ich ziehe die Stirn in Falten, als würde ich angestrengt nachdenken, bevor ich Officer Budapest schließlich wieder anschaue. »Ach ja, stimmt. Jetzt fällt es mir wieder ein. Ich hatte meine Tage und total schlimme Krämpfe. Ich brauchte eine Tylenol.«

Officer Budapest ist offenbar extrem leicht in Verlegenheit zu bringen. Er läuft rot an, worauf ich höflich lächle und die Haarsträhne loslasse. »Sonst wollten Sie dort nichts? Nur eine Tylenol?«

»Warum wollen Sie das eigentlich wissen?« Ashton rückt das Kissen in ihrem Rücken zurecht. Wahrscheinlich pikst das Seestern-Muster aus echten Muscheln, mit dem der Bezug bestickt ist.

»Nun, eine der Fragen, denen wir im Moment nachgehen, ist die, warum zu dem Zeitpunkt, als Simon Kelleher einen allergischen Anfall hatte, offenbar kein einziger EpiPen im

Krankenzimmer zu finden war. Die Schwester schwört, dass morgens noch mehrere Pens da waren. Aber am Nachmittag waren sie plötzlich verschwunden.«

Ashton presst die Lippen zusammen. »Sie denken doch wohl etwa nicht, dass Addy etwas damit zu tun hat!« Mom wirft mir einen leicht überraschten Blick zu, sagt aber nichts.

Falls es Officer Budapest auffällt, dass meine Schwester in die Elternrolle geschlüpft ist, erwähnt er es nicht. »Das behauptet niemand. Mich würde interessieren, Addy, ob Sie vielleicht zufällig gesehen haben, ob die EpiPens noch da waren, als Sie im Krankenzimmer waren. Laut dem Eintrag der Schwester sind Sie um dreizehn Uhr dort gewesen.«

Mein Herz schlägt viel zu schnell, aber ich achte darauf, ruhig zu sprechen. »Ich weiß noch nicht mal, wie so ein EpiPen überhaupt aussieht.«

Der Officer lässt mich alles, woran ich mich vom Nachsitzen erinnere, *noch einmal* erzählen und stellt mir dann ein paar Fragen zu dem Tumblr-Post. Ashton hört besorgt zu und unterbricht ihn immer wieder mit Fragen, während Mom zweimal kurz in der Küche verschwindet, um sich Wein nachzuschenken. Ich schaue ständig auf die Uhr, weil ich mit Jake am Strand verabredet bin und vorher dringend noch mein Make-up auffrischen muss. So ein Monsterpickel deckt sich nicht von allein ab.

Als Officer Budapest endlich fertig ist, reicht er mir zum Abschied seine Karte. »Rufen Sie mich an, wenn Ihnen noch etwas einfällt, Addy«, sagt er. »Man weiß nie, was vielleicht noch wichtig sein könnte.«

»Okay.« Ich stecke die Karte hinten in meine Jeans, und er verabschiedet sich von Mom und Ashton, während ich ihm die Tür aufmache. Ashton lehnt sich neben mich an den Rahmen, und wir schauen schweigend zu, wie Officer Budapest in seinen Streifenwagen steigt und langsam aus unserer Einfahrt setzt.

Als mein Blick zur Straße wandert und ich dort Justin in seinem Wagen entdecke, der darauf wartet, dass Officer Budapest den Weg freigibt, kommt wieder Bewegung in mich. Ich will auf keinen Fall mit ihm reden müssen und muss mich außerdem dringend fertig machen. Neben dem Schlafzimmer von Mom und Justin, habe ich das größte Zimmer im Haus; früher hat es Ashton gehört, aber nach ihrer Heirat habe ich es übernommen. Sie breitet sich dort trotzdem immer noch so aus, als wäre sie nie ausgezogen.

»Du hast mir gar nichts von dieser Tumblr-Sache erzählt.« Sie macht es sich auf meiner weißen, mit einer Bordüre gesäumten Tagesdecke bequem und schlägt die neueste *Us Weekly* auf. Ashton ist noch blonder als ich, aber ihre Haare sind zu einem kinnlangen, gestuften Bob geschnitten, den unsere Mutter nicht ausstehen kann. Ich finde ihn total süß. Wenn Jake meine Haare nicht so sehr lieben würde, würde ich sie mir vielleicht auch so kurz schneiden lassen.

Ich setze mich an meinem Schminktisch und klopfe vorsichtig Concealer auf den Pickel an meiner Schläfe. »Ach, da hat sich bloß jemand einen geschmacklosen Scherz erlaubt, das ist alles.«

»Konntest du dich wirklich nicht mehr daran erinnern, dass du im Krankenzimmer warst oder wolltest du einfach nicht darauf antworten?«, fragt Ashton. Ich fummle am Deckel des Concealers herum, als plötzlich Rihannas »Only Girl« aus meinem Handy schallt und mich rettet. Ashton nimmt es vom Nachttisch, liest die eingegangene Nachricht und verkündet: »Jake ist gleich da.«

»Gott, Ash.« Ich werfe ihr über den Spiegel einen genervten Blick zu. »Du kannst doch nicht einfach so meine Nachrichten lesen. Was, wenn es irgendwas Privates gewesen wäre?«

»Sorry«, sagt sie in einem Tonfall, der deutlich macht, dass es ihr überhaupt nicht leidtut. »Ist alles okay zwischen dir und Jake?«

Ich drehe mich stirnrunzelnd auf dem Stuhl zu ihr um. »Klar. Wieso fragst du?«

Ashton hebt beschwichtigend die Hand. »Nur so.« Ihre Stimme verdüstert sich. »Gibt schließlich keinen Grund zu denken, dass es bei euch so enden muss wie bei mir. Charlie und ich sind ja auch nicht schon seit der Highschool zusammen.«

Ich sehe sie forschend an. Tatsächlich habe ich schon seit einer Weile das Gefühl, dass es nicht so wirklich gut zwischen ihr und Charlie läuft – zum einen, weil sie in letzter Zeit ziemlich oft hier ist, zum anderen, weil er letzten Monat auf der Hochzeit unseres Cousins extrem heftig mit einer nuttigen Brautjungfer geflirtet hat –, aber von sich aus hat Ashton bis jetzt noch kein Wort darüber verloren, dass sie vielleicht ein paar Probleme haben. »Läuft es echt so … mies?«

Sie wirft achselzuckend die Zeitschrift zur Seite und begutachtet ihre Nägel. »Es ist kompliziert. Verheiratet zu sein ist viel schwerer, als einem irgendjemand vorher sagt. Sei froh, dass du dich jetzt noch nicht für dein Leben entscheiden musst.« Ihre Lippen werden schmal. »Lass nicht zu, dass Mom dir irgendwelchen Quatsch einredet. Genieß es einfach, siebzehn zu sein.«

Das kann ich nicht. Ich hab viel zu viel Angst davor, dass ich jetzt schon alles kaputt gemacht haben könnte. Dass es sowieso zu spät ist.

Ich wünschte, ich könnte es Ashton einfach erzählen. Es wäre so eine Erleichterung, mir die ganze Sache von der Seele zu reden. Normalerweise spreche ich mit Jake über alles, aber *das* kann ich ihm nicht sagen. Und außer ihm gibt es praktisch keinen anderen Menschen auf der Welt, dem ich vertraue. Nicht meinen Freundinnen, ganz sicher nicht meiner Mutter, und in dem Fall auch nicht meiner Schwester, die, was Jake betrifft, ein schrecklich passiv-aggressives Verhalten an den Tag legen kann, obwohl sie es wahrscheinlich nur gut meint.

Als es unten an der Tür klingelt, verzieht Ashtons Mund sich prompt zu einem kleinen sarkastischen Lächeln. »Muss Mr Perfect sein.«

Ich beachte sie gar nicht, sondern laufe schnell die Treppe hinunter und reiße mit diesem glücklichen Lächeln, das ich einfach nicht unterdrücken kann, wenn ich Jake sehe, die Tür auf. Und da steht er in seiner Football-Trainingsjacke, die haselnussbraunen Haare vom Wind zerzaust, und hat genau dasselbe glückliche Lächeln im Gesicht wie ich. »Hey, Baby.«

In dem Moment, in dem ich ihm einen Kuss geben will, sehe ich, dass hinter ihm noch jemand steht und erstarre. »TJ fährt bei uns mit. Das ist doch okay, oder?«

Ich schlucke das nervöse Lachen herunter, das meine Kehle hochsteigt. »Klar.« Und dann hole ich den Kuss nach, aber jetzt ist es nicht mehr dasselbe.

TJs Blick wandert kurz zu mir, dann zu Boden. »Sorry für die Umstände. Mein Wagen ist nicht angesprungen und eigentlich wollte ich zu Hause bleiben, aber Jake hat darauf bestanden …«

Jake zuckt mit den Achseln. »Ich musste noch nicht mal einen Umweg fahren. Kein Grund, zu Hause zu hocken, nur weil dein Wagen streikt.« Er mustert mich kurz von Kopf bis Fuß. »Willst du das anlassen, Ads?«

Das ist keine Kritik, sicher nicht, aber ich trage Ashtons College-Sweatshirt, und Jake mag es nicht, wenn ich so unförmige Sachen anhabe. »Es wird später bestimmt kühl am Strand«, sage ich zaghaft und er grinst.

»Dafür bin ich doch da. Wenn dir kalt wird, wärme ich dich. Zieh was Hübscheres an, okay?«

Ich lächle gezwungen, kehre ins Haus zurück und trotte widerstrebend die Treppe hoch, weil Ashton garantiert noch in meinem Zimmer ist. Richtig geraten. Sie liegt nach wie vor auf meinem Bett, blättert wieder in der *Us Weekly* und hebt stirnrunzelnd den Blick, als ich zu meinem Schrank gehe. »So schnell wieder da?«

Ich hole ein Paar Leggings heraus und knöpfe meine Jeans auf. »Zieh mich nur schnell um.«

Ashton klappt die Zeitschrift zu und beobachtet schweigend, wie ich ihr Sweatshirt gegen einen eng anliegenden Pulli tausche. »Darin frierst du doch bestimmt. Es ist ziemlich kühl heute Abend.« Sie schnaubt ungläubig, als ich auch noch meine Sneakers ausziehe und in ein Paar Riemchensandalen schlüpfe. »Damit willst du an den *Strand*? Ist dieser Klamottenwechsel auf Jakes Mist gewachsen?«

Ich werfe das Sweatshirt und die Jeans in den Wäschekorb. »Bye, Ash.«

»Addy, warte.« Der bissige Ton ist aus Ashtons Stimme verschwunden, aber das ist mir egal. Bevor sie mich aufhalten kann, bin ich aus der Tür und trete in die kühle Abendluft, die mich sofort frösteln lässt. Aber Jake belohnt mich mit einem anerkennenden Lächeln und legt mir auf dem kurzen Weg zum Wagen den Arm um die Schultern.

Die Fahrt ist für mich eine einzige Tortur. Ich hasse es, dazusitzen und so tun zu müssen, als wäre alles super, während mir gleichzeitig speiübel ist. Ich hasse es, Jake und TJ zuzuhören, wie sie sich über das morgige Spiel unterhalten. Hasse es, als der neueste Track von Fall Out Boy kommt und TJ sagt, dass er den Song liebt, weil das bedeutet, dass ich ihn jetzt nicht mehr gut finden kann. Aber vor allem hasse ich die Tatsache, dass ich kaum einen Monat nach meinem und Jakes bedeutungsvollen ersten Mal so viel getrunken habe, dass ich mit TJ Forrester geschlafen habe.

Als wir am Strand ankommen, sind Cooper und Luis schon dabei, ein Lagerfeuer zu bauen. Jake stellt den Motor aus und stöhnt frustriert. »Wenn man nicht alles selber macht«, knurrt er, springt aus dem Wagen und läuft zu ihnen runter. »Hey, Leute. Das ist doch viel zu nah am Wasser!«

TJ und ich steigen ebenfalls aus und vermeiden es, uns anzusehen. Mir ist jetzt schon total kalt und ich schlinge die Arme um meinen Oberkörper, um mich zu wärmen. »Willst du vielleicht meine Jacke …«, beginnt TJ, aber ich lasse ihn nicht ausreden.

»*Nein*«, zische ich und stakse in meinen blöden Sandalen auf den Strand zu. Als ich auf dem sandigen Untergrund ins Stolpern komme und beinahe umknicke, ist TJ sofort neben mir und streckt einen Arm aus, um mich zu stützen.

»Addy, hey.« Seine Stimme ist leise, sein nach Minze duftender Atem streift flüchtig meine Wange. »Du musst dir keine Sorgen machen. Ich werde mit niemandem darüber reden.«

Ich sollte nicht wütend auf ihn sein. Es ist nicht seine Schuld. Ich bin diejenige, die plötzlich Panik bekommen hat, und immer, wenn Jake zu lange brauchte, um auf eine Nachricht zu antworten, Angst hatte, er könnte nach unserem ersten Mal das Interesse verloren haben. Ich bin diejenige, die mit TJ geflirtet hat, als wir uns in den Sommerferien genau an diesem Strand zufällig über den Weg gelaufen sind, während Jake mit seinen Eltern weg war. Ich bin diejenige, die TJ dazu angestachelt hat, eine Flasche Rum und Cola Light zu besorgen, und die ganz allein fast die Hälfte davon getrunken hat.

Als ich irgendwann so heftig lachen musste, dass mir das Zeug aus der Nase spritzte, was Jake total eklig gefunden hätte, sagte TJ bloß in seiner trockenen Art: »Wow, Addy, das war sexy. Du machst mich richtig heiß.«

Und auf einmal habe ich ihn geküsst und vorgeschlagen, zu ihm nach Hause zu gehen.

Nichts von dem, was passiert ist, ist also seine Schuld.

Als wir unten angekommen sind, schauen wir einen Moment schweigend zu, wie Jake das Holz an eine Stelle schleppt, die er für geeigneter hält, und ein neues Lagerfeuer baut. Ich sehe aus dem Augenwinkel zu TJ rüber, in dessen Wangen sich Grübchen bilden, als er lächelnd die Hand hebt, um die anderen Jungs zu grüßen. »Vergiss einfach, dass es passiert ist«, sagt er leise.

Ich schöpfe neue Hoffnung. Vielleicht können wir die Sache ja wirklich für uns behalten. Die Bayview High ist süchtig nach Klatsch und Tratsch, aber wenigstens muss niemand mehr Angst davor haben, auf *About That* bloßgestellt zu werden.

Und das ist, wenn ich ganz, ganz ehrlich bin, eine Riesenerleichterung.

6

COOPER
Samstag,
29. September,
16:15 Uhr

Ich fixiere mit leicht zusammengekniffenen Augen den Schlagmann des gegnerischen Teams. Es steht *full count*, das heißt, mein nächster Wurf ist entscheidend. Der Typ setzt mir ganz schön zu, und das ist gar nicht gut. Eigentlich hätte ich ihn in so einem Präsentationsspiel wie heute, mit einem Second Baseman, der Rechtshänder ist und eine eher mittelmäßige Statistik hat, schon längst fertigmachen müssen.

Das Problem ist, dass ich nicht konzentriert bin. Die Woche ist einfach verdammt hart gewesen.

Paps sitzt auf der Tribüne, und ich kann mir denken, was er gerade macht. Wahrscheinlich hat er sich die Baseballkappe vom Kopf gezogen und knetet sie nervös in den Händen, während er zum Pitcher's Mound starrt. Als würde es etwas bringen, mit seinen Blicken ein Loch in mich zu brennen.

Ich lege den Ball in meinen Handschuh und spähe zu Luis, der während der regulären Saison mein Catcher ist. Er spielt außerdem im Footballteam der Bayview High, ist aber vom heutigen Match freigestellt worden, damit er mich hier unterstützen kann. Luis zeigt mir einen Fastball an, aber ich schüttle den Kopf. Von denen habe ich jetzt schon insgesamt fünf geworfen und dieser Typ hat jeden einzelnen davon pariert. Ich gebe Luis mehrmals ein Zeichen, es auf meine Weise zu machen, bis er mir schließlich sein Okay signalisiert. Er verändert kaum merklich seine Hocke, aber dadurch, dass wir schon so lange zusammen spielen, kann ich aus der Bewegung herauslesen, was er denkt. *Wenn du unbedingt meinst, Mann – aber auf deine Verantwortung.*

Ich schließe die Finger um den Ball und spanne alle Muskeln meines Körpers an. Der Slider ist nicht meine sicherste Wurfart. Wenn ich ihn vermassle, wird der Typ ihn zerschmettern wie einen Softball.

Ich hole weit aus und werfe, so kraftvoll ich kann. Mein Pitch steuert direkt auf die Mitte der Homeplate zu, und der Batter schwingt siegessicher seinen Schläger. Aber kurz bevor der Ball bei ihm ankommt, verlässt er seine gerade Flugbahn und landet mit einem sattem Plopp in Luis' Handschuh. Im Stadion bricht begeisterter Jubel aus und der Schlagmann schüttelt den Kopf, als hätte er keine Ahnung, was da gerade passiert ist.

Ich rücke meine Kappe zurecht und versuche mir meine Erleichterung nicht anmerken zu lassen. An diesem Wurf arbeite ich schon das ganze Jahr.

Den nächsten Batter schalte ich mit drei knackigen Fastballs aus. Der letzte erreicht hundertfünfzig Stundenkilometer und ist damit mein bisher schnellster Pitch. Ziemlich gut für einen Linkshänder. Auch insgesamt ist meine Statistik nicht schlecht – innerhalb von zwei Innings drei Strikeouts, zwei Groundouts und ein Longfly, der doppelt gezählt hätte, wenn der rechte Außenfeldspieler keinen Diving Catch gemacht hätte. Diesen Pitch würde ich gern noch mal werfen, wenn ich könnte – mein Curveball hatte nicht die richtige Rotation –, aber davon abgesehen, bin ich ganz zufrieden mit dem Spiel.

Das Präsentationsspiel findet im PETCO Park, dem Baseballstadion von San Diego, statt, und auf den Tribünen sitzen ausschließlich geladene Gäste, weshalb mein Vater darauf bestanden hat, dass ich teilnehme, obwohl in einer Stunde der Gedenkgottesdienst für Simon anfängt. Die Organisatoren haben eingewilligt, mich als Ersten pitchen und früher gehen zu lassen, also verschwinden Luis und ich nach meinem Auftritt sofort unter die Dusche, damit wir es pünktlich nach Bayview zurückschaffen.

Als wir aus der Umkleidekabine nach draußen treten, wo Paps schon auf uns wartet, höre ich, wie jemand meinen Namen ruft. Ein Mann kommt auf mich zu und streckt mir mit einem gewinnenden Lächeln die Hand entgegen. Alles an ihm – von seiner perfekt sitzenden Kleidung bis zu seinem akkuraten Haarschnitt und der gesunden Bräune – strahlt Erfolg aus. »Josh Langley von den Padres«, stellt er sich vor. »Ich habe mich schon ein paarmal mit Ihrem Coach unterhalten. Freut mich sehr, Sie endlich mal persönlich zu treffen, Cooper.«

»Ganz meinerseits, Sir«, sage ich. Mein Vater grinst, als hätte ihm gerade jemand den Schlüssel zu einem Lamborghini in die Hand gedrückt, und schafft es gerade so, diesen Langley nicht vollzusabbern, als er sich ihm vorstellt.

»Höllischer Slider, den Sie da vorhin geworfen haben«, sagt Josh anerkennend zu mir. »Ist direkt von der Plate gefallen.«

»Vielen Dank, Sir.«

»Und Ihr Fastball hatte ordentlich Tempo. Da haben Sie seit dem Frühjahr mächtig dran gearbeitet, oder?«

»Das stimmt, ich habe ziemlich hart trainiert, um meine Armmuskulatur aufzubauen«, antworte ich.

»Gewaltiger Sprung innerhalb so kurzer Zeit«, bemerkt

Josh und für eine Sekunde hängt die Aussage wie eine Frage zwischen uns in der Luft. Doch dann lächelt er und klopft mir auf die Schulter. »Weiter so, mein Junge. Schön, hier vor Ort ein so vielversprechendes Talent auf dem Radar zu haben. Macht mir meinen Job leichter.« Er lässt noch mal sein Zahnpasta-Lächeln aufblitzen, nickt Dad und Luis zum Abschied zu und kehrt ins Stadion zurück.

Gewaltiger Sprung innerhalb so kurzer Zeit. Das stimmt. Dass sich jemand im Laufe von ein paar Monaten von hundertzweiundvierzig auf hundertfünfzig Stundenkilometer steigert, ist ungewöhnlich.

Paps schwallt mir auf der Rückfahrt die Ohren voll. Abwechselnd hält er mir Vorträge darüber, was ich bei meinem Spiel alles falsch gemacht habe, um sich dann wieder die Hände über die Begegnung mit Josh Langley zu reiben. Aber letzten Endes ist die Freude darüber, dass ich den Padres-Scout überzeugt habe, definitiv größer als die Unzufriedenheit über meine Startschwierigkeiten heute. »Wird Simons Familie auch da sein?«, fragt er, als er vor der Bayview High hält. »Falls ja, sprich ihnen in unserem Namen unser Beileid aus.«

»Keine Ahnung«, antworte ich. »Ist aber vielleicht nur eine schulinterne Gedenkfeier.«

»Und nehmt gefälligst eure Kappen ab, Jungs«, befiehlt Paps. Luis zieht seine sofort vom Kopf und steckt sie in die Tasche seiner Football-Jacke. Als ich zögere, klopft Paps ungeduldig aufs Lenkrad. »Nun mach schon, Cooper, das Ganze findet zwar unter freiem Himmel statt, aber es ist immer noch ein Gedenkgottesdienst. Lass sie im Wagen.«

Ich gehorche und steige aus, aber als ich die Beifahrertür zuwerfe und mir durch meine platt gedrückten Haare fahre, würde ich sie mir am liebsten zurückholen. Ich fühle mich irgendwie nackt und verwundbar und die Leute haben mich diese Woche schon genug angestarrt. Wenn es nach mir ginge, würde ich mit meinem Vater nach Hause fahren, mit Nonny und meinem Bruder Baseball schauen und mir einen ruhigen Abend machen, aber als einer der letzten Menschen, die Simon lebend gesehen haben, kann ich unmöglich bei seinem Gedenkgottesdienst fehlen.

Während wir auf die auf dem Footballfeld versammelte Menge zugehen, schreibe ich Keely eine Nachricht, um herauszufinden, wo sie und die anderen sind. Sie antwortet, dass sie ziemlich weit vorne stehen, und wir ducken uns unter der Tribüne hindurch bis zur Seitenlinie, um von dort aus nach ihnen Ausschau zu halten. Weil mein Blick auf die Menge gerichtet ist, sehe ich das Mädchen vor mir erst, als ich fast mit ihr zusammenstoße. Sie lehnt an einem Pfosten, hat die Hände in die Taschen ihres riesigen Hoodies gesteckt und schaut zum Footballfeld rüber.

»Sorry«, entschuldige ich mich, und in dem Moment wird mir klar, wer sie ist. »Oh, hey, Leah. Kommst du auch mit rüber aufs Feld?« Kaum ist der Satz draußen, wünsche ich mir, ich könnte ihn wieder zurücknehmen. Wenn jemand garantiert nicht hergekommen ist, um Simon zu betrauern, dann ist es Leah Jackson. Seinetwegen hat sie letztes Jahr versucht, sich das Leben zu nehmen. Er hat über sie geschrieben, sie hätte es mit diversen Neuntklässlern getrieben, worauf sie monatelang in den sozialen Netzwerken fertiggemacht wurde. Sie hat sich bei sich zu Hause im Badezimmer die Pulsadern aufgeschnitten und für den Rest des Jahres in der Schule gefehlt.

»Danke, ich verzichte«, schnaubt Leah. »Endlich hat es mal den Richtigen erwischt.« Sie starrt finster zu der Ansammlung von Schülern und Lehrern rüber und verreibt mit der

Spitze ihres Stiefels den weißen Kalk der Seitenlinienmarkierung. »Niemand konnte ihn ausstehen, aber alle halten eine Kerze in der Hand, als wäre er ein verdammter Märtyrer gewesen und kein geschwätziges Arschloch.«

Sie hat nicht ganz unrecht, wobei ich mir nicht sicher bin, ob das jetzt der richtige Zeitpunkt für die ungeschminkte Wahrheit ist. Trotzdem werde ich Simon ganz bestimmt nicht ausgerechnet vor Leah in Schutz nehmen. »Es gehört sich eben irgendwie, einem Verstorbenen die letzte Ehre zu erweisen«, sage ich ausweichend.

»Heuchler, allesamt«, murmelt sie und rammt die Hände noch tiefer in ihre Taschen. Dann verändert sich ihr Gesichtsausdruck plötzlich und sie zieht mit einem vielsagenden kleinen Lächeln ihr Handy raus. »Habt ihr schon das Neueste gesehen?«

»Was meinst du?«, frage ich mit einem unguten Gefühl. Manchmal ist das Beste an Baseball, dass man während des Spiels sein Handy nicht checken kann.

»Vorhin ist wieder so ein Tumblr-Post per Mail rumgeschickt worden.« Leah wischt ein paarmal auf ihrem Smartphone herum und reicht es mir dann. Ich fange widerstrebend an zu lesen, während Luis mir über die Schulter schaut.

Zeit, ein paar Dinge klarzustellen.
Simon hatte eine schwere Erdnussallergie – warum also nicht einfach einen Erdnussriegel in sein Sandwich stecken und fertig? Ich habe Simon Kelleher monatelang beobachtet. Er hat sich sein Essen immer zentimeterdick in Frischhaltefolie eingewickelt von zu Hause mitgebracht und ausschließlich aus seiner eigenen verdammten Wasserflasche getrunken, die er ständig mit sich herumgeschleppt hat.

Allerdings hat er es keine zehn Minuten ausgehalten, ohne an seiner Flasche zu nuckeln, also dachte ich mir, dass er sich notfalls bestimmt mit Leitungswasser begnügen würde, wenn sie weg wäre, und habe sie ihm geklaut.

Ich habe sehr lange darüber nachgedacht, wie ich es anstellen könnte, ihm Erdnussöl ins Wasser zu mischen. Es musste auf jeden Fall in einem Raum stattfinden, aus dem er nicht so einfach wegkam und in dem es keinen Wasserspender gab. So bin ich dann irgendwann auf den Chemiesaal gekommen und habe dafür gesorgt, dass er von Mr Avery zum Nachsitzen verdonnert wird.

Es hat mir ziemlich zugesetzt, Simon sterben zu sehen. Ich bin kein Unmensch. Der Moment, in dem er dunkelrot anlief und keine Luft mehr bekam ... Puh. Wenn ich gekonnt hätte, hätte ich eingegriffen und das Schlimmste verhindert.

Aber das konnte ich nicht. Weil ich seinen EpiPen an mich genommen und entsorgt hatte. Genau wie sämtliche EpiPens aus dem Krankenzimmer.

Mein Herz beginnt zu hämmern und mein Magen krampft sich zusammen. Der erste Post war schon schlimm genug, aber der hier ... der hier ist so geschrieben, als wäre die Person tatsächlich mit dabei gewesen, als Simon den Anfall hatte. Als wäre es einer von uns gewesen.

Luis schnaubt. »Was für eine kranke Scheiße.«

Leah sieht mich aufmerksam an, als ich ihr das Handy kopfschüttelnd zurückgebe. »Hoffentlich finden sie bald raus, wer dahintersteckt. Luis hat recht, das ist echt krank.«

»Kann schon sein«, sagt sie achselzuckend und schiebt das Handy in die Tasche zurück. »Okay, ich bin dann mal wieder weg. Euch noch viel Spaß beim *Trauern*.«

»Bis dann, Leah.« Während Luis und ich zur 10-Yard-Linie

vorlaufen und uns durch die Menge schieben, muss ich mich die ganze Zeit beherrschen, nicht einfach umzudrehen und ebenfalls von hier zu verschwinden. Als wir Keely und die anderen schließlich gefunden haben, reicht sie mir eine Kerze, die sie mit ihrer eigenen anzündet, und hakt sich bei mir unter.

Ein paar Minuten später tritt die Schulleiterin Mrs Gupta ans Mikrofon und klopft ein paarmal dagegen, bevor sie zu sprechen beginnt. »Was für eine entsetzliche Woche für unsere Schule«, sagt sie. »Aber wie tröstlich, Sie heute Abend alle hier versammelt zu sehen.«

Ich sollte mit den Gedanken bei Simon sein, aber in meinem Kopf schwirren zu viele andere Dinge herum. Keely, die sich ein bisschen zu sehr an meinen Arm klammert. Leah, die Dinge ausspricht, die andere nur denken. Der neue Tumblr-Post, der kurz vor Simons Gedenkgottesdienst herumgeschickt wurde. Und Josh Langley mit seinem Zahnpasta-Lächeln und dem Spruch: *Gewaltiger Sprung innerhalb so kurzer Zeit.*

Genau das ist das Problem mit Wettbewerbsvorteilen. Manchmal sind sie zu gut, um wahr zu sein.

NATE
Sonntag,
30. September,
12:30 Uhr

Ich hätte es schlimmer erwischen können mit meiner Bewährungshelferin. Sie ist um die dreißig, sieht nicht schlecht aus und hat Humor. Aber wenn es um die Schule geht, ist sie eine Nervensäge vor dem Herrn.

»Wie ist deine Geschichtsprüfung gelaufen?« Wir sitzen in der Küche und halten unser übliches Sonntagstreffen ab. Stan hockt auf dem Tisch und leistet uns Gesellschaft, womit sie kein Problem hat, weil sie ihn mag. Meinen Dad hab ich nach oben geschafft, wie immer, bevor Officer Lopez vorbeikommt. Es gehört zu ihren Aufgaben, nachzuprüfen, ob ich so was wie elterliche Fürsorge genieße und unter Aufsicht stehe. Sie hat sofort gecheckt, was mit ihm los ist, als sie ihn das erste Mal sah, aber ihr ist auch klar, dass ich nirgendwo sonst hinkann und ein Heim unter Umständen noch viel übler ist als ein alkoholkranker Erziehungsberechtigter, der es nicht schafft, seinen Erziehungspflichten nachzukommen. Es ist einfacher für sie, so zu tun, als würde sie ihn für einen verantwortungsbewussten Vater halten, wenn er seinen Rausch nicht gerade im Wohnzimmer ausschläft.

»Wie soll sie schon gelaufen sein«, sage ich.

Sie wartet geduldig, dass ich weiterspreche. Als von mir nichts mehr kommt, fragt sie: »Hattest du genügend gelernt?«

»Gab noch ein paar andere Dinge, mit denen ich beschäftigt war«, erinnere ich sie. Sie hat die Sache mit Simon über ihre Kollegen bei der Polizei erfahren, und das war das Erste, worüber wir geredet haben, als sie heute vorbeikam.

»Verstehe. Aber es ist wichtig, in der Schule dranzubleiben, Nate. Das ist Teil unserer Abmachung.«

Es vergeht echt kein Treffen, bei dem sie mir nicht mit dieser verdammten Abmachung kommt. Das San Diego County greift bei Drogendelikten, die unters Jugendstrafrecht fallen, mittlerweile sehr viel härter durch, und Officer Lopez ist der Meinung, dass ich von Glück sagen kann, mit einer Bewährungsstrafe davongekommen zu sein. Eine negative Beurteilung von ihr und ich könnte erneut vor Gericht landen, nur dass die Richter mir diesmal womöglich nicht so wohlgesinnt wären. Und sollte ich noch mal mit Drogen erwischt werden, würde ich ziemlich sicher sofort in den Jugendstrafvollzug wandern. Also sammle ich jeden Sonntagvormittag, bevor sie kommt, meine Vorräte und Prepaid-Handys ein und verstecke sie im Schuppen unseres senilen Nachbarn. Nur für den Fall.

Officer Lopez hält Stan die Hand hin, der langsam darauf zukriecht, aber auf halbem Weg das Interesse verliert. Sie hebt ihn hoch und setzt ihn sich auf den Unterarm. »Wie ist es dir diese Woche sonst so ergangen? Erzähl mir von einem positiven Erlebnis.« Das ist auch so was, womit sie mich bei jedem Treffen nervt, als wäre das Leben ein einziger beschissener Supermarkt, in dem ich mich umsonst bedienen kann, um dann sonntags meine Ausbeute vor ihr auszubreiten.

»Ich hab bei *Grand Theft Auto* den Highscore geknackt.«

Sie verdreht die Augen. Noch so was, das sie hier ziemlich oft tut. »Mich würde viel mehr interessieren, welche Fortschritte du in Bezug auf deine Ziele gemacht hast.«

Großer Gott. Meine *Ziele*. Bei unserem ersten Treffen hat sie darauf bestanden, dass ich eine Liste von Dingen erstelle, die ich gern erreichen würde. Darin steht absolut nichts, was mir wirklich wichtig wäre, bloß irgendwelches Zeug, von dem ich weiß, dass sie es gern hören würde – besser in der Schule mitarbeiten, mir einen ordentlichen Job suchen und so weiter. Was das Thema Freunde angeht, ist sie mittlerweile dahintergekommen, dass ich keine habe. Es gibt Leute, mit denen ich auf Partys gehe, Leute, denen ich Drogen verkaufe, und Mädchen, mit denen ich ficke, aber von denen würde ich keinen einzigen als Freund oder Freundin bezeichnen.

»Tja, meine Ziele … da hab ich diese Woche eher nicht so große Fortschritte gemacht.«

»Hast du mal in die Unterlagen von ›Alateen‹ geschaut, die ich dir das letzte Mal dagelassen habe?«

Nope. Ich brauche keine Broschüre, die mir sagt, wie beschissen es ist, einen Säufer als alleinerziehenden Vater zu haben, und erst recht keine Selbsthilfegruppe, um mit einem Haufen Jammerlappen in irgendeinem Kirchengemeindesaal im Kreis zu hocken und darüber zu reden. »Klar«, lüge ich. »Ich denk noch drüber nach.«

Officer Lopez ist nicht blöd, sie weiß, dass ich ihr bloß was vormache, aber sie lässt es erst mal so stehen. »Das freut mich. Dich mit anderen jungen Leuten, die in einer ähnlichen Situation sind, auszutauschen würde dir neue Perspektiven eröffnen.«

Sie lässt nicht locker. Das muss man ihr lassen. Selbst wenn wir mitten in einer Zombie-Apokalypse von Untoten umzingelt wären, würde sie trotzdem noch versuchen, darin irgendetwas Gutes zu finden. *Hey, ihr habt doch nach wie vor ein Gehirn im Kopf, oder? Dann kämpft gegen euer Schicksal an!* Sie würde eben bloß wahnsinnig gern nur ein einziges Mal irgendwas wirklich Positives von mir hören. Zum Beispiel, dass ich den Freitagabend mit der zukünftigen Yale-Absolventin Bronwyn Rojas verbracht habe, ohne mich zu blamieren. Aber das ist nichts, worüber ich mit Officer Lopez sprechen will.

Ich weiß nicht, warum ich bei ihr aufgekreuzt bin. Ich war super unruhig, hab immer wieder auf das Vicodin gestarrt, das ich nach meiner Lieferung noch übrig hatte, und mich gefragt, ob ich mir vielleicht ein paar einwerfen und herausfinden soll, warum die Leute das Zeug so geil finden. Ich hab immer die Finger davon gelassen, weil ich sonst irgendwann mit ziemlicher Sicherheit neben meinem Dad auf der Wohnzimmercouch landen würde und wir schließlich auf die Straße gesetzt werden würden, weil wir die Rate für die Hypothek nicht bezahlt haben.

Also bin ich stattdessen zu Bronwyn gefahren. Ich hätte nicht damit gerechnet, dass sie mich sieht und rauskommt. Geschweige denn, dass sie mich reinbittet. Es ist was Seltsames passiert, als ich dem Klavierstück zugehört hab, das sie gespielt hat. Ich hab fast so was wie … *inneren Frieden* empfunden.

»Wie werdet ihr alle mit dem Tod von Simon fertig? War die Beerdigung schon?«

»Die ist heute. Die Schule hat alle per Mail informiert.« Ich schaue zur Uhr in der Mikrowelle rüber. »In ungefähr einer halben Stunde.«

Ihre Brauen schießen in die Höhe. »Nate. Da solltest du hingehen. Erweise ihm die letzte Ehre, gib dir selbst die Möglichkeit, dieses traumatische Erlebnis zu verarbeiten. Damit würdest du definitiv etwas Positives für dich erreichen.«

»Nein danke.«

Sie räuspert sich und sieht mich scharf an. »Dann lass es mich mal so ausdrücken, Nate Macauley: Entweder du gehst zu dieser verdammten Beerdigung, oder ich werde in meiner nächsten Beurteilung kein Auge mehr zudrücken, was deine Fehlzeiten in der Schule betrifft.«

Und so lande ich mit meiner Bewährungshelferin auf Simon Kellehers Beerdigung.

Wir kommen etwas zu spät und die St. Anthony's Church ist so brechend voll, dass wir uns förmlich in die letzte Bankreihe quetschen müssen. Die Messe hat noch nicht angefangen, trotzdem herrscht absolute Stille, und als der alte Typ vor uns hustet, hallt es durch den ganzen Kirchenraum. Der

Weihrauchgeruch versetzt mich in meine Grundschulzeit zurück, als meine Mutter mich jeden Sonntag zur Messe mitgenommen hat. Seitdem bin ich in keiner Kirche mehr gewesen, aber es sieht eigentlich alles immer noch genauso aus wie früher: roter Teppich, glänzendes dunkles Holz, hohe Buntglasfenster.

Der einzige Unterschied ist, dass es hier vor Bullen nur so wimmelt.

Nicht in Uniform. Aber ich erkenne sie trotzdem. Man sieht es ihnen einfach an. Als irgendwann ein paar von ihnen in meine Richtung schauen, krieg ich leichte Paranoia und frage mich, ob Officer Lopez mich vielleicht nur deshalb dazu gedrängt hat, auf die Beerdigung zu gehen, um mich in irgendeine Falle zu locken. Dabei hab ich gar nichts bei mir. Aber warum starren die dann die ganze Zeit zu mir rüber?

Und nicht nur zu mir. Sie schauen auch immer wieder zu Bronwyn, die mit ihren Eltern weiter vorne sitzt, und zu Cooper und dem blonden Mädchen, die sich mit ihrer Clique in eine der mittleren Reihen gesetzt haben. Mein Nacken fängt an unangenehm zu kribbeln und ich spanne unwillkürlich die Muskeln an, bereit, aufzuspringen und loszurennen, bis Officer Lopez mir wortlos eine Hand auf den Arm legt und ich mich wieder etwas beruhige.

Kurz darauf treten nacheinander ein paar Leute vor, die Trauerreden halten und irgendwas über Simon erzählen. Es ist niemand dabei, den ich kenne, bis auf dieses Goth-Mädchen, das ihm überallhin gefolgt ist. Sie liest mit zitternder Stimme ein seltsames weitschweifiges Gedicht vor.

Vergangenheit und Gegenwart schwinden – ich habe sie gefüllt, habe sie geleert,
Und fahre fort, meine nächste Falte der Zukunft auszufüllen.

Lauscher dort oben, was hast du mir anzuvertrauen?
Schau' mir ins Gesicht, während ich die Abendkühle einatme,
(Sprich aufrichtig, es hört dich außer mir niemand, und nur eine Minute verweile ich länger.)

Wie? Ich widerspreche mir selbst?
Nun gut, so widerspreche ich mir selbst.
(Ich bin ja umfangreich, ich enthalte Massen.)

Willst du sprechen, eh' ich fortgehe? Oder ist es bereits zu spät?

Ich scheide wie die Luft; ich schüttle meine weißen Locken gegen die enteilende Sonne hin,
Ich ergieße mein Fleisch in Wirbeln und lasse es hintreiben in fadigen Streifen.

Ich vermache mich dem Schmutz, um aus dem Grase, das ich liebe, emporzutreiben,
Wenn du mich wieder brauchst, so suche mich unter deinen Stiefelsohlen.

Kaum wirst du wissen, wo ich bin, oder was ich meine,
Trotz allem aber werde ich dir gut bekommen,
Und klären und kräftigen dein Blut.

Wenn du mich nicht sogleich verstehst, bleibe dennoch guten Mutes,

Findest du mich nicht an einer Stelle, so suche mich an einer andern,
Irgendwo halte ich mich auf und warte auf dich.

»*»Gesang von mir selbst«*«, murmelt Officer Lopez, als das Mädchen fertig ist. »Interessant, dass sie das ausgesucht hat.«

Danach werden noch irgendwelche Kirchenlieder gespielt und Psalmen gelesen, und dann ist es endlich vorbei. Der Priester erklärt, dass die Beisetzung nur im Kreis der Familie stattfindet. Soll mir recht sein. Noch nie in meinem Leben wollte ich so dringend von einem Ort verschwinden, aber als ich gerade Anstalten mache, aufzustehen, um mich noch vor der Trauerprozession nach draußen zu schleichen, legt mir Officer Lopez wieder die Hand auf den Arm.

Eine Gruppe von Zwölftklässlern trägt Simons Sarg aus der Kirche, gefolgt von ein paar Dutzend schwarz gekleideten Leuten. Das Schlusslicht bilden ein Mann und eine Frau, die sich an den Händen halten. Die Frau hat dasselbe schmale, kantige Gesicht wie Simon. Ihr Blick ist auf den Boden geheftet, aber als sie an unserer Reihe vorbeikommt, aufschaut und mich sieht, schluchzt sie fast wütend auf.

Der Gang füllt sich mit immer mehr Leuten und jemand quetscht sich zu Officer Lopez und mir in die Bank. Es ist einer von den Cops in Zivil, ein älterer Typ mit einem Igelschnitt, dem man sofort ansieht, dass er von ganz anderem Kaliber als Officer Budapest ist. Er lächelt, als wären wir uns schon mal begegnet.

»Nate Macauley?«, sagt er. »Hätten Sie einen Moment Zeit für mich, mein Junge?«

7

ADDY
Sonntag,
30. September,
14:05 Uhr

Ich schirme die Augen mit der Hand vor der Sonne ab und suche in der Menge vor der Kirche nach Jake. Als ich ihn entdecke, setzen er und die anderen Sargträger gerade Simons Sarg auf einer Art Rollbahre ab und treten zur Seite, damit die Mitarbeiter des Beerdigungsinstituts ihn zum Bestattungswagen schieben können. Ich senke den Blick, weil ich nicht zusehen will, wie Simons Leichnam wie ein übergroßes Gepäckstück in den Laderaum eines Wagens verfrachtet wird, als mir plötzlich jemand auf die Schulter tippt.

»Adelaide Prentiss?« Eine ältere Frau in einem unförmigen blauen Hosenanzug sieht mich mit höflich-routiniertem Lächeln an. »Hallo. Detective Laura Wheeler vom Bayview Police Department. Ich hätte da noch ein paar Fragen zu dem Gespräch, das Sie letzte Woche mit Officer Budapest im Fall Simon Kelleher geführt haben. Würden Sie mich bitte kurz aufs Department begleiten?«

Ich starre sie einen Moment lang überrumpelt an, fahre mir mit der Zunge nervös über die Lippen und würde sie gern nach dem Grund fragen. Aber sie wirkt so gelassen und sicher, als wäre es das Normalste auf der Welt, mich direkt nach einer Beerdigung auf das Police Department zu bitten, dass es mir unhöflich vorkommt, irgendwas daran in infrage zu stellen. Jake kommt auf uns zu und sieht Detective Wheeler neugierig lächelnd an. Er sieht unglaublich gut aus in seinem dunklen Anzug. Ich schaue verunsichert zwischen den beiden hin und her. »Ist das nicht … Ich meine … können wir uns nicht hier unterhalten?«, stammle ich.

Detective Wheeler zieht eine kleine Grimasse. »Zu viele Menschen, finden Sie nicht? Das Revier ist gleich hier um die Ecke.« Sie nickt Jake mit einem schmalen Lächeln zu. »Detective Laura Wheeler, Bayview Police Department. Ich würde Addy gern kurz entführen und noch einige offene Fragen zum Tod von Simon Kelleher mit ihr klären.«

»Natürlich«, sagt er, als wäre damit alles in bester Ordnung. »Schick mir eine Nachricht, wenn ich dich danach abholen und nach Hause bringen soll, Ads. Luis und ich bleiben in der Stadt. Wir sterben vor Hunger und müssen uns noch eine Angriffsstrategie für das Spiel am nächsten Samstag überlegen. Wahrscheinlich gehen wir ins Glenn's rüber.«

Damit ist die Entscheidung wohl getroffen. Widerstrebend folge ich Detective Wheeler den gepflasterten Weg entlang, der hinter der Kirche zur Straße führt. Vielleicht meint Ashton Situationen wie diese, wenn sie sagt, dass ich immer andere für mich denken lasse. Schweigend legen wir die drei Blocks bis zur Polizeistation zurück, vorbei an einem Baumarkt, einer Postfiliale und einer Eisdiele, vor der ein kleines Mädchen gerade einen Tobsuchtsanfall hat, weil sie lieber Schokostreusel statt bunte Zuckerstreusel als Topping will. Ich überlege die ganze Zeit, Detective Wheeler zu sagen, dass meine Mutter sich Sorgen machen wird, wenn ich nicht sofort nach Hause komme, bin mir aber nicht sicher, ob ich das rauskriegen würde, ohne zu lachen.

Nachdem wir die Metalldetektoren im Eingangsbereich passiert haben, führt Detective Wheeler mich einen langen Flur entlang in einen kleinen, überheizten Raum. Ich bin noch nie auf einem Polizeirevier gewesen und hatte mir so ein Vernehmungszimmer … keine Ahnung … irgendwie einschüchternder vorgestellt. Es erinnert mich an den kleinen Konferenzraum im Büro der Schulleiterin, nur dass hier die Beleuchtung schlechter ist. Die flackernde Neonröhre über uns verwandelt Detective Wheelers Falten in tiefe Furchen und verpasst ihrer Haut einen hässlichen Gelbstich. Was die Beleuchtung wohl mit meinem Gesicht anstellt?

Sie bietet mir etwas zu trinken an, und als ich dankend ablehne, geht sie aus dem Raum und kehrt ein paar Minuten später mit einer Kuriertasche über der Schulter zurück, außerdem wird sie diesmal von einer kleinen, dunkelhaarigen Frau begleitet. Die beiden nehmen mir gegenüber an dem winzigen Metalltisch Platz und Detective Wheeler stellt die Tasche auf dem Boden ab. »Addy, das ist Lorna Shaloub. Sie ist Opferschutzbeauftragte der örtlichen Schulaufsichtsbehörde und wird dafür sorgen, dass bei diesem Gespräch Ihre Interessen gewahrt werden. Das hier ist kein Verhör. Sie werden lediglich als Zeugin vernommen, sind nicht verpflichtet, meine Fragen zu beantworten, und können jederzeit gehen. Haben Sie das verstanden?«

Nicht wirklich. Ich konnte ihr schon nach »Opferschutzbeauftragte der örtlichen Schulaufsichtsbehörde« nicht mehr folgen. Trotzdem sage ich: »Ja, natürlich«, während ich mir gleichzeitig mehr denn je wünsche, ich wäre einfach nach Hause gegangen. Oder Jake hätte mich begleitet.

»Gut. Ich hoffe, Sie können mir helfen, etwas Licht in den Fall zu bringen. Mein Gefühl sagt mir, dass von den jungen

Leuten, die darin verwickelt sind, Sie noch am ehesten ohne böse Absicht in die Sache reingerutscht sind.«

Ich sehe sie blinzelnd an. »Ohne böse was?«

»Ohne böse Absicht. Ich möchte Ihnen etwas zeigen.« Sie bückt sich zur Tasche hinunter und zieht einen Laptop heraus. Ms Shaloub und ich sehen zu, wie sie ihn aufklappt und etwas eintippt. Ich kaue auf der Innenseite meiner Wange und frage mich, ob sie mir gleich den Tumblr-Post zeigen wird. Vielleicht denkt die Polizei, einer von uns hätte ihn geschrieben, als kranken Scherz oder so was in der Art. Falls sie mich fragt, wer dahinterstecken könnte, werde ich wohl Bronwyn nennen müssen. Weil die Person, die das verfasst hat, so klingt, als würde sie sich für zehnmal schlauer als alle anderen halten.

Detective Wheeler dreht den Laptop so hin, dass ich auf den Bildschirm schauen kann. Sie hat eine Seite geöffnet, in deren Header das Logo von *About That* steht. Als ich sie fragend ansehe, erklärt sie: »Das ist die Admin-Oberfläche, von der aus Simon die Inhalte für *About That* verwaltet hat. Der Text darunter stammt von vergangenem Montag, also dem Tag, an dem er starb, und ist sein letzter Eintrag.«

Ich beuge mich vor und beginne zu lesen.

Wer hätte gedacht, dass es hier mal etwas über die unfehlbare Vorzeigeschülerin BR zu erfahren geben würde? Tja, wie sich herausgestellt hat, ist die blütenweiße Weste ihrer Schulakte nicht ganz so makellos. Ihre Bestnote in Chemie hat sie sich nämlich nicht auf die gute, alte Methode verdient, die als »lernen« bekannt ist, oder wie würdet ihr das nennen, wenn jemand einfach die Prüfungsfragen von Mr Cs Account bei Google Drive klaut. Da sollte vielleicht mal jemand in Yale anrufen …

Am anderen Ende des Spektrums geht unser Lieblingskleinganove NM wieder dem nach, was er am besten kann: jedem auf der Schule sein ganz persönliches High zu verschaffen. Hey, N – bin mir ziemlich sicher, dass das gegen deine Bewährungsauflagen verstößt.

Gibt's eigentlich noch irgendjemanden, der daran zweifelt, dass Bayviews Linkshänder CC nächstes Jahr in der Baseballprofiliga für Aufsehen sorgen wird? Nur … haben die dort nicht ganz schön strenge Antidoping-Regeln? Ich meine ja bloß, weil CCs Leistung sich seit den Sommerferien wirklich extrem gesteigert hat.

AP und JR sind das perfekte Paar: die Homecoming-Prinzessin und der Runningback-Star. Eine Highschool-Liebe, die jetzt schon seit drei Jahren hält. Bis auf diesen kleinen Abstecher, den A im Sommer zum Strandhaus von TFs Eltern gemacht hat – deren Sohn pikanterweise mit JR befreundet ist. Oder haben sie dort vielleicht nur zusammen fürs nächste Schuljahr gelernt?

Ich kriege keine Luft mehr. Es ist rausgekommen und alle können es sehen. Wie kann das sein? Simon ist tot; er kann das nicht veröffentlicht haben. Führt jetzt jemand anderes die App weiter? Derjenige, der die Tumblr-Einträge postet? Aber nichts davon spielt irgendeine Rolle. Weder das Wie noch das Warum oder das Wann – das Einzige, was zählt, ist die Tatsache, dass dieser Post *existiert.* Jake wird ihn lesen, wenn er es nicht schon längst getan hat. Alles, was ich aus diesem Eintrag erfahren habe, bevor ich meine eigenen Initialen gelesen habe – alles, was mich geschockt hat, als mir klar wurde, um wen es geht und was es bedeutet –, rückt in den Hintergrund. Es gibt nur noch meinen eigenen schrecklichen Fehltritt, der schwarz auf weiß auf diesem Bildschirm für die ganze Welt sichtbar ist.

Jake wird es erfahren. Und er wird mir niemals verzeihen.

Ich verschränke die Unterarme auf dem Tisch und vergrabe den Kopf darin, während Detective Wheeler wieder zu sprechen beginnt, aber ich kriege bloß die Hälfte von dem mit, was sie sagt. »… verstehen kann, dass Sie das Gefühl hatten, in der Falle zu sitzen … dafür sorgen, dass dieser Eintrag nicht veröffentlicht wird … Wenn Sie uns erzählen, was passiert ist, können wir Ihnen helfen, Addy …«

Ich hebe den Kopf. Von all dem ist nur ein einziger Satz zu mir durchgedrungen. »Der Post ist noch nicht veröffentlicht worden?«

»Er hätte an dem Tag, an dem Simon starb, veröffentlicht werden sollen, aber dazu ist er nicht mehr gekommen«, antwortet Detective Wheeler ruhig.

Ich bin *gerettet*. Jake weiß nichts davon. Niemand weiß etwas davon. Bis auf … diese Polizistin und vermutlich ihre Kollegen. Das, worauf es ihr ankommt, und das, worauf es mir ankommt, sind zwei völlig unterschiedliche Dinge.

Detective Wheeler beugt sich vor und verzieht den Mund zu einem Lächeln, das es nicht bis zu ihren Augen schafft. »Sie haben bestimmt erkannt, wer sich hinter den anderen Initialen verbirgt. Bronwyn Rojas, Nate Macauley und Cooper Clay – zusammen mit Ihnen handelt es sich also exakt um die vier Schüler, die sich mit Simon im selben Raum befunden haben, als er starb.«

»Das ist … ein merkwürdiger Zufall«, stammle ich.

»Nicht wahr?«, sagt Detective Wheeler scharf. »Addy, Sie wissen bereits, wie Simon gestorben ist. Die Ergebnisse der Spurensicherung in Mr Averys Chemiesaal lassen keinen anderen Schluss zu, als dass jemand das Wasser in Simons Becher mit Erdnussöl versetzt hat, nachdem er ihn gefüllt hatte. Es sind nur sechs Personen in diesem Raum gewesen, von denen einer nun tot ist. Ihr Lehrer ist eine ganze Weile weg gewesen. Jeder von Ihnen vier, der sich während dieser Zeitspanne mit Simon im Chemiesaal aufgehalten hat, hatte einen Grund, ihn zum Schweigen zu bringen.« Ihre Stimme wird nicht lauter, trotzdem dröhnt sie wie das Summen eines Bienenstocks in meinen Ohren. »Verstehen Sie, worauf ich hinauswill? Möglicherweise wurde die Tat gemeinschaftlich begangen, aber das heißt nicht, dass Sie alle das gleiche Maß an Verantwortung tragen. Auf eine Idee zu kommen und sie umzusetzen – dazwischen besteht ein großer Unterschied.«

Ich schaue Hilfe suchend zu Ms Shaloub. Sie sieht nur leider nicht so aus, als wären es meine Interessen, die sie hier zu vertreten gedenkt. »Ich verstehe nicht, was Sie meinen.«

»Sie haben gelogen, als mein Kollege Sie fragte, ob Sie an dem Tag im Krankenzimmer waren, Addy. Hat Sie jemand dazu angestiftet, die EpiPens verschwinden zu lassen, damit Simon später nicht geholfen werden kann?«

Mir klopft das Herz bis zum Hals und ich wickle mir eine Haarsträhne um den Finger. »Ich hab nicht gelogen. Ich hatte es nur vergessen.« Gott, was wenn sie mich einem Lügendetektortest unterziehen? Den würde ich niemals bestehen.

»Jugendliche in Ihrem Alter stehen heutzutage unter einem enormen Druck«, sagt Detective Wheeler. Ihr Tonfall ist fast freundlich, aber ihr Blick bleibt emotionslos. »Dazu noch die sozialen Netzwerke, in denen man sofort in der Luft zerrissen wird, wenn man nur einen winzigen Fehler macht, habe ich recht? Und am Ende wird man den Makel nie wieder los. Das Gericht hat die Möglichkeit, sehr milde über leicht zu beeindruckende junge Menschen zu urteilen, die im Affekt handeln, weil sie Angst haben, zu verlieren, was ihnen wichtig ist. Vor allem, wenn sie uns helfen, die Wahrheit aufzudecken. Simons Familie verdient es, die Wahrheit zu erfahren, denken Sie nicht auch?«

Ich ziehe die Schultern hoch und spiele weiter mit meiner Haarsträhne herum. Ich weiß nicht, was ich machen soll. Jake würde es wissen – aber Jake ist nicht hier. Ich schaue wieder zu Ms Shaloub, die sich die kurzen Haare hinter die Ohren streicht, und plötzlich höre ich Ashtons Stimme in meinem Kopf. *Du bist nicht verpflichtet, die Fragen zu beantworten.*

Richtig. Detective Wheeler hat es selbst zu Beginn gesagt, und die Worte drängen alle meine Befürchtungen und panischen Gedanken mit überraschender Erleichterung und Klarheit aus meinem Kopf.

»Ich werde jetzt gehen.«

Ich schaffe es, ruhig und selbstbewusst zu klingen, obwohl ich nicht zu hundert Prozent sicher bin, ob ich das tatsächlich darf. Aber sie hält mich nicht auf, als ich aufstehe, sondern sieht mich nur aus schmalen Augen an und sagt: »Natürlich. Wie bereits gesagt handelt es sich hier lediglich um eine Befragung, nicht um ein Verhör. Ich hoffe nur, Ihnen ist bewusst, dass mein Hilfsangebot von eben nicht so bestehen bleiben kann, sobald Sie diesen Raum verlassen haben.«

»Ich brauche Ihre Hilfe nicht«, sage ich und gehe, aber als ich draußen vor dem Police Department stehe, weiß ich plötzlich nicht mehr weiter.

Ich setze mich auf eine Bank und hole mein Handy raus. Meine Hände zittern. Jake kann ich nicht anrufen, er ist der Letzte, mit dem ich darüber reden kann. Aber wer bleibt dann noch übrig? Mein Kopf ist so leer, als hätte Detective Wheeler alles mit einem Radiergummi ausgelöscht. Ich habe meine ganze Welt um Jake herum aufgebaut und jetzt, wo sie zusammenbricht, wird mir viel zu spät klar, dass ich auch ein paar Freundschaften zu anderen Leuten hätte pflegen sollen, die es interessieren würde, dass mich gerade eine Polizeibeamtin mit spießiger Hausfrauenfrisur und einem grauenhaften Hosenanzug des Mordes beschuldigt hat. Und wenn ich »interessieren« sage, meine ich nicht so was wie »*Oh mein Gott, hast du schon gehört, was Addy passiert ist?*«.

Meine Mutter würde es interessieren, aber ihre Verachtung und Vorwürfe würde ich jetzt nicht ertragen.

Ich scrolle in meinen Kontakten zu »A« und tippe auf einen der Namen. Es ist die einzige Möglichkeit, die ich habe, und ich spreche ein stummes Dankgebet, als sie drangeht.

»Ash?« Irgendwie schaffe ich es, nicht zu weinen, als ich die Stimme meiner Schwester höre. »Ich brauche deine Hilfe.«

COOPER
Sonntag, 30. September, 14:30 Uhr

Als Detective Chang mir Simons unveröffentlichten *About-That*-Eintrag zeigt, lese ich erst die Enthüllungen über die anderen. Was Bronwyn getan hat, schockt mich, dass Nate weiterhin dealt, nicht. Ich habe keine Ahnung, wer zur Hölle dieser »TF« ist, mit dem Addy was gehabt haben soll, glaube allerdings ziemlich sicher zu wissen, was Simon über mich herausgefunden hat. Mein Herz fängt an wie wild zu pochen, als ich tatsächlich meine Initialen entdecke: *Weil CCs Leistung sich seit den Sommerferien wirklich extrem gesteigert hat.*

Okay. Mein Puls beruhigt sich wieder, als ich mich im Stuhl zurücklehne. Das ist nicht das, womit ich gerechnet habe.

Wobei es mich eigentlich nicht überraschen dürfte. Meine Leistungskurve ist zu schnell und zu krass nach oben gestiegen – selbst der Talentscout der Padres hat eine Bemerkung darüber gemacht.

Detective Chang kreist eine Weile um das Thema, lässt hier und da Andeutungen fallen, bis mir klar wird, dass er glaubt, wir hätten zu viert gemeinsame Sache gemacht, um Simon davon abzuhalten, den Post zu veröffentlichen. Ich versuche mir vorzustellen, wie Nate, die beiden Mädchen und ich gemeinsam aushecken, in Mr Averys Nachsitzstunde einen Mord mit Erdnussöl zu begehen. Das ist so dämlich, dass es noch nicht mal für einen B-Movie taugen würde.

»Nate und ich haben bis letzte Woche nie ein Wort miteinander gewechselt«, sage ich. »Bronwyn kenne ich kaum und Addy treffe ich außerhalb der Schule nur dann, wenn wir was mit der ganzen Clique unternehmen.«

Detective Chang beugt sich über den Tisch. »Sie sind ein guter Junge, Cooper. Ihre Akte ist bislang makellos, und Sie haben eine vielversprechende Zukunft vor sich. Sie haben einen Fehler gemacht und wurden dabei erwischt. Da wird man schnell panisch. Das verstehe ich. Aber es ist noch nicht zu spät, das Richtige zu tun.«

Ich bin mir nicht sicher, welchen Fehler er meint: dass ich angeblich gedopt habe, dass ich angeblich jemanden umgebracht habe oder irgendetwas ganz anderes, über das wir noch nicht geredet haben. Aber soweit ich weiß, bin ich bei nichts *erwischt* worden. Nur beschuldigt. Bronwyn und Addy bekommen wahrscheinlich gerade irgendwo genau denselben

Vortrag gehalten. Bei Nate versuchen sie vermutlich eher andere Knöpfe zu drücken.

»Ich habe mir nichts zuschulden kommen lassen«, erkläre ich Detective Chang. »Und ich habe Simon nichts angetan.«

Er versucht es auf eine andere Tour. »Wer von Ihnen hatte die Idee mit den Handys und dem Nachsitzen?«

Ich beuge mich ebenfalls vor und presse die Handflächen auf den kratzigen schwarzen Wollstoff meiner Hose, die ich nur zu irgendwelchen offiziellen Anlässen trage und in der mir immer viel zu warm ist. »Hören Sie«, sage ich, während mein Herz schon wieder wie wild zu pochen anfängt. »Ich weiß nicht, wer das getan hat, aber … sind Sie vielleicht schon mal auf die Idee gekommen, dass uns möglicherweise jemand etwas anhängen will? Was ist denn zum Beispiel mit diesen Handys, die man uns untergejubelt hat – haben Sie die schon mal auf Fingerabdrücke untersucht?« Der andere Typ, der mit uns im Raum sitzt – irgendein Vertreter der Schulaufsichtsbehörde – und noch kein einziges Wort von sich gegeben hat, nickt, als hätte ich gerade etwas sehr Tiefschürfendes gesagt. Aber Detective Chang bleibt vollkommen ungerührt.

»Wir haben die Handys sofort unter die Lupe genommen, als uns klar wurde, dass an der Sache etwas faul sein muss, Cooper. Aber aus forensischer Sicht gibt es keinen einzigen Hinweis darauf, dass noch jemand anderes etwas damit zu tun hat. Unser Hauptaugenmerk liegt auf Ihnen vier, und genau dort wird er fürs Erste auch bleiben.«

Damit ist schließlich der Moment gekommen, in dem ich sage: »Ich würde gern meine Eltern anrufen.«

Von »gern« kann natürlich keine Rede sein, aber ich habe keine andere Wahl. Detective Chang seufzt, als hätte ich ihn schwer enttäuscht. »In Ordnung. Haben Sie Ihr Handy bei sich?« Als ich nicke, sagt er: »Sie können das Gespräch von hier aus führen.« Er bleibt im Raum, während ich mit Paps telefoniere, der die Situation sehr viel schneller durchschaut als ich.

»Gib mir diesen verfluchten Detective«, poltert er los. »Und Cooperstown – kein einziges gottverdammtes Wort mehr zu *niemandem*!«

Ich reiche Detective Chang mein Handy. Er nimmt es und setzt zu einer Erklärung an, aber Paps lässt ihn erst gar nicht zu Wort kommen. Auch wenn ich nicht jedes einzelne Wort verstehe, das er sagt, redet er doch laut genug, dass ich mir ein ungefähres Bild machen kann. Detective Chang versucht immer wieder, etwas einfließen zu lassen – unter anderem, dass es nach kalifornischem Gesetz erlaubt ist, einen Minderjährigen in Abwesenheit seiner Eltern zu befragen –, aber die meiste Zeit lässt er Paps toben. Als er schließlich sagt: »Nein. Es steht ihm jederzeit frei zu gehen«, werde ich hellhörig. Ich kann jederzeit *gehen*? Auf den Gedanken bin ich bis jetzt noch gar nicht gekommen.

Detective Chang gibt mir das Handy zurück. »Cooper?«, dröhnt mir Paps' Stimme ins Ohr. »Schwing deinen verdammten Arsch nach Hause. Sie haben nicht das Geringste gegen dich in der Hand und ohne mich und einen Anwalt wirst du keine weiteren Fragen mehr beantworten.«

Ein Anwalt. Brauche ich den wirklich? Ich lege auf und sehe Detective Chang an. »Mein Vater möchte, dass wir das Gespräch hier abbrechen und dass ich gehe.«

»Das ist Ihr gutes Recht«, entgegnet er, und ich wünschte, ich hätte das von Anfang an gewusst. Vielleicht hat er es erwähnt, wenn ja, hab ich es nicht mitbekommen. »Sie sollten nur wissen, dass Ihre Freunde genau in diesem Moment ebenfalls hier auf der Wache sind und befragt werden. Einer von ihnen wird einwilligen, mit uns zusammenzuarbeiten, und diese Person wird ganz anders als der Rest von Ihnen behandelt werden. Ich finde, das sollten *Sie* sein. Seien Sie nicht dumm, Cooper, nutzen Sie diese Chance.«

Ich würde ihm gern erklären, dass er mit seiner Theorie völlig auf dem Holzweg ist, aber Paps hat mir befohlen, ab sofort den Mund zu halten. Trotzdem schaffe ich es nicht, mich einfach umzudrehen und ohne ein weiteres Wort zu gehen. Also schüttle ich Detective Chang zum Abschied höflich die Hand und sage wie ein verfluchter Oberarschkriecher: »Dann wünsche ich Ihnen noch einen schönen Tag, Sir.«

Jahrelange Konditionierung streift man eben nicht einfach so ab.

8

BRONWYN
Sonntag,
30. September,
15:07 Uhr

Ich kann gar nicht sagen, wie froh ich bin, dass meine Eltern bei mir waren, als Detective Mendoza mich nach der Messe zur Seite nahm und bat, ihn zum Polizeirevier zu begleiten. Zuerst dachte ich, Officer Budapest hätte noch ein paar Fragen an mich. Auf das, was mich stattdessen erwartete, war ich nicht vorbereitet, und ich hätte nicht gewusst, wie ich mich verhalten soll. Meine Eltern haben sofort die Führung übernommen und mir strikt verboten, irgendwelche Fragen zu beantworten. Sie haben jede Menge Informationen aus Mendoza herausgeholt, im Gegenzug aber nichts preisgegeben. Das war ziemlich brillant.

Aber: Nun wissen sie, was ich getan habe.

Das heißt, eigentlich wissen sie erst mal nur von dem Gerücht. Als wir jetzt von der Polizei nach Hause fahren, regen sie sich immer noch über diese, wie sie finden, unfaire Vorgehensweise auf. Zumindest meine Mutter. Mein Vater konzentriert sich auf den Verkehr, fährt aber ungewohnt aggressiv. Selbst die Art, wie er den Blinker setzt, macht deutlich, wie aufgebracht er ist.

»Ich meine«, sagt meine Mutter mit einem Nachdruck in der Stimme, der deutlich macht, dass sie sich gerade erst warmredet, »natürlich ist es ganz furchtbar, was mit Simon passiert ist. Natürlich verlangen seine Eltern nach Antworten. Aber aus einem Gerücht auf einer App für Schultratsch eine Anschuldigung zu konstruieren, ist einfach lächerlich. Ich begreife nicht, wie irgendjemand auch nur auf die Idee kommen kann, Bronwyn wäre in der Lage, einen Jungen zu *töten*, nur weil er kurz davor war, eine Lüge zu posten.«

»Es ist keine Lüge«, sage ich, allerdings so leise, dass sie es nicht hört.

»Die Polizei tappt völlig im Dunkeln.« Mein Vater klingt, als würde er über ein Unternehmen sprechen, dessen Kauf er in Erwägung gezogen hatte, nur um dann festzustellen, dass es komplett marode ist. »Alles, was sie haben, sind fadenscheinige Indizien, sonst würden sie mit Sicherheit gar nicht erst in diese Richtung ermitteln. Das war ein Schuss ins Blaue.« Der Wagen vor uns kommt an einer gelben Ampel abrupt zum Stehen, und Dad flucht leise auf Spanisch, als er auf die Bremse tritt. »Bronwyn, ich möchte, dass du dir deswegen keine Sorgen machst. Wir werden uns einen hervorragenden Anwalt nehmen, aber das ist eine reine Formalität. Vielleicht verklage ich das Police Department, wenn alles vorbei ist. Vor allem, falls irgendetwas davon publik werden sollte und deinen Ruf beschädigt.«

Meine Kehle fühlt sich an wie eine verschlammte Röhre, durch die ich die Worte nach draußen pressen muss. »Es stimmt.« Das war immer noch zu leise. Ich presse die Hände auf meine brennenden Wangen und zwinge mich, lauter zu sprechen. »Ich habe bei der Chemieprüfung betrogen. Es tut mir leid.«

Mom dreht sich in ihrem Sitz zu mir um. »Ich verstehe dich so schlecht, Liebes. Was hast du gesagt?«

»Ich habe betrogen.« Und dann bricht alles aus mir heraus:

Wie ich direkt nach Mr Camino den Computer im Labor benutzt habe und mir klar wurde, dass er sich noch nicht aus seinem Google Drive ausgeloggt hatte. Wie ich einen Moment lang auf die Datei mit sämtlichen Prüfungsfragen für das restliche Schuljahr starrte. Wie ich sie, fast ohne nachzudenken, auf einen USB-Stick heruntergeladen habe. Und wie ich es dank dieser Informationen geschafft habe, den Chemiekurs als Beste abzuschließen.

Ich habe keine Ahnung, wie Simon dahintergekommen ist. Aber er hatte, wie immer, recht.

Die nächsten Minuten sind die Hölle. Mom starrt mich mit abgrundtiefer Enttäuschung im Blick an. Dad muss sich weiter auf den Verkehr konzentrieren, schaut aber immer wieder im Rückspiegel zu mir nach hinten, als hoffte er, etwas anderes als mich zu sehen. Ich kann die Verletztheit und das Gefühl, hintergangen worden zu sein, in ihren Gesichtern lesen: *Du bist nicht der Mensch, für den wir dich gehalten haben.*

Meine Eltern leben nach der festen Überzeugung, dass man sich seinen Erfolg durch ehrliche Arbeit verdienen muss. Dad hatte sich bereits vor unserer Geburt zu einem der jüngsten Finanzchefs in Kalifornien nach oben gearbeitet, und Moms Hautarztpraxis ist so erfolgreich, dass sie schon seit Jahren keine neuen Patienten mehr annehmen kann. Ihr Leitspruch, den sie mir seit dem Kindergarten immer wieder eingebläut haben, lautet: *Arbeite hart, gib dein Bestes und der Rest kommt von allein.* Und so war es auch immer gewesen, bis zu diesem Chemiekurs.

Ich bin wohl einfach überfordert gewesen.

»Bronwyn.« Mom starrt mich immer noch an, ihre Stimme ist leise und angespannt. »Mein Gott. Ich hätte nie geglaubt, dass du einmal so etwas tun würdest. Das ist in vielerlei Hinsicht schrecklich, aber vor allem gibt es dir ein Motiv!«

»Ich habe Simon nichts angetan!«, rufe ich.

Der harte Zug um ihren Mund wird etwas weicher, als sie mich kopfschüttelnd ansieht. »Ich bin enttäuscht von dir, Bronwyn, aber *das* habe ich definitiv nicht damit gemeint. Ich stelle nur Tatsachen fest. Wenn du nicht zweifelsfrei darlegen kannst, dass Simon gelogen hat, könnte diese ganze Angelegenheit noch sehr hässlich werden.« Sie reibt sich die Augen. »Woher wusste er, dass du dir die Prüfungsfragen runtergeladen hast? Hat er dafür Beweise?«

»Ich weiß es nicht. Simon hat nicht …« Ich halte inne und denke an die ganzen Posts, die ich über die Jahre auf *About That* gelesen habe. »Simon hat nie wirklich irgendetwas *bewiesen*. Es ist nur … jeder hat ihm geglaubt, weil er sich einfach nie irrte. Seine Behauptungen haben sich irgendwann immer alle als wahr herausgestellt.«

Und ich hatte noch gedacht, ich wäre aus dem Schneider, weil ich Mr Caminos Datei schon letzten März geklaut habe. Ich verstehe nicht, warum Simon sich nicht sofort darauf gestürzt hat, wenn er Bescheid wusste.

Mir war natürlich bewusst, dass das, was ich getan hatte, falsch war. Ich hatte Angst, dass das Ganze vielleicht sogar rechtliche Konsequenzen für mich haben könnte, falls es herauskommen sollte, obwohl Mr Caminos Account noch geöffnet gewesen war, ich mir also rein technisch nicht unberechtigten Zugang verschafft hatte. Wobei das wohl letztlich keine Rolle gespielt hätte. Maeve ist der totale Computernerd und hackt sich ständig aus Spaß irgendwo rein. Wenn ich es darauf angelegt hätte, hätte ich sie wahrscheinlich auch fragen können, ob sie nicht irgendeine Idee hat, wie ich mir Mr Caminos Datei besorgen könnte. Aber ich habe nicht vorsätzlich gehandelt. Die Datei lag in dem Moment wie auf dem Präsentierteller vor mir und ich habe zugriffen.

Und dann habe ich mich entschlossen, sie zu benutzen, und mir monatelang immer wieder gesagt, dass das okay war, weil es nicht sein kann, dass mir ein einziger schwieriger Kurs meine ganze Zukunft zerstört. Grausame Ironie des Schicksals angesichts der Situation, die sich gerade auf dem Police Department abgespielt hat.

Ich frage mich, ob das, was Simon über Cooper und Addy geschrieben hat, genauso wahr ist. Detective Mendoza hat uns den gesamten Post gezeigt und angedeutet, dass einer von den anderen vielleicht genau in diesem Moment ein Geständnis ablegt und einen Deal mit der Staatsanwaltschaft aushandelt. Ich habe immer gedacht, Coopers Talent wäre gottgegeben und Addy so von Jake besessen, dass sie noch nicht mal einen anderen Typen anschauen könnte, aber genauso wenig hätten die anderen drei sich wahrscheinlich vorstellen können, dass ich eine miese Betrügerin bin.

Was Nate angeht, wundere ich mich nicht. Er hat nie so getan, als wäre er jemand anderes, als der, der er ist.

Dad biegt in unsere Einfahrt, stellt den Motor ab, zieht den Schlüssel und dreht sich zu mir um. »Gibt es sonst noch etwas, das du uns verschwiegen hast?«

Meine Gedanken wandern zu dem stickigen kleinen Raum auf dem Police Department zurück, in dem ich zwischen meinen Eltern saß, während Detective Mendoza mich mit Fragen bombardierte. *Haben Sie Simon als Konkurrenten betrachtet? Sind Sie je bei ihm zu Hause gewesen? Wussten Sie, dass er etwas über Sie veröffentlichen wollte?*

Gab es irgendeinen Grund für Sie, Simon nicht zu mögen oder gar zu hassen?

Ich wusste in dem Moment ja schon, dass ich zu keiner dieser Fragen etwas sagen musste, aber auf diese letzte bin ich eingegangen und habe mit Nein geantwortet.

»Nein«, sage ich auch jetzt wieder und sehe meinem Vater in die Augen.

Falls er weiß, dass ich lüge, zeigt er es nicht.

NATE
Sonntag,
30. September,
17:15 Uhr

Zu sagen, die Stimmung zwischen Officer Lopez und mir wäre auf der Fahrt nach Hause »angespannt« gewesen, wäre eine Untertreibung.

Die Vernehmung hat Stunden gedauert. Nachdem wir im Police Department angekommen waren, fragte Officer Bürstenschnitt mich auf ein halbes Dutzend unterschiedliche Arten, ob ich Simon umgebracht hätte. Officer Lopez hatte darum gebeten, bei der Befragung dabei sein zu dürfen, und er hatte nichts dagegen gehabt. Für mich war das auch okay gewesen, aber als er mit Simons Behauptung, ich würde nach wie vor dealen, ankam, wurde es etwas ungemütlich.

Selbst wenn es wahr ist – beweisen kann er es nicht. Ich behielt auch dann noch die Nerven, als er mir erklärte, die Umstände von Simons Tod würden einen hinreichenden Tatverdacht rechtfertigen und es ihnen damit ermöglichen, meinen Wohnsitz nach Drogen zu durchsuchen, und dass sie bereits einen Durchsuchungsbeschluss hätten. Heute Vormittag habe ich wie immer vor Officer Lopez' Besuch alles aus dem Haus geschafft, wusste also, dass sie nichts finden würden.

Zum Glück treffen wir uns immer sonntags, sonst würde ich jetzt wahrscheinlich im Knast hocken. Dafür bin ich ihr echt was schuldig, auch wenn ihr das selbst gar nicht klar ist. Und dafür, dass sie mir während der Befragung den Rücken gestärkt hat, was ich nicht erwartet hätte. Bei jedem unserer Treffen habe ich ihr mitten ins Gesicht gelogen, und ich bin mir ziemlich sicher, dass sie das auch weiß. Aber als Officer Bürstenschnitt anfing, aggressiv zu werden, hat sie ihn zurückgepfiffen. Irgendwann dämmerte mir, dass die Bullen nichts weiter als ein paar dünne Indizien haben und eine Theorie, mit der sie hofften, jemanden zu einem Geständnis zwingen zu können.

Ein paar seiner Fragen habe ich beantwortet. Die, von denen ich wusste, dass sie mich nicht in Schwierigkeiten bringen würden. Ansonsten habe ich auf verschiedene Versionen von *Ich weiß es nicht* und *Ich kann mich nicht erinnern* zurückgegriffen. In einigen Fällen stimmte das sogar.

Auf der Rückfahrt hat Officer Lopez kein einziges Wort verloren. Jetzt, wo wir in der Einfahrt stehen, dreht sie sich in ihrem Sitz zu mir und sieht mich mit einem Blick an, der deutlich macht, dass nicht einmal sie in der Lage ist, dem, was gerade passiert ist, noch irgendetwas Gutes abzugewinnen.

»Nate. Ich werde dich nicht fragen, ob das, was ich auf dieser Seite gelesen habe, wahr ist. Das ist etwas, das du mit einem Anwalt besprechen musst, falls es notwendig werden sollte. Aber es gibt etwas, das dir klar sein muss: Falls du von heute an noch einmal – in welcher Form auch immer – mit Drogen dealst, *kann ich dir nicht mehr helfen.* Dann kann dir niemand mehr helfen. Das ist mein voller Ernst. Du hast es hier mit einem möglichen Kapitalverbrechen zu tun. In diese Ermittlung sind vier Jugendliche verwickelt, von denen sich jeder Einzelne *außer dir* darauf verlassen kann, von Eltern unterstützt zu werden, die finanziell gut dastehen und sich um das Wohl ihres Kindes sorgen. Einige davon sind sogar extrem wohlhabend und einflussreich. Du bist der, der aus der Reihe fällt und den man wunderbar zum Sündenbock machen kann. Habe ich mich klar genug ausgedrückt?«

Gott. Sie nimmt wirklich kein Blatt vor den Mund. »Ja, haben Sie.« Genau darüber habe ich selbst schon den ganzen Weg bis hierher nachgedacht.

»In Ordnung. Wir sehen uns nächsten Sonntag. Und falls vorher irgendetwas sein sollte und du mich brauchst, ruf mich an.«

Ich steige aus, ohne mich bei ihr zu bedanken. Ziemlich kacke, ich weiß, aber ich hab es nicht so mit Dankbarkeit. Als ich in unsere niedrige Küche komme, schlägt mir der säuerliche Gestank von Erbrochenem entgegen und bringt mich zum Würgen. Ich schaue mich suchend um. Hey, anscheinend ist heute mein Glückstag, weil mein Vater es immerhin bis zum Spülbecken geschafft hat. Er hat sich danach nur nicht darum gekümmert, die Sauerei wegzumachen. Ich halte mir mit einer Hand die Nase zu und drehe mit der anderen den Wasserhahn auf, um zu versuchen das Zeug runterzuspülen, aber es ist mittlerweile so eingetrocknet, dass es festklebt.

Irgendwo muss noch ein Schwamm sein. Wahrscheinlich im Schrank unter der Spüle. Aber statt mich danach zu bücken, trete ich heftig gegen die Tür. Was ziemlich befriedigend ist, also wiederhole ich das Ganze noch fünf- oder zehnmal, immer wütender, bis der billige Pressspan splittert.

Ich halte keuchend inne, ziehe die nach Kotze stinkende Luft in meine Lungen und bin das alles so verflucht leid, dass ich jemanden umbringen könnte.

Manche Menschen sind so kaputt, dass sie besser verrecken sollten. Klingt hart, ist aber so.

Aus dem Wohnzimmer dringt ein vertrautes Geräusch – Stan, der auf der Suche nach etwas zu fressen mit den Krallen an der Scheibe seines Terrariums kratzt. Ich drücke eine halbe Flasche Spülmittel ins Becken und lasse noch mal warmes Wasser nachlaufen. Um den Rest kümmere ich mich später.

Erst mal hole ich den Behälter mit den lebenden Heimchen aus dem Kühlschrank, schüttle ein paar davon in Stans Terrarium und schaue zu, wie sie herumhüpfen und keine Ahnung haben, was ihnen bevorsteht. Mein Atem beruhigt sich und ich kann wieder klarer denken, was aber nicht bedeutet, dass es mir besser geht. Hab ich das eine beschissene Problem aus meinem Kopf gedrängt, kann ich mich direkt um das nächste kümmern.

Gemeinschaftlich begangener Mord. Das ist eine interessante Theorie. Wahrscheinlich muss ich schon froh sein, dass die Bullen nicht versucht haben, die Sache nur mir allein anzuhängen. Die anderen müssten wahrscheinlich nur nicken, um ihre »Du kommst aus dem Gefängnis frei«-Karte zu kriegen. Cooper und das Blondchen hätten bestimmt bereitwillig mitgespielt.

Nur Bronwyn vielleicht nicht.

Ich schließe die Augen, stütze die Hände aufs Terrarium und denke an das Haus, in dem Bronwyn lebt. Wie sauber und hell es dort war und wie sie und ihre Schwester miteinander geredet haben, als wären die interessanten Dinge in ihrer Unterhaltung die, die sie nicht ausgesprochen haben. Es muss schön sein, in so ein Zuhause zurückzukommen, nachdem man des Mordes beschuldigt wurde.

Als ich nach draußen gehe und auf mein Bike steige, rede ich mir ein, ich wüsste nicht, wohin ich will, und fahre fast eine Stunde lang ziellos durch die Gegend. Als ich dann am Ende doch in Bronwyns Einfahrt lande, ist es für normale Leute Abendessenszeit, und ich rechne nicht damit, dass jemand rauskommt.

Womit ich jedoch falschliege. Ein großer dunkelhaariger Mann mit Brille, kariertem Hemd und Fleece-Weste tritt aus dem Haus. Er hat die Ausstrahlung eines Menschen, der es gewohnt ist, Befehle zu erteilen, und kommt ohne jede Eile auf mich zugeschlendert.

»Nate, richtig?« Er stemmt die Hände in die Hüften, am linken Handgelenk funkelt eine teure Uhr. »Ich bin Javier Rojas, Bronwyns Vater. Ich muss Sie leider bitten, wieder zu gehen.«

Er klingt nicht wütend, sondern ganz ruhig und sachlich. Aber auch so, als wäre ihm noch nie in seinem Leben etwas so ernst gewesen.

Ich nehme meinen Helm ab, damit ich ihm in die Augen schauen kann. »Ist Bronwyn da?« Es ist die sinnloseste Frage aller Zeiten. Natürlich ist sie da, und natürlich wird er mir nicht erlauben, sie zu sehen. Ich weiß noch nicht mal so genau, warum ich sie überhaupt sehen will – nur, dass ich es nicht darf. Vielleicht will ich sie auch einfach fragen, ob an der Sache, die ich über sie gelesen hab, was dran ist.

»Bitte gehen Sie«, sagt Javier Rojas noch einmal. »Sie wollen bestimmt genauso wenig wie ich, dass die Polizei noch mehr Fragen stellt.« Er gibt sich wirklich Mühe, so zu wirken, als wäre ich nicht sowieso sein schlimmster Albtraum, selbst wenn ich nicht zusammen mit seiner Tochter des gemeinschaftlichen Mordes verdächtigt würde.

Das war's, schätze ich. Die Grenze ist gezogen. Ich bin der, der aus der Reihe fällt und den man wunderbar zum Sündenbock machen kann. Es ist mehr oder weniger alles gesagt, also setze ich aus seiner Einfahrt und fahre nach Hause.

9

ADDY
Sonntag,
30. September,
17:30 Uhr

Ashton schließt die Tür zu ihrer Eigentumswohnung im Stadtzentrum von San Diego auf. Es ist ein Ein-Zimmer-Apartment, etwas Größeres konnten sie und Charlie sich nicht leisten, zumal sie noch das Studiendarlehen abzahlen müssen, was jetzt noch schwieriger werden wird, nachdem Charlie sein Jurastudium abgebrochen und beschlossen hat, Naturdokus zu drehen, statt Rechtsanwalt zu werden. Ashton hat sich als Grafikdesignerin selbstständig gemacht und kämpft um jeden Auftrag.

Aber wir sind nicht hier, um über ihre Situation zu reden.

Ashton macht uns in der Küche Kaffee. Sie ist winzig, aber super hübsch eingerichtet – schmale weiße Hängeschränke, Edelstahlgeräte und eine glänzende Arbeitsplatte aus Granit, über der eine schöne alte Industrielampe hängt. »Wo ist Charlie?«, frage ich, während meine Schwester großzügig Milch und Zucker in meinen Kaffee gibt, den ich am liebsten hell und süß mag.

»Klettern«, sagt Ashton schmallippig und reicht mir meine Tasse. Charlie hat einige ziemlich kostspielige Hobbys, für die Ashton sich nicht begeistern kann. »Ich rufe ihn gleich an und bitte ihn, sich um einen Anwalt für dich zu kümmern. Vielleicht kennt einer seiner ehemaligen Dozenten jemanden, den er empfehlen kann.«

Nachdem ich Ashton angerufen und sie mich vom Police Department abgeholt hatte, bestand sie darauf, eine Kleinigkeit mit mir essen zu gehen. Im Restaurant habe ich ihr dann alles erzählt – na ja, fast alles. Zumindest, dass das, was Simon geschrieben hat, stimmt. Auf dem Weg zur Wohnung hat sie versucht, Mom zu erreichen, aber nur die Mailbox drangekriegt und sie gebeten, sich sofort zu melden, sobald sie die Nachricht abgehört hat.

Was Mom ignoriert hat. Oder sie hat es einfach noch nicht mitbekommen. Keine Ahnung. Vielleicht sollte ich ihr nicht immer gleich das Schlechteste unterstellen.

Wir setzen uns mit unserem Kaffee auf Ashtons Balkon, auf dem gerade mal ein kleiner Tisch und zwei hellrote Stühle Platz haben. Ich schließe die Augen, als ich den ersten süßen, wärmenden Schluck nehme, und versuche, mich zu entspannen. Es funktioniert nicht, aber ich trinke trotzdem langsam und in kleinen Schlucken weiter, bis die Tasse leer ist. Ashton hat währenddessen ihr Handy herausgeholt und Charlie eine knappe Nachricht hinterlassen, bevor sie es noch einmal bei unserer Mutter versucht. »Immer noch die Mailbox«, seufzt sie und trinkt ihren Kaffee aus.

»Niemand zu Hause außer uns.« Aus irgendeinem Grund muss ich darüber lachen. Es klingt leicht hysterisch. Vielleicht drehe ich langsam durch.

Ashton stützt die Ellbogen auf den Tisch und verschränkt die Hände unter dem Kinn. »Addy, du musst Jake sagen, was passiert ist.«

»Simons Post ist nicht veröffentlicht worden«, halte ich schwach dagegen, aber Ashton schüttelt den Kopf.

»Früher oder später wird es rauskommen. Entweder spricht es sich herum oder die Polizei redet mit Jake, um dich unter

Druck zu setzen. Umso wichtiger ist es, dass du die Sache selbst in die Hand nimmst, es ist immerhin deine Beziehung, um die es hier geht.« Sie zögert und streicht sich die Haare hinter die Ohren. »Das klingt jetzt vielleicht komisch, Addy, aber kann es sein, dass du unbewusst sogar irgendwie *gewollt* hast, dass Jake es erfährt?«

Wut steigt in mir hoch. Noch nicht mal mitten in einer Krise kann Ashton aufhören über Jake herzuziehen. »Wieso sollte ich so was wollen?«

»Egal, worum es bei euch geht, immer ist er derjenige, der sagt, wo's langgeht, oder? Vielleicht hast du das satt gehabt. Mir wäre es so gegangen.«

»*Klar,* weil du ja die Beziehungsexpertin bist«, gifte ich sie an. »Ist bestimmt schon über einen Monat her, seit ich dich und Charlie das letzte Mal zusammen gesehen hab.«

Ashton schüttelt unwillig den Kopf. »Hier geht es nicht um mich. Du musst es Jake sagen, und zwar bald. Du kannst nicht wollen, dass er es von jemand anderem erfährt.«

Meine ganze Wut verpufft, weil ich weiß, dass sie recht hat. Den Kopf in den Sand zu stecken und einfach abzuwarten, wird alles nur noch schlimmer machen. Es wird wehtun, aber es muss sein. Und da Mom uns nicht zurückruft, kann ich das Pflaster auch genauso gut jetzt gleich abreißen. »Okay. Fährst du mich zu ihm?«

Ich habe sowieso schon mehrere Nachrichten von Jake bekommen, der wissen will, wie es bei der Polizei gelaufen ist. Wahrscheinlich sollte ich mir viel mehr Gedanken über den ganzen strafrechtlichen Aspekt dieser Sache machen, aber in meinem Kopf dreht sich wie üblich alles nur um Jake. Ich hole mein Handy heraus und schreibe ihm. *Kann ich vorbeikommen?*

Jake schreibt sofort zurück und angesichts des Gesprächs, das uns beiden bevorsteht, erscheint es mir ganz schön geschmacklos, dass ich ausgerechnet Rihannas »One Girl« als Klingelton eingestellt habe.

Ich spüle unsere Tassen aus, während Ashton ihre Schlüssel und ihre Tasche holt, dann treten wir in den Hausflur und Ashton schließt die Tür hinter uns ab und prüft noch einmal, ob sie auch wirklich zu ist. Meine Nerven sind zum Zerreißen gespannt und mein Herz schlägt wie verrückt, als ich ihr zum Aufzug folge. Ich hätte den Kaffee nicht trinken sollen. Auch wenn er fast nur aus Milch bestanden hat.

Auf halbem Weg nach Bayview ruft Charlie an. Ashton nimmt das Gespräch über ihr Headset entgegen und ich versuche, ihre knappen Erwiderungen auszublenden, was natürlich praktisch unmöglich ist. Einmal sagt sie: »Es geht nicht darum, dass du es *mir* zuliebe machen sollst. Kannst du dich nicht ein einziges Mal auch um was kümmern?«

Ich rutsche etwas tiefer in den Sitz, hole mein Handy heraus und scrolle meine eingegangenen Nachrichten durch. Keely hat schon ein halbes Dutzend Mal wegen der Kostüme für die Halloweenparty geschrieben, und Olivia zerbricht sich mal wieder den Kopf darüber, ob sie zu Luis zurücksoll. Schließlich legt Ashton auf und sagt mit gezwungener Fröhlichkeit: »Charlie hat versprochen, sich nach einem Anwalt umzuhören.«

»Das ist total nett. Sag ihm bitte vielen Dank von mir.« Ich habe das Gefühl, dass ich eigentlich noch mehr sagen sollte, weiß aber nicht was, sodass wir für den Rest der Fahrt schweigen. Trotzdem würde ich lieber Stunden in dem stillen Wagen meiner Schwester verbringen als fünf Minuten bei Jake zu Hause, wo wir viel zu schnell ankommen. »Ich hab keine Ahnung, wie lange es dauern wird«, sage ich zu Ashton, als sie in die Einfahrt biegt. »Aber vielleicht brauche ich danach jemanden, der mich nach Hause fährt.« Mir wird flau im Magen. Hätte ich Jake nicht mit TJ betrogen, würde er mir bei allem, was möglicherweise noch auf mich zukommt, zur Seite stehen und mich bedingungslos unterstützen. Die ganze Situation wäre immer noch beängstigend, aber ich müsste sie nicht allein durchstehen.

»Ich warte im Starbucks auf der Clarendon Street«, sagt Ashton, als ich aussteige. »Schick mir einfach eine Nachricht, wenn du hier fertig bist.«

Plötzlich tut es mir leid, dass ich sie vorhin so angefahren und ihre Beziehung zu Charlie infrage gestellt habe. Wenn sie mich nicht vom Police Department abgeholt hätte, weiß ich nicht, was ich getan hätte. Aber bevor ich noch etwas sagen kann, setzt sie rückwärts aus der Einfahrt, und mir bleibt nichts anderes übrig, als widerstrebend auf die Tür zuzugehen.

Seine Mom macht mir auf und lächelt mich so unbefangen an, dass ich fast daran glaube, dass alles irgendwie gut ausgehen wird. Ich habe Mrs Riordan immer gemocht. Sie war früher eine ziemlich große Nummer in der Werbebranche, entschied sich dann aber kurz vor Jakes Wechsel auf die Highschool dazu, beruflich kürzerzutreten und sich mehr auf ihre Familie zu konzentrieren. Ich glaube, meine Mutter wünscht sich insgeheim, an Mrs Riordans Stelle zu sein – eine Frau mit einer glänzenden Karriere, die aber mit einem attraktiven und erfolgreichen Ehemann gesegnet ist und es nicht mehr nötig hat zu arbeiten.

Wobei Mr Riordan unglaublich dominant ist. Er ist der Typ Mann »Entweder auf meine Art oder gar nicht«. Jedes

Mal, wenn ich Ashton gegenüber eine Bemerkung darüber mache, murmelt sie so was wie »der Apfel fällt nicht weit vom Stamm« vor sich hin.

»Hey, Addy. Ich bin auf dem Sprung, aber Jake wartet unten auf dich.«

»Danke«, sage ich und trete an ihr vorbei in die große Diele.

Jake hat das riesige Kellergeschoss, das seine Eltern vor einigen Jahren ausbauen ließen, praktisch ganz für sich allein. Neben einem Pooltisch und einem gigantischen Flachbildfernseher gibt es dort unten jede Menge gemütliche Sessel und Sofas, weshalb wir mit unseren Freunden meistens hier abhängen. Jake liegt wie immer mit einem Xbox-Joystick in der Hand auf der größten Couch, als ich reinkomme.

»Hey, Baby.« Er hält das Spiel an und setzt sich auf. »Wie ist es gelaufen?«

»Nicht gut«, sage ich und fange am ganzen Körper an zu zittern. Jakes Gesicht nimmt sofort einen mitfühlenden Ausdruck an, nur dass ich seine liebevolle Fürsorge diesmal nicht verdient habe. Er springt auf und will mich neben sich ziehen, aber ich schaffe es, mich von ihm zu lösen und in den Sessel neben der Couch zu setzen. »Ich muss dir was sagen und glaube, dafür sollte ich lieber hier sitzen.«

Jake lässt sich stirnrunzelnd auf die Couch zurücksinken, stützt die Ellbogen auf die Knie und sieht mich angespannt an. »Du machst mir Angst, Ads.«

»Es war auch ein ziemlich angsteinflößender Tag.« Ich wickle mir eine Haarsträhne um den Finger. Meine Kehle fühlt sich staubtrocken an. »Die Polizei denkt, dass ich … dass wir … also die vier, die an dem Tag mit Simon Nachsitzen hatten … ihn umgebracht haben. Dass wir absichtlich Erdnussöl in sein Wasser gemischt haben, damit er stirbt.« Erst als die Worte draußen sind, fällt mir ein, dass ich diesen Teil der Geschichte vielleicht besser für mich behalten hätte. Aber ich bin es einfach gewöhnt, Jake alles zu erzählen.

Er sieht mich ungläubig blinzelnd an und lacht kurz auf. »Das ist nicht witzig, Addy.« So nennt er mich so gut wie nie.

»Das ist kein Witz. Die Polizei verdächtigt uns, weil Simon vor seinem Tod kurz davor war, einen neuen Beitrag auf *About That* zu posten, in dem es um uns vier geht. Da stehen Dinge drin, von denen wir niemals gewollt hätten, dass irgendjemand sie erfährt.« Ich bin versucht, ihm erst von den anderen Gerüchten zu erzählen – *Siehst du, ich bin nicht die Einzige, die was Schlimmes gemacht hat!* –, aber ich tue es nicht. »Simon hat darin etwas über mich geschrieben, das wahr ist und das ich dir sagen muss. Ich hätte es dir schon erzählen sollen, als es passiert ist, aber ich … ich war einfach zu feige.« Mein Blick ist auf einen losen Faden in dem flauschigen blauen Teppich zu meinen Füßen geheftet. Wenn ich daran ziehen würde, würde sich bestimmt eine komplette Reihe auftrennen.

»Sprich weiter«, sagt Jake in einem Tonfall, der absolut nichts über seine Gefühle preisgibt.

Gott. Wie kann es sein, dass mein Herz so heftig schlägt und ich trotzdem noch am Leben bin? Es müsste mir schon längst aus der Brust gesprungen sein. »Als du in den Sommerferien mit deinen Eltern in Cozumel warst, bin ich eines Nachmittags zufällig TJ am Strand begegnet. Wir haben uns eine Flasche Rum besorgt und uns total abgeschossen. Irgendwann sind wir dann zu ihm gegangen und … und haben miteinander rumgemacht.« Tränen laufen mir über die Wangen und tropfen auf mein Schlüsselbein.

»Was heißt rumgemacht?«, fragt Jake tonlos. Ich zögere und frage mich fieberhaft, ob es nicht irgendeine Möglichkeit gibt, es weniger schrecklich klingen zu lassen, als es ist. Doch dann wiederholt Jake die Frage – »Was heißt *rumgemacht*?« – mit so viel Nachdruck, dass die Worte aus mir herausbrechen.

»Wir haben miteinander geschlafen.« Jetzt weine ich so heftig, dass ich kaum noch etwas herauskriege. »Es tut mir so leid, Jake. Das war total schrecklich von mir und dumm und ich kann dir gar nicht sagen, wie leid es mir tut.« Jake sagt einen Moment lang nichts, und als er spricht, ist seine Stimme eiskalt. »Es tut dir also leid, ja? Hey, cool, dann ist ja alles in bester Ordnung. Hauptsache, es tut dir *leid*.«

»Und wie es mir leidtut«, beginne ich, aber bevor ich weitersprechen kann, springt er auf und rammt die Faust in die Wand hinter ihm. Ich schreie erschrocken auf. Der Putz bröckelt und es regnet weißen Staub auf den blauen Teppich. Jake schüttelt seine Faust, aber nur, um sie anschließend noch härter in die Wand zu rammen.

»*Fuck,* Addy. Du steigst mit einem meiner besten Freunde ins Bett, lügst mich seit Monaten an und alles, was dir dazu einfällt, ist, dass es dir *leidtut*? Was zur Hölle stimmt nicht mit dir? Ich habe dich wie eine *Königin* behandelt.«

»Ich weiß«, schluchze ich und starre auf den Blutfleck, den seine aufgeplatzten Knöchel auf der Wand hinterlassen haben.

»Du hast zugelassen, dass ich Zeit mit einem Typen verbringe, der sich hinter meinem Rücken garantiert den Arsch über mich abgelacht hat, als du von seinem Bett wieder in meins gehüpft bist und so getan hast, als wäre nichts passiert. Als wäre ich immer noch der verfickt wichtigste Mensch auf der Welt für dich.« Jake flucht sonst so gut wie nie in meiner Gegenwart, und wenn doch, entschuldigt er sich anschließend. Diesmal nicht.

»Das bist du! Jake, ich liebe dich. Ich habe dich immer geliebt, von dem Moment an, in dem ich dich das erste Mal gesehen hab.«

»Warum hast du es dann getan? *Warum?*«

Das habe ich mich selbst monatelang gefragt, aber alles, was mir dazu einfällt, sind lahme Entschuldigungen. *Ich war betrunken, ich war dumm, ich war unsicher.* Letzteres kommt der Wahrheit wohl am nächsten; all die Jahre, in denen ich das Gefühl hatte, nicht gut genug für ihn zu sein, haben mir am Ende das Genick gebrochen. »Ich hab einen Fehler gemacht. Ich würde alles tun, um ihn wiedergutzumachen, glaub mir. Wenn ich könnte, würde ich es sofort ungeschehen machen.«

»Aber das kannst du nicht«, sagt Jake. Sein Atem geht schwer und er schweigt einen Moment lang. Ich vergrabe den Kopf in den Händen, traue mich nicht, auch nur noch ein Wort von mir zu geben. »Sieh mich an«, sagt er schließlich. Als ich nicht reagiere, wird sein Tonfall noch schärfer. »Ich hab gesagt, du sollst mich *ansehen*, Addy. Das bist du mir verflucht noch mal schuldig.«

Widerstrebend hebe ich den Kopf und wünsche mir sofort, ich hätte es nicht getan. Sein wunderschönes Gesicht – das ich schon geliebt habe, als es noch jungenhaft und unfertig war – ist wutverzerrt. »Du hast alles kaputt gemacht. Das weißt du, oder?«

»Ich weiß.« Es klingt wie das gequälte Wimmern eines Tiers, das in einer Falle eingeklemmt ist. Könnte ich mir selbst ein Körperteil abbeißen, um dieser Situation zu entkommen, würde ich es tun.

»Verschwinde. Mach verdammt noch mal, dass du hier rauskommst. Ich kann deinen Anblick nicht länger ertragen.«

Ich weiß nicht, wie ich es die Treppe hoch schaffe, geschweige denn aus der Tür. Als ich in der Einfahrt bin, krame ich in meiner Tasche nach dem Handy. Ich kann auf keinen Fall heulend vor Jakes Haus stehen bleiben, während ich auf Ashton warte. Also laufe ich zur Straße hoch und beschließe, schon mal in Richtung Clarendon Street zu gehen und sie von unterwegs anzurufen. Plötzlich fährt ein Wagen heran und hupt leise. Durch meine Tränen hindurch sehe ich, wie meine Schwester das Fenster runterlässt.

Sie verzieht mitfühlend den Mund, als ich auf sie zugehe. »Ich dachte mir schon, dass es so laufen würde. Komm, steig ein. Mom wartet auf uns.«

ZWEITER TEIL

VERSTECKSPIEL

10

BRONWYN
Montag,
1. Oktober,
7:30 Uhr

Am Montag mache ich mich wie gewohnt für die Schule fertig. Aufstehen um sechs Uhr, damit ich eine halbe Stunde laufen kann. Haferflocken mit Beeren und Orangensaft um halb sieben, zehn Minuten später duschen. Haare föhnen, Klamotten rauslegen, mit Sonnenschutzmittel eincremen. Zehn Minuten die *New York Times* überfliegen. Mails checken, Bücher zusammenpacken, prüfen, ob mein Handy vollständig aufgeladen ist.

Die einzige Abweichung von der Routine ist das Treffen mit meiner Anwältin um sieben Uhr dreißig.

Robin Stafford ist laut meinem Vater eine brillante und extrem erfolgreiche Strafverteidigerin, die jedoch nicht allzu sehr im Fokus der Öffentlichkeit steht. Nicht die Sorte Anwältin, die automatisch mit wohlhabenden Leuten in Verbindung gebracht wird, die gegen das Gesetz verstoßen haben und anschließend versuchen, ihren Kopf mit Geld aus der Schlinge zu ziehen. Sie ist pünktlich und begrüßt mich mit einem herzlichen Lächeln, als Maeve sie in die Küche führt.

Ihr Alter ist schwer zu schätzen, aber in ihrem Lebenslauf, den mein Vater mir gestern Abend gezeigt hat, steht, dass sie einundvierzig ist. Sie trägt einen perfekt sitzenden cremefarbenen Anzug, der einen starken Kontrast zu ihrer dunklen

Haut bildet, dezenten Goldschmuck und Schuhe, die teuer aussehen, aber noch nicht in die Preiskategorie von Jimmy Choos fallen.

»Freut mich, Sie kennenzulernen, Bronwyn«, sagt sie, als sie gegenüber von meinen Eltern und mir an der Kücheninsel Platz nimmt. Lassen Sie uns als Erstes darüber sprechen, was Sie heute erwarten wird und wie Sie sich in der Schule verhalten sollten.«

Natürlich. Weil das jetzt mein Leben ist. Ich kann nicht mehr einfach so in die Schule gehen, ich muss mich dort entsprechend *verhalten*.

Sie verschränkt die Hände vor sich auf dem Tisch. »Ich denke nicht, dass die Polizei tatsächlich glaubt, Sie hätten die Tat gemeinschaftlich geplant, sondern dass man Ihnen, in der Hoffnung, von einem von Ihnen nützliche Informationen zu erhalten, Angst einjagen und Sie unter Druck setzen wollte. Daraus schließe ich, dass sie keine echten Beweise haben. Wenn also keiner von Ihnen einen der anderen beschuldigt und Ihre Aussagen sich decken, bin ich überzeugt, dass die Ermittlungen irgendwann ins Leere laufen und der Fall als tragischer Unfall zu den Akten gelegt werden wird.«

Der Schraubstock, der mir schon den ganzen Morgen die Brust einzwängt, lockert sich etwas. »Obwohl Simon kurz davor war, diese schrecklichen Dinge über uns zu veröffentlichen? Und was ist mit diesen Postings bei Tumblr?«

Robin zuckt elegant mit den Schultern. »Unterm Strich sind das nichts weiter als Gerüchte beziehungsweise Trollbeiträge. Ich weiß, Sie und Ihre Mitschüler nehmen die Sache ernst, aber solange sie nicht von echten Beweisen gestützt werden, sind sie vor Gericht bedeutungslos. Das Beste, was Sie tun können, ist, nicht über den Fall zu sprechen. Vor allem nicht mit der Polizei, aber auch nicht mit der Schulleitung.«

»Und wenn ich gefragt werde?«

»Dann sagen Sie, dass Sie sich rechtlichen Beistand geholt haben und Fragen nur noch im Beisein Ihrer Anwältin beantworten.«

Ich versuche mir vorzustellen, wie Mrs Gupta darauf reagieren würde. Ich habe keine Ahnung, inwieweit sie von der Polizei informiert wurde, aber wenn ich mich weigere, mit ihr zu sprechen, werden bestimmt die Alarmglocken bei ihr schrillen.

»Sind Sie denn mit den anderen Schülern befreundet, mit denen Sie an diesem Tag beim Nachsitzen waren?«, erkundigt sich Mrs Stafford.

»Nicht wirklich. Cooper und ich haben ein paar Kurse zusammen, aber …«

»Bronwyn«, unterbricht meine Mutter mich mit einem frostigen Unterton. »Du scheinst immerhin so gut mit Nate Macauley befreundet zu sein, dass er gestern Abend zum *dritten* Mal hier aufgetaucht ist.«

Mrs Stafford setzt sich aufrechter hin und ich erröte. Das war einer der Hauptstreitpunkte gestern Abend, nachdem mein Vater Nate weggeschickt hat. Dad dachte, er würde mich stalken, ich hatte also einiges zu erklären.

»Warum ist Nate dreimal hier gewesen, Bronwyn?«, fragt die Anwältin ruhig.

»Ach, da ist nichts. Er hat mich an dem Tag, an dem Simon starb, nach Hause gefahren und ist dann letzten Freitag noch mal vorbeigekommen. Einfach so, um ein bisschen zu reden. Und was er gestern Abend wollte, weiß ich nicht, weil ich nicht mit ihm sprechen durfte.«

»Mich stört, dass er ›einfach so, um ein bisschen zu reden‹ hier war, während deine Eltern nicht zu Hause waren…«, beginnt meine Mutter, wird aber von Mrs Stafford unterbrochen.

»Wie würden Sie denn Ihre Beziehung zu Nate beschreiben, Bronwyn?«

Ich habe keine Ahnung. Vielleicht können Sie mir dabei helfen, sie zu analysieren? Würde Ihr Honorar das abdecken? »Ich kenne ihn kaum. Bis letzte Woche hatten wir seit Jahren kein Wort mehr miteinander gewechselt. Wir haben zusammen eine traumatische Situation durchgemacht… Es hilft, sich mit Leuten auszutauschen, die dasselbe erlebt haben.«

»Ich empfehle Ihnen trotzdem, sich von den anderen fernzuhalten«, sagt sie und ignoriert den bösen Blick, den meine Mutter mir zuwirft. »Es ist nicht nötig, der Polizei noch zusätzliche Munition für ihre Theorie zu liefern. Würde eine Untersuchung Ihres Handys und Ihres E-Mail-Verkehrs ergeben, dass Sie Kontakt zu den anderen drei Schülern hatten?«

»Nein«, sage ich wahrheitsgemäß.

»Das sind doch schon mal gute Nachrichten.« Sie schaut auf ihre Uhr, eine schmale goldene Rolex. »Viel mehr können wir heute leider nicht besprechen, wenn Sie pünktlich zum Unterricht erscheinen wollen, was Sie sollten. *Business as usual*, okay?« Sie sieht mich wieder mit ihrem herzlichen Lächeln an. »Wir werden uns bald ausführlicher beraten.«

Ich verabschiede mich von meinen Eltern, ohne ihnen wirklich in die Augen schauen zu können, nehme den Schlüssel für den Volvo vom Tisch in der Diele und rufe nach Maeve. Die ganze Fahrt über wappne ich mich gegen alles Schreckliche, das passieren könnte, sobald wir die Schule erreicht haben, aber alles ist seltsam normal. Keine Polizisten, die schon auf mich lauern. Niemand, der mich anders anschaut als vor dem Erscheinen des ersten Tumblr-Posts.

Trotzdem höre ich Kates und Yumikos Geplapper nach der ersten Stunde nur mit halbem Ohr zu und lasse suchend den Blick durch den Flur schweifen. Es gibt im Moment nur einen einzigen Menschen, mit dem ich gern reden würde, auch wenn das genau der ist, von dem ich mich fernhalten soll. »Ich komme gleich nach, okay?«, murmle ich und folge Nate, der gerade im hinteren Treppenhaus verschwunden ist.

Falls er überrascht ist, mich zu sehen, lässt er es sich nicht anmerken. »Bronwyn. Wie geht's der Familie?«

Ich lehne mich neben ihn an die Wand. »Tut mir leid, dass mein Vater dich gestern Abend weggeschickt hat«, sage ich leise. »Die ganze Sache hat ihn ziemlich aufgeschreckt.«

»Kein Wunder.« Nate senkt ebenfalls die Stimme. »Sind die Cops schon mit einem Durchsuchungsbeschluss bei euch gewesen?« Meine Augen weiten sich und er lacht düster. »Hatte ich auch nicht wirklich erwartet. Bei mir haben sie keine Zeit vergeudet. Du sollst wahrscheinlich nicht mit mir reden, oder?«

Unwillkürlich schaue ich mich in dem leeren Treppenhaus um. So langsam fange ich an, paranoid zu werden, und das, was Nate gerade gesagt hat, ist nicht gerade beruhigend. Ich muss mich immer wieder selbst daran erinnern, dass wir uns *nicht* zu einem Mordkomplott verschworen haben. »Warum bist du denn vorbeigekommen?«

Er sieht mich so eindringlich an, als würde er gleich etwas Tiefschürfendes über das Leben und den Tod und die Gültigkeit der Unschuldsvermutung sagen. »Ich wollte mich bei dir dafür entschuldigen, dass ich dir das Jesuskind geklaut hab.«

Ich rücke ein Stück von ihm ab. Wovon redet er? Soll das vielleicht so eine Art religiöses Gleichnis sein? »Was?«

»In der vierten Klasse beim Krippenspiel in der St. Pius. Ich hab das Jesuskind verschwinden lassen und du musstest stattdessen eine in eine Decke gewickelte Tasche mit dir rumtragen. Das tut mir leid.«

Ich sehe ihn einen Moment wortlos an. Die Anspannung fällt von mir ab und hinterlässt ein leicht benommenes Gefühl in meinem Kopf. »Also doch!«, sage ich und boxe ihn in die Schulter, worüber er so perplex ist, dass er tatsächlich lacht. »Ich *wusste*, dass du's warst. Warum hast du das damals gemacht?«

»Um dich aus der Reserve zu locken.« Er sieht mich grinsend an und für einen Augenblick vergesse ich alles, bis auf die Tatsache, dass Nate Macauley immer noch ein wunderschönes Lächeln hat. »Außerdem wollte ich mit dir über … diese ganze Sache reden. Aber dafür ist es jetzt wohl zu spät. Du hast mittlerweile bestimmt einen Anwalt, oder?« Sein Lächeln verschwindet.

»Ja, aber … ich würde auch gern mit dir darüber reden.« Es gongt und ich ziehe mein Handy heraus. Dann fällt mir Mrs Staffords Frage ein, ob ich zu den anderen drei irgendwelche nachweisbaren Kontakte hatte, und ich stecke es wieder weg. Nate durchschaut mich sofort und lacht trocken.

»Stimmt, Nummern auszutauschen ist eine beschissene Idee. Es sei denn …«, er greift in seinen Rucksack und reicht mir ein vorsintflutliches Klapphandy, »… du benutzt das hier.«

Ich streiche mit dem Daumen über die Abdeckung und ahne, wofür er es vermutlich normalerweise benutzt. Als ich ihn stirnrunzelnd ansehe, erklärt er hastig: »Keine Sorge, es ist neu. Ich hab immer ein paar davon auf Vorrat. Außer mir wird dich niemand darauf anrufen. Du kannst drangehen oder nicht. Wie du willst.« Er hält kurz inne. »Nur … du weißt schon … lass es nicht irgendwo rumliegen. Auch wenn sie ziemlich sicher keinen Durchsuchungsbeschluss für das ganze Haus kriegen werden, sondern sich nur dein Handy und deinen Computer anschauen dürfen.«

Meine teure Anwältin würde mir dringend nahelegen, keinen juristischen Rat von Nate Macauley anzunehmen. Und wahrscheinlich hätte sie einiges zu der Tatsache zu sagen, dass er offenbar gleich mehrere von diesen billigen Handys besitzt, die genauso aussehen wie die, die uns letzte Woche das Nachsitzen eingebrockt haben. Ich schaue ihm nach, als er die Treppe hochläuft, und weiß, ich sollte das Ding in den nächstbesten Abfalleimer werfen. Stattdessen stecke ich es in meinen Rucksack.

COOPER
Montag, 1. Oktober, 11:00 Uhr

Es ist fast erholsam, in der Schule zu sein. Besser als zu Hause, wo Paps ständig wütende Vorträge darüber hält, dass Simon ein Lügner war und die Polizei inkompetent ist, dass die Schule zur Rechenschaft gezogen werden sollte und Anwälte ein Vermögen kosten, das wir nicht haben.

Er hat nicht gefragt, ob das, was Simon behauptet hat, womöglich wahr ist.

Es kommt mir vor, als würden wir in einer Art Vorhölle feststecken. Alles ist plötzlich anders, obwohl es noch genauso aussieht wie vorher. Jake läuft durch die Gegend, als wollte er einen Mord begehen, Addy, als wollte sie sterben. Bronwyn nickt mir im Flur mit einem so verkrampften Lächeln zu, dass ihre Lippen praktisch unsichtbar sind. Nate ist abgetaucht.

Wahrscheinlich warten wir alle darauf, dass irgendwas passiert.

Nach dem Sportunterricht passiert tatsächlich etwas, aber es hat nichts mit mir zu tun. Ich bin gerade mit ein paar von meinen Freunden auf dem Weg in die Umkleidekabine. Luis erzählt von einem Mädchen aus der Neunten, auf die er ein Auge geworfen hat, und wir hängen etwas hinter den anderen zurück. Als unser Sportlehrer die Tür aufmacht, um ein paar Schüler reinzulassen, wirbelt Jake plötzlich herum, packt TJ an der Schulter und rammt ihm die Faust ins Gesicht.

Natürlich. Die Initialen »TF« aus dem *About-Tha*t-Post! Sie stehen für TJ Forrester. Mich hat bloß das fehlende *J* verwirrt.

Ich packe Jake am Arm und ziehe ihn zurück, bevor er noch mal zuschlagen kann, aber er ist so in Rage, dass Luis mithelfen muss, und selbst zu zweit schaffen wir es kaum, ihn festzuhalten. »Du mieses *Arschloch*«, zischt Jake TJ zu, der nach hinten getaumelt, aber nicht zu Boden gegangen ist. Vorsichtig tastet er seine blutende, möglicherweise sogar gebrochene Nase ab. Er versucht nicht, auf Jake loszugehen.

»Jake, komm schon, Mann«, versuche ich ihn zu beruhigen, als der Sportlehrer auf uns zugelaufen kommt. »Wegen so was kannst du vom Unterricht ausgeschlossen werden.«

»Das ist es mir wert«, sagt Jake bitter.

Thema Nummer eins heute ist also nicht Simon, sondern dass Jake Riordan nach Hause geschickt wurde, weil er TJ Forrester nach dem Sportunterricht eine reingehauen hat. Und da Jake sich weigert, mit Addy zu sprechen, bevor er geht, und sie völlig in Tränen aufgelöst ist, sind sich alle ziemlich sicher, den Grund dafür zu kennen.

»Wie konnte sie nur?«, murmelt Keely, als wir in der Cafeteria in der Schlange stehen und Addy wie eine Schlafwandlerin an uns vorbeischleicht.

»Wir wissen nicht, was wirklich passiert ist«, rufe ich ihr in Erinnerung.

Wahrscheinlich ist es besser, dass Jake nicht da ist, weil Addy in der Mittagspause wie immer bei uns sitzt. Das hätte sie sich sonst bestimmt nicht getraut. Aber alle ignorieren sie, und sie versucht erst gar nicht, mit irgendjemandem zu reden. Vanessa, die schon immer das größte Miststück in unserer Gruppe war, dreht sich demonstrativ weg, als Addy sich auf den Stuhl neben sie setzt. Sogar Keely macht kein einziges Mal Anstalten, Addy in die Unterhaltung mit einzubeziehen.

Verdammte Heuchler. Luis ist selbst schon mal in Simons App erwähnt worden, weil er fremdgegangen ist, und Vanessa hat letzten Monat auf einer Poolparty angeboten, mir einen runterzuholen, sie sollten also schön vor ihrer eigenen Tür kehren.

»Hey, Addy. Wie geht's?«, frage ich und kümmere mich nicht um die Blicke der anderen am Tisch.

»Du musst nicht nett zu mir sein, Cooper.« Sie hält den Kopf gesenkt und ihre Stimme ist so leise, dass ich sie kaum verstehe. »Das macht es nur noch schlimmer.«

»Ach, Addy.« Die ganze Frustration und Angst, die sich in mir angestaut hat, schwingt in meiner Stimme mit, und als sie den Blick hebt, verstehen wir uns wortlos. Es gibt eine Million Dinge, über die wir uns gern austauschen würden, aber über nichts davon dürfen wir reden. »Das wird schon alles.«

Keely legt mir eine Hand auf den Arm. »Was meinst *du* dazu?«, fragt sie.

»Zu was?«, sage ich verständnislos.

Sie sieht mich kopfschüttelnd an. »Halloween! Vanessas Party. Irgendwelche Kostümideen?«

Ich komme mir vor, als wäre ich gerade in eine blinkende Videospiel-Version meines Lebens gezerrt worden, in der alles viel zu grell ist und ich die Regeln nicht verstehe. »Gott, Keely, keine Ahnung. Das ist doch noch fast einen Monat hin.«

Olivia schnalzt missbilligend mit der Zunge. »Typisch Mann. Du hast keinen Schimmer, wie schwer es ist, ein Kostüm zu finden, in dem man sexy aussieht, aber nicht wie eine Nutte.«

Luis wackelt vielsagend mit den Brauen. »Dann geh doch einfach gleich als Nutte«, schlägt er vor und Olivia gibt ihm einen Klaps auf den Arm. Es ist viel zu warm in der Cafeteria. Ich wische mir über die Stirn und tausche noch einen Blick mit Addy.

Keely stupst mich an. »Gib mir mal kurz dein Handy.«

»Was?«

»Ich will mir das Bild anschauen, das wir letzte Woche in Seaport Village gemacht haben. Von der Frau in dem Zwanzigerjahre-Kleid. Die sah so cool aus. Ich könnte ja vielleicht als Flapper gehen.« Achselzuckend hole ich mein Handy heraus, entsperre es und gebe es ihr. Sie drückt meinen Arm, während sie durch die Fotos scrollt. »Und du würdest in einem dieser Gangster-Anzüge bestimmt super heiß aussehen«, sagt sie aufgeregt und reicht das Handy dann an Vanessa weiter, die übertrieben begeistert »Gott, ist das süß!« ruft.

Ich spähe wieder zu Addy rüber, die ihr Essen auf dem

Teller herumschiebt, ohne auch nur einmal die Gabel an den Mund zu führen, und will sie gerade fragen, ob ich ihr vielleicht etwas anderes holen soll, als mein Handy klingelt.

Vanessa sieht mich mit hochgezogener Braue an. »Wer ruft dich denn bitte schön in der *Mittagspause* an? Alle, die du kennst, sitzen doch schon hier.« Sie schaut aufs Display, dann wieder zu mir. »Oh-oh, Cooper. Wer ist *Kris*? Muss Keely etwa eifersüchtig sein?«

Ich zögere ein paar Sekunden zu lang mit der Antwort, und als ich dann endlich was sage, spreche ich viel zu schnell. »Nur so ein Typ, den ich vom Baseball kenne.« Mein Gesicht fühlt sich heiß und kribbelig an, als ich Vanessa mein Smartphone aus der Hand nehme und die Mailbox drangehen lasse. Dabei würde ich nichts lieber tun, als den Anruf anzunehmen.

Vanessa zieht eine Braue hoch. »Ein Junge, der *Chris* mit *K* schreibt?«

»Ja. Er kommt … aus Deutschland.« *Gott. Halt einfach die Klappe.* Ich stecke mein Handy ein und drehe mich zu Keely, deren Lippen leicht geöffnet sind, als wollte sie zu einer Frage ansetzen. »Ich rufe ihn später zurück. So. Du willst also als Flapper gehen, ja?«

Als ich nach dem letzten Gong zum Parkplatz will, fängt Coach Ruffalo mich im Flur ab. »Du hast doch nicht etwa unseren Termin vergessen, oder?«

Ich atme frustriert aus. Doch, habe ich. Paps macht heute früher Schluss, damit wir uns mit einem Anwalt treffen können, aber ich hatte letzte Woche mit Coach Ruffalo vereinbart, mich heute mit ihm wegen der College Recruitings zu besprechen. Ich bin hin- und hergerissen. Paps wäre es mit

Sicherheit am liebsten, ich könnte beides gleichzeitig machen. Weil das nicht geht, beschließe ich, es schnell hinter mich zu bringen, und folge Coach Ruffalo in sein Büro. Es liegt direkt neben der Sporthalle und riecht nach all den Schülern, die sich hier seit zwanzig Jahren oft direkt nach dem Sportunterricht die Klinke in die Hand geben. Mit anderen Worten: nicht gut.

»Wegen dir klingelt hier pausenlos das Telefon, Cooper«, sagt er, als ich mich ihm gegenüber auf einen wackeligen Metallstuhl setze, der unter meinem Gewicht ächzt. »Los Angeles, Louisville und Illinois bieten dir Vollstipendien an. Sie drängen alle auf eine Zusage bis November, obwohl ich ihnen gesagt hab, dass du dich auf keinen Fall vor nächstem Frühjahr entscheiden wirst.« Als er meinen Gesichtsausdruck sieht, fügt er hinzu: »Es ist gut, dir alle Möglichkeiten offenzuhalten. Und natürlich ist der Draft eine reale Option, aber je größer das Interesse der Colleges ist, desto heißer wird die Major League auf dich sein.«

»Ja, kann sein.« Es ist nicht die Strategie, erst mal zu schauen, ob ich es in die Profiliga schaffe, die mir Sorgen macht, sondern wie diese Colleges reagieren werden, falls der Dreck herauskommt, den Simon verbreiten wollte. Oder die ganze Sache sich weiter zuspitzt und ich immer wieder von der Polizei vernommen werde. Ziehen sie ihre Angebote dann zurück oder halten sie sich daran, dass man so lange als unschuldig zu gelten hat, bis die Schuld bewiesen ist? Vielleicht sollte ich Coach Ruffalo lieber nichts von all dem erzählen. »Es ist nur ... manchmal nicht ganz so einfach, den Überblick zu behalten.«

Er nimmt einen dünnen Stapel zusammengehefteter Blätter vom Schreibtisch und wedelt damit in der Luft. »Darum hab ich mich gekümmert. Das hier ist eine Liste sämtlicher Colleges, mit denen ich Kontakt hatte, und ihr jeweiliges Angebot. Die, von denen ich denke, dass sie am besten passen oder die Profiliga am meisten beeindrucken werden, hab ich markiert. Eigentlich hatte ich nicht vor, die Cal State oder UC Santa Barbara mit reinzunehmen, aber beide liegen ganz in der Nähe und bieten geführte Touren an. Falls du sie an irgendeinem Wochenende anschauen willst, gib mir einfach Bescheid.«

»Okay. Ich … Bei mir stehen ein paar familiäre Dinge an, kann also sein, dass ich in nächster Zeit ziemlich viel um die Ohren habe.«

»Sicher, sicher. Keine Eile, kein Druck. Es liegt ganz allein bei dir, Cooper.«

Das sagen die Leute immer, ich habe nur nie das Gefühl, dass es stimmt. Egal, worum es geht.

Ich bedanke mich bei Coach Ruffalo und trete aus seinem Büro in den mittlerweile verwaisten Flur hinaus. Mein Handy in der einen und die Liste mit den Colleges in der anderen Hand, bin ich so in Gedanken versunken, dass ich fast jemanden über den Haufen laufe.

»Oh, sorry.« Ich schaue auf und sehe die schmale Gestalt von Mr Avery vor mir, der die Arme um einen Karton voller Aktenordner geschlungen hat. »Oh, ähm … hallo. Kann ich Ihnen vielleicht beim Tragen helfen?«

»Nein danke, Cooper.« Sein Blick fällt auf mein Handy und verfinstert sich. »Ich würde Sie nur ungern von etwas so Wichtigem wie dem Schreiben einer *SMS* abhalten.«

»Ich wollte nur …« Ich verstumme. Es würde mir bestimmt keine Sympathiepunkte einbringen, wenn ich ihm erklären würde, dass ich es eilig habe, um nicht zu spät zu meinem Anwaltstermin zu kommen.

Mr Avery festigt kopfschüttelnd den Griff um den Karton. »Ich verstehe euch jungen Leute nicht. Ihr seid geradezu besessen von euren Smartphones und eurem *Klatsch und Tratsch*.« Die letzten Worte spuckt er förmlich aus, als hätten sie einen üblen Nachgeschmack. Keine Ahnung, was ich darauf erwidern soll. Spielt er damit vielleicht auf Simons App an? Ich frage mich, ob er am Wochenende ebenfalls von der Polizei befragt wurde, oder ob sie ihn als Verdächtigen ausschließen, weil er kein Motiv hat. Zumindest hat Simon nichts über ihn geschrieben.

Er schüttelt den Kopf, als wüsste er selbst nicht, wovon er redet. »Wie auch immer. Wenn Sie mich jetzt bitte entschuldigen würden, Cooper.«

Er müsste bloß einen Schritt zur Seite treten, um an mir vorbeizukommen, aber ich schätze, das ist mein Job. »Natürlich.« Ich mache ihm Platz und schaue ihm kurz hinterher, wie er den Flur entlangschlurft, bevor ich ebenfalls weitergehe und mich direkt auf den Weg zum Wagen mache, statt vorher noch meine Sachen aus dem Schließfach zu holen. Vielleicht kann ich es so ja doch noch pünktlich schaffen.

Als ich zehn Minuten später an der letzten roten Ampel stehe und fast zu Hause bin, kriege ich eine Nachricht aufs Handy. Ich rechne damit, dass sie von Keely ist, weil ich mich irgendwie dazu habe breitschlagen lassen, mich abends wegen unserer Halloween-Kostüme mit ihr zu treffen. Aber sie ist von meiner Mom.

Wir sind im Krankenhaus. Nonny hatte einen Herzinfarkt.

11

NATE
Montag,
1. Oktober,
23:50 Uhr

Heute Vormittag habe ich alle meine Lieferanten abtelefoniert, um ihnen Bescheid zu geben, dass ich für eine Weile außer Dienst bin. Das Handy hab ich danach entsorgt. Bleiben trotzdem noch genügend auf Vorrat. Ich kaufe immer gleich mehrere bei Walmart, zahle in bar und benutze sie abwechselnd, bevor ich sie austausche.

Also hole ich um Mitternacht, nachdem ich mir so viele japanische Horrorfilme hintereinander reingezogen habe, wie meine Nerven aushalten, eins von den noch unbenutzten Handy raus und rufe auf dem an, das ich Bronwyn gegeben habe. Sie geht erst beim sechsten Klingeln dran und hört sich verdammt nervös an. »Hallo?«

Ich spiele kurz mit dem Gedanken, sie ein bisschen zu ärgern und mit verstellter Stimme zu fragen, ob ich ein Tütchen Heroin kaufen kann, aber wahrscheinlich würde sie das Handy aus dem Fenster werfen und nie wieder ein Wort mit mir reden. »Hey.«

»Weißt du, wie spät es ist?«, sagt sie vorwurfsvoll.

»Hast du schon geschlafen?«

»Nein«, gibt sie zu. »Kann nicht.«

»Ich auch nicht.« Dann ist es einen Moment lang still in der Leitung. Ich liege mit ein paar dünnen Kissen im Nacken auf meinem Bett und starre auf die japanischen Schriftzeichen im angehaltenen Abspann.

»Nate, kannst du dich noch an Olivia Kendricks Geburtstagsparty in der Fünften erinnern?«, fragt sie, als ich den Film gerade weggedrückt habe und durch das Programmmenü scrolle.

Kann ich tatsächlich. Es war die letzte Geburtstagsparty, auf der ich während meiner Zeit auf der St. Pius war, bevor mein Vater mich von der Schule nahm, weil wir das Schulgeld nicht mehr bezahlen konnten. Olivia hatte die ganze Klasse eingeladen und veranstaltete im Wald hinter ihrem Haus eine Schnitzeljagd. Bronwyn und ich waren im selben Team, und sie arbeitete die Hinweise so zielstrebig ab, als wäre es ihr Job und sie hätte es auf eine Beförderung abgesehen. Unser Team gewann und jeder von uns fünf bekam einen iTunes-Gutschein im Wert von zwanzig Dollar. »Ja, klar.«

»Ich glaube, das war das letzte Mal, dass wir miteinander geredet haben, bevor das alles passiert ist.«

»Kann sein.« Ich erinnere mich besser daran, als ihr wahrscheinlich bewusst ist. In der fünften Klasse fingen meine Freunde an, sich für Mädchen zu interessieren, und irgendwann hatten alle eine Freundin, mit der sie dann eine Woche oder so zusammen waren. Dämlicher Kinderkram – sie fragten die Mädchen, ob sie mit ihnen gehen wollen, die sagten Ja und dann ignorierten sie sich gegenseitig. Als wir durch den Wald hinter Olivias Haus wanderten, beobachtete ich, wie vor mir Bronwyns Pferdeschwanz hin- und herschwang, und überlegte, was sie wohl sagen würde, wenn ich sie fragen würde, ob sie meine Freundin sein möchte. Aber ich hab es dann doch nicht gemacht.

»Wo bist du nach der St. Pi eigentlich hingewechselt?«, fragt sie.

»Granger.« Die St. Pius ging bis zur Achten, weshalb ich erst auf der Highschool wieder mit Bronwyn auf einer Schule war. Zu dem Zeitpunkt war sie längst im totalen Überfliegermodus.

Sie schweigt, als würde sie darauf warten, dass ich weiterspreche, und lacht dann leise. »Nate, warum hast du mich angerufen, wenn du auf alles so wortkarg antwortest?«

»Vielleicht stellst du nicht die richtigen Fragen.«

»Okay.« Wieder ist es einen kurzen Moment lang still, dann: »Hast du es getan?«

Ich muss nicht fragen, was sie meint. »Ja und nein.«

»Du musst schon etwas genauer werden.«

»Ja, ich habe Drogen verkauft, obwohl ich *wegen* Handels mit Rauschmitteln noch auf Bewährung bin. Nein, ich habe kein Erdnussöl in Simon Kellehers Becher getan. Du?«

»Dasselbe«, sagt sie leise. »Ja und nein.«

»Dann hast du echt gepfuscht?«

»Ja.« Ihre Stimme zittert leicht, und falls sie gleich zu weinen anfängt, hab ich keine Ahnung, was ich machen soll. Vielleicht so tun, als würde die Verbindung abbrechen. Aber sie reißt sich zusammen. »Ich schäme mich wahnsinnig dafür. Und ich habe totale Angst, dass es rauskommt und alle davon erfahren.«

Sie klingt wirklich fertig, also sollte ich wohl nicht lachen, aber ich kann nichts dagegen tun. »Dann bist du eben nicht perfekt. Na und? Willkommen in der realen Welt.«

»Danke, aber ich kenne mich schon ganz gut in der realen Welt aus«, sagt sie kühl. »Es ist nicht so, als würde ich in einer Seifenblase leben. Ich bereue, was ich getan habe, das ist alles.«

Das tut sie wahrscheinlich wirklich, aber das ist nicht die ganze Wahrheit. Die Realität ist viel komplexer. Sie hatte Monate Zeit, es zuzugeben, wenn es tatsächlich so an ihr genagt hätte – hat sie aber nicht. Keine Ahnung, warum es den Leuten so schwerfällt zuzugeben, dass sie manchmal einfach Arschlöcher sind, die krumme Dinger drehen, weil sie nicht damit rechnen, erwischt zu werden. »Das klingt, als würdest du dir mehr Gedanken darüber machen, was die Leute denken«, sage ich.

»Es ist nichts falsch daran, sich Gedanken darüber zu machen, was die Leute denken. Das bewahrt einen vor einer *Haftstrafe auf Bewährung.*«

Auf meinem Privathandy geht eine Nachricht ein. Es liegt auf dem zerschrammten Nachttisch neben meinem Bett, der jedes Mal wackelt, wenn ich ihn berühre, weil ihm ein Bein fehlt und ich zu faul bin, es wieder festzuschrauben. Ich rolle herum, um sie zu lesen – Amber fragt: *Noch wach?* –, und will Bronwyn gerade sagen, dass ich Schluss machen muss, als sie laut seufzt.

»Sorry. Schlag unter die Gürtellinie. Es ist nur … komplizierter. Ich habe meine Eltern enttäuscht, aber für meinen Dad ist es besonders schlimm. Sein halbes Leben musste er immer wieder gegen irgendwelche Vorurteile ankämpfen, weil er nicht von hier ist. Er hat alles dafür getan, sich einen makellosen Ruf zu erarbeiten, und dann komme ich plötzlich daher und beschmutze womöglich mit einem einzigen dummen Fehler sein Ansehen.«

Ich würde ihr gern sagen, dass das mit Sicherheit niemand so betrachten würde. Von meinem Standpunkt aus wirken ihre Eltern total respektabel und ich kann mir nicht vorstellen, dass etwas, das die Tochter tut, auf ihn zurückfallen würde. Aber ich schätze, jeder hat irgendeine Scheiße im Gepäck, mit der er klarkommen muss. »Woher kommt dein Dad eigentlich?«, frage ich.

»Er ist in Kolumbien geboren, aber mit zehn hierhergezogen.«

»Und deine Mom?«

»Ihre Familie stammt ursprünglich aus Irland, lebt aber schon in der vierten Generation hier.«

»Genau wie meine«, sage ich. »Nur dass mein sozialer Abstieg für niemanden überraschend ist.«

Sie seufzt wieder. »Das ist alles ganz schön surreal, oder? Dass uns tatsächlich zugetraut wird, Simon *getötet* zu haben.«

»Von wegen surreal«, sage ich. »Ich bin auf *Bewährung*, schon vergessen?«

»Ja, aber ich war dabei, als du versucht hast, Simon zu helfen. Du müsstest schon ein ziemlich guter Schauspieler sein, um so was faken zu können.«

»Wer weiß, vielleicht bin ich ja ein Soziopath. Die sollen wahre Meister darin sein, ihre Umgebung zu täuschen.«

»Du bist kein Soziopath.«

»Woher willst du das wissen?«, sage ich scherzhaft, aber ihre Antwort interessiert mich wirklich. Ich bin der Kerl, dem sofort ein Durchsuchungsbeschluss unter die Nase gehalten wurde. *Der, der aus der Reihe fällt, der Sündenbock,* wie Officer Lopez gesagt hat. Jemand, der lügt, wann immer es ihm einen Vorteil verschafft und er seinen eigenen Arsch damit retten kann. Das kann bei jemandem, mit dem ich sechs Jahre lang kein Wort gewechselt habe, nicht sonderlich viel Vertrauen wecken.

Bronwyn antwortet nicht sofort, und ich bleibe beim Zappen auf dem Cartoon Network hängen, wo gerade ein Trailer zu einer neuen Serie mit einem Jungen und einer Schlange läuft. Sieht nicht sonderlich vielversprechend aus. »Ich weiß noch, wie du dich immer um deine Mom gekümmert hast …«, sagt sie schließlich. »Wenn sie in der Schule auftauchte und … du weißt schon … sich verhalten hat, als wäre sie krank oder so.«

Als wäre sie krank oder so. Wahrscheinlich meint Bronwyn den Vorfall, als meine Mutter bei einem Elternabend Schwester Flynn anbrüllte und am Ende alle Bilder, die wir in Kunst gemalt hatten, von den Wänden riss. Oder wie sie mich einmal vom Fußballtraining abholte und heulend auf dem Bordstein kauerte, während sie auf mich wartete. Und das sind bloß zwei aus einer Vielzahl von peinlichen Anekdoten.

»Ich mochte deine Mom«, sagt Bronwyn zaghaft, als ich nichts erwidere. »Sie hat mit mir immer wie mit einer Erwachsenen geredet.«

»Du meinst, sie hat dich übelst beschimpft«, sage ich und Bronwyn lacht.

»Ich hatte eigentlich immer das Gefühl, dass sie eher *mit* mir über die anderen schimpft.«

Irgendetwas an der Art, wie sie das sagt, dringt zu mir durch. Als könnte sie den Menschen sehen, der unter dem ganzen Mist vergraben ist. »Sie mochte dich auch.« Ich denke daran, wie ich heute mit Bronwyn im Treppenhaus stand. Sie hatte die Haare wie früher zu einem glänzenden Pferdeschwanz zusammengebunden und so ein Leuchten im Gesicht, voller Neugier und Interesse für die Dinge um sie herum. *Wenn sie noch hier wäre, würde sie dich immer noch mögen.*

»Sie hat mir damals gesagt, dass …« Bronwyn zögert. »Dass du mich nur deshalb ständig ärgern würdest, weil du in mich verknallt wärst.«

Ich spähe zu Ambers Nachricht, die ich immer noch nicht beantwortet habe. »Vielleicht. Das weiß ich nicht mehr.«

Wie gesagt. Ich lüge, wann immer es für mich von Vorteil ist.

Bronwyn ist einen Moment still. »Okay, ich versuch dann trotzdem mal zu schlafen.«

»Ja. Ich auch.«

»Werden schon sehen, was morgen passiert, oder?«

»Schätze schon.«

»Okay, bis dann. Und, ähm, Nate?« Sie spricht gehetzt, als müsste sie das, was sie loswerden will, schnell sagen, um es überhaupt aussprechen zu können. »Ich war damals in *dich* verknallt. Falls es dich irgendwie interessiert. Gar nicht, wahrscheinlich. Aber trotzdem. Nur damit du Bescheid weißt. Also dann, gute Nacht.«

Ich lege das Handy auf meinen Nachttisch, greife nach dem anderen, lese noch einmal Ambers Nachricht und tippe *Komm rüber.*

Bronwyn ist naiv, falls sie glaubt, ich wäre besser als mein Ruf.

ADDY
Mittwoch, 3. Oktober, 7:50 Uhr

Ashton sorgt dafür, dass ich weiter zur Schule gehe. Meine Mutter könnte nicht gleichgültiger sein. Soweit es sie betrifft, habe ich unser aller Leben ruiniert, es spielt also keine große Rolle mehr, was ich tue. Sie spricht es nicht genau so aus, aber es steht ihr dick und fett ins Gesicht geschrieben, wenn sie mich anschaut.

»Fünftausend Dollar, nur um mit einem Anwalt zu sprechen, Adelaide«, zischt sie mir am Mittwochmorgen beim Frühstück zu. »Ich hoffe, dir ist klar, dass ich das Geld von deinen Ersparnissen fürs College nehmen werde.«

Ich würde die Augen verdrehen, wenn ich die Energie dazu hätte. Wir wissen beide, dass ich keine Collegeersparnisse habe. Sie telefoniert schon seit Tagen mit meinem Vater in Chicago und setzt ihn wegen des Gelds unter Druck. Dank seiner zweiten – und jüngeren – Familie hat er keine großen Reserven, aber wahrscheinlich wird er irgendwie die Hälfte zusammenkratzen, nur damit sie den Mund hält und er sich einreden kann, was für ein fürsorglicher Vater er doch ist.

Jake will immer noch nicht mit mir reden. Ich vermisse ihn so sehr. Es fühlt sich an, als wäre in mir drin eine Atombombe explodiert und nichts mehr von mir übrig außer Asche, die zwischen brüchigen Knochen hindurchrieselt. Ich habe ihm Dutzende von Nachrichten geschickt, die nicht nur unbeantwortet geblieben sind, sondern auch ungelesen. Er hat mich auf Facebook entfreundet und auf Instagram und Snapchat entfolgt. Er tut so, als würde ich nicht mehr existieren, und ich fange an zu denken, dass er recht hat. Wenn ich nicht Jakes Freundin bin, wer bin ich dann?

Wegen der Sache mit TJ hätte er eigentlich eine ganze Woche vom Unterricht ausgeschlossen werden sollen, aber seine Eltern haben einen Riesenaufstand gemacht und mit der unglaublichen nervlichen Belastung argumentiert, die Simons Tod für uns alle darstellt, weshalb ich davon ausgehe, dass er heute wieder in der Schule sein wird. Bei dem Gedanken, ihn zu sehen, wurde mir so übel, dass ich beschlossen habe, zu Hause zu bleiben. Ashton musste mich praktisch aus dem Bett zerren. Sie ist wieder für eine Weile bei uns eingezogen.

»An so was ist noch niemand gestorben, Addy«, belehrt sie mich, während sie mich Richtung Dusche schiebt. »Er hat kein Recht, dich aus der Welt zu radieren. Gott, du hast einen dummen Fehler gemacht. Aber es ist schließlich nicht so, als hättest du jemanden umgebracht.« Sie lacht trocken, dann fügt sie hinzu: »Na ja, obwohl … darüber haben die Geschworenen ja noch nicht endgültig entschieden.«

Ha, ha. In unserem Haus regiert jetzt der Galgenhumor. Wer hätte gedacht, dass die Prentiss-Mädchen überhaupt dazu fähig sind?

Ashton fährt mich in die Schule und lässt mich am Haupteingang raus. »Kopf hoch, Addy«, sagt sie. »Lass dich von diesem scheinheiligen Kontrollfreak nicht unterkriegen.«

»*Gott,* Ash. Ich habe ihn betrogen, okay? Er hat allen Grund, mich zu hassen.«

»Trotzdem«, gibt sie schmallippig zurück.

Widerstrebend steige ich aus und versuche mich innerlich zu stählen, um den Tag zu überstehen. Ich bin immer gern zur Schule gegangen. Habe überall dazugehört, ohne irgendwas dafür tun zu müssen. Jetzt klammere ich mich nur noch an den Überresten der Person fest, die ich einmal war, und als ich in einer Fensterscheibe mein Spiegelbild sehe, erkenne ich das Mädchen, das mir entgegenstarrt, fast nicht wieder. Sie hat meine Sachen an – ein eng anliegendes Oberteil und Skinny-Jeans, genau wie Jake es mag –, aber ihre eingefallenen Wangen und ihr leerer Blick passen nicht zum Outfit.

Nur meine Haare sehen wie immer umwerfend aus. Wenigstens etwas, das noch für mich spricht.

Es gibt nur eine an der Schule, die noch beschissener aussieht als ich, und das ist Janae. Sie hat seit Simons Tod bestimmt fünf Kilo abgenommen und eine ganz schlimme

Haut. Da sie ständig mit verschmierter Wimperntusche herumläuft, gehe ich davon aus, dass sie genau wie ich in den Unterrichtspausen auf der Toilette hockt und heult. Eigentlich hätten wir uns dort schon längst mal begegnen müssen.

Kaum bin ich in die Eingangshalle getreten, sehe ich Jake an seinem Schließfach stehen. Alles Blut sackt aus meinem Kopf und mir ist so schwindelig, dass ich schwanke, als ich auf ihn zugehe. Sein Gesichtsausdruck wirkt entspannt, er ist ganz darauf konzentriert, seine Zahlenkombination einzugeben, und ich habe eine Sekunde lang die Hoffnung, dass alles wieder gut wird, dass die kleine Auszeit von der Schule ihm geholfen hat, etwas Abstand zu kriegen und mir zu verzeihen. »Hi, Jake«, sage ich, als ich bei ihm angekommen bin.

Sofort verwandelt sich sein Gesicht in eine wütende Maske. Mit finsterem Blick reißt er seine Schließfachtür auf, holt einen Stapel Bücher heraus und stopft sie in seinen Rucksack. Dann knallt er die Tür wieder zu, hängt sich den Rucksack über die Schulter und lässt mich einfach stehen.

»Wirst du jetzt nie wieder mit mir reden?« Meine Stimme klingt dünn und verzweifelt. Einfach erbärmlich.

Er dreht sich um und sieht mich so hasserfüllt an, dass ich zurückweiche. »Nicht, wenn es sich vermeiden lässt.«

Fang jetzt bloß nicht an zu weinen. Alle starren zu mir rüber, als Jake auf dem Absatz kehrtmacht und davonmarschiert. Vanessa, die ein paar Schließfächer weiter steht, grinst in sich hinein. Sie *genießt* die Situation geradezu. Wie konnte ich nur jemals glauben, sie wäre meine Freundin? Wahrscheinlich wird es nicht lange dauern, bis sie sich selbst an Jake ranmacht, falls sie es nicht schon längst getan hat. Ich zwinge meine Beine, mich zu meinem eigenen Schließfach zu tragen, und greife nach dem Schloss. Es dauert ein paar Sekunden, bis ich die Bedeutung des Worts verstehe, das jemand mit dickem schwarzem Marker auf die Tür geschrieben hat.

SCHLAMPE.

Unterdrücktes Gelächter dringt an mein Ohr, während ich das *M* betrachte, das aussieht wie zwei auf dem Kopf stehende *V*s, die sich in der Mitte überkreuzen. Ich habe mit Vanessa schon Dutzende Banner für die Bayview Wildcats beschriftet und sie immer wegen ihrer lustig aussehenden *M*s aufgezogen. Sie hat noch nicht mal versucht, ihre Schrift zu verstellen. Wahrscheinlich wollte sie, dass ich sie erkenne.

Aus irgendeinem Grund schaffe ich es, nicht zu rennen, als ich in die nächstgelegene Toilette flüchte. Ich schiebe mich mit gesenktem Kopf an zwei Mädchen vorbei, die vor dem Spiegel ihr Make-up auffrischen, und schließe mich in die hinterste Kabine ein. Dann lasse ich mich auf den Klodeckel fallen, vergrabe den Kopf in den Händen und weine lautlos.

Als kurz darauf der erste Gong ertönt, bleibe ich einfach sitzen und heule weiter, bis keine Tränen mehr übrig sind. Das Kinn auf meine angezogenen Knie gestützt, starre ich reglos vor mich hin, bis es zum zweiten Mal gongt und wieder ein paar Mädchen in die Toilette kommen. Gesprächsfetzen wehen zu mir rüber und ich schnappe auch meinen Namen auf. Ich halte mir die Ohren zu und versuche nicht hinzuhören.

Als ich mich schließlich wieder aufrichte und die Kabinentür aufschließe, hat die dritte Stunde längst angefangen. Ich gehe zum Waschbecken, schiebe mir die Haare aus dem Gesicht und schaue in den Spiegel. Von meiner Wimperntusche ist nichts mehr übrig geblieben, aber ich bin lange genug hier drin gewesen, dass meine Augen nicht verheult aussehen. Während ich mein Spiegelbild anstarre, versuche ich meine

Gedanken zu sortieren. Ich schaffe es heute einfach nicht in den Unterricht. Kurz überlege ich, ins Krankenzimmer zu gehen und Kopfschmerzen vorzutäuschen, aber die Schulschwester hat vielleicht auch mitbekommen, dass ich jetzt als mutmaßliche EpiPen-Diebin gelte, und das ist mir unangenehm. Bleibt also nur noch eine Möglichkeit: unentschuldigt zu verschwinden und nach Hause zu gehen.

Ich bin schon im hinteren Treppenhaus und will gerade die Hand nach der Tür ausstrecken, da höre ich hinter mir polternde Schritte. Als ich mich umdrehe, sprintet TJ Forrester die Stufen herunter. Seine Nase ist immer noch geschwollen und er hat ein blaues Auge. Als er mich entdeckt, bleibt er stehen und hält sich mit einer Hand am Geländer fest. »Oh. Hey, Addy.«

»Solltest du nicht im Unterricht sein?«

»Ich hab einen Arzttermin.« Er berührt seine Nase und verzieht kurz das Gesicht. »Kann sein, dass meine Nasenscheidewand durch den Schlag verkrümmt ist.«

»Selbst schuld.« Die bitteren Worte sind draußen, bevor ich darüber nachdenken kann.

TJ öffnet den Mund, schließt ihn wieder, dann schluckt er und sagt: »Ich hab Jake nichts erzählt, Addy. Das schwöre ich bei Gott. Ich wollte genauso wenig wie du, dass es rauskommt. Mir hat das doch auch nur Ärger eingebracht.« Er fasst sich wieder vorsichtig an die Nase.

Eigentlich hatte ich nicht an Jake gedacht, sondern an Simon. Aber TJ kann natürlich nichts von dem unveröffentlichten Post wissen. Wie ist Simon dann dahintergekommen? »Außer uns beiden war niemand dabei«, sage ich. »Du musst es *jemandem* gesagt haben.«

TJ schüttelt den Kopf und verzieht kurz das Gesicht, als

würde die Bewegung schmerzen. »Wir haben uns am Strand geküsst, bevor wir zu mir nach Hause sind, schon vergessen? Jeder hätte uns sehen können.«

»Aber woher hätte jemand wissen sollen, dass wir …« Ich verstumme, als mir klar wird, dass nirgendwo stand, TJ und ich hätten miteinander geschlafen. Simon hat es, wenn auch ziemlich unmissverständlich, bloß *angedeutet.* Vielleicht habe ich Jake zu viel gebeichtet. Bei dem Gedanken wird mir schlecht, obwohl ich mir nicht sicher bin, ob ich es geschafft hätte, ihm nur die halbe Wahrheit zu erzählen. Er hätte es schon irgendwann aus mir herausgepresst.

TJ sieht mich mitfühlend an. »Tut mir leid, dass das alles so ein Albtraum für dich ist. Wenn du mich fragst, führt Jake sich wie ein Vollidiot auf. Aber ich hab es niemandem erzählt.« Er legt eine Hand auf sein Herz. »Das schwöre ich beim Grab meines Großvaters. Ich weiß, dass das für dich keine Bedeutung hat, aber für mich hat es das.« Als ich nicke, atmet er tief aus. »Wo willst du eigentlich hin?«

»Nach Hause. Ich halte es hier einfach nicht aus. Meine Freunde hassen mich alle.« Ich weiß nicht, warum ich ihm das überhaupt erzähle, außer, dass ich sonst niemanden habe, dem ich es erzählen könnte. »Jetzt wo Jake wieder da ist, werden sie mich mit Sicherheit noch nicht mal mehr bei sich sitzen lassen.« Cooper ist heute nicht in der Schule gewesen. Seine Großmutter hatte einen Herzinfarkt und er ist einen Tag freigestellt worden, damit er bei ihr sein kann. Wahrscheinlich trifft er sich auch mit seinem Anwalt, wobei das nur eine Vermutung von mir ist. Jedenfalls wird es in seiner Abwesenheit niemand wagen, sich Jake entgegenzustellen. Oder wollen.

»Scheiß auf die.« TJ sieht mich mit einem schiefen Grinsen

an. »Wenn sie sich morgen immer noch wie Arschlöcher aufführen, setz dich einfach zu mir. Wenn sie sich das Maul zerreißen wollen, dann geben wir ihnen eben etwas, wofür es sich lohnt.«

Gegen meinen Willen muss ich lächeln.

12

BRONWYN
Donnerstag,
4. Oktober,
12:20 Uhr

Ich habe mich in falscher Sicherheit gewiegt.

Diesem Irrtum kann man wohl selbst in der schlimmsten Woche seines Lebens erliegen. Grauenhafte, welterschütternde Dinge türmen sich über einem auf, bis man das Gefühl hat, davon zermalmt zu werden, und dann ist es plötzlich vorbei. Und nichts passiert mehr, sodass man anfängt, sich zu entspannen und zu glauben, man hätte es überstanden.

Ein Anfängerfehler, der mir am Donnerstag während der Mittagspause wie eine Ohrfeige ins Gesicht klatscht, als das übliche Stimmengewirr in der Cafeteria plötzlich anschwillt und immer lauter wird. Ich drehe mich neugierig um und frage mich, warum plötzlich alle ihre Handys rausziehen. Aber bevor ich nach meinem eigenen greifen kann, sehe ich, wie sich reihenweise Köpfe in meine Richtung drehen.

»Oh.« Maeve war schneller als ich. Ihr Blick wandert über das Display ihres Handys, und als sie mich danach ansieht, liegt ein so mitfühlender Ausdruck auf ihrem Gesicht, dass mir flau wird. »Bronwyn. Es ist wieder ein Tumblr-Post aufgetaucht. Diesmal … na ja, schau's dir vielleicht lieber selber an.«

Sie reicht mir ihr Handy, und ich lese mit hämmerndem Herzen exakt den Text, den Detective Mendoza mir am

Sonntag nach Simons Beerdigung gezeigt hat. *Wer hätte gedacht, dass es hier mal etwas über die unfehlbare Überfliegerin BR zu erfahren geben würde? Tja, wie sich herausgestellt hat, ist die blütenweiße Weste ihrer Schulakte nicht ganz so makellos ...*

Der Post enthält Simons kompletten unveröffentlichten Eintrag über uns, plus einen zusätzlichen Nachtrag:

Dachtet ihr, es wäre bloß ein Witz gewesen, dass ich Simon getötet habe? Ich sage nur: Hilfe, mein Tagebuch ist ein Bestseller. Jeder, der letzte Woche mit Simon nachsitzen musste, hatte ein Motiv, sich seinen Tod zu wünschen. Beweisstück A: der obige Eintrag, den er auf *About That* veröffentlichen wollte.
Und hier kommt eure Hausaufgabe: Verbindet die Punkte miteinander. Stecken alle unter einer Decke oder hat nur einer die Fäden in der Hand? Wer ist der Marionettenspieler und wer sind die Marionetten?
Ich gebe euch für den Anfang einen Tipp: Lügen tun sie alle.
Auf die Plätze, fertig – LOS!

Ich hebe den Blick und sehe Maeve an. Sie kennt die ganze Wahrheit, aber Yumiko und Kate habe ich nichts gesagt. Weil ich dachte, es würde vielleicht nicht herauskommen, sondern unter Verschluss bleiben, während die Polizei im Hintergrund ihre Ermittlungen durchführt und den Fall schließlich aus Mangel an Beweisen einstellt.

Gott, ich bin wirklich so was von naiv.

»Bronwyn?« Ich kann Yumiko über das Dröhnen in meinen Ohren kaum hören. »Stimmt das?«

»Scheiß auf diesen verkackten Tumblr-Bullshit.« Ich wäre geschockt über Maeves Ausdrucksweise, wenn ich nicht seit ungefähr zwei Minuten das Gefühl hätte, dass mich nie wieder irgendetwas schocken kann. »Ich wette, ich könnte dieses verdammte Konto hacken und rausfinden, wer dahintersteckt.«

»Maeve, nein!« Meine Stimme ist viel zu laut. »No lo hagas … No queremos …«, spreche ich leise auf Spanisch weiter.

Ich zwinge mich, den Mund zu halten, als Kate und Yumiko nicht aufhören, mich anzustarren. *Das darfst du nicht. Wir wollen das nicht.* Das sollte fürs Erste reichen.

Aber Maeve hört nicht auf. »Ist mir egal«, sagt sie aufgebracht. »*Du* willst das vielleicht nicht, aber ich …«

Ich werde durch eine Lautsprecherdurchsage gerettet. Wobei »retten« in dem Fall relativ ist. Ich habe ein Déjà-vu-Erlebnis, als eine körperlose Stimme durch die Cafeteria hallt: *»Cooper Clay, Nate Macauley, Adelaide Prentiss und Bronwyn Rojas. Bitte melden Sie sich im Sekretariat. Cooper Clay, Nate Macauley, Adelaide Prentiss und Bronwyn Rojas werden ins Sekretariat gebeten.«*

Ich kann mich nicht daran erinnern, aufgestanden zu sein, aber das muss ich wohl, weil ich wie ein Zombie an den starrenden Blicken und dem Geflüster vorbeigehe und mir einen Weg zwischen den Tischen hindurchbahne, bis ich es zum Ausgang der Cafeteria geschafft habe. Danach den Flur hinunter, vorbei an den drei Wochen alten Homecoming-Plakaten, die immer noch niemand abgehängt hat. Die Orgagruppe ist nachlässig, was ich noch schlimmer fände, wenn ich ihr nicht selbst angehören würde.

Als ich im Sekretariat angekommen bin, winkt mich die Sekretärin mit einer resignierten Geste, die wohl andeuten soll, dass ich das Prozedere ja mittlerweile kenne, in den kleinen Konferenzraum. Ich bin die Letzte – das heißt, sofern nicht noch die Polizei oder Mitglieder des Schulausschusses dazustoßen. »Schließen Sie die Tür, Bronwyn«, sagt Mrs Gupta. Das tue ich und setze mich anschließend zwischen Nate und Addy gegenüber von Cooper an den Tisch.

Mrs Gupta legt die Hände aneinander und stützt das Kinn darauf. »Ich denke, ich muss Ihnen nicht sagen, warum Sie hier sind. Wir haben diese widerliche Tumblr-Seite im Auge behalten und das heutige Update zum selben Zeitpunkt bekommen wie Sie. Zur gleichen Zeit hat uns eine Nachricht des Bayview Police Department erreicht mit der Bitte, dafür zu sorgen, dass die Schülerschaft von morgen an für Befragungen zur Verfügung steht. Wenn ich es richtig verstanden habe, gibt der heutige Tumblr-Post exakt den Eintrag wider, den Simon vor seinem Tod geschrieben hat. Ich gehe davon aus, dass die meisten von Ihnen sich mittlerweile rechtlichen Beistand gesucht haben, was die Schule selbstverständlich respektiert. Aber das hier ist ein geschützter Raum. Wenn es irgendetwas gibt, das Sie mir sagen möchten und das der Schule helfen würde, den Druck, unter dem Sie gestanden haben, besser zu verstehen, dann wäre jetzt der richtige Zeitpunkt dafür.«

Ich starre sie an, während meine Knie anfangen zu zittern. Ist das ihr Ernst? Das ist jetzt definitiv *nicht* der richtige Zeitpunkt dafür. Trotzdem habe ich das dringende Bedürfnis, ihr zu antworten, mich zu erklären, als unter dem Tisch plötzlich eine Hand nach meiner greift. Nate sieht mich nicht an, aber seine Finger verschränken sich warm und stark mit meinen und legen sich beruhigend auf mein Bein. Er hat wieder sein Guinness-T-Shirt an, das so ausgeblichen aussieht, als wäre es schon hundertmal gewaschen worden. Ich werfe ihm einen kurzen Blick zu und er schüttelt kaum merklich den Kopf.

»Ich hab dazu nicht mehr zu sagen als letzte Woche«, erklärt Cooper.

»Ich auch nicht«, sagt Addy schnell. Ihre Augen sind gerötet und in ihren elfenhaften Zügen liegt eine tiefe Erschöpfung. Sie ist so blass, dass mir zum ersten Mal auffällt, dass ihre Nase mit kleinen Sommersprossen gesprenkelt ist. Vielleicht trägt sie heute auch bloß kein Make-up. Es versetzt mir einen mitfühlenden Stich, als mir bewusst wird, dass es sie von uns allen bis jetzt am härtesten getroffen hat.

»Ich glaube kaum, dass …«, beginnt die Schulleiterin genau in dem Moment, in dem die Tür aufgeht und die Sekretärin den Kopf reinstreckt.

»Das Bayview Police Department auf Leitung eins«, sagt sie und Mrs Gupta erhebt sich von ihrem Platz.

»Entschuldigen Sie mich kurz.«

Nachdem sie die Tür hinter sich geschlossen hat, sitzen wir in angespanntem Schweigen da und lauschen dem Surren der Klimaanlage. Es ist das erste Mal, dass wir alle im selben Raum sind, seit Officer Budapest uns letzte Woche befragt hat. Ich muss beinahe lachen, als ich daran denke, wie ahnungslos wir da noch waren und uns über das ungerechtfertigte Nachsitzen beschwerten.

Wobei ich fairerweise zugeben muss, dass das hauptsächlich von mir ausging.

Nate lässt meine Hand los, kippt mit seinem Stuhl ein Stück nach hinten und schaut sich im Raum um. »Tja. Ganz schön verrückte Situation, was?«

»Wie geht es euch denn so?« Die Frage kommt einfach so aus mir heraus, ohne dass ich es geplant habe. »Das ist alles so unwirklich. Ich kann immer noch nicht glauben, dass sie uns ernsthaft verdächtigen … einen Mord begangen zu haben.«

»Es war ein Unfall«, sagt Addy sofort, aber es klingt nicht überzeugt, sondern eher, als würde sie eine Theorie testen.

Coopers Blick wandert zu Nate. »Merkwürdiger Unfall. Wie soll von allein Erdnussöl in einen Becher kommen?«

»Vielleicht hat sich irgendwann jemand reingeschlichen, ohne dass wir es bemerkt haben«, sage ich, worauf Nate mich ansieht und die Augen verdreht. »Ich weiß, das klingt absurd, aber … man muss alles in Betracht ziehen, oder?

»Es gibt eine Menge Leute, die Simon gehasst haben«, sagt Addy. Dem harten Zug um ihren Mund nach zu urteilen, ist sie eine von ihnen. »Manchen hat er buchstäblich das Leben ruiniert. Könnt ihr euch noch an Aiden Wu erinnern, der in der Zehnten damals die Schule gewechselt hat?« Ich bin die Einzige, die nickt, weshalb Addy mich ansieht, als sie weiterspricht. »Meine Schwester ist mit seiner Schwester auf dem College gewesen. Aiden hat nicht einfach so gewechselt. Er hatte einen Zusammenbruch, nachdem Simon ihn als Cross-Dresser geoutet hat.«

»Im Ernst?«, fragt Nate. Cooper reibt sich über den Kopf.

»Als er seine App rausbrachte, hat er doch eine Zeit lang nebenbei noch so einen Blog geführt. Die Sachen, die er dort gepostet hat, waren genauso mies, nur ausführlicher geschrieben, wisst ihr noch?«, sagt Addy.

Meine Kehle ist so eng, dass ich bloß nicken kann.

»Dort hat er Aiden durch den Dreck gezogen. Aus purer Boshaftigkeit.«

Irgendetwas an Addys Tonfall macht mich beklommen. Ich habe sie immer für ziemlich langweilig und oberflächlich gehalten und hätte nie gedacht, dass ich sie einmal so hart über jemanden urteilen hören würde. Mich erstaunt schon, dass sie überhaupt zu einer eigenen Meinung fähig ist.

»Genau das hat Leah Jackson auch gesagt«, wirft Cooper hastig ein, als wolle er Addy davon abhalten, mit ihrer Hasstirade gegen Simon weiterzumachen. »Ich bin ihr vor dem Gedenkgottesdienst zufällig auf dem Footballfeld begegnet. Sie meinte, wir wären alle verdammte Heuchler, weil wir so tun würden, als wäre er so eine Art Märtyrer.«

»Tja, da haben wir's«, sagt Nate. »Du hattest recht, Bronwyn. Wahrscheinlich ist die ganze Schule heimlich mit Erdnussöl in den Rucksäcken rumgelaufen und hat nur auf eine passende Gelegenheit gewartet.«

»Aber nicht irgendein Erdnussöl«, sagt Addy. »Es muss kalt gepresstes Öl sein, nur das ist für Allergiker schon in kleinsten Dosen richtig gefährlich.«

Wir starren sie alle an und Nate fragt mit zusammengezogenen Brauen: »Woher weißt du so was?«

»Hab ich mal auf Food Network gesehen«, antwortet sie achselzuckend.

»Vielleicht solltest du solche Informationen lieber für dich behalten, wenn Gupta zurückkommt«, schlägt Nate vor und über Addys Gesicht huscht die Andeutung eines Grinsens.

Cooper wirft Nate einen finsteren Blick zu. »Das Ganze ist kein Witz.«

Nate gähnt ungerührt. »Fühlt sich nur manchmal wie einer an.«

Meine Gedanken kreisen nervös um das, was ich eben gehört habe. Leah und ich waren früher befreundet und haben zusammen bei einem Wettbewerb der Model United Nations teilgenommen, der uns zu Beginn des neunten Schuljahrs eine Qualifikation für die Staatsmeisterschaften einbrachte. Simon wollte ebenfalls mitmachen, aber wir hatten ihm aus Versehen einen falschen Anmeldeschluss genannt, sodass er die Frist verpasste. Es hat uns nie geglaubt, dass es keine Absicht war, und ist total sauer auf uns gewesen. Ein paar Wochen später fing er dann an, auf *About That* über Leahs Sexleben zu schreiben. Sonst veröffentlichte Simon immer nur einen einzigen Eintrag zu einer Person und ließ es danach gut sein, aber im Fall von Leah postete er ständig Updates. Das war ein persönlicher Rachefeldzug. Wenn es damals schon etwas über mich zu erzählen gegeben hätte, hätte ich bestimmt auch mein Fett weggekriegt.

Nachdem Simon seine Kampagne gegen Leah gestartet hatte, verwandelte sich ihr Leben in einen Albtraum. Sie fragte mich einmal, ob ich Simon absichtlich ein falsches Datum genannt hatte. Hatte ich nicht, aber ich habe mich trotzdem schuldig gefühlt, natürlich erst recht, als sie dann einen totalen Zusammenbruch hatte und versuchte, sich die Pulsadern aufzuschneiden.

Wer kann schon genau sagen, was es mit einem Menschen anstellt, wenn er so etwas durchmachen muss.

Mrs Gupta kommt zurück, schließt die Tür hinter sich und nimmt wieder Platz. »Bitte entschuldigen Sie, aber das konnte nicht warten. Wo waren wir?«

Es ist einen Moment lang still, bis Cooper sich räuspert. »Bei allem nötigen Respekt, Ma'am, aber ich glaube, wir sind uns alle einig, dass wir diese Unterhaltung nicht führen können.« In seiner Stimme liegt eine Härte, die vorher noch nicht da gewesen ist, und ich spüre augenblicklich, wie die Energie im Raum sich bündelt und verschiebt. Wir trauen uns gegenseitig nicht über den Weg, das ist ziemlich offensichtlich – aber Mrs Gupta und dem Bayview Police Department trauen wir noch viel weniger. Sie spürt es ebenfalls und rutscht ihren Stuhl ein Stück zurück.

»Meine Tür steht Ihnen immer offen. Ich möchte, dass Sie das wissen«, sagt sie, aber da sind wir schon aufgestanden und verlassen durch genau diese Tür den Raum.

Den Rest des Tages bin ich unruhig und gereizt, bringe mechanisch alles hinter mich, was ich in der Schule und zu Hause zu erledigen habe, und fange erst an mich zu entspannen, als kurz nach Mitternacht das Handy klingelt, das Nate mir gegeben hat.

Seit Montag hat er mich jeden Abend angerufen, immer ungefähr zur selben Uhrzeit. Er hat mir Dinge über die psychische Erkrankung seiner Mutter und seinen alkoholkranken Vater erzählt, die ich mir niemals hätte vorstellen können. Und ich habe ihm von Maeves Leukämie erzählt und dem unvorstellbaren Druck, den ich immer empfunden habe, in allem doppelt so gut sein zu müssen. Manchmal reden wir auch gar nicht. Letzte Nacht hat er vorgeschlagen, dass wir uns bei Netflix einloggen und zusammen einen Film schauen. Er hat einen grauenhaften japanischen Horrorfilm ausgesucht, bei dem ich irgendwann mit meinen Stöpseln in den Ohren eingeschlafen bin, sodass ich ihm womöglich ins Ohr geschnarcht habe.

»Du bist dran mit Filmaussuchen«, sagt er zur Begrüßung. Mir ist schon aufgefallen, dass er es nicht so mit den üblichen Höflichkeitsfloskeln hat. Er legt immer einfach mit dem los, was ihm gerade durch den Kopf geht.

»Ich schau mir gerade an, was es gibt«, antworte ich und wir schweigen einen Moment, während ich durch Netflix scrolle, aber ich bin nicht wirklich bei der Sache. Schließlich gebe ich es auf. Ich kann nicht einfach so in den Movie-Modus wechseln. »Meinst du, du kriegst wegen dem Tumblr-

Post von heute Schwierigkeiten?« Nach dem Gespräch mit der Schulleiterin habe ich Kate und Yumiko endlich erklärt, was in den letzten Tagen bei mir los gewesen ist. Es war keine besonders angenehme Unterhaltung.

Er schnaubt. »Ich bin schon vorher in Schwierigkeiten gewesen. Also alles beim Alten.«

»Meine Freundinnen sind sauer auf mich, weil ich ihnen nichts gesagt habe.«

»Dass du gepfuscht hast? Oder dass die Polizei gegen dich ermittelt?«

»Beides. Ich glaube, ich hab gehofft, dass sich vielleicht alles einfach irgendwie in Luft auflöst und sie es nie zu erfahren brauchen.« Meine Anwältin hat mir eingeschärft, keine Fragen zu dem Fall zu beantworten, aber ich hätte nicht gewusst, wie ich das meinen beiden besten Freudinnen gegenüber rechtfertigen sollte. Wenn die ganze Schule anfängt, einem den Rücken zuzudrehen, braucht man einfach Menschen, die zu einem stehen. »Ich wünschte, ich könnte mich noch genauer an den Tag erinnern. In welchem Kurs warst du, als Mr Avery das Handy in deinem Rucksack gefunden hat?«

»Physik«, antwortet Nate. »Natürlich nur im Grundkurs für Loser. Und du?«

»Unabhängiges Lernen.« Ironischerweise erlauben es mir meine hervorragenden Noten in Chemie, mir dieses Jahr ein naturwissenschaftliches Projekt auszusuchen und eigenständig daran zu arbeiten. »Bei Simon wird es wohl der Leistungskurs Physik gewesen sein. Welche Kurse Addy und Cooper bei Mr Avery haben, weiß ich nicht, aber beim Nachsitzen wirkten sie überrascht, sich dort zu sehen.«

»Was schließt du daraus?«, fragt Nate.

»Na ja, die beiden sind befreundet, oder? Da sollte man eigentlich annehmen, sie hätten darüber geredet. Oder wären sogar im selben Kurs gewesen, als es passierte.«

»Worauf willst du hinaus? Dass die beiden zusammen hinter der ganzen Sache stecken?«

»Ich denke nur laut nach«, sage ich. »Die von der Polizei haben sich so darauf eingeschossen, dass wir alle etwas damit zu tun haben, dass sie sich null dafür zu interessieren scheinen, wie seltsam diese Sache mit den Handys ist. Aber wenn man mal genauer hinschauen würde, würde einem vielleicht auffallen, dass Mr Avery besser als jeder andere weiß, welche Kurse wir bei ihm haben. Vielleicht hat *er* die Handys in unsere Taschen geschmuggelt und die Becher vor dem Nachsitzen mit Erdnussöl eingepinselt.«

Aber noch während ich es ausspreche, wird mir klar, wie abwegig der Gedanke ist, dass der gebrechliche, unscheinbare Mr Avery vor dem Nachsitzen manisch Becher präpariert haben soll. Genau wie die Vorstellung, dass Cooper die EpiPens aus dem Krankenzimmer verschwinden lässt oder Addy ein Mordkomplott geschmiedet hat, während sie Food Network schaute.

Andererseits kenne ich keinen von ihnen wirklich. Nate eingeschlossen. Auch wenn es sich anders anfühlt.

»Möglich ist alles«, sagt Nate. »Hast du schon entschieden, was wir gucken?«

Eigentlich würde ich ja gern irgendeinen coolen Arthouse-Film aussuchen, um ihn zu beeindrucken, nur dass er das wahrscheinlich sofort durchschauen würde. Außerdem scheint er ein Faible für schlechte japanische Horrorfilme zu haben, also liegt die intellektuelle Messlatte nicht so wahnsinnig hoch. »Hast du schon *Die Bestimmung* gesehen?«

»Nein.« Er klingt skeptisch. »Glaub auch nicht, dass ich ihn sehen will.«

»Tja, Pech für dich. Ich wollte auch nicht sehen, wie eine Gruppe von Leuten von einem Nebel getötet wird, der im Raum-Zeit-Kontinuum aus Alien-Tränen entstanden ist, hab es aber trotzdem gemacht.«

»Shit«, seufzt Nate. »Hast du ihn schon gebuffert?«

»Yep. Von mir aus kann's losgehen.« Und dann tippen wir gleichzeitig auf *Play*.

13

COOPER
Freitag, 5. Oktober, 15:30 Uhr

Nach der Schule hole ich Lucas ab und fahre mit ihm zu Nonny ins Krankenhaus. Bei unseren letzten Besuchen hat sie meistens geschlafen, aber als wir heute reinkommen, sitzt sie aufrecht in ihrem Bett und deutet vorwurfsvoll mit der Fernbedienung auf uns. »Dieser Fernseher hat nur drei Programme«, beschwert sie sich. »Ich komme mir vor, als hätte ich eine Zeitreise ins Jahr 1985 gemacht. Und das Essen hier ist eine Katastrophe. Lucas, hast du zufällig irgendwas Süßes dabei?«

»Leider nein, Ma'am«, antwortet Lucas und wirft sich seine zu langen Haare aus den Augen. Nonny wendet sich mit einem hoffnungsvollen Ausdruck im Gesicht mir zu, und ich bin kurz erschrocken, wie *alt* sie aussieht. Ich meine, klar, sie ist Mitte achtzig, aber sie hat immer so viel Energie versprüht, dass ich nie darüber nachgedacht hab. Erst jetzt wird mir bewusst, dass wir von Glück sagen können, wenn so was in den nächsten Jahren nicht noch mal passiert, wobei der Arzt sagt, dass sie sich gut erholt.

Und irgendwann wird sie dann für immer fort sein.

»Ich auch nicht, Nonny, tut mir leid.« Ich senke den Kopf, um den feuchten Schimmer in meinen Augen zu verstecken.

Nonny seufzt theatralisch. »Ach, zur Hölle. Ihr Jungs seid hübsch, aber keine besonders große Hilfe.« Sie kramt in der

Schublade ihres Nachttischs und zieht einen Zwanzigdollarschein heraus. »Lucas, geh runter in die Cafeteria und kauf uns drei Snickers. Das Restgeld kannst du behalten, und lass dir ruhig Zeit.«

»Ja, Ma'am.« Lucas Augen beginnen zu leuchten, als er sich seinen Gewinn ausrechnet. Eine Sekunde später ist er aus der Tür geflitzt und Nonny lehnt sich in die Kissen zurück.

»Weg ist er und stopft sich die Taschen voll, Gott segne sein bestechliches kleines Herz«, sagt sie liebevoll.

»Darfst du überhaupt schon Süßigkeiten essen?«, frage ich.

»Natürlich nicht. Ich möchte wissen, wie es dir geht, mein Liebling. Mir will ja niemand was sagen, aber ich hab hier und da was aufgeschnappt.«

Ich setze mich auf den Stuhl neben ihrem Bett, schaffe es aber immer noch nicht, sie anzuschauen. »Du solltest dich ausruhen, Nonny.«

»Cooper, das war der am wenigsten gefährliche Herzinfarkt in der Geschichte der Herzinfarkte. Ein kleiner Ausschlag auf dem Monitor. Zu viel Rührei mit Speck, das ist alles. Bring mich auf den neuesten Stand in Sachen Simon Kelleher. Ich verspreche dir hoch und heilig, keinen Rückfall zu kriegen.«

Ich blinzle ein paarmal und stelle mir vor, wie ich mich darauf vorbereite, einen Slider zu werfen: das Handgelenk strecken, die Finger um den Ball schließen, ihn beim Abwurf über Zeigefinger und Daumen rollen lassen. Es funktioniert; die Tränen ziehen sich zurück, mein Atem beruhigt sich und ich kann Nonny endlich ansehen. »Das Ganze ist ein verdammter Albtraum.«

Sie tätschelt seufzend meine Hand. »Oh, Liebling. Natürlich ist es das.«

Ich erzähle ihr alles: Dass mittlerweile die ganze Schule über das Bescheid weiß, was Simon über uns verbreitet hat, dass die Polizei sich heute in den Konferenzräumen der Schulleitung eingerichtet und mit allen gesprochen hat, die uns kennen, aber auch mit einer Menge Leute, die uns eigentlich gar nicht kennen. Dass Coach Ruffalo mich noch nicht beiseite genommen hat, um mich darauf anzusprechen, ob das mit dem Doping stimmt, ich mir aber ziemlich sicher bin, dass das nicht mehr lange dauern wird. Dass wir in Astronomie einen Vertretungslehrer hatten, weil Mr Avery von der Polizei verhört wurde. Dass ich aber keine Ahnung habe, ob er selbst verdächtigt wird oder nur noch mal zu uns befragt worden ist.

Als ich fertig bin, schüttelt Nonny den Kopf. Weil sie sich die Haare hier nicht so zurechtmachen kann wie zu Hause, bauschen sie sich wie Watte um ihren Kopf. »Ich kann gar nicht sagen, wie leid es mir tut, dass du in diese schreckliche Sache hineingezogen worden bist, Cooper. Ausgerechnet du. Das ist nicht richtig.«

Ich warte auf die nächste naheliegende Frage, aber sie kommt nicht. Trotzdem habe ich das Bedürfnis, es wenigstens einmal auszusprechen, auch wenn ich nach den ganzen Gesprächen mit meiner Anwältin das Gefühl habe, von der Wahrheit nicht mehr als feststehende Tatsache reden zu dürfen. »Es stimmt nicht, was behauptet wird, Nonny. Ich hab keine Steroide genommen und Simon nichts angetan.«

»Du liebe Güte, Cooper.« Nonny streicht ungeduldig über ihre Krankenhausdecke. »Das musst du *mir* doch nicht sagen.«

Ich schlucke schwer. Irgendwie löst die Tatsache, dass Nonny mir so vorbehaltlos glaubt, Schuldgefühle in mir aus.

»Die Anwältin kostet ein Vermögen und eine wirkliche Hilfe ist sie auch nicht. Alles wird nur immer noch schlimmer.«

»Es wird meistens erst mal schlimmer, bevor es wieder aufwärts geht«, sagt Nonny sanft. »So ist nun mal das Leben. Und mach dir keine Sorgen wegen der Anwaltskosten. Um das Finanzielle kümmere ich mich.«

Neue Schuldgefühle steigen in mir hoch. »Kannst du dir das denn überhaupt leisten?«

»Natürlich. Dein Großvater und ich haben in den Neunzigerjahren ordentlich in Apple-Aktien investiert. Nur weil ich deinem Vater nicht das Geld gegeben habe, um in dieser völlig überteuerten Stadt eine verdammte Villa kaufen zu können, bedeutet das nicht, dass ich sie mir nicht leisten könnte. So. Und jetzt erzähl mir etwas, das ich noch *nicht* weiß.«

Ich bin nicht sicher, was sie meint. Ich könnte ihr erzählen, wie gnadenlos Jake Addy zum Teufel gejagt hat und dass sie jetzt von allen unseren Freunden geschnitten wird, aber das ist zu deprimierend. »Sonst gibt's nicht viel zu erzählen, Nonny.«

»Wie reagiert Keely auf die ganze Sache?«

»Wie eine Klette. Extrem anhänglich.« Das ist mir so rausgerutscht, und kaum sind die Worte draußen, fühle ich mich wie der letzte Mistkerl. Keely unterstützt mich, wo sie nur kann, und es ist nicht ihre Schuld, dass mir das die Luft abschnürt.

»Ach, Cooper.« Nonny nimmt meine Hand und hält sie zwischen ihren Händen fest. Sie sind klein und leicht und mit dicken blauen Adern überzogen. »Keely ist ein wunderschönes, süßes Mädchen. Aber wenn sie nicht die ist, die du liebst, dann ist sie eben nicht die *Richtige*. Und das ist in Ordnung.«

Meine Kehle wird eng und ich starre auf den Fernseher, wo eine Quizshow läuft. Jemand hat gerade eine Waschmaschine mit integriertem Trockner gewonnen und scheint sich ziemlich darüber zu freuen. Nonny sagt nichts mehr, hält einfach nur weiter meine Hand. »Ich weiß nicht, was du meinst«, nuschle ich.

»Ich meine, Cooper Clay, dass mir nicht entgangen ist, dass du jedes Mal, wenn dieses Mädchen dich anruft oder dir schreibt, aussiehst, als würdest du am liebsten die Flucht ergreifen. Und dass dein Gesicht wie ein verdammter Weihnachtsbaum zu leuchten anfängt, wenn dich eine bestimmte andere Person anruft. Ich weiß nicht, wer es ist oder was dich zurückhält, mein Liebling, aber ich wünschte, du würdest klare Verhältnisse schaffen. So ist es weder dir *noch* Keely gegenüber fair.« Sie drückt ein letztes Mal meine Hand, bevor sie sie wieder loslässt. »So, und jetzt solltest du dich lieber mal auf die Suche nach deinem Herrn Bruder machen. Einen Zwölfjährigen, dem das Geld in der Hosentasche brennt, durch ein Krankenhaus spazieren zu lassen, ist vielleicht nicht die beste Idee meines Lebens gewesen.«

»Klar.« Für heute lässt sie mich vom Haken, aber wir wissen beide, dass die Sache damit noch nicht vom Tisch ist. Als ich in den Flur hinaustrete, halten die Schwestern, die dort gerade mit irgendetwas beschäftigt sind, kollektiv inne und sehen mich lächelnd an. »Brauchst du vielleicht Hilfe, Schätzchen?«, fragt eine von ihnen.

So ist es schon mein ganzes Leben gewesen. Die Leute sehen mich und denken sofort das Beste von mir. Und wenn sie mich dann kennenlernen, mögen sie mich sogar noch mehr.

Würde irgendwann herauskommen, dass ich Simon tatsächlich etwas angetan hätte, würden mich viele Menschen hassen. Aber es würde bestimmt auch Leute geben, die Entschuldigungen für mich finden und sagen würden, dass es um viel mehr gegangen sein muss als nur diese Doping-Geschichte.

Das Problem ist, dass sie recht hätten.

NATE
Freitag, 5. Oktober, 23:30 Uhr

Mein Vater ist ausnahmsweise noch bei Bewusstsein, als ich am Freitag von einer Party bei Amber nach Hause komme. Sie war immer noch in vollem Gang, als ich abgehauen bin, aber ich hatte genug. Ich fülle den Wasserkocher, um mir eine Packung Instantnudeln zu machen, und werfe Stan ein bisschen Gemüse ins Terrarium. Wie immer ernte ich bloß ein gelangweiltes Blinzeln. Undankbarer kleiner Scheißer.

»Du bist früh zu Hause«, sagt mein Vater, der aussieht wie immer: völlig runtergekommen. Das Gesicht aufgedunsen, die Haut teigig, der Körper hager. Seine Hände zittern, als er sein Glas an den Mund hebt. Vor ein paar Monaten bin ich abends nach Hause gekommen und er hat kaum noch geatmet. Ich hab einen Notarzt gerufen und er kam für ein paar Tage ins Krankenhaus, wo die Ärzte ihm mitteilten, dass seine Leber so kaputt sei, dass er jeden Moment tot umfallen könnte. Er nickte und tat so, als würde er sich das zu Herzen nehmen. Zu Hause hat er sich dann als Erstes ein Fläschchen Seagram's Whiskey aufgemacht.

Die Krankenhausrechnung ignoriere ich jetzt schon seit Wochen. Dank unserer beschissenen Versicherung, die nie etwas übernimmt, beläuft sie sich auf fast tausend Dollar, und jetzt, wo ich keinerlei Einkommen mehr habe, stehen die Chancen, dass ich sie bezahlen kann, sogar noch schlechter.

»Hab noch was zu tun.« Ich schütte die Nudeln in eine Schale, gieße kochendes Wasser drüber und verziehe mich damit in mein Zimmer.

»Hast du mein Handy gesehen?«, ruft mein Vater mir hinterher. »Es hat den ganzen Tag geklingelt, aber ich konnte es nirgends finden.«

»Weil du den Hintern nicht von der Couch hochkriegst«, murmle ich und drücke die Tür hinter mir zu. Wahrscheinlich hat er es sich sowieso nur eingebildet. Sein Handy hat schon seit Monaten nicht mehr geklingelt.

Ich schlinge die Nudeln runter, dann lehne ich mich in die Kissen zurück und stecke die Ohrstöpsel rein, um Bronwyn anzurufen. Zum Glück bin heute ich mit Aussuchen dran. Aber eine halbe Stunde später beschließt sie, dass sie genug von der japanischen Originalversion von *Ring* gesehen hat.

»Ich kann mir so einen gruseligen Film nicht allein anschauen«, sagt sie.

»Du bist nicht allein. Wir schauen ihn uns zusammen an.«

»Du bist aber nicht *da*. Für so was brauche ich jemanden, der mit mir im Zimmer ist. Lass uns was anderes gucken. Ich bin dran.«

»Fang jetzt bloß nicht wieder mit dieser verkackten *Bestimmung* an, Bronwyn.« Ich halte kurz inne. »Komm doch einfach rüber und wir schauen *Ring* zusammen fertig. Kletter aus dem Fenster, setz dich in den Wagen und fahr her.« Ich lasse es wie einen Scherz klingen, und das ist es größtenteils auch. Es sei denn, sie würde darauf eingehen.

Bronwyn zögert einen Moment. »Mein Zimmer liegt im

ersten Stock, ich müsste vier Meter in die Tiefe springen.« *Scherz.*

»Dann benutz irgendeine Tür. In eurem Haus gibt es doch, keine Ahnung, mindestens zehn davon.« *Scherz.*

»Meine Eltern würden mich umbringen, wenn sie das rauskriegen würden.« *Kein Scherz.* Sie scheint also tatsächlich ernsthaft darüber nachzudenken. Als ich mir vorstelle, sie würde hier in den kurzen Shorts, die sie anhatte, als ich neulich abends bei ihr zu Hause war, neben mir sitzen und ihr Bein an meines pressen, geht mein Atem schneller.

»Warum sollten sie?«, frage ich. »Du hast gesagt, dass neben ihrem Bett eine Bombe hochgehen könnte, ohne dass sie aufwachen.« *Kein Scherz.* »Komm schon, nur für eine Stunde, bis wir den Film zu Ende geschaut haben. Dann kann ich dir auch meine Echse zeigen.« Es dauert ein paar Sekunden, bis mir klar wird, dass das ziemlich zweideutig klingt. »Das ist keine Anmache. Ich habe wirklich eine Echse. Eine Bartagame. Sie heißt Stan.«

Bronwyn muss so heftig lachen, dass sie sich fast verschluckt. »Oh mein Gott. Das hätte zwar gar nicht zu dir gepasst, weil du ja – wie wir alle wissen – eher der verklemmte Typ bist, aber eine Sekunde lang hab ich tatsächlich geglaubt, du meinst was anderes.«

Ich muss ebenfalls lachen. »Gib's zu, das hätte dir gefallen.«

»Wenigstens hast du nicht gesagt, dass du eine Anakonda hast«, sagt Bronwyn prustend. Ich muss noch mehr lachen, bin aber gleichzeitig immer noch irgendwie angeturnt. Seltsame Mischung.

»Komm vorbei«, sage ich. *Kein Scherz.*

Ich höre sie eine Weile atmen, dann sagt sie: »Ich kann nicht.«

»Okay.« Ich bin nicht enttäuscht. Ich habe nie wirklich geglaubt, dass sie es machen würde. »Dann such was anderes aus.«

Wir einigen uns auf den letzten *Bourne*-Film, und während ich mit halb geschlossenen Augen auf den Bildschirm schaue, höre ich, wie im Hintergrund in immer kürzer werdenden Abständen Nachrichten von Amber reinkommen. Vielleicht fängt sie an, etwas in uns zu sehen, was wir nicht sind. Als ich nach dem Handy greife, um es auf lautlos zu stellen, sagt Bronwyn: »Nate. Dein Handy.«

»Was ist damit?«

»Du kriegst die ganze Zeit irgendwelche Nachrichten.«

»Und?«

»Es ist schon ziemlich spät.«

»Und?«, wiederhole ich leicht genervt. Ich hätte nicht erwartet, dass Bronwyn eifersüchtig reagieren würde oder irgendwelche Besitzansprüche anmeldet, zumal wir nie irgendwas anderes machen, als zu telefonieren, und sie gerade meine scherzhaft ernst gemeinte Einladung ausgeschlagen hat.

»Das sind keine … Kunden, oder?«

Ich atme aus. »Nein«, seufze ich. »Ich hab dir doch gesagt, dass ich das nicht mehr mache. So dämlich bin ich nicht.«

»In Ordnung.« Sie klingt erleichtert, aber müde. »Ich glaube, ich schlaf gleich ein.«

»Okay. Willst du auflegen?«

»Nein.« Sie lacht schläfrig. »Aber das Guthaben ist bald alle. Gerade kam eine Warnung, dass ich nur noch eine halbe Stunde übrig habe.«

Die Prepaid-Handys haben mehrere hundert Minuten, und sie hat ihr Kontingent in weniger als einer Woche verbraucht.

Aber es stimmt schon, dass wir immer verdammt lange telefonieren. »Ich bring dir morgen ein anderes mit«, sage ich, bevor mir einfällt, dass morgen Samstag ist und wir keine Schule haben. »Bronwyn, warte. Du musst auflegen.«

Ich glaube, dass sie schon eingeschlafen ist, aber dann murmelt sie: »Was?«

»Leg auf, okay? Damit dein Guthaben nicht aufgebraucht wird und ich dich morgen wegen einem neuen Handy anrufen kann.«

»Oh. Okay. Gute Nacht, Nate.«

»Gute Nacht.« Ich lege das Handy neben das andere, überlege kurz, dann schalte ich den Fernseher aus und mache die Augen zu. Schlafe ich eben auch.

14

ADDY
Samstag,
6. Oktober,
9:30 Uhr

Ich bin mit Ashton im Wohnzimmer, liege quer über einem Sessel und starre an die Decke, während sie versucht, mich dazu zu bringen, irgendwas zu unternehmen. Das Problem ist nur, dass ich zu nichts Lust habe.

»Komm schon, Addy.« Ashton, die auf der Couch sitzt, stupst mich mit dem Fuß an. »Was machst du denn normalerweise am Wochenende so? Und sag jetzt bloß nicht ›mich mit Jake treffen‹«, fügt sie schnell hinzu.

»Aber genau *das* hab ich immer gemacht«, jammere ich. Total erbärmlich, aber ich kann es nicht ändern. Ich hatte schon die ganze Woche dieses schrecklich flaue Gefühl im Magen, als wäre ich eben noch eine stabil gebaute Brücke entlanggelaufen, die sich plötzlich unter meinen Füßen in Luft aufgelöst hat.

»Fällt dir wirklich nichts ein, was du gerne machst und was nichts mit Jake zu tun hat?«

Ich lasse mich noch tiefer in den Sessel rutschen und denke nach. Was habe ich in der Zeit vor Jake gemacht? Ich war vierzehn, als wir ein Paar wurden, noch ein halbes Kind. Meine beste Freundin war damals Rowan Flaherty, wir waren unzertrennlich, bis ich in der Neunten anfing, mich für Jungs zu interessieren, womit sie zu der Zeit noch überhaupt nichts am Hut hatte. Sie zog dann noch im selben Jahr mit ihren Eltern nach Texas, aber jetzt erinnere ich mich wieder, dass wir den Sommer davor praktisch jeden Tag mit unseren Rädern in der Stadt unterwegs waren. »Ich fahre gern Rad«, sage ich unsicher, weil ich schon seit Jahren auf keinem Fahrrad mehr gesessen habe.

Ashton klatscht in die Hände, als wäre ich ein antriebsloses kleines Kind, das sie für ein neues Spiel zu begeistern versucht. »Super, lass uns irgendwo mit dem Rad hinfahren.«

Gott, nein danke. Ich will mich nicht bewegen. Dafür fehlt mir einfach die Energie. »Ich hab meins schon vor Jahren weggegeben, weil ich nicht mehr damit gefahren bin und es unter der Veranda vor sich hin rostete. Und du hast sowieso keins.«

»Dann nehmen wir eben diese Mietfahrräder, die überall in der Stadt rumstehen. Komm schon, lass uns das machen.«

Ich seufze. »Ash, du kannst nicht ewig den Babysitter für mich spielen. Ich bin dir wirklich dankbar, dass du mich die ganze Woche davor bewahrt hast, zusammenzubrechen, aber du hast dein eigenes Leben. Du solltest zu Charlie zurück.«

Ashton geht wortlos in die Küche, und ich höre leises Flaschenklirren, als sie die Kühlschranktür aufmacht. Einen Moment später kommt sie mit einem Corona und einem San Pellegrino zurück. Sie ignoriert meine hochgezogenen Brauen – es ist noch nicht mal zehn Uhr morgens –, als sie mir das Wasser in die Hand drückt und selbst einen tiefen Schluck von dem Bier nimmt. »Charlie geht es super ohne mich«, sagt sie und setzt sich im Schneidersitz auf die Couch. »Wahrscheinlich ist seine Freundin mittlerweile bei ihm eingezogen.«

»*Was?*« Ich vergesse, wie müde ich bin, und setze mich erschrocken auf.

»Ich hab die beiden zusammen erwischt, als ich letztes Wochenende nach Hause bin, um noch ein paar Klamotten zu holen. Es war wie in einem schlechten Film. Ich hab ihm sogar eine Vase an den Kopf geworfen.«

»Hast du wenigstens getroffen?«, frage ich hoffnungsvoll und schäme mich gleichzeitig, weil ich keinen Deut besser bin als er. Schließlich bin ich in meiner und Jakes Beziehung der Charlie. Sie schüttelt den Kopf und nimmt noch einen Schluck von dem Bier.

»Ash.« Ich stehe auf und setze mich neben sie auf die Couch. Sie weint nicht, aber in ihren Augen schimmern Tränen, und als ich eine Hand auf ihren Arm lege, schluckt sie schwer. »Das tut mir so leid. Warum hast du nichts gesagt?«

»Du hattest genügend eigene Sorgen.«

»Aber hier geht es um deine Ehe!« Mein Blick wandert unwillkürlich zum Kaminsims, wo neben dem Foto von mir auf dem Junior-Abschlussball das zwei Jahre alte Hochzeitsfoto von Ashton und Charlie steht. Besucher haben oft Scherze darüber gemacht, dass es aussieht wie die Werbebilder von perfekten Brautpaaren, die immer in solchen Rahmen stecken, wenn man sie kauft. Ashton ist an diesem Tag überglücklich gewesen, so wunderschön, so strahlend, so fröhlich …

… und erleichtert. Ich hatte versucht, den Gedanken zu verdrängen, weil ich wusste, dass es gehässig war, aber ich hatte einfach das Gefühl, dass Ashton bis zu ihrem Hochzeitstag immer Angst gehabt hatte, Charlie zu verlieren. In der Theorie ist er ein Traummann gewesen – super attraktiv, aus guter Familie, angehender Jurastudent an der Stanford –, und unsere Mutter war hin und weg gewesen. Erst ein Jahr nach ihrer Hochzeit fiel mir auf, dass Ashton so gut wie nie lachte, wenn Charlie mit dabei war.

»Es ist schon seit einer Weile vorbei, Addy. Ich hätte schon vor sechs Monaten gehen sollen, aber ich war zu feige. Ich wollte wohl nicht allein sein. Oder zugeben, dass ich versagt habe. Irgendwann suche ich mir was Eigenes, aber fürs Erste bleibe ich hier.« Sie wirft mir einen ironischen Blick zu. »So. Ich habe meine Beichte abgelegt. Jetzt bist du dran. Warum hast du gelogen, als Officer Budapest dich gefragt hat, ob du an dem Tag, an dem Simon gestorben ist, im Krankenzimmer warst?«

Ich nehme meine Hand von ihrem Arm. »Ich hab nicht ge…«

»Addy. In dem Moment, in dem er das Thema angesprochen hat, hast du angefangen, mit deinen Haaren zu spielen. Das machst du immer, wenn du nervös bist.« Ihre Stimme klingt sachlich, nicht anklagend. »Ich hab nicht eine Sekunde lang geglaubt, dass du was damit zu tun hast, dass diese EpiPens verschwunden sind – also, was steckt wirklich dahinter?«

Tränen brennen in meinen Augen, und plötzlich habe ich die ganzen Halbwahrheiten so satt, die ich in den letzten Tagen und Wochen von mir gegeben habe. Besser gesagt, in den letzten *Monaten und Jahren.* »Es ist so dumm, Ash.«

»Erzähl es mir einfach.«

»Ich war nicht meinetwegen dort. Ich hab für Jake Tylenol besorgt, weil er Kopfschmerzen hatte. Und das wollte ich vor dir nicht sagen, weil ich wusste, dass du mir dann wieder diesen *Blick* zuwirfst.«

»Welchen Blick?«

»*Du* weißt schon. Dieser Blick, der sagt, *Gott, Addy, du bist echt der totale Fußabtreter.*«

»Das denke ich nicht«, sagt Ashton leise und wischt sanft die Träne fort, die über meine Wange rollt.

»Solltest du aber. Genau das bin ich nämlich.«

»Jetzt nicht mehr«, sagt Ashton, und das gibt mir den Rest. Ich fange hemmungslos an zu weinen und Ashton schlingt die Arme um mich, als ich mich auf der Couch zu einem Häufchen Elend zusammenrolle. Ich weiß noch nicht mal so genau, um wen oder was ich eigentlich weine: Jake, Simon, meine falschen Freunde, meine Mutter, meine Schwester, mich. Wahrscheinlich um alle.

Als die Tränen irgendwann versiegt sind, bin ich ganz wund und erschöpft, meine Augenlider brennen und meine Schultern schmerzen, weil ich so gezittert habe. Aber ich fühle mich leichter und auch irgendwie gereinigt, als hätte ich mich von etwas befreit, das mich krank machte. Ashton holt mir einen Stapel Taschentücher und lässt mir Zeit, bis ich mir das Gesicht abgewischt und die Nase geputzt habe. Als ich schließlich die ganzen feuchten Taschentücher zusammengeknüllt und weggeworfen habe, nimmt sie einen kleinen Schluck von ihrem Bier und rümpft die Nase. »Schmeckt nicht so gut, wie ich dachte. Komm, lass uns Rad fahren.«

Das kann ich ihr jetzt nicht mehr abschlagen. Also trotte ich brav mit ihr zum Park bei uns um die Ecke, in dem es eine Mietstation gibt. Ashton kümmert sich um die Registrierung und schaltet dann mit ihrer Kreditkarte zwei Räder frei. Fahrradhelme haben wir zwar keine, aber wir wollen ja auch nur ein bisschen durch den Park fahren.

Ich bin schon seit Jahren nicht mehr auf einem Rad gesessen, aber es stimmt, was alle immer sagen: Man verlernt es nie. Der Start ist noch etwas wacklig, doch schon nach kurzer Zeit bin ich wieder drin, und während wir den breiten Weg durch den Park entlangradeln, muss ich zugeben, dass es irgendwie Spaß macht. Ich trete kräftig in die Pedale und spüre, wie meine Haare im Fahrtwind wehen und mein Herzschlag sich beschleunigt. Es ist das erste Mal seit einer Woche, dass ich mich nicht wie halb tot fühle. Zu meiner Überraschung hält Ashton kurz darauf an und sagt: »Die Stunde ist um.« Als sie mein Gesicht sieht, fragt sie: »Sollen wir sie noch eine Stunde mieten?«

Ich grinse. »Das wäre cool.« Aber nach einer weiteren halben Stunde sind wir fast am Verdursten und können nicht mehr, also stellen wir die Räder zurück und gehen in ein Café in der Nähe des Parks. Ashton besorgt unsere Getränke, und ich suche uns einen Platz und ziehe mein Handy aus der Tasche, um die Nachrichten durchzuscrollen, während ich auf sie warte. Das geht viel schneller als sonst – der Einzige, der mir geschrieben hat, ist Cooper, der fragt, ob ich heute Abend auf die Party von Olivia komme.

Olivia und ich sind seit der neunten Klasse befreundet, aber sie hat die ganze Woche kein Wort mit mir geredet. *Bin mir ziemlich sicher, dass ich nicht eingeladen bin,* antworte ich.

»Only Girls« ertönt, als Cooper zurückschreibt. Sobald das alles vorbei ist und ich wieder klar denken kann, muss ich dringend den Ton für meine Textnachrichten ändern und etwas aussuchen, das nicht so nervig ist. *Bullshit. Sie sind genauso gut deine Freunde.*

Trotzdem. Ich passe, antworte ich. *Viel Spaß.* Ich bin in dem Moment noch nicht mal traurig, ausgeschlossen zu sein. Es ist bloß ein weiterer Punkt auf der langen Kummer-Liste.

Cooper kapiert das nicht, trotzdem bin ich froh, dass er mich nicht wie die anderen einfach fallen gelassen hat, sonst hätte Vanessa mittlerweile noch viel mehr getan, um mich komplett fertigzumachen. Aber sie wagt es nicht, sich mit dem Homecoming King anzulegen, auch wenn er beschuldigt wird, gedopt zu haben. Über die Frage, ob er es getan hat oder nicht, ist man an der Schule geteilter Meinung. Er selbst verliert kein Wort darüber.

Hätte ich das auch so machen können? Mich irgendwie durch diesen ganzen Albtraum hindurchlavieren, ohne Jake die Wahrheit zu sagen? Dann fällt mein Blick auf meine Schwester, die mit einer Lockerheit mit dem Typen hinter der Theke flirtet, die sie mit Charlie nie hatte, und ich muss daran denken, wie verhalten und kontrolliert ich in Jakes Gegenwart immer war. Wenn wir noch zusammen wären und heute Abend auf die Party gehen würden, müsste ich etwas anziehen, das er ausgesucht hat, so lange bleiben, wie er es will, und dürfte mich mit niemandem unterhalten, auf den er vielleicht gerade nicht gut zu sprechen ist.

Ich vermisse ihn. Und wie. Aber *das* vermisse ich nicht.

BRONWYN
Samstag,
6. Oktober,
10:30 Uhr

Meine Füße fliegen über den vertrauten Pfad, meine Arme und Beine bewegen sich im Rhythmus der Musik, die aus meinen Ohrstöpseln fließt, und während mein Herzschlag sich beschleunigt, lösen sich die Ängste, die sich die ganze Woche in meinem Kopf gedrängt haben, durch die reine physische Kraftanstrengung langsam auf. Nach meiner Runde bin ich total erschöpft, aber vollgepumpt mit Endorphinen, und als ich mich wie jeden Samstagvormittag nach dem Laufen auf den Weg zur Bibliothek mache, um Maeve abzuholen, verspüre ich fast so was wie gute Laune. Sie ist nicht an einem ihrer üblichen Stammplätze, als ich dort ankomme, und ich schicke ihr eine Nachricht.

Vierter Stock, antwortet sie und ich mache mich auf den Weg in die Kinderabteilung.

Meine Schwester sitzt an einem der mit Computern ausgestatteten Mini-Tische am Fenster und tippt konzentriert auf der Tastatur herum. »Hattest du Sehnsucht nach deiner Kindheit?«, frage ich und setze mich neben sie auf den Boden.

»Nein«, sagt Maeve, ohne den Blick vom Bildschirm zu nehmen, und senkt die Stimme zu einem Flüstern. »Ich bin im Administrationsbereich von *About That.*«

Ich brauche eine Sekunde, um zu kapieren, was sie gerade gesagt hat, dann macht mein Herz einen erschrockenen Satz. »Maeve! Was … was hast du vor?«

»Keine Panik, ich schau mich bloß ein bisschen dort um.« Sie sieht mich kurz von der Seite an. »Niemand wird irgendetwas von meinem Besuch mitkriegen, und selbst wenn, würde niemand wissen, dass ich es war. Das hier ist ein öffentlicher Computer.«

»Den du mit unserer Bibliothekskarte benutzt!«, zische ich. Man kann hier nicht online gehen, ohne seine Kontonummer einzugeben.

»Nein. Mit seiner.« Maeve deutet mit dem Kopf auf einen kleinen Jungen, der mit einem Stapel Bilderbücher ein paar Tische weiter sitzt. Ich starre sie ungläubig an. »Ich hab sie ihm nicht *weggenommen*«, sagt sie achselzuckend. »Er hat sie auf dem Tisch liegen lassen und ich hab mir schnell die Nummer aufgeschrieben.«

Die Mutter des kleinen Jungen tritt zu ihm und lächelt freundlich, als sie Maeves Blick auffängt. Sie würde wohl im

Traum nicht darauf kommen, dass dieses Mädchen mit dem süßen Unschuldsgesicht gerade Identitätsdiebstahl an ihrem Sprössling begangen hat.

»Wieso machst du das?«, raune ich.

»Ich will wissen, was die Polizei weiß«, antwortet Maeve. »Herausfinden, ob er mehr geschrieben hat, das noch nicht gepostet wurde, und wer sonst eventuell ein Interesse daran gehabt haben könnte, Simon zum Schweigen zu bringen.«

»Und?« Gegen meinen Willen rutsche ich gespannt ein Stück näher. »Hast du was entdeckt?«

»Nichts. Aber es gibt da etwas, das seltsam ist. Der Eintrag über Cooper ist einige Tage später erstellt worden als der über dich, Addy und Nate, nämlich erst am Abend, bevor Simon starb. Es existiert noch eine andere, ältere Datei mit seinem Namen, aber die ist verschlüsselt und ich kann sie nicht öffnen.«

»Und was hat das zu bedeuten?«

»Keine Ahnung. Aber es ist eine Auffälligkeit und deswegen würde ich der Sache gern auf den Grund gehen. Ich komme noch mal mit einem Speicherstick zurück und lade sie mir runter.« Ich sehe sie ungläubig blinzelnd an und überlege, wann genau der Moment war, in dem sie zu einer Hackerin mit Sherlock-Holmes-Ambitionen mutiert ist. »Da ist noch was. Simons Benutzername für die Seite lautet AnarchiSK. Ich hab den Namen im Netz recherchiert und einige 4chan-Threads gefunden, in denen er unter demselben Nick regelmäßig Sachen gepostet hat. Ich hatte noch keine Zeit, sie zu lesen, aber die sollten wir uns definitiv genauer anschauen.«

»Warum?«, frage ich, als sie aufsteht und sich ihren Rucksack umhängt.

»Weil irgendetwas an dieser ganzen Sache seltsam ist«, sagt Maeve ruhig, während ich ihr aus der Kinderabteilung und dann die Treppe hinunter folge. »Findest du nicht?«

»Das ist die Untertreibung des Jahres.« Als ich im leeren Treppenhaus stehen bleibe, dreht sie sich mit einem fragenden Blick zu mir um. »Wie bist du überhaupt in Simons Administrationsbereich gekommen, Maeve? Woher wusstest du, wo du suchen musst?«

Ein kleines Lächeln spielt um ihre Mundwinkel. »Du bist nicht die Einzige, die vertrauliche Informationen von Computern anderer Leute klaut.«

Ich starre sie an. »Willst du damit sagen, Simon hat die Posts für *About That* in der Schule geschrieben und die Datei offen gelassen?«

»Natürlich nicht. Simon war clever. Er hat sie hier geschrieben. In der Bücherei. Ich weiß noch nicht, ob das eine einmalige Sache war oder ob er die Beiträge immer hier getippt hat, aber letzten Monat hab ich ihn mal am Wochenende hier gesehen, während du noch laufen warst. Er mich aber nicht, und als er weg war, hab ich mich in den Computer eingeloggt, an dem er gesessen hat, und im Verlauf die Adresse gefunden. Ich dachte, wer weiß, wofür das noch mal nützlich sein kann, und hab sie mir notiert«, erklärt sie und erwidert gelassen meinen immer fassungsloser werdenden Blick. »Ich habe erst versucht, sie zu hacken, als du das erste Mal von der Polizei verhört worden bist. Keine Sorge«, sie tätschelt beruhigend meinen Arm, »nicht von zu Hause aus. Niemand kann es zurückverfolgen.«

»Okay, aber … wieso hast du dich überhaupt für die App interessiert? Da war Simon doch noch gar nicht tot. Was hattest du vor?«

Maeve kaut nachdenklich auf ihrer Unterlippe. »So genau wusste ich das zu dem Zeitpunkt noch nicht. Ich dachte, ich könnte die Posts vielleicht direkt, nachdem er sie online gestellt hat, löschen oder den ganzen Text per Google Translator ins Russische übersetzen oder die komplette App hochgehen lassen.«

Ich verlagere mein Gewicht von einem Bein aufs andere, rutsche dabei fast von der Stufe und halte mich am Geländer fest. »Maeve, geht es um das, was in der Neunten passiert ist?«

»Nein.« Maeves bernsteinfarbene Augen werden hart. »Bronwyn, du bist diejenige, die immer noch daran denkt. Nicht ich. Ich wollte einfach nur, dass es aufhört. Ich hatte es satt, dass dieser Idiot solche Macht über die Schule hatte. Na ja …« Sie stößt ein kurzes, trockenes Lachen aus, das von den Betonwänden des Treppenhauses widerhallt. »Das Problem hat sich ja mittlerweile gelöst.« Sie geht mit ausholenden Schritten weiter die Treppe hinunter und schiebt sich energisch aus der Tür, als sie unten angekommen ist. Ich folge ihr schweigend und versuche die Tatsache zu verdauen, dass meine Schwester Geheimnisse vor mir hatte, die denen, die ich vor ihr hatte, ziemlich ähnlich waren. Und dass unsere Geheimnisse beide etwas mit Simon zu tun hatten.

Draußen angekommen, schenkt Maeve mir ein strahlendes Lächeln, als hätte die Unterhaltung gerade nie stattgefunden. »Dieses Neubaugrundstück – Bayview Estates – liegt auf unserem Nachhauseweg. Sollen wir deine heiße Ware abholen?«

»Wir können mal nachschauen.« Ich habe Maeve von mir und Nate erzählt, auch dass er heute Morgen angerufen hat, um Bescheid zu geben, dass er im Briefkasten der Bayview

Estate Road 5 ein Handy für mich deponieren würde. Auf der Baustelle, auf der ein neuer Apartmentkomplex entsteht, wird am Wochenende in der Regel nicht gearbeitet. »Ich bin allerdings nicht sicher, wie schnell Nate an einem Samstagvormittag in die Gänge kommt und ob er überhaupt schon dort war.«

Keine fünfzehn Minuten später biegen wir in eine Straße mit halb fertigen Bungalows. Als wir vor der Nummer 5 angekommen sind, legt Maeve mir eine Hand auf den Arm. »Lass mich gehen«, sagt sie mit finsterer Miene und dramatisch umherhuschendem Blick, als könnte jeden Moment eine Armada Streifenwagen mit heulenden Sirenen angerauscht kommen. *»Nur für alle Fälle.«*

»Von mir aus«, antworte ich achselzuckend. Wahrscheinlich sind wir sowieso zu früh dran. Es ist noch nicht einmal elf.

Aber als Maeve zurückkommt, schwenkt sie triumphierend ein kleines schwarzes Gerät und lacht, als ich es ihr aus der Hand reiße. »Da kann es aber jemand kaum erwarten.«

Ich schalte es ein und bekomme sofort eine Nachricht – ein Foto von einer gelb-braun gemusterten Echse, die in einem großen Terrarium auf einem Stein sitzt. *Echte Echse,* lautet die Überschrift und ich muss laut lachen.

»Oh mein Gott«, murmelt Maeve, dir mir über die Schulter schaut. »Ihr habt schon eure eigenen Insiderwitze. Du bist ihm ja wohl jetzt schon so was von verfallen, oder?«

Darauf muss ich nicht antworten. Es ist eine rhetorische Frage.

COOPER
Samstag, 6. Oktober, 21:20 Uhr

Auf Olivias Party sind fast alle schon völlig hinüber, als ich dort ankomme. Jemand kotzt gerade vor dem Haus in die Büsche, während ich mich durch die offene Tür schiebe und Keely mit Olivia neben der Treppe stehen sehe, wo die beiden in eines dieser intensiven Gespräche vertieft sind, die Mädchen immer führen, wenn sie betrunken sind. Die Couch im Wohnzimmer wird von ein paar kiffenden Neuntklässlern belagert. Vanessa versucht sich in einer Ecke an Nate ranzuschmeißen, der nicht desinteressierter aussehen könnte und währenddessen den Raum hinter ihr abscannt. Wenn Vanessa ein Typ wäre, hätte sie schon längst irgendjemand wegen sexueller Belästigung angezeigt. Mein Blick begegnet kurz dem von Nate, aber wir schauen danach beide sofort wieder in eine andere Richtung, als würden wir uns nicht kennen.

Ich gehe auf die Terrasse raus, wo ich schließlich Jake und Luis finde, der gerade auf dem Weg nach drinnen ist, um neue Getränke zu besorgen. »Auch was?«, fragt Luis mich und klopft mir auf die Schulter.

»Dasselbe wie ihr.« Ich setze mich neben Jake, der wie ein nasser Sack in seinem Stuhl hängt.

»Wassgeht, Killer?«, nuschelt er und fängt dann an zu prusten. »Hängen dir die mordswitzigen Witze schon zum Hals raus? Mir nämlich nicht.«

Es überrascht mich, dass Jake so betrunken ist; sonst hält er sich während der Football-Saison immer zurück. Aber ich schätze, seine Woche war fast genauso schlimm wie meine. Deswegen bin ich hier, um mit ihm darüber zu reden, obwohl ich mir nicht sicher bin, ob ich mir die Mühe machen soll, als ich beobachte, wie er benebelt einen Käfer von seinem Shirt schnippt.

Ich versuche es trotzdem. »Wie geht's dir? Ganz schön beschissene Woche gewesen, was?«

Jake lacht wieder, aber diesmal klingt es nicht so, als würde er irgendetwas witzig finden. »Oh Mann, das ist mal wieder so typisch für dich. Kein Gejammere über die Scheiße, in der du steckst – nein, du denkst nur an mich. Du bist ein gottverdammter Heiliger, Coop. Bist du echt.«

Der scharfe Unterton in seiner Stimme müsste mir eine Warnung sein, aber ich versuche es trotzdem weiter. »Bist du wegen irgendwas sauer auf mich, Jake?«

»Warum sollte ich? Ist schließlich nicht so, als würdest du die Schlampe, die mal meine Freundin war, gegenüber jedem in Schutz nehmen, der bereit ist, dir zuzuhören. Ach, warte. Doch, genau das machst du ja.«

Jake sieht mich mit zusammengekniffenen Augen an, und mir wird klar, dass ich das Gespräch, das ich mit ihm führen wollte, vergessen kann. Ich hatte vor, ihm ins Gewissen zu reden, sich Addy gegenüber nicht so mies zu verhalten, aber das ist wohl definitiv nicht der beste Zeitpunkt dafür. »Addy hat ziemlich großen Mist gebaut, das ist klar. Jeder weiß das, Jake. Sie hat einen dummen Fehler gemacht.«

»Jemanden zu betrügen ist kein Fehler. Man entscheidet sich dafür«, gibt Jake aufgebracht zurück und klingt einen kurzen Moment vollkommen nüchtern. Er wirft seine leere Bierdose auf den Boden und sieht sich vorwurfsvoll um. »Wo zur Hölle bleibt Luis?« Genau in dem Moment kommt ein Typ aus der Zehnten mit einem frischen Bier vorbei und er nimmt es ihm aus der Hand, öffnet es und trinkt einen tiefen

Schluck. »Wo war ich stehen geblieben? Ach ja, beim Betrügen. Das ist eine Entscheidung, die man trifft, Coop. Meine Mom hat meinen Dad betrogen, als ich auf der Junior Highschool war. Sie hat unsere Familie zerstört. Hat einfach eine Granate zwischen uns geworfen und …« Er schwenkt den Arm, verschüttet dabei etwas von dem Bier und macht ein Explosionsgeräusch. »… alles in die Luft gejagt.«

»Das wusste ich nicht.« Ich kenne Jake, seit ich in der Achten nach Bayview gezogen bin, aber wir haben uns erst in der Highschool enger angefreundet. »Tut mir echt leid, Mann. Das macht alles noch schlimmer, was?«

Jake schüttelt den Kopf, seine Augen glitzern. »Addy hat keine Ahnung, was sie getan hat. Sie hat alles kaputt gemacht.«

»Aber dein Dad … hat deiner Mom verziehen, oder? Sie sind immer noch zusammen.« Vor einem Monat bin ich bei ihm zu Hause auf einer Grillparty gewesen. Sein Vater hat Hamburger gebraten und seine Mutter hat sich mit Addy und Keely über ein neues Nagelstudio unterhalten, das im Zentrum von Bayview eröffnet hat. Ganz normal. Wie immer.

»Ja, sie sind noch zusammen. Aber es ist trotzdem nichts mehr so, wie es mal war. Ist es danach nie wieder gewesen.« Jake starrt mit einem so angewiderten Ausdruck vor sich hin, dass ich nicht weiß, was ich sagen soll. Ich komme mir wie ein Idiot vor, dass ich Addy geschrieben habe, sie soll auch kommen, und bin heilfroh, dass sie nicht auf mich gehört hat.

Luis taucht wieder auf und reicht jedem von uns ein Bier. »Gehst du morgen zu Simon?«, fragt er Jake.

Ich bin mir sicher, dass ich Luis falsch verstanden haben muss, aber Jake sagt: »Denke schon.«

»Seine Mom hat ein paar von uns gefragt, ob wir vorbeikommen wollen, um uns vielleicht irgendeine Erinnerung an ihn mitzunehmen, bevor sie seine Sachen zusammenpacken«, erklärt Luis, als er meinen verwirrten Blick bemerkt. »Macht mich echt fertig, ich hab den Typen schließlich kaum gekannt, aber sie scheint zu denken, dass wir Freunde waren, da kann man ja wohl schlecht Nein sagen, oder?« Er nimmt einen Schluck von seinem Bier und sieht mich mit hochgezogener Braue an. »Schätze, du bist nicht eingeladen worden?«

»Nope.« Mir ist ein bisschen schlecht. Nicht dass ich auch nur im Mindesten Lust hätte, mich vor Simons trauernden Eltern durch seine Sachen zu wühlen, aber wenn alle meine Freunde hingehen, ist ihre Botschaft ziemlich deutlich. Ich stehe unter Verdacht und bin nicht erwünscht.

»Simon, oh Mann.« Jake schüttelt feierlich den Kopf. »Er war ein verdammtes Genie.« Als er die Hand mit dem Bier hebt, denke ich schon, dass er es auf die Terrasse schütten will, als eine Art Ehrensalut für einen alten Kameraden, aber dann setzt er die Dose an den Mund und trinkt.

Olivia kommt zu uns und schlingt einen Arm um Luis' Taille. Scheint, als wären die beiden wieder zusammen. Sie stupst mich an und hält ihr Handy hoch. Auf ihrem Gesicht liegt dieses aufgeregte Leuchten, das ich schon öfter an ihr gesehen habe, wenn sie kurz davor ist, den neusten Klatsch und Tratsch zu verkünden. »Cooper! Wusstest du, dass du im *Bayview Blade* bist?«

So wie sie es sagt, tippe ich darauf, dass es dabei nicht um Baseball geht. Toll. Der Abend wird immer besser. »Ich hatte keine Ahnung.«

»Die Online-Sonntagsausgabe von heute Abend. In dem Artikel steht alles über Simon. Du wirst darin nicht … direkt beschuldigt, aber ihr vier werdet namentlich als Verdächtige genannt, und das Zeug, das Simon über euch posten wollte, wird erwähnt. Von jedem von euch ist ein Foto drin. Und, ähm, es ist schon ein paar Hundert Mal geteilt worden. Hier.« Olivia reicht mir ihr Handy. »Jetzt wissen es wohl alle.«

15

NATE
Montag,
8. Oktober,
14:50 Uhr

Ich hab schon von ihnen gehört, bevor ich die Übertragungswagen mit eigenen Augen sehe. Alle reden von nichts anderem. Sie stehen in der Straße, die zur Schule führt, davor Reporter und Kamerateams, die auf den Gong warten. Auf das Schulgelände dürfen sie nicht, aber sie sind so dicht dran wie nur möglich.

Und die Schüler der Bayview High fahren voll darauf ab. Chad Posner kommt nach der letzten Stunde auf mich zu und erzählt, dass die Leute praktisch Schlange stehen, um sich interviewen zu lassen. »Sie haben nach dir gefragt, Mann«, warnt er mich. »An deiner Stelle würde ich lieber den Hinterausgang benutzen. Auf den Parkplatz dürfen sie nicht, du kannst also mit deinem Bike durch den Wald abhauen.«

»Danke.« Ich ziehe los und suche in der Eingangshalle nach Bronwyn. Wir gehen uns in der Schule größtenteils aus dem Weg, um – wie sie es mit ihrer Anwältinnen-Stimme sagt – *den Anschein einer Verdunklungsgefahr zu vermeiden*. Aber ich wette, dass sie jetzt nicht in der Stimmung sein wird, Scherze zu machen. Ich entdecke sie mit Maeve und einer ihrer Freundinnen vor ihrem Schließfach und sie wirkt tatsächlich so, als würde sie sich am liebsten übergeben. Als sie mich sieht, winkt sie mich rüber und versucht noch nicht einmal so zu tun, als würden wir uns kaum kennen.

»Hast du es schon mitgekriegt?«, fragt sie und ich nicke. »Ich weiß nicht, was ich machen soll.« Ein panischer Ausdruck huscht über ihr Gesicht. »Wir müssen an ihnen vorbei, oder?«

»Ich fahre«, bietet Maeve an. »Du kannst dich auf der Rückbank verstecken oder so.«

»Oder wir bleiben hier, bis sie weg sind«, schlägt ihre Freundin vor.

»Gott«, stößt Bronwyn frustriert aus. »Das kann doch alles nicht wahr sein.«

Vielleicht ist das jetzt nicht der passende Zeitpunkt, um so was festzustellen, aber ich finde es irgendwie süß, wie ihr Gesicht sich rötet, wenn sie wegen etwas emotional wird. Sie sieht dann doppelt so lebendig aus wie die meisten anderen Menschen und verwirrt mich noch mehr, als sie es in ihrem kurzen Kleid und den Boots sowieso schon tut.

»Fahr bei mir mit«, sage ich. »Wir nehmen den Weg durch den Wald zur Boden Street. Ich bringe dich zur Mall und Maeve kann dich dann dort abholen.«

Bronwyn Gesicht erhellt sich, als Maeve sagt: »Gute Idee. Dann treffen uns in einer halben Stunde im Food-Court.«

»Haltet ihr das wirklich für so klug?« Bronwyns Freundin wirft mir einen strengen Blick zu. »Wenn ihr beide zusammen gesehen werdet, ist es noch zehnmal schlimmer.«

»Sie werden uns nicht sehen«, entgegne ich knapp.

Ich schaue Bronwyn an, ob sie mit dem Plan einverstanden ist, und sie nickt. »Dann bis gleich«, sagt sie zu Maeve und verabschiedet sich mit einem beruhigenden Lächeln von ihrer alles andere als begeistert wirkenden Freundin. Mich durchströmt ein bescheuertes Triumphgefühl, als hätte sie sich für mich entschieden, dabei geht es ihr doch vor allem darum, nicht in den Abendnachrichten zu landen. Aber als wir den Hinterausgang zum Parkplatz nehmen, läuft sie dicht neben mir und scheint sich nicht um die Blicke zu scheren, die wir auf uns ziehen. Zumindest sind es solche, an die wir uns mittlerweile gewöhnt haben. Ohne dass irgendwelche Mikros und Kameras mit im Spiel sind.

Nachdem ich mich auf mein Bike gesetzt habe, reiche ich ihr meinen Helm und warte, bis sie aufgestiegen ist und die Arme um mich geschlungen hat. Wieder viel zu eng, aber ich habe nichts dagegen. Vielleicht hat mich der Gedanke daran, wie sie sich an mir festhält und wie toll ihre Beine in dem kurzen Kleid aussehen, überhaupt erst auf diesen Fluchtplan gebracht.

Der schmale Forstweg durch den Wald verbreitert sich schon nach kurzer Strecke zu einer unbefestigten Straße, die hinter der Schule an einer Reihe von Häusern entlangführt. Die restlichen Kilometer bis zur Mall lege ich ausschließlich über Nebenstraßen zurück und suche dort einen Parkplatz, der so weit wie möglich vom Eingang entfernt liegt. Als ich den Motor ausstelle, nimmt Bronwyn den Helm ab, reicht ihn mir und drückt dabei kurz meinen Arm. Dann schwingt sie die Beine vom Sitz und sieht mich mit geröteten Wangen und zerzausten Haaren an. »Danke, Nate. Das war echt nett von dir.«

Ich hab es nicht gemacht, um nett zu sein. Ohne nachzudenken, schlinge ich einen Arm um ihre Taille und ziehe sie an mich. Und dann weiß ich plötzlich nicht mehr weiter. Dieses Mädchen bringt mich komplett aus dem Konzept, dabei hätte ich noch vor zehn Minuten behauptet, gar kein Konzept zu haben.

Da ich immer noch sitze und sie steht, sind wir praktisch auf Augenhöhe. Sie ist mir so nahe, dass ich ihre Haare riechen kann. Sie duften nach grünen Äpfeln. Während ich darauf warte, dass sie sich aus meinem Griff befreit, kann ich nicht aufhören, ihre Lippen anzustarren. Aber sie bleibt ruhig stehen, und als ich den Blick hebe, um sie anzuschauen, bleibt mir einen Moment der Atem weg.

Mir gehen zwei Gedanken durch den Kopf. Erstens, dass ich sie lieber küssen will, statt Luft zu holen. Und zweitens, dass ich damit garantiert alles vermasseln würde und sie aufhören würde, mich so anzusehen.

Plötzlich fährt mit quietschenden Reifen ein Van auf den Parkplatz neben uns. Wir zucken zusammen, weil wir beide damit rechnen, von einem der Kamerateams aufgespürt worden zu sein. Aber es ist bloß eine ganz gewöhnliche Familienkutsche mit einer Horde kreischender Kinder. Als sie lärmend aussteigen, blinzelt Bronwyn und tritt einen Schritt zur Seite. »Und was jetzt?«

Und jetzt warten wir, bis sie weg sind, und machen genau da weiter, wo wir eben aufgehört haben. Aber sie hat sich schon umgedreht und steuert auf den Eingang zu. »Jetzt kaufst du mir als Dankeschön, dass ich dir den Arsch gerettet hab, eine Riesenbrezel«, sage ich stattdessen. Sie lacht, und ich frage mich, ob sie froh ist, dass wir unterbrochen wurden.

Vor dem mit eingetopften Palmen gesäumten Eingang halte ich einer gestresst aussehenden Mutter mit zwei Schreihälsen in einem Doppelkinderwagen die Tür auf. Bronwyn wirft ihr ein mitfühlendes Lächeln zu, aber sobald wir drinnen sind, erstirbt es und sie zieht den Kopf ein. »Alle starren mich an. Du hast es richtig gemacht, dass du beim Termin für das Jahrbuchfoto gefehlt hast. Auf dem Bild, das sie von dir im *Bayview Blade* abgedruckt haben, siehst du noch nicht mal aus wie du.«

»Niemand starrt dich an«, sage ich, aber das Mädchen, das bei Abercrombie & Fitch gerade Pullis zusammenlegt, reißt die Augen auf, als sie Bronwyn sieht, und holt sofort ihr Handy raus. »Und selbst wenn«, füge ich hinzu, »du brauchst bloß deine Brille abzusetzen und schon erkennt dich kein Mensch wieder.«

Das sollte zwar bloß ein Witz sein, aber sie nimmt sie tatsächlich ab, holt ein hellblaues Brillenetui aus ihrer Tasche und verstaut sie dort. »Gute Idee, außer dass ich jetzt praktisch blind bin.« Ich habe Bronwyn erst einmal ohne Brille gesehen, als sie ihr bei einem Volleyballspiel in der Fünften von der Nase geschlagen wurde. Seitdem weiß ich, dass ihre Augen nicht blau sind, wie ich immer dachte, sondern grau wie helle Kiesel.

»Ich führe dich«, sage ich und lenke sie um einen kleinen Brunnen herum.

Als wir am Apple-Store vorbeikommen, bleibt Bronwyn stehen und schaut sich im Schaufenster mit zusammengekniffenen Augen die ausgestellten iPod Nanos an. »Für Maeve«, erklärt sie. »Sie hat jetzt auch mit dem Laufen angefangen und leiht sich immer meinen, vergisst hinterher aber ständig, ihn wieder aufzuladen.«

»Dir ist klar, dass das ein Reiches-Mädchen-Problem ist, für das sich niemand sonst interessiert, oder?«

Sie grinst. »Ich muss eine Playlist machen, um sie bei der Stange zu halten. Irgendwelche Empfehlungen?«

»Ich glaube kaum, dass wir auf dieselbe Musik stehen.«

»Maeve und ich sind offen für alles. Du würdest dich wundern. Zeig mir mal deine Songliste.« Ich entriegle achselzuckend mein Handy, und während sie durch mein iTunes scrollt, legt sich ihre Stirn in immer tiefere Falten. »Was *ist* das alles? Warum kenne ich nichts davon?« Dann hebt sie plötzlich den Kopf und sieht mich verblüfft an. »Du hast ›Kanon und Gigue in D-Dur‹?«

Ertappt nehme ich ihr das Handy aus der Hand und stecke es wieder ein. Ich habe nicht mehr daran gedacht, dass ich es heruntergeladen habe. »Deine Version hat mir besser gefallen«, sage ich und sie lächelt.

Auf dem Weg Richtung Food-Court unterhalten wir uns über irgendwelchen belanglosen Kram, als wären wir zwei ganz normale Jugendliche. Bronwyn besteht darauf, mir tatsächlich eine Brezel zu kaufen, aber ich muss ihr dabei helfen, weil sie keine zwei Meter weit schauen kann. Wir setzen uns an einen der Tische, um auf Maeve zu warten, und Bronwyn beugt sich zu mir, damit sie mir in die Augen schauen kann. »Es gibt da was, worüber ich mit dir reden wollte.« Ich ziehe interessiert die Brauen hoch, bis sie sagt: »Ich mache mir ein bisschen Sorgen, weil du keinen Anwalt hast.«

Ich schlucke ein Stück Brezel runter und weiche ihrem Blick aus. »Wieso das denn?«

»Weil diese ganze Sache anfängt, aus dem Ruder zu laufen. Meine Anwältin glaubt, dass die Berichterstattung sich bald auf alle Medien ausdehnen wird. Sie hat mir geraten, alle meine Accounts in den sozialen Netzwerken so einzustellen, dass wirklich nur noch meine engsten Freunde die Inhalte sehen können. Das solltest du auch machen, falls du irgendwo bist. Ich konnte dich nirgends finden. Nicht dass ich dich gestalkt hätte. War nur neugierig.« Sie schüttelt kurz den Kopf, als würde sie versuchen, ihre Gedanken wieder in die richtige Spur zu lenken. »Jedenfalls, der Druck ist riesig, und du bist sowieso schon auf Bewährung, also … brauchst du einen Profi an deiner Seite.«

Du bist der, der aus der Reihe fällt, der Sündenbock. Das ist es, was sie damit sagen will; sie ist nur zu höflich, es auszusprechen. Ich schiebe mich in meinen Stuhl ein Stück zurück und kippe leicht nach hinten. »Das ist doch gut für dich und die anderen, oder? Wenn sie sich auf mich konzentrieren.«

»Nein!«, ruft sie so laut, dass die Leute am Nebentisch zu uns rüberschauen und sie die Stimme senkt. »Nein, das fände ich schrecklich. Aber ich habe nachgedacht. Hast du schon mal etwas von ›Until Proven‹ gehört?«

»*Until* was?«

»›Until Proven‹. Das ist eine kostenlose Rechtsberatungsstelle, die an der California Western School of Law hier in San Diego gegründet wurde. Erinnerst du dich noch an den Fall von diesem Obdachlosen, der wegen Mordes verurteilt wurde? Am Ende haben sie erreicht, dass er freigesprochen wurde, weil sie den Behörden massive Schlamperei bei der Zuordnung der DNA-Spuren nachweisen und so den wahren Mörder überführen konnten.«

Ich bin nicht sicher, ob ich sie richtig verstanden habe. »Hast du mich gerade mit einem zum Tode verurteilten Obdachlosen verglichen?«

»Das ist nur ein Beispiel für einen prominenten Fall. Die helfen allen möglichen Leuten. Ich dachte, man könnte mal nachfragen, ob sie sich für dich einsetzen würden.«

Bronwyn und Officer Lopez würden sich mit Sicherheit super verstehen. Sie glauben beide, dass man jedes Problem mit der richtigen Unterstützung in den Griff kriegen kann. »Klingt sinnlos.«

»Hättest du was dagegen, wenn ich mal dort anrufe und mich erkundige?«

Ich lasse mit einem lauten Knall den Stuhl wieder nach

vorn kippen. Wut steigt in mir hoch. »Du kannst das hier nicht genauso regeln, wie du das mit irgendwelchen Problemen in der verdammten Schülermitverwaltung machst, Bronwyn.«

»Und du kannst nicht einfach nichts tun und darauf warten, vorschnell verurteilt zu werden!« Sie stemmt die Handflächen auf die Tischplatte und beugt sich mit funkelnden Augen vor.

Gott. Dieses Mädchen ist eine verfluchte Nervensäge, und ich kann mich nicht mehr daran erinnern, warum ich noch vor ein paar Minuten nichts mehr wollte, als sie zu küssen. Ich hab keine Lust, zu einem ihrer *Wohlfahrtsprojekte* zu werden. »Kümmere dich um deine eigenen Angelegenheiten.« Das klingt schroffer als beabsichtigt, aber ich meine es ernst. Bis jetzt bin ich sehr gut ohne eine Bronwyn Rojas klargekommen, die versucht, mein Leben für mich zu regeln, und ich habe nicht das geringste Bedürfnis, das zu ändern.

Sie verschränkt die Arme und sieht mich finster an. »Ich versuche, dir zu *helfen*.«

Plötzlich fällt mir auf, dass Maeve vor uns steht und zwischen uns hin- und herschaut, als würde sie dem langweiligsten Pingpong-Spiel der Welt zusehen. »Ähm. Ist das vielleicht gerade ein schlechter Zeitpunkt?«, fragt sie.

»Er ist *perfekt*«, sage ich.

Bronwyn steht abrupt auf, setzt sich ihre Brille auf die Nase und hängt sich die Tasche über die Schulter. »Danke fürs Mitnehmen.« Ihre Stimme ist genauso kalt wie meine.

Von mir aus. Ohne noch was zu sagen oder mich zu verabschieden, stehe ich auch auf und mache mich auf den Weg zum Ausgang. Eine gefährliche Mischung aus Wut und Unruhe brodelt in mir. Ich brauche irgendetwas, um mich abzulenken, aber seit ich aus dem Drogengeschäft ausgestiegen bin, weiß ich nicht mehr, was ich mit mir anstellen soll. Dass ich damit aufgehört habe, hat das Unausweichliche vielleicht nur verzögert.

Ich bin schon fast draußen, da zupft jemand von hinten an meiner Jacke. Als ich mich umdrehe, schlingen sich Arme um meinen Hals und ich werde vom frischen Duft grüner Äpfel umhüllt, als Bronwyn mich auf die Wange küsst. »Du hast ja recht«, flüstert sie, ihr warmer Atem an meinem Ohr. »Es geht mich nichts an. Tut mir leid, Nate. Sei nicht sauer, okay? Ich stehe das alles nicht durch, wenn du nicht mehr mit mir redest.«

»Ich bin nicht sauer.« Während ich noch versuche, mich aus meiner Erstarrung zu lösen, damit ich ihre Umarmung erwidern kann, statt wie ein Holzklotz dazustehen, ist sie schon wieder weg und läuft ihrer Schwester hinterher.

ADDY
Dienstag,
9. Oktober,
20:45 Uhr

Irgendwie haben Bronwyn und Nate es geschafft, den Kamerateams aus dem Weg zu gehen. Cooper und ich hatten nicht so viel Glück. Wir sind beide in den Abendnachrichten sämtlicher führender Fernsehsender San Diegos zu sehen gewesen: Cooper hinter dem Steuer seines Jeep Wrangler, ich, wie ich in Ashtons Wagen steige, nachdem ich mein brandneues Fahrrad in der Schule zurückgelassen und ihr eine panische Nachricht aufs Handy geschickt und sie gebeten hatte, mich abzuholen. Den Leuten von Channel 7 News ist es gelungen, ein ziemlich scharfes Foto von mir zu schießen, das sie gemeinsam mit einer Aufnahme einblendeten, die mich als Achtjährige auf dem Little Miss Southeast San Diego Schönheitswettbewerb zeigt. Bei dem ich, wie immer, auf dem dritten Platz landete.

Wenigstens sind nirgendwo irgendwelche Übertragungswagen zu sehen, als Ashton mich am nächsten Tag vor der Schule absetzt. »Ruf an, wenn ich dich wieder abholen soll«, sagt sie, bevor wir uns zum Abschied kurz umarmen. Eigentlich dachte ich, es würde mir nach meinem tränenreichen Zusammenbruch letztes Wochenende leichter fallen, ihr meine schwesterliche Zuneigung zu zeigen, aber es fühlt sich immer noch verkrampft an. Dass ich mit meinem Armband an ihrem Sweater hängen bleibe, als ich mich von ihr löse, macht es nicht besser. »Sorry«, murmle ich und sie grinst etwas gequält.

»Irgendwann kriegen wir Übung darin.«

Ich habe mich mittlerweile an die Blicke gewöhnt, sodass mich die Tatsache, dass sie sich seit gestern intensiviert haben, nicht aus der Fassung bringt. Als ich mitten im Geschichtsunterricht auf die Toilette gehe, hat das nichts damit zu tun, dass ich weinen muss, sondern damit, dass ich meine Tage kriege.

Aber wie es scheint, hat sich jemand anderes dorthin verzogen, um seinen Tränen ungestört freien Lauf zu lassen. Aus der letzten Kabine dringt unterdrücktes Schluchzen, das sofort verstummt, als ich reinkomme, sodass ich zuerst denke, ich hätte es mir vielleicht nur eingebildet. Während ich mir die Hände wasche, schaue ich mich im Spiegel an. In meinen Augen liegt ein erschöpfter Ausdruck, aber meine Haare sehen wie immer umwerfend aus. Als würde sie der Trümmerhaufen, in den mein Leben sich verwandelt hat, nicht das Geringste angehen.

Ich habe schon die Hand nach der Klinke ausgestreckt, als ich es mir anders überlege und auf die hinterste Kabine zusteuere. Vorsichtig spähe ich durch den Spalt unter der Tür und sehe ein Paar abgewetzte schwarze Springerstiefel.

»Janae?«

Keine Antwort. Ich klopfe leise an die Tür. »Ich bin's, Addy. Kann ich irgendwas tun?«

»Gott, Addy«, höre ich Janaes erstickte Stimme. »*Nein*. Geh weg.«

»Okay«, sage ich, bleibe aber, wo ich bin. »Weißt du, sonst bin immer ich diejenige, die sich da drin die Augen ausheult. Ich hab also jede Menge Taschentücher bei mir, falls du welche brauchst. Und Augentropfen.« Janae sagt nichts. »Es tut mir leid wegen Simon. Ich weiß, was über mich geredet wird, und deswegen ist es dir vielleicht egal, was ich sage, aber … was passiert ist, hat mich wirklich geschockt. Das muss alles so schrecklich für dich sein. Du vermisst ihn bestimmt wahnsinnig.«

Janae schweigt weiter, und ich frage mich, ob ich schon wieder in ein Fettnäpfchen getreten bin. Ich hatte immer den Verdacht, sie wäre in Simon verliebt und er würde sich nichts aus ihr machen. Vielleicht hatte sie ihm ja ihre Gefühle gestanden, bevor er starb, und er hat sie zurückgewiesen. Das würde das Ganze noch schlimmer machen.

Ich will gerade wirklich gehen, als Janae die Tür öffnet und in ihrer üblichen schwarzen Kluft und mit wimperntuscheverschmiertem Gesicht vor mir steht. »Gilt das Angebot mit den Augentropfen noch?«, fragt sie.

»Klar. Und die hier kannst du vielleicht auch gebrauchen.« Ich drücke ihr zusammen mit den Tropfen die Taschentücher in die Hand.

Sie stößt ein kurzes, trockenes Lachen aus. »Wie tief du gesunken bist, Addy. Du hast doch noch nie ein einziges Wort mit mir geredet.«

»Hat dich das denn gestört?« Die Antwort interessiert mich wirklich. Im Gegensatz zu Simon, der ständig um uns herumschwirrte, hatte ich bei Janae nie den Eindruck, dass sie gern zu unserem Freundeskreis gehört hätte.

Janae hat mittlerweile am Waschbecken ein Taschentuch angefeuchtet und tupft sich damit die Augen ab. Jetzt hält sie inne und wirft mir im Spiegel einen fassungslosen Blick zu. »Leck mich, Addy. Im Ernst. Was ist das denn für eine Frage?«

Früher hätte ich mich angegriffen gefühlt, jetzt nicht mehr. »Keine Ahnung. Eine dämliche wahrscheinlich? Mir wird nur jetzt erst klar, dass ich nicht besonders geübt bin, was zwischenmenschliche Kontakte angeht.«

Janae träufelt sich die Tropfen in die Augen, worauf ihre Schminke wieder verläuft und ich ihr ein frisches Taschentuch reiche. »Warum?«, fragt sie.

»Wie sich herausgestellt hat, ist Jake derjenige, der bei allen beliebt ist, nicht ich. Ich bin bloß auf seiner Erfolgswelle mitgeschwommen.«

Janae tritt einen Schritt vom Spiegel zurück. »Ich hätte nicht gedacht, dass ich dich das jemals sagen höre.«

»›Ich bin ja umfangreich, ich enthalte Massen‹«, zitiere ich und ihre Augen weiten sich. »*Gesang von mir selbst* von Walt Whitman, stimmt's? Ich habe es seit Simons Beerdigung immer mal wieder gelesen. Das meiste davon verstehe ich nicht, aber es ist komischerweise trotzdem irgendwie tröstlich.«

Janae tupft sich weiter die Augen ab. »Genau so ging's mir auch. Es war Simons Lieblingsgedicht.«

Ich denke an Ashton und wie sie die letzten Wochen dafür gesorgt hat, dass ich nicht durchdrehe. Und an Cooper, der mich gegenüber den anderen verteidigt hat, obwohl wir gar nicht richtig befreundet sind. »Hast du jemanden, mit dem du reden kannst?«

»Nein«, murmelt Janae und ihr steigen sofort wieder Tränen in die Augen.

Ich weiß aus eigener Erfahrung, dass es besser ist, jetzt nicht weiter nachzuhaken. Irgendwann muss man sich nun mal wieder zusammenreißen und in den Unterricht zurück. »Falls du mal jemanden zum Zuhören brauchst – ich hab jede Menge Zeit. Und genügend freie Plätze neben mir in der Cafeteria. Kannst es dir ja überlegen. Es tut mir jedenfalls aufrichtig leid, was mit Simon passiert ist. Bis dann.«

Alles in allem ist es gar nicht so schlecht gelaufen, finde ich. Zumindest hat sie zum Ende hin aufgehört, so schroff zu mir zu sein.

Ich kehre in Geschichte zurück, aber die Stunde ist fast vorbei, und kurz darauf gongt es zur Mittagspause – der Teil des Tages, den ich am wenigsten mag. Ich habe Cooper gesagt, dass er sich nicht mehr zu mir setzen soll, weil es mich fertigmacht, dass er sich danach immer bei den anderen dafür rechtfertigen muss, andererseits ist es schrecklich, ganz allein in der Cafeteria zu hocken. Ich beschließe das Mittagessen ausfallen zu lassen und will mich gerade auf den Weg in die Bibliothek machen, als mich jemand am Ärmel zupft.

»Hey.« Es ist Bronwyn, die in einem eng sitzenden Blazer und gestreiften Ballerinas überraschend cool aussieht. Ihre Haare, die sie heute offen trägt, fallen ihr in glänzenden dunklen Stufen über die Schultern, und ich spüre einen neidvollen Stich, als mir ihre unglaublich reine, feinporige Haut auffällt. Sie muss sich garantiert nie mit irgendwelchen Monsterpickeln herumschlagen. Ich bin so perplex darüber, nie bemerkt zu haben, wie hübsch Bronwyn eigentlich ist, dass ich erst mit Verzögerung mitkriege, was sie gesagt hat. »Hast du Lust, dich zum Essen zu uns zu setzen?«

Ich sehe sie einen Moment verblüfft an. In den letzten beiden Wochen habe ich in der Schule mehr Zeit mit Bronwyn verbracht als in den ganzen letzten drei Jahren, aber das sind nicht unbedingt freiwillige Treffen gewesen. »Echt?«

»Klar. Na ja, wir haben jetzt ja ein paar Dinge gemeinsam, deswegen …« Bronwyn verstummt und weicht meinem Blick aus. Unwillkürlich frage ich mich, ob sie schon mal darüber nachgedacht hat, dass ich hinter der ganzen Sache stecken könnte. Bestimmt hat sie das, schließlich habe ich mir schon dieselben Gedanken über sie gemacht. Allerdings habe ich sie mir dabei immer eher wie einen genialen Bösewicht in einem Zeichentrickfilm vorgestellt. Was mir jetzt, wo sie mit diesen süßen Schuhen und einem zaghaften Lächeln vor mir steht, total absurd vorkommt.

»Gern«, sage ich und folge ihr zu einem Tisch, an dem bereits ihre Schwester, Yumiko Mori und ein großes, mürrisch schauendes Mädchen, das ich nicht kenne, sitzen. Besser, als die Mittagspause allein in der Bibliothek zu verbringen.

• • • •

Als ich nach dem letzten Gong zum Vorderausgang rauskomme, ist die Luft rein – keine Übertragungswagen, keine Reporter –, also schreibe ich Ashton, dass sie mich nicht abholen muss, und nutze die Gelegenheit, mit meinem neuen Rad nach Hause zu fahren, das ich gestern an der Schule stehen gelassen habe. Während ich auf der Hurley Street an einer roten Ampel warte, die immer ewig braucht, bis sie auf Grün schaltet, schaue ich mir die Schaufenster rechts von mir an: billige Klamotten, billiger Schmuck, billige Handys. Und billige Haarschnitte. Nicht wie mein Stammfriseur im Zentrum von San Diego, der alle sechs Wochen sechzig Dollar dafür verlangt, mir die Spitzen zu schneiden.

Meine Haare fühlen sich unter dem Fahrradhelm heiß und schwer an, wie ein Gewicht, das mich nach unten zieht. Bevor die Ampel auf Grün springt, wechsle ich von der Straße auf den Gehweg, schließe mein Rad vor »Supercuts« an, ziehe den Helm ab und gehe rein.

»Hi!« Das Mädchen an der Anmeldung ist nur ein paar Jahre älter als ich und trägt ein dünnes schwarzes Tanktop, das die bunten Blumen-Tattoos auf ihren Armen und Schultern betont. »Was kann ich für dich tun? Spitzen schneiden?«, fragt sie.

»Nein, einen komplett neuen Schnitt.«

»Okay. Im Moment ist nicht viel los, ich kann dich also sofort drannehmen.«

Sie führt mich zu einem mit billigem schwarzem Kunstleder bezogenen Stuhl, aus dem an manchen Stellen schon die Füllung herausquillt. Als ich Platz genommen habe, sieht sie mich im Spiegel an und lässt die Finger durch meine Haare gleiten. »Gott, sind die schön«, sagt sie lächelnd.

Ich starre auf die glänzenden Locken in ihren Händen. »Sie müssen ab.«

»Aber nur ein kleines Stück, oder?«

Ich schüttle den Kopf. »Alles.«

Sie lacht nervös. »Vielleicht schulterlang?«

»Alles«, wiederhole ich.

Sie reißt entsetzt die Augen auf. »Bei den tollen Haaren?

Das kann nicht dein Ernst sein!« Sie verschwindet kurz und kehrt mit einer Kollegin zurück, mit der sie sich einen Moment lang flüsternd berät. Der halbe Salon starrt zu mir rüber. Ich frage mich, wer von den Leuten mich gestern Abend in den Lokalnachrichten gesehen hat oder ob sie mich einfach für ein ganz normales Mädchen halten, deren Hormone verrücktspielen.

»Manchmal hat man das Gefühl, man würde eine dramatische Veränderung brauchen, dabei reicht es oft schon, ein paar neue Akzente zu setzen …«, beginnt die Kollegin vorsichtig.

Ich habe es so was von satt, mir von anderen sagen zu lassen, was ich will und was nicht. »Kann ich mir hier jetzt die Haare abschneiden lassen oder soll ich lieber woanders hin?«

Sie zupft an einer Strähne ihrer eigenen blondierten Haare. »Es würde mir nur wahnsinnig leidtun, wenn du es hinterher bereust. Falls es dir einfach nur um einen neuen Look geht, könntest du auch …«

Ich greife nach der Schere, die vor mir auf der kleinen Ablage liegt, und schneide direkt über meinem Ohr eine dicke Strähne ab. Der ganze Salon zieht kollektiv die Luft ein, und ich halte im Spiegel den schockierten Blick des tätowierten Mädchens fest.

»Bring das bitte in Ordnung«, sage ich. Und das macht sie.

16

BRONWYN
Freitag,
12. Oktober,
19:45 Uhr

Vier Tage nach dem Beitrag über uns in den Lokalnachrichten wird *Mikhail Powers Investigates* landesweit über den Fall berichten. In einer Viertelstunde ist es so weit.

Ich war darauf vorbereitet, weil die Produzenten der Sendung schon die ganze Woche versucht haben, mich und meine Eltern zu erreichen, um uns zu einem Interview zu überreden. Wir haben natürlich nicht darauf reagiert, genauso wenig wie Nate. Addy und Cooper sagen auch, sie hätten sich geweigert, mit jemandem vom TV-Team zu reden. In der Sendung wird also kein Kommentar der vier Menschen zu hören sein, die unmittelbar beteiligt sind.

Es sei denn, einer der anderen hätte gelogen. Was natürlich durchaus sein kann.

Die lokale Berichterstattung war schon schlimm genug. Ich bilde mir ein, gesehen zu haben, wie Dad jedes Mal zusammenzuckte, wenn über mich als »die Tochter des lateinamerikanischen Topmanagers Javier Rojas« gesprochen wurde. Und als ein Sender fälschlicherweise berichtete, er wäre chilenischer Herkunft, statt kolumbianischer, ging er wortlos aus dem Zimmer. Keine Ahnung, zum wievielten Mal ich mir in dem Moment gewünscht habe, ich hätte mich damals einfach mit der miesen Note in Chemie abgefunden.

Jetzt liege ich mit Maeve in meinem Zimmer auf dem Bett und beobachte, wie auf meinem Wecker die Minuten vorbeiticken, bis ich als Betrügerin öffentlich an den Pranger gestellt werde, während meine Schwester die 4chan-Threads durchkämmt, zu denen Simon Links auf seiner Seite angelegt hatte.

»Schau mal.« Sie dreht mir den Laptop zu.

Auf dem Bildschirm ist ein langer Diskussions-Thread geöffnet, in dem es um ein Schulmassaker geht, das letztes Frühjahr in einer unserer Nachbargemeinden stattgefunden hat. Ein Zehntklässler hat damals in seiner Jacke eine Handfeuerwaffe in das Schulgebäude geschmuggelt und nach dem ersten Gong in der Eingangshalle das Feuer eröffnet. Sieben Schüler und ein Lehrer starben, bevor der Junge sich selbst erschoss. Ein paar der Kommentare muss ich mehr als einmal lesen, bevor ich kapiere, dass der Junge in dem Thread für das, was er getan hat, nicht verurteilt, sondern gefeiert wird.

»Gott …« Ich schiebe den Laptop angewidert zu Maeve zurück. »Was für ein kranker Mist ist das?«

»Ein Forum, in dem Simon vor ein paar Monaten total aktiv war.«

»*Simon* hat dort Sachen gepostet?«, sage ich fassungslos. »Woher weißt du das?«

»Sein Nick ist derselbe, den er auch für *About That* benutzt hat. AnarchiSK«, antwortet Maeve.

Ich ziehe den Laptop wieder zu mir her und überfliege noch einmal den Thread, aber er ist zu lang, um auf die Schnelle einzelne Namen herauszufiltern. »Bist du sicher, dass es Simon war? Vielleicht benutzt noch jemand anderes den Namen.«

»Ich hab mir stichprobenartig noch andere Posts angesehen, es ist definitiv Simon gewesen«, sagt sie. »Er bezieht sich auf

Orte in Bayview, schreibt über AGs, in denen er gewesen ist, und erwähnt ein paarmal seinen coolen Wagen.« Simon hatte einen VW-Käfer, Baujahr 1970, auf den er sich wahnsinnig viel eingebildet hat. Maeve lehnt sich in die Kissen zurück und kaut auf ihrer Unterlippe. »Er hat so viel geschrieben, dass ich es noch nicht geschafft habe, alles durchzugehen, aber sobald ich Zeit habe, nehme ich jeden Beitrag einzeln unter die Lupe.«

»Warum interessiert es dich so, was er geschrieben hat?«

»Unter den Leuten, die bei 4chan posten, sind komische Typen, die sich schnell provoziert fühlen«, sagt Maeve. »Vielleicht hat Simon sich dort ein paar Feinde gemacht. Lohnt sich jedenfalls, genauer hinzuschauen.« Sie zieht ihren Laptop wieder zu sich. »Ich hab neulich in der Bibliothek die verschlüsselte Datei über Cooper runtergeladen, sie aber nicht öffnen können. *Noch* nicht.«

»Bronwyn! Maeve!« Die Stimme unserer Mutter klingt angespannt, als sie von unten nach uns ruft. »Es ist gleich so weit.«

Ja, richtig. Meine Familie wird sich *Mikhail Powers Investigates* gemeinsam anschauen. Eine ganz spezielle Art von Höllenkreis, den Dante sich noch nicht einmal annähernd hätte vorstellen können.

Während Maeve ihren Laptop zuklappt und ich widerstrebend vom Bett aufstehe, dringt aus meinem Nachttisch ein leises Brummen. Ich hole Nates Handy aus der Schublade und lese die Nachricht, die er mir geschrieben hat: *Viel Spaß gleich beim Fernsehen.*

Ha, ha, antworte ich.

»Bronwyn«, sagt Maeve gespielt ernst. »*Dafür* ist jetzt wirklich nicht der richtige Zeitpunkt.«

Wir gehen ins Wohnzimmer hinunter, wo Mom bereits mit einem besonders großzügig eingeschenkten Glas Wein in einem Sessel sitzt, während Dad in vollem Manager-im-Feierabend-Modus ist, sprich, er trägt seine Lieblings-Fleeceweste und ist von einem halben Dutzend Kommunikationsgeräten umringt. Ein Werbespot für Toilettenpapier flimmert über den Bildschirm, als Maeve und ich uns nebeneinander auf die Couch setzen und darauf warten, dass *Mikhail Powers Investigates* anfängt.

Die Sendung beschäftigt sich zwar hauptsächlich mit wahren Kriminalfällen, die ziemlich reißerisch aufgemacht sind, hat aber aufgrund von Mikhail Powers professionellem journalistischem Hintergrund mehr Glaubwürdigkeit als vergleichbare andere Formate. Er ist jahrelang Nachrichtensprecher bei einem der großen Sender gewesen, was seiner jetzigen Arbeit ein gewisses Gewicht gibt.

Zu Beginn listet er mit seiner tiefen, verbindlichen Stimme immer die Themen der jeweiligen Folge auf, während in schnellem Wechsel grobkörnige Polizeifotos eingeblendet werden.

Das Verschwinden einer jungen Mutter. Die Enthüllung eines Doppellebens. Und ein Jahr später eine erschütternde Verhaftung. Ist der Gerechtigkeit wirklich Genüge getan worden?

Tod eines prominenten Paares. Die Tochter gerät unter Mordverdacht. Enthält ihr Facebook-Account den Schlüssel zur wahren Identität des Mörders?

Ich kenne die Masche, sollte also eigentlich gefasster reagieren, als sie auch auf uns angewendet wird.

Der mysteriöse Tod eines Jugendlichen. Vier Mitschüler, von denen jeder etwas zu verbergen hatte. Wie geht es weiter, wenn die Ermittlungen der Polizei immer wieder in einer Sackgasse enden?

Panik steigt in mir hoch: Mein Magen verkrampft sich, ich bekomme nur schwer Luft und habe einen grauenhaften Geschmack im Mund. Seit fast zwei Wochen muss ich Befragungen, Untersuchungen, Beschuldigungen und Getuschel über mich ergehen lassen. Ich musste gegenüber der Polizei und meinen Lehrern Fragen zu Simons Behauptungen ausweichen und zusehen, wie ihr Blick sich verhärtete, als sie versuchten zwischen den Zeilen zu lesen. Ich habe ständig auf die nächste Bombe gewartet, die platzen könnte; dass auf Tumblr ein Video auftaucht, das zeigt, wie ich mir Zugang zu Mr Caminos Daten verschaffe, oder dass er Anzeige gegen mich erstattet. Aber nichts davon fühlte sich so krass und so real an wie der Moment, in dem hinter Mikhail Powers in einer landesweit ausgestrahlten Sendung mein Jahrbuchfoto eingeblendet wird.

In ein paar Einspielern sieht man, wie er mit seinem Kamerateam in Bayview unterwegs ist, aber hauptsächlich berichtet er von einem funkelnden Chromschreibtisch in seinem Studio in Los Angeles aus. Er hat eine samtige dunkle Haut, ausdrucksvolle Augen und trägt die bestsitzenden Anzüge, die ich je gesehen habe. Hätte er es geschafft, mich irgendwo allein zu erwischen, hätte er mir mit Sicherheit Dinge entlockt, die ich besser für mich behalten sollte.

»Aber wer sind die *Bayview Four*?«, fragt Mikhail und blickt aufmerksam in die Kamera.

»Ihr habt doch Namen, Herrgott«, flüstert Maeve, aber laut genug, dass Mom es hört.

»Maeve, daran ist *nichts* lustig«, sagt sie gereizt, als plötzlich Aufnahmen meiner Eltern eingeblendet werden.

Oh nein. Sie fangen mit mir an.

Vorzeigeschülerin Bronwyn Rojas kommt aus einer äußerst erfolg-

reichen Familie, für die die schwere Krankheit der jüngeren Tochter eine traumatische Erfahrung gewesen sein muss. Hat der Druck, den Erwartungen gerecht zu werden, sie dazu getrieben, bei einer wichtigen Prüfung zu betrügen, auch wenn sie sich damit letztendlich ihren Traum von einem Studium an der Eliteuniversität Yale zerstört hat? Woraufhin ein Sprecher der Yale University bestätigt, dass ich mich tatsächlich noch nicht beworben habe.

Keiner von uns bleibt verschont. Mikhail Powers durchleuchtet Addys Vergangenheit als verhinderte Schönheitskönigin, spricht mit Baseball-Experten über Doping an Schulen und die möglichen Auswirkungen auf Coopers Karriere und fördert Einzelheiten über Nates Drogendelikte und sein Bewährungsurteil zutage.

»Das ist nicht fair«, flüstert Maeve mir ins Ohr. »Kein Wort darüber, dass sein Dad Alkoholiker ist und seine Mom tot. Wo ist der Kontext?«

»Er würde das sowieso nicht wollen«, flüstere ich zurück.

Im Verlauf der Sendung zucke ich immer wieder innerlich zusammen, bis schließlich – überraschend für mich – ein Anwalt von *Until Proven* zu Wort kommt. Da keiner von unseren Anwälten zu einer Stellungnahme bereit war, hat Mikhail Powers' Team bei der Organisation angeklopft, um eine Expertenmeinung einzuholen. Der Anwalt, mit dem sie sprechen, heißt Eli Kleinfelter und sieht aus, als wäre er allerhöchstens zehn Jahre älter als ich. Er hat einen wilden Lockenschopf, einen kleinen Hipsterbart und ausdrucksstarke dunkle Augen.

»Es gibt da einige Punkte, die ich vorzubringen hätte, wenn ich die vier juristisch vertreten würde«, sagt er und ich beuge mich unwillkürlich ein Stück vor. »Die Aufmerksamkeit beschränkt sich ganz allein auf diese vier Schüler. Sie werden beschuldigt und verleumdet, ohne dass es einen einzigen Beweis dafür gibt, dass sie in irgendeiner Weise am Tod ihres Mitschülers beteiligt waren, und das obwohl die Ermittlungen bereits seit mehreren Wochen laufen. Aber war an dem Tag nicht noch ein fünfter Schüler mit im Raum? Und nach allem, was man mittlerweile über ihn weiß, drängt sich doch der Verdacht auf, dass er vielleicht mehr als nur vier Feinde hatte. Also frage ich Sie – wer hatte sonst noch ein Motiv? Wie lautet die Geschichte, die noch nicht erzählt wurde? Das sind die Punkte, an denen ich ansetzen würde.«

»Ab-so-lut rich-tig«, sagt Maeve und betont dabei jede einzelne Silbe.

»Es wäre naiv zu denken, dass Simon der Einzige war, der Zugang zum Administrationsbereich von *About That* hatte«, fährt Eli Kleinfelter fort. »Jeder hätte sich vor seinem Tod Zugang dazu verschaffen und die Postings entweder lesen oder verändert haben können.«

Ich werfe Maeve einen verstohlenen Blick zu, diesmal sagt sie jedoch nichts, sondern lächelt nur leicht, während sie den Blick weiter auf den Fernseher gerichtet hält.

Ich muss den ganzen restlichen Abend über Eli Kleinfelters Worte nachgrübeln. Selbst als ich später mit Nate telefoniere und nur mit einem Auge *Battle Royal* schaue, obwohl er besser als die anderen Filme ist, die er sonst aussucht. Aber in meinem Kopf konkurrieren einfach zu viele andere Gedanken um meine Aufmerksamkeit. Mich beschäftigt nicht nur die Sendung, die ich eben gesehen habe, sondern auch die kurze Episode mit Nate auf dem Parkplatz der Mall am Montag, an die ich pausenlos denke, wenn ich mich nicht gerade damit verrückt mache, dass ich womöglich bald ins Gefängnis komme.

Nate wollte mich küssen, oder? Und ich wollte ihn küssen. Warum haben wir es dann nicht getan?

Eli hat es endlich ausgesprochen. Warum sucht niemand nach anderen Verdächtigen?

Haben Nate und ich den Punkt überschritten, an dem noch etwas anderes als eine rein platonische Freundschaft möglich ist?

Mikhail Powers betreibt seine Ermittlungen immer über mehrere Folgen hinweg, es wird also noch schlimmer werden.

Nate und ich würden sowieso nicht zusammenpassen. Wahrscheinlich.

Hat mir gerade wirklich das People-*Magazin eine Mail geschickt?*

»Was geht in deinem gigantischen Hirn gerade vor sich, Bronwyn?«, fragt Nate schließlich.

Viel zu viel und über das meiste davon sollte ich vermutlich nicht mit ihm reden. »Ich würde gern mit Eli Kleinfelter sprechen«, sage ich. »Nicht über dich«, füge ich schnell hinzu, als Nate stumm bleibt. »Ganz allgemein. Ich finde, er hat echt gute Denkansätze.«

»Du hast schon eine Anwältin. Kann mir nicht vorstellen, dass die besonders begeistert wäre, wenn du dir eine zweite Meinung einholen würdest.«

Das wäre sie wohl wirklich nicht. Robin Staffords Taktik basiert allein auf Zurückhaltung und Verteidigung. *Geben Sie auf gar keinen Fall irgendetwas preis, das gegen Sie verwendet werden kann.* »Ich will ja nicht, dass er mich vertritt. Ich würde mich nur gern mal mit ihm unterhalten. Vielleicht versuche ich nächste Woche mal, ihn anzurufen.«

»Du lässt echt nie locker, oder?«

Es klingt nicht wie ein Kompliment. »Nein«, gebe ich zu und frage mich, ob ich gerade die seltsame Anziehungskraft, die Nate mir gegenüber möglicherweise empfunden hat, zerstört habe.

Nate ist still, während wir den Film weiterschauen und verfolgen, wie Shogo Shuyas und Norikos Tod vortäuscht. »Nicht übel«, sagt er, als der Abspann läuft. »Aber du schuldest mir immer noch einen Besuch bei mir, damit wir *Ring* fertig schauen können.«

Winzige elektrische Blitze zucken durch meinen Blutkreislauf. *Dann ist die Anziehungskraft also doch noch nicht ganz verglüht? Vielleicht gibt es noch ein Flämmchen, das sie am Leben hält.* »Ich weiß. Aber das ist eine logistische Herausforderung. Vor allem jetzt, wo wir berühmt-berüchtigt sind.«

»Im Moment sehe ich hier keine Übertragungswagen.«

Ich habe selbst schon darüber nachgedacht, seit er mich das erste Mal gefragt hat. Schon sehr oft. Und auch wenn ich nicht wirklich verstehe, was da zwischen Nate und mir vor sich geht – eines weiß ich: Was auch immer als Nächstes passiert, wird nicht dazu führen, dass ich mitten in der Nacht zu ihm nach Hause fahre. Ich fange gerade an, ihm alle möglichen stichhaltigen Gründe aufzuzählen, die dagegensprechen, zum Beispiel, dass der Motor des Volvos meine Eltern aufwecken würde, als er sagt: »Ich könnte dich abholen.«

Ich atme seufzend aus und starre an die Decke. Ich weiß in solchen Momenten einfach nie, wie ich mich verhalten soll, was wahrscheinlich daran liegt, dass sie bis jetzt immer nur in meinem Kopf stattgefunden haben. »Es fühlt sich irgendwie komisch an, dich um ein Uhr morgens zu Hause zu besuchen, Nate. Als wäre … als ginge es dabei noch um etwas anderes, als darum, uns zusammen einen Film anzuschauen. Und ich kenne dich noch nicht gut genug, um, ähm, *keinen* Film mit dir anzuschauen.« Oh Gott. Das ist der Grund dafür, warum man nicht bis zu seinem Abschlussjahr an der Highschool damit warten sollte, Erfahrungen mit Jungs zu sammeln. Mein Gesicht brennt, und während ich auf seine Antwort warte, bin ich unendlich dankbar dafür, dass er mich nicht sehen kann.

»Bronwyn.« Nates Stimme klingt nicht halb so spöttisch, wie ich erwartet hätte. »Ich versuche nicht, *keinen* Film mit dir zu schauen. Ich meine, klar, wenn es dir darum gehen würde, würde ich nicht Nein sagen. Glaub mir. Aber der eigentliche Grund, warum ich dich nach Mitternacht zu mir nach Hause einlade, ist der, dass es hier tagsüber einfach zu ätzend ist. Zum einen, weil man dann umso deutlicher sieht, in was für einer trostlosen Bruchbude ich wohne, und zum anderen, weil die Gefahr besteht, meinem Dad über den Weg zu laufen. Und das würde ich lieber … du weißt schon … vermeiden.«

Mein Herz setzt einen Schlag aus. »Das wäre mir egal.«

»Mir aber nicht.«

»Okay.« So ganz verstehe ich die Regeln zwar nicht, die Nate für seine Welt aufstellt, trotzdem beschließe ich, mich diesmal um meine eigenen Angelegenheiten zu kümmern und mit meiner Meinung zurückzuhalten. »Dann lassen wir uns eben etwas anderes einfallen.«

COOPER
Samstag, 13. Oktober, 16:35 Uhr

Es gibt keinen guten Ort, um mit seiner Freundin Schluss zu machen, aber zu Hause ist sie zumindest auf vertrautem Terrain und braucht danach nicht noch irgendwo hinzugehen. Also bringe ich es Keely in ihrem Wohnzimmer bei.

Es hat nichts mit dem zu tun, was Nonny gesagt hat. Das steht schon seit einer Weile im Raum. Keely ist in vieler Hinsicht ein unglaublich tolles Mädchen, nur leider ist sie für mich einfach nicht die Richtige, und es wäre ziemlich unfair, sie das alles mit mir durchstehen zu lassen, ohne es ihr zu sagen.

Keely möchte natürlich eine Erklärung, aber ich kann ihr keine gute liefern. »Wenn es wegen der Ermittlungen ist, das ist mir egal!«, sagt sie in Tränen aufgelöst. »Ich stehe zu dir, egal was passiert.«

»Das ist es nicht«, sage ich. Zumindest nicht *nur*.

»Und ich glaube keine Wort von dem, was in diesem schrecklichen Tumblr-Post steht.«

»Ich weiß, Keely. Und das rechne ich dir auch total hoch an.« Heute Morgen ist ein neuer Post aufgetaucht, der sich hämisch über die Berichterstattung der Medien auslässt:

Auf der Website von *Mikhail Powers Investigates* finden sich mittlerweile Tausende von Kommentaren zu den Bayview Four. (Ziemlich dämlicher Name übrigens. Von einer der führenden Nachrichtensendungen hätte ich etwas Knackigeres erwartet.) Manche verlangen darin harte Gefängnisstrafen. Andere schimpfen darüber, wie verwöhnt und anspruchsvoll die Jugendlichen von heute sind, und behaupten, die vier wären nur ein weiteres Beispiel dafür.

Es ist aber auch eine absolut großartige Geschichte: vier gut aussehende, im Fokus der Öffentlichkeit stehende Schüler, gegen die wegen Mordes ermittelt wird. Und keiner von ihnen ist das, was er zu sein scheint.

Tja, liebes Bayview Police Department, der Druck wird immer größer. Vielleicht solltet ihr euch Simons alte Posts mal genauer anschauen. Dort findet ihr möglicherweise ein paar weitere interessante Hinweise zu den Bayview Four.

Wollte es nur gesagt haben.

Der letzte Abschnitt jagt mir einen kalten Schauer über den Rücken. Simon hat zwar vorher nie etwas über mich geschrieben, aber die Anspielung gefällt mir trotzdem nicht. Genauso wenig wie die dunkle Ahnung, dass da noch etwas auf mich zukommen wird. Und zwar schon bald.

»Warum willst du dann nicht mehr mit mir zusammen sein?« Keely hat den Kopf in den Händen vergraben, ihr Gesicht ist tränenüberströmt; keine Spur von unschönen roten Flecken. Sogar wenn sie weint, ist sie hübsch. Jetzt sieht sie mich mit schwimmenden dunklen Augen an. »Hat Vanessa irgendetwas gesagt?«

»Vanessa? Was soll sie denn gesagt haben?«

»Sie hackt ständig auf mir herum, weil ich immer noch mit Addy rede, und hat damit gedroht, dir etwas zu erzählen, was dir komplett egal sein sollte, weil es passiert ist, als wir noch gar nicht zusammen waren.« Sie sieht mich abwartend an, und als ich nicht reagiere, faucht sie: »Vielleicht wäre es aber besser, wenn es dir *nicht* egal wäre, weil das bedeuten würde, dass ich dir wichtig wäre. Du bist so verdammt selbstgerecht, wenn es um Jakes Verhalten geht, Cooper, aber er zeigt wenigstens Gefühle. Er ist kein Roboter. Es ist normal, eifersüchtig zu sein, wenn das Mädchen, das einem etwas bedeutet, mit einem anderen zusammen war.«

»Ich weiß.«

Keely hält kurz inne, dann stößt sie ein kleines sarkastisches Lachen aus. »Das ist alles? Ganz schön hart. Du bist noch nicht mal ein kleines bisschen neugierig. Machst dir keine

Sorgen um mich oder hast das Bedürfnis, mich zu beschützen. Es ist dir einfach scheißegal.«

Wir sind an einem Punkt angelangt, an dem alles, was ich sagen könnte, falsch wäre. »Es tut mir leid, Keely.«

»Ich hatte was mit Nate«, sagt sie und sieht mich herausfordernd an. Und ich muss zugeben, dass mich das tatsächlich überrascht. »Auf Luis' Party in der Neunten, am letzten Abend vor den Sommerferien«, fährt sie fort. »Simon hatte mich den ganzen Abend lang belagert und ich war total genervt. Und als Nate irgendwann auftauchte, dachte ich, was soll's. Ich meine, er ist heiß, oder? Auch wenn er ansonsten ein totaler Prolet ist.« Sie schaut mich kalt lächelnd an, einen verbitterten Ausdruck in den Augen. »Wir haben nur rumgeknutscht. Zumindest an dem Abend. Ein paar Wochen später hast du mich dann gefragt, ob ich mich mit dir treffen will.« Sie sieht mich wieder mit diesem herausfordernden Blick an, und ich weiß nicht genau, worauf sie hinauswill.

»Dann hattest du gleichzeitig was mit mir und mit Nate?«

»Würde dir das was ausmachen?«

Ich glaube, sie braucht irgendetwas von mir, mit dem sie aus diesem Gespräch herausgehen kann. Ich wünschte, ich wüsste, was es ist, und könnte es ihr geben, weil mir klar ist, dass ich ihr gegenüber nicht fair gewesen bin. Ihre dunklen Augen halten meine fest, ihre Wangen sind gerötet, ihre Lippen leicht geöffnet. Sie ist wirklich wunderschön, und wenn ich ihr jetzt sagen würde, dass ich einen Fehler gemacht habe, würde sie mich zurücknehmen und ich wäre auch in Zukunft der am meisten beneidete Typ auf der Bayview High. »Wahrscheinlich hätte es mir etwas ausgemacht …«, beginne ich, aber sie unterbricht mich mit einem Laut, der halb Lachen, halb Schluchzen ist.

»Oh mein Gott, Cooper. Dein *Gesicht.* Es könnte dir nicht gleichgültiger sein. Okay, fürs Protokoll, ich habe sofort aufgehört, irgendetwas mit Nate zu haben, als du mich gefragt hast, ob ich mit dir ausgehen will.« Sie weint wieder, und ich fühle mich wie das mieseste Arschloch der Welt. »Weißt du, Simon hätte alles dafür getan, mich zur Freundin zu haben. Dir war noch nicht einmal bewusst, dass ich mich für dich *entschieden* habe. Die Leute entscheiden sich immer für dich, oder? Sie haben sich auch immer für mich entschieden. Bis du gekommen bist und mir das Gefühl gegeben hast, unsichtbar zu sein.«

»Keely, ich hab nie gewollt, dass …«

Aber sie hört mir gar nicht mehr zu. »Ich habe dir nie wirklich etwas bedeutet, oder? Du hast nur das richtige Accessoire für deine Talentscout-Saison gesucht.«

»Das ist nicht fair …«

»Das alles ist nichts weiter als eine einzige Riesenlüge, hab ich recht, Cooper? Ich, dein Fastball …«

»Ich hab *nie* Steroide genommen«, unterbreche ich sie und bin plötzlich wütend.

Keely lacht erstickt. »Tja, wenigstens gibt es noch etwas, für das du *echte* Leidenschaft empfindest.«

»Ich werde jetzt gehen«, sage ich mühsam beherrscht, stehe auf und bin aus der Tür, bevor ich noch etwas sage, das ich hinterher bereuen würde. Als Simons Anschuldigungen an die Öffentlichkeit gelangt sind, musste ich einen Test machen – das Ergebnis war negativ. Und als ich in den Sommerferien im Zentrum für Sportmedizin untersucht wurde, um meinen Trainingsdiätplan festzulegen, haben sie mich ebenfalls getestet – mit demselben Ergebnis. Aber das waren die einzigen beiden Male, und da es viele Steroide gibt, die nach ein paar Wochen im Blut nicht mehr nachweisbar sind, kann ich meinen Ruf nicht völlig reinwaschen. Ich habe Coach Ruffalo gesagt, dass an den Anschuldigungen nichts dran ist. Bislang versucht er, die Sache auszusitzen, und kontaktiert weiter Colleges. Aber wir sind jetzt Futter für die Medienmaschinerie, es wird also nicht lange ruhig bleiben.

Und Keely hat recht – um die Anschuldigungen, gedopt zu haben, habe ich mir viel mehr Sorgen gemacht als um unsere Beziehung. Ich schulde ihr eine bessere Erklärung als die halbherzigen Ausflüchte von eben. Ich weiß nur nicht, wie ich ihr die geben soll, ohne mich in Schwierigkeiten zu bringen.

17

ADDY
Montag,
15. Oktober,
12:15 Uhr

Wow, wer hätte gedacht, dass Sexismus selbst dann eine Rolle spielt, wenn es um die Verdächtigen in einem Mordfall geht? Bronwyn und ich sind bei denen, die den Fall verfolgen, noch nicht mal annähernd so beliebt wie Cooper und Nate. *Besonders* Nate. Bad Boys kommen anscheinend immer gut an. Sämtliche Mädchen zwischen zehn und dreizehn, die in den sozialen Netzwerken über uns posten, sind verrückt nach ihm. Dabei ist es ihnen vollkommen egal, dass er ein verurteilter Drogendealer ist, alles, was sie an ihm wahrnehmen, sind seine verträumten Augen.

In der Schule sieht es ähnlich aus. Bronwyn und ich werden wie Aussätzige behandelt. Außer ihren Freundinnen (ich habe ja keine mehr), ihrer Schwester und Janae spricht so gut wie niemand mit uns, dafür wird fleißig hinter unserem Rücken über uns abgelästert. Cooper wird dagegen nach wie vor vergöttert. Und Nate – okay, es ist nicht so, als wäre Nate je beliebt gewesen. Aber ich hatte auch nie das Gefühl, dass es ihn interessiert, was die Leute über ihn denken, und daran hat sich nichts geändert.

»Im Ernst, Addy, hör auf, dir diesen Quatsch anzuschauen. Ich habe die Nase voll davon.«

Bronwyn wirft mir einen augenrollenden Blick zu, sieht

aber nicht wirklich sauer aus. Wir sind mittlerweile wohl fast so etwas wie Freundinnen – oder zumindest so gut miteinander befreundet, wie das möglich ist, wenn man sich nicht zu hundert Prozent sicher sein kann, ob die andere einem nicht vielleicht einen Mord anhängen will.

Aber sie teilt meine Besessenheit nicht, sämtliche Storys aufzuspüren, die in den Medien und sozialen Netzwerken über uns verbreitet werden. Dabei zeige ich ihr noch nicht mal alles, erst recht nicht die grauenhaften ausländerfeindlichen Kommentare über ihren kolumbianischen Vater. Stattdessen versuche ich mein Glück bei Janae und zeige ihr einen der positiveren Artikel, die ich gefunden habe. »Schau, der am häufigsten geteilte Beitrag auf *BuzzFeed* ist ein Schnappschuss von Cooper, wie er aus der Sporthalle kommt.«

Janae sieht richtig schlimm aus. Seit wir uns neulich auf der Toilette begegnet sind, ist sie noch schmaler und dünnhäutiger geworden. Ich verstehe nicht so ganz, warum sie sich in der Mittagspause jetzt immer zu uns setzt, weil sie so gut wie nie ein Wort von sich gibt, aber immerhin traut sie sich, einen kurzen Blick auf das Display meines Handys zu werfen. »Kein schlechtes Foto von ihm.«

Kate sieht mich streng an. »Würdest du das bitte weglegen?« Ich tue ihr den Gefallen, zeige ihr in Gedanken aber den Mittelfinger. Yumiko ist ganz okay, aber Kate bringt mich fast dazu, Vanessa zu vermissen.

Nein, das stimmt nicht. Ich *hasse* Vanessa. Ich hasse sie dafür, wie sie sich mit ihren miesen kleinen Intrigen zur Anführerin unseres ehemaligen Freundeskreises hochgemobbt hat und an Jake klebt, als wären sie ein Paar. Auch wenn ich von seiner Seite aus nicht viel Interesse erkennen kann. Mit meinem Friseurbesuch habe ich nicht nur meine Haare, sondern auch sämtliche Brücken zu Jake gekappt, denn ohne meine Haare wäre ich ihm vor drei Jahren garantiert erst gar nicht aufgefallen. Aber nur weil ich die Hoffnung aufgegeben habe, jemals wieder mit ihm zusammen zu sein, bedeutet das nicht, dass er mich nicht mehr beschäftigt.

Als ich mich nach der Mittagspause in Erdgeschichte an meinen üblichen Platz gesetzt habe, würdigt mich meine Banknachbarin kaum eines Blickes. Aber wie sich herausstellt, wird sie schon im nächsten Moment sowieso von meiner unzumutbaren Gesellschaft erlöst.

»Machen Sie es sich nicht allzu gemütlich auf Ihren Plätzen«, warnt uns Ms Mara gleich zu Beginn. »Da Sie nun schon seit einer Weile mit demselben Partner arbeiten, wollen wir das heute ändern und ein bisschen ›Bäumchen wechsele dich‹ spielen.« Ihr Rotationssystem ist ziemlich kompliziert – manche Leute müssen nach links rücken, andere nach rechts und der Rest bleibt, wo er ist –, aber mir ist es im Grunde sowieso egal, wo sie mich hinsetzt – nur dass ich am Ende ausgerechnet neben TJ lande.

Seine Nase ist mittlerweile abgeschwollen, aber ich fürchte, dass sie für den Rest seines Lebens leicht schief sein wird. Er zieht das Tablett mit Gesteinsproben, das vor uns steht, zu uns heran und wirft mir dabei ein unbehagliches Lächeln zu. »Sorry. Das ist wahrscheinlich dein schlimmster Albtraum, oder?«

Bilde dir nur nichts ein, TJ, denke ich. In meinen Albträumen hat er nichts verloren. All die Monate, in denen ich wegen meinem Ausrutscher mit ihm von Angst und Schuldgefühlen gequält wurde, kommen mir vor, als hätten sie in einem anderen Leben stattgefunden. »Ist schon okay.«

Nachdem wir eine Weile schweigend die verschiedenen

Gesteinsarten eingeordnet haben, sagt er: »Gefällt mir, wie du deine Haare jetzt trägst.«

Ich schnaube. »Ja, klar.« Bis auf Ashton, die mich liebt und deswegen nicht neutral ist, gefallen meine Haare *niemandem*. Meine Mutter findet die neue Frisur grauenhaft und meine ehemaligen Freundinnen haben sich ganz offen über mich lustig gemacht, als sie mich zum ersten Mal mit meinem Pixie Cut gesehen haben. Selbst Keely hat sich ein hämisches Grinsen nicht verkneifen können. Sie hat sich übrigens sofort Luis geangelt, nachdem Cooper mit ihr Schluss gemacht hatte. Wenn sie den Pitcher nicht haben kann, reicht ihr wohl auch sein Catcher. Luis hat Olivia für sie sitzen gelassen, aber *darüber* hat niemand auch nur mit der Wimper gezuckt.

»Nein, wirklich. Jetzt kann man endlich dein Gesicht sehen. Du siehst wie eine blonde Emma Watson aus.«

Ganz bestimmt nicht. Aber wahrscheinlich ist es nett von ihm, so was zu sagen. Ich halte einen Stein zwischen Daumen und Zeigefinger und betrachte ihn mit zusammengekniffenen Augen. »Was meinst du? Vulkanisch oder sedimentär?«

TJ zuckt mit den Achseln. »Keine Ahnung. Für mich sehen die alle gleich aus.«

Ich rate und lege den Stein auf den Haufen mit den Proben, die vulkanischen Ursprungs sind. »TJ, wenn sogar ich es schaffe, mich für Steine zu interessieren, könntest du dir ruhig auch ein bisschen mehr Mühe geben.«

Er blinzelt mich überrascht an und fängt dann an zu grinsen. »Also doch.«

»Was?«

Alle um uns herum scheinen völlig in ihre Steine vertieft

zu sein, aber er senkt trotzdem die Stimme. »Du bist total lebendig und witzig gewesen, als wir … ähm … damals zusammen am Strand waren. Aber wenn ich dich danach gesehen hab, warst du immer so … passiv. Egal, was Jake gesagt hat, du hast ihm immer in allem recht gegeben.«

Ich schaue finster auf das Tablett vor mir. »Das ist nicht besonders nett, so was zu sagen.«

»Tut mir leid«, antwortet TJ sanft. »Aber ich hab nie verstanden, warum du dich immer so im Hintergrund gehalten hast. Ich hatte an dem Tag echt eine Menge Spaß mit dir.« Als er meinen Blick sieht, fügt er hastig hinzu: »*Nicht* was du denkst. Oder doch, auch, aber … Gott. Ich halte jetzt am besten einfach den Mund.«

»Super Idee«, murmle ich, nehme eine Handvoll Steine und lasse sie vor ihn auf den Tisch fallen. »Los, zuordnen.«

Es ist nicht so, als hätte mich seine Bemerkung wirklich getroffen. Ich weiß, dass er recht hat. Nein, was mich beschäftigt, sind die anderen Dinge, die er gesagt hat. Dass ich witzig wäre. Dass man mit mir eine Menge Spaß haben könnte. So was hat noch nie jemand zu mir gesagt. Ich dachte immer, TJ würde nur deshalb noch mit mir reden, weil er nichts dagegen hätte, mich noch mal allein zu treffen. Nie im Leben wäre ich auf die Idee gekommen, dass es ihm damals nicht nur um Sex ging, sondern dass er mich vielleicht wirklich interessant gefunden hat.

Den Rest der Stunde arbeiten wir schweigend vor uns hin, und als es gongt, hänge ich mir meinen Rucksack um und verlasse das Klassenzimmer, ohne ihm noch einen Blick zuzuwerfen.

Allerdings komme ich nicht weit. Hinter mir ertönt eine Stimme, die mich abrupt stehen lässt. »Addy.«

Als ich mich umdrehe, spanne ich unwillkürlich die Schultern an. Seit meiner letzten Begegnung mit Jake vor seinem Schließfach habe ich nicht mehr versucht, mit ihm zu sprechen, und mir graut davor, was er mir diesmal zu sagen hat.

»Wie geht es dir so?«, fragt er.

Ich muss beinahe lachen. »Oh, na ja, du weißt schon. *Nicht so gut.*«

Ich kann Jakes Gesichtsausdruck nicht deuten. Er sieht nicht wütend aus, aber er lächelt auch nicht. Er wirkt irgendwie anders. Älter? Nicht wirklich, aber … weniger jungenhaft vielleicht. Seit fast zwei Wochen schaut er praktisch durch mich hindurch, und ich verstehe nicht, warum ich auf einmal wieder sichtbar für ihn bin. »Das muss alles ganz schön heftig sein«, sagt er. »Cooper hat sich auch komplett zurückgezogen. Willst du …« Er zögert und hängt sich den Rucksack auf die andere Schulter. »Willst du vielleicht irgendwann mal über alles reden?«

Meine Kehle fühlt sich an, als hätte ich etwas Scharfkantiges verschluckt. *Will ich?* Jake wartet auf eine Antwort und ich gebe mir einen inneren Ruck. Natürlich will ich. Es gibt nichts, das ich mir mehr wünsche, seit diese ganze Sache passiert ist. »Ja.«

»Okay. Vielleicht heute Nachmittag? Ich schreib dir später.« Er hält meinen Blick fest und fügt, immer noch ohne zu lächeln, hinzu: »Gott, ich kann mich einfach nicht an deine neuen Haare gewöhnen. Du siehst überhaupt nicht mehr wie du aus.«

Ich will gerade »Ich weiß« sagen, als mir TJs Worte einfallen. *Du warst so … passiv. Egal, was Jake gesagt hat, du hast ihm immer in allem recht gegeben.* »Doch, tue ich. Sogar mehr denn je«, sage ich stattdessen und gehe weiter, bevor er als Erster den Blickkontakt abbrechen kann.

NATE
Montag,
15. Oktober,
15:15 Uhr

Bronwyn setzt sich neben mich auf den Fels, streicht ihren Rock über den Knien glatt und schaut über die Baumwipfel vor uns. »Ich bin noch nie auf dem Marshall's Peak gewesen«, sagt sie.

Das überrascht mich nicht. Der sogenannte Marshall's Peak, weniger ein Berg als eine Felszunge mit Blick über den an die Schule grenzenden Wald, gilt zwar als landschaftlich sehr reizvoll, ist aber vor allem auch ein beliebter Treffpunkt, um sich zu betrinken, Drogen zu konsumieren und Sex zu haben – allerdings nicht an einem Montagnachmittag. Ich bin mir ziemlich sicher, dass Bronwyn sich keine Vorstellung davon macht, was hier an den Wochenenden so alles getrieben wird. »Ich hoffe, er wird dem Hype gerecht.«

Sie lächelt. »Alles ist besser, als in die Fänge von Mikhail Powers' Kamerateam zu geraten.« Wir haben uns mal wieder zum Hinterausgang rausgeschlichen, nachdem sie heute erneut vor der Schule aufgetaucht sind. Eigentlich ein Wunder, dass noch keiner auf die Idee gekommen ist, den Wald zu observieren. Noch mal zur Mall zu fahren wäre aber zu riskant gewesen, wenn man bedenkt, wie krass unser Bekanntheitsgrad in der letzten Woche gestiegen ist, deswegen haben wir uns hierhin verzogen, um zu warten, bis die Luft wieder rein ist.

Bronwyns Blick ist auf einen kleinen Trupp Ameisen geheftet, der neben uns ein Blatt über den Felsen transportiert.

Sie feuchtet ihre Lippen an, als wäre sie nervös, und rutscht ein kleines Stück näher an mich heran. Da wir uns den Großteil der Zeit, die wir zusammen verbringen, nur hören und nicht sehen, kann ich schwer einschätzen, was ihr durch den Kopf geht.

»Ich habe Eli Kleinfelter angerufen«, sagt sie. »Du weißt schon, den Anwalt von *Until Proven.*«

Oh. *Das* war es also, was ihr durch den Kopf gegangen ist. Ich lehne mich zurück. »Aha.«

»Es war eine interessante Unterhaltung«, fährt sie fort. »Er hat sich gefreut, dass ich mich bei ihm melde, und wirkte überhaupt nicht überrascht. Er hat auch versprochen, mit niemandem darüber zu sprechen, dass ich ihn angerufen habe.«

Trotz ihrer überragenden Intelligenz kann Bronwyn manchmal ziemlich naiv sein. »Was ist so ein Versprechen wert?«, frage ich. »Vielleicht möchte er gern noch ein bisschen mehr Sendezeit bekommen und würde dich dafür notfalls an Mikhail Powers verkaufen.«

»Das wird er nicht«, entgegnet Bronwyn ruhig, als wäre sie sich ihrer Sache vollkommen sicher. »Außerdem habe ich ihm sowieso nichts erzählt, was in irgendeiner Form mit dem Fall zu tun hat. Ich habe ihn bloß gefragt, was er bis jetzt von den Ermittlungen hält.«

»Und?«

»Na ja, er hat ein paar von den Sachen wiederholt, die er schon neulich im Fernsehen gesagt hat. Dass er nicht versteht, warum so wenig Augenmerk auf Simon liegt, weil sich jemand wie er garantiert jede Menge Feinde gemacht hat, die uns jetzt gern als Sündenböcke benutzen würden. Er meinte, wenn es sein Fall wäre, würde er sich mal ein paar von den App-Einträgen anschauen, mit denen Simon am meisten

Schaden angerichtet hat, und die Leute überprüfen, die davon betroffen waren. Und er würde Simon auch ganz allgemein genauer unter die Lupe nehmen. So wie Maeve es mit diesen 4chan-Threads macht.«

»Angriff ist die beste Verteidigung, was?«, sage ich.

»Richtig. Außerdem findet er, dass unsere Verteidiger nicht genug tun, um die Theorie auseinanderzupflücken, dass niemand sonst Simon hätte vergiften können. Da wäre zum einen Mr Avery.« Ein stolzer Unterton schleicht sich in ihre Stimme. »Eli ist genau wie ich der Meinung, dass Mr Avery von uns allen am ehesten die Gelegenheit dazu hatte, die Handys in unsere Rucksäcke zu schmuggeln und die Becher zu präparieren. Okay, er ist ein paarmal befragt worden, aber ansonsten scheint sich die Polizei nicht sonderlich für ihn zu interessieren.«

Ich zucke mit den Achseln. »Was soll er für ein Motiv gehabt haben?«

»Technophobie«, sagt Bronwyn und sieht mich finster an, als ich lache. »Es ist ja nur eine *Möglichkeit* von vielen. Eli hat nämlich auch den Autounfall erwähnt und dass jemand in dem Moment in den Raum hätte schlüpfen können, als wir alle am Fenster standen und abgelenkt waren.«

Ich runzle die Stirn. »So lange standen wir dort gar nicht. Außerdem hätten wir es gehört, wenn die Tür aufgegangen wäre.«

»Bist du sicher? Vielleicht auch nicht. Es geht ihm ja auch nur darum, dass es möglich gewesen wäre. Und er hat noch was Interessantes gesagt.« Bronwyn nimmt einen kleinen Stein und lässt ihn nachdenklich in der Hand auf und ab springen. »Er findet es verdächtig, dass die beiden Autos ausgerechnet in dem Moment zusammengeknallt sind.«

»Soll heißen?«

»Na ja … dass jemand wusste, dass das passieren würde.«

»Er glaubt, der Unfall war *geplant*?« Ich sehe sie fassungslos an, aber sie weicht meinem Blick aus und schleudert den kleinen Stein in hohem Bogen über die Baumwipfel. »Du willst allen Ernstes behaupten, dass jemand einen Auffahrunfall auf dem Parkplatz eingefädelt haben könnte, um uns abzulenken und dann unbemerkt in den Raum zu schleichen und Erdnussöl in Simons Becher zu schütten? Von dem er überhaupt nicht wissen konnte, dass er auf seinem Tisch stand, wenn er nicht schon die ganze Zeit mit uns im Raum gewesen wäre? Und dann ist dieser jemand auch noch so dumm, nicht mit einzuplanen, den Becher anschließend verschwinden zu lassen?«

»Das wäre nicht dumm, wenn dieser jemand von Anfang an vorhatte, uns die Sache anzuhängen«, hält Bronwyn dagegen. »Nur wenn einer von uns es gewesen wäre, wäre es dumm gewesen, ihn am Boden liegen zu lassen, statt ihn loszuwerden. Sonst wäre der Verdacht nämlich ziemlich sicher nie auf uns gefallen.«

»Das erklärt trotzdem noch nicht, wie jemand, der nicht mit im Raum war, hätte wissen können, dass Simon sich überhaupt einen Becher Wasser geholt hat.«

»Na ja, es stand doch in dem Tumblr-Post. Simon hat wirklich ständig Wasser getrunken. Es hätte jemand vor der Tür warten und durch die Scheibe schauen können. Das ist jedenfalls das, was Eli sagt.«

»Oh, tja dann, wenn *Eli* das sagt.« Keine Ahnung, warum Bronwyn diesen Kerl für einen allwissenden Juristengott hält. Er kann nicht älter als fünfundzwanzig sein. »Für mich klingt das eher, als hätte er nichts als einen Haufen an den Haaren herbeigezogener Theorien.«

Zu meiner Verblüffung reagiert sie nicht angepisst. »Kann sein«, sagt sie und streicht mit den Fingerspitzen über den Fels zwischen uns. »Aber ich habe in letzter Zeit viel darüber nachgedacht und … Ich kann mir nicht vorstellen, dass es einer von uns war, Nate. Das glaube ich einfach nicht. Ich habe Addy diese Woche ein bisschen kennengelernt und …«, sie hebt die Hand, als sie meinen skeptischen Blick sieht, »… ich sage nicht, dass ich, was sie angeht, plötzlich eine Expertin oder so was bin, aber ich kann mir beim besten Willen nicht vorstellen, dass sie in der Lage gewesen wäre, Simon etwas anzutun.«

»Was ist mit Cooper? Der Typ verbirgt definitiv irgendwas.«

»Cooper ist kein Mörder.« Bronwyn klingt absolut sicher, und aus irgendeinem Grund macht mich das wütend.

»Woher willst du das wissen? Weil ihr euch so wahnsinnig nahesteht? Kapier es endlich, Bronwyn, niemand von uns kennt die anderen wirklich. Verdammt, *du* könntest es gewesen sein. Du bist klug genug, um so was Krasses zu planen und damit durchzukommen.«

Es sollte bloß ein Witz sein, aber Bronwyn nimmt es anscheinend wörtlich. »Wie kannst du so was sagen?« Ihre Wangen röten sich und sie bekommt wieder diesen aufgewühlten Ausdruck, der mich jedes Mal so aus der Fassung bringt. *Eines Tages wirst du sie ansehen und überrascht feststellen, wie hübsch sie ist.* Das hat meine Mutter öfter über Bronwyn gesagt.

Aber sie hat sich geirrt. Ich wusste es die ganze Zeit.

»Eli hat es doch selbst gesagt, oder?«, versuche ich sie zu beschwichtigen. »Alles ist möglich. Vielleicht hast du mich nur hierhergebracht, um mich den Felsen runterzustoßen, damit ich mir das Genick breche.«

Bronwyns Augen weiten sich. »*Du* hast *mich* hierhergebracht.«

»Ach, komm schon«, sage ich lachend. »Du denkst doch nicht wirklich … Bronwyn, so steil geht es hier auch nicht runter. Dich von diesem Fels zu schubsen, wenn du dir dabei gerade mal den Knöchel verstauchen kannst, ist kein sonderlich teuflischer Plan.«

»Das ist nicht witzig«, sagt Bronwyn, muss sich aber trotzdem ein Lächeln verkneifen. Die Nachmittagssonne lässt ihr ganzes Gesicht leuchten und sprenkelt ihre dunklen Haare mit goldenen Reflexen. Einen kurzen Moment lang bleibt mir die Luft weg.

Oh Mann. Dieses Mädchen.

Ich stehe auf und halte ihr meine Hand hin. Sie wirft mir einen skeptischen Blick zu, nimmt sie aber und lässt sich von mir hochziehen. Dann hebe ich die andere Hand zum Schwur und sage feierlich: »Bronwyn Rojas, hiermit schwöre ich, dich weder heute noch irgendwann in der Zukunft umzubringen. Abgemacht?«

»Du bist unmöglich«, murmelt sie und errötet noch mehr.

»Es beunruhigt mich ehrlich gesagt etwas, dass du es offenbar vermeidest, mir dasselbe zu schwören.«

Sie verdreht die Augen. »Sagst du das zu allen Mädchen, die du hierherbringst?«

Hm. Vielleicht weiß sie doch, was auf dem Marshall's Peak so abgeht.

Ich stelle mich so dicht vor sie, dass nur noch wenige Zentimeter Abstand zwischen uns sind. »Du hast meine Frage noch nicht beantwortet.«

Bronwyn beugt sich vor und hebt ihre Lippen an mein

Ohr. Sie ist mir so nah, dass ich spüre, wie ihr Herz schlägt, als sie flüstert: »Ich verspreche, dich nicht umzubringen.«

»Wow. Das war echt heiß.« Es sollte ein Scherz sein, aber meine Stimme klingt rau, und als sie den Mund öffnet, küsse ich sie, bevor sie lachen kann. Ein Stromstoß schießt durch mich hindurch, als ich ihr Gesicht mit den Händen umschließe und die zarte Haut an ihren Wangen und ihrem Kinn unter den Fingern spüre. Es muss das Adrenalin sein, das mein Herz so schnell schlagen lässt. Diese seltsame Verbindung zwischen uns, die keiner je verstehen könnte. Oder es sind ihre weichen Lippen und ihre nach grünen Äpfeln duftenden Haare und dass sie die Arme so fest um meinen Nacken schlingt, als könnte sie den Gedanken nicht ertragen, mich jemals wieder loszulassen? Was es auch ist, ich küsse sie so lange, wie sie mich lässt, und als sie sich irgendwann von mir löst, ziehe ich sie wieder an mich, weil es noch längst nicht genug war.

»Nate, mein Handy«, sagt sie und zum ersten Mal nehme ich das penetrante Piepen wahr, das den Eingang mehrerer Textnachrichten verkündet. »Das ist garantiert meine Schwester.«

»Sie kann warten.« Ich schiebe eine Hand in ihre Haare und küsse mich von ihrem Mundwinkel bis zu ihrem Hals hinunter. Bronwyn erschauert und gibt einen leisen kehligen Laut von sich. Der mir sehr gefällt.

»Es ist nur …« Sie streicht über meinen Nacken. »Sie würde nicht die ganze Zeit Nachrichten schicken, wenn es nicht wichtig wäre.«

Maeve ist unser Alibi – sie und Bronwyn sind angeblich zusammen bei Yumiko – und ich trete widerstrebend zurück, damit Bronwyn ihr Handy aus ihrem Rucksack holen kann.

Als sie aufs Display schaut, zieht sie scharf die Luft ein. »Oh Gott. Meine Mom hat auch schon versucht, mich zu erreichen. Meine Anwältin hat angerufen. Die Polizei bestellt mich zu einer Befragung ein, um – ich zitiere: *Noch ein paar Dinge zu klären.*«

»Wahrscheinlich derselbe Mist wie immer.« Ich schaffe es, ruhig zu klingen, obwohl ich es nicht bin.

»Haben sie dich auch angerufen?« Sie sieht aus, als würde sie fast hoffen, dass es so wäre, und sich gleichzeitig dafür schämen.

Ich habe mein Handy zwar nicht gehört, ziehe es aber trotzdem aus der Tasche. »Nein.«

Sie nickt und beginnt schnell zu tippen. »Soll ich Maeve fragen, ob sie mich hier abholt?«

»Sag ihr, sie soll zu mir kommen. Von mir aus ist es nicht mehr so weit zum Police Department.« Sobald der Satz raus ist, bereue ich ihn – ich will immer noch nicht, dass Bronwyn bei Tageslicht auch nur in die Nähe meines Zuhauses kommt –, aber es ist die vernünftigste Lösung. Außerdem müssen wir ja nicht reingehen.

Bronwyn beißt sich auf die Unterlippe. »Was wenn Reporter dort sind?«

»Keine Angst. Die haben mittlerweile kapiert, dass nie jemand zu Hause ist.« Sie sieht immer noch besorgt aus, also füge ich hinzu: »Okay, pass auf, wir parken bei meinen Nachbarn und gehen zu Fuß rüber, und wenn dort irgendein Pressefuzzi herumlungert, bringe ich dich woanders hin. Aber vertrau mir, ich bin mir sicher, das wird nicht nötig sein.«

Bronwyn schickt Maeve meine Adresse, und wir kehren zum Waldrand zurück, wo ich mein Motorrad abgestellt habe. Ich helfe ihr mit dem Riemen am Helm, und sie steigt hinter mir auf und schlingt die Arme um meine Taille, als ich den Motor starte.

Bei uns in der Straße angekommen, fahre ich langsam auf das Haus der Nachbarn zu, deren verrosteter Chevrolet schon seit fünf Jahren an genau derselben Stelle in der Einfahrt steht. Ich parke daneben und warte, bis Bronwyn abgestiegen ist, dann nehme ich ihre Hand und führe sie durch den Garten der Nachbarn zu mir rüber. Als wir auf das Haus zugehen, sehe ich es durch Bronwyns Augen und wünschte, ich hätte mir letztes Jahr irgendwann mal die Mühe gemacht, wenigstens den Rasen zu mähen.

Plötzlich bleibt sie stehen, aber ihr Blick ist nicht auf das kniehohe Gras gerichtet. »Nate, da ist jemand an der Tür.«

Ich bleibe ebenfalls stehen und suche die Straße nach einem Übertragungswagen ab. Aber vor unserem Haus parkt nur ein zerbeulter Kia. Vielleicht haben sie sich den zur besseren Tarnung zugelegt. »Warte hier«, sage ich zu Bronwyn, aber sie folgt mir, als ich mich vorsichtig unserer Einfahrt nähere, damit ich sehen kann, wer vor der Tür steht.

Es ist kein Reporter.

Meine Kehle wird trocken und mir rauscht das Blut in den Ohren. Die Frau, die gerade auf die Klingel drückt, dreht sich um, und ihr Mund klappt ein bisschen herunter, als sie mich sieht. Bronwyn erstarrt. Sie löst ihre Hand aus meiner, und ich gehe ohne sie weiter.

Es überrascht mich, wie ruhig meine Stimme klingt. »Was gibt's, Mom?«

18

BRONWYN
Montag,
15. Oktober,
16:10 Uhr

Ein paar Sekunden, nachdem Mrs Macauley sich umgedreht hat, biegt Maeve in die Einfahrt, aber ich stehe immer noch wie angewurzelt da und starre die Frau an, die ich für tot gehalten habe.

»Bronwyn?« Maeve lässt die Scheibe herunter und steckt den Kopf aus dem Wagen. »Kommst du? Mom und Robin sind schon vorgefahren. Dad versucht, sich von der Arbeit loszueisen, aber er hat eine Vorstandssitzung. Ich musste mir ganz schön was ausdenken, um zu erklären, warum du nicht ans Handy gegangen bist. Dir ist schlecht, okay?«

»Das trifft es ziemlich auf den Punkt«, murmle ich. Nate hat mir den Rücken zugekehrt. Seine Mutter redet auf ihn ein und sieht ihn dabei flehend an, aber ich kann nicht verstehen, was sie sagt.

Maeve folgt meinem Blick. »Wer ist das?«

»Erzähl ich dir im Wagen«, sage ich und reiße den Blick von Nate los. »Lass uns fahren.«

Ich steige in den Volvo, in dem Maeve wie immer die Heizung voll aufgedreht hat, weil ihr ständig kalt ist. Während sie auf diese vorsichtige Weise aus der Einfahrt setzt, die typisch ist für Leute, die gerade erst ihren Führerschein gemacht haben, plappert sie ohne Punkt und Komma drauflos, aber ich höre ihr nur mit halbem Ohr zu. »Mom tut so, als wäre sie völlig gefasst und hätte alles unter Kontrolle, aber in Wirklichkeit macht sie sich wahnsinnige Sorgen. Die Polizei hat sich wohl ziemlich bedeckt gehalten. Wir wissen noch nicht mal, ob sonst noch jemand da sein wird. Weißt du, ob sie Nate auch einbestellt haben?«

Ich versuche mich zusammenzureißen und auf sie zu konzentrieren. »Nein.« Zum ersten Mal bin ich froh, dass Maeve es im Wagen gern so heiß wie in einem Backofen hat, weil das die Kälte in Schach hält, die mir den Rücken hochkriecht. »Ihn hat niemand angerufen.«

Maeve bremst vor einem Stoppschild ruckartig ab und wirft mir einen Blick von der Seite zu. »Was ist los?«

Ich schließe die Augen und lehne den Kopf an die Nackenstütze. »Das war Nates Mutter.«

»Wer?«

»Die Frau, die eben bei Nate zu Hause vor der Tür stand. Das war seine Mutter.«

»Aber …« Maeve verstummt und konzentriert sich einen Moment darauf, den Blinker zu setzen und abzubiegen. Als es wieder geradeaus geht, sagt sie: »Aber sie ist tot.«

»Anscheinend nicht.«

»Ich … aber das ist …«, stottert Maeve, während ich weiter die Augen geschlossen halte. »Wie kann das sein? Wusste er nicht, dass sie noch lebt? Oder hat er die ganze Zeit gelogen?«

»Wir sind nicht dazu gekommen, darüber zu reden, wie das sein kann«, sage ich.

Aber genau das ist die Eine-Million-Dollar-Frage. Als ich vor drei Jahren hörte, dass seine Mutter bei einem Autounfall ums Leben kam, habe ich sehr mit ihm mitgefühlt, weil wir Moms Bruder auf dieselbe Weise verloren hatten. Ich habe ihn damals aber nicht darauf angesprochen, und als ich es in den letzten Wochen dann ein paarmal versucht habe, ist er immer ausgewichen und hat nur gesagt, dass er nichts mehr von ihr gehört hätte, seit sie damals ohne ihn nach Oregon gegangen wäre, bis er schließlich erfahren hätte, dass sie tot sei.

»Na ja, wer weiß«, sagt Maeve mit einem aufmunternden Unterton. »Vielleicht ist das eins von diesen Wundern, von denen man manchmal hört. Ein schreckliches Missverständnis, bei dem alle sie für tot hielten, dabei … hatte sie in Wirklichkeit ihr Gedächtnis verloren. Oder lag im Koma.«

»Klar«, schnaube ich. »Und vielleicht hat Nate einen bösen Zwillingsbruder, der hinter allem steckt. Weil das Leben ja eine einzige Telenovela ist.« Ich denke an Nates Gesichtsausdruck, bevor er auf sie zuging. Er wirkte nicht geschockt. Auch nicht froh. Er sah … gefasst aus. Als wäre eine Krankheit, vor der er sich gefürchtet hat, wieder ausgebrochen und ihm würde nichts anderes übrig bleiben, als irgendwie damit klarzukommen.

»Wir sind da.« Maeve zieht die Handbremse an. Ich öffne die Augen.

»Du stehst auf einem Behindertenparkplatz«, sage ich.

»Ich setze dich auch nur ab. Viel Glück.« Sie nimmt meine Hand und drückt sie. »Ich bin sicher, dass alles gut gehen wird.«

Nachdem ich der Frau hinter der Glasscheibe in der Eingangshalle meinen Namen genannt habe, beschreibt sie mir den Weg zu einem Konferenzraum am Ende des Flurs. Meine Mutter, meine Anwältin Robin Stafford und Detective Mendoza sitzen bereits an einem kleinen runden Tisch, als ich reinkomme. Von Addy und Cooper keine Spur, dafür hat

Detective Mendoza einen Laptop vor sich stehen, bei dessen Anblick ich noch eine Spur nervöser werde.

Mom sieht mich besorgt an. »Wie geht es deinem Magen, Liebes?«

»Nicht so gut«, sage ich wahrheitsgemäß, setze mich auf den Stuhl neben sie und lasse meinen Rucksack zu Boden fallen.

»Bronwyn fühlt sich heute nicht besonders«, erklärt meine Anwältin Detective Mendoza mit kühlem Blick. Sie trägt einen wie angegossen sitzenden dunkelblauen Hosenanzug und eine lange mehrreihige Kette. »Sie können das Gespräch genauso gut mit mir allein führen und ich werde Bronwyn und ihre Eltern bei Bedarf darüber informieren.«

Detective Mendoza tippt etwas in den Laptop. »Es wird nicht lange dauern. Meiner Meinung nach ist ein persönliches Gespräch immer besser. Bronwyn, wussten Sie, dass Simon neben *About That* noch eine begleitende Website mit ausführlicheren Posts betrieben hat?«

Mrs Stafford fährt dazwischen, bevor ich etwas sagen kann. »Ich werde nicht zulassen, dass Bronwyn auch nur eine einzige Frage beantwortet, bevor Sie uns nicht mitgeteilt haben, warum sie hier ist. Wenn Sie uns etwas zeigen oder sagen wollen, dann erklären Sie uns bitte zuerst, worum es geht.«

»In Ordnung.« Detective Mendoza dreht mir den Bildschirm des Laptops zu. »Einer Ihrer Mitschüler hat uns auf einen Post aufmerksam gemacht, der vor achtzehn Monaten online gestellt wurde. Kommt Ihnen das bekannt vor, Bronwyn?«

Meine Mutter rückt ihren Stuhl näher an mich heran, und Mrs Stafford beugt sich über meine Schulter. Noch während ich den Blick auf den Bildschirm richte, weiß ich, was ich gleich lesen werde. Wochenlang hatte ich Angst davor, dass dieser Moment kommen würde.

Es wäre also vielleicht besser gewesen, ich wäre von selbst damit herausgerückt. Aber jetzt ist es zu spät.

News Flash: LVs Jahresabschlussparty ist keine Wohltätigkeitsveranstaltung. Nur damit das klar ist. Wer etwas anderes dachte, ist lediglich damit entschuldigt, das allererste Mal daran teilgenommen zu haben, und ich muss zugeben, der Anteil von ahnungslosen Neuntklässlern war höher als je zuvor.

Stammleser (und wer keiner ist: was zur Hölle stimmt nicht mit euch?) wissen, dass ich stets versuche, mich den Frischlingen gegenüber in Nachsicht zu üben. Kinder sind unsere Zukunft … blablabla. Aber lasst mich ein bisschen Horizonterweiterung betreiben für einen – sich wahrscheinlich nicht lange bei uns haltenden – Neuzugang auf dem gesellschaftlichen Parkett: Ich spreche von MR, der nicht klar zu sein scheint, dass SC außerhalb ihrer Liga spielt.

Er hat nichts übrig für kleine Mädchen. Hör auf, ihm hinterherzulaufen. Das ist erbärmlich.

Und, Leute: Kommt mir bloß nicht mit diesem »Das arme kleine Ding hatte Krebs«-Mist an. Sie ist geheilt. Zeit für M, wie alle anderen endlich erwachsen zu werden und ein paar grundlegende Regeln zu lernen:

1. Basketballspieler mit Cheerleader-Freundinnen sind NICHT VERFÜGBAR. Ich sollte das nicht erklären müssen, aber offensichtlich muss ich es doch.
2. Zwei Bier sind definitiv zu viel für ein Fliegengewicht, weil es nämlich zu Folgendem führt:

3. dass man den peinlichsten Tabledance aufführt, den die Menschheit je gesehen hat. Im Ernst, M. Tu das nie wieder.
4. dass man in die Waschmaschine des Gastgebers kotzt. Was wirklich ganz schlechtes Benehmen ist.

Für die Zukunft rate ich zu einer Ausweiskontrolle an der Tür, okay, LV? Im ersten Moment ist so was ja vielleicht noch ganz witzig, aber dann einfach nur noch traurig.

Ich bleibe ruhig sitzen und versuche, keinerlei Regung zu zeigen. Es fühlt sich an, als hätte ich diesen Post erst gestern gelesen, und ich erinnere mich noch genau, wie Maeve – die nach ihrer ersten richtigen Party und ihrer ersten Schwärmerei für einen Jungen ganz aufgeregt gewesen war, auch wenn nichts davon sich so entwickelt hatte, wie sie es sich gewünscht hätte – völlig in sich zusammenschrumpfte, nachdem sie Simons Post gelesen hatte, und verkündete, nie wieder auf irgendeine Party zu gehen. Ich erinnere mich an die ohnmächtige Wut, die ich darüber empfunden hatte, mit welcher Beiläufigkeit Simon anderen wehtat, einfach nur, weil er es konnte. Weil er ein begieriges Publikum hatte, das förmlich danach lechzte.

Und ich habe ihn dafür gehasst.

Ich schaffe es nicht, meine Mutter anzuschauen, die von alldem keine Ahnung hatte, weshalb ich meinen Blick stattdessen auf Robin Stafford richte. Falls sie überrascht oder besorgt ist, lässt sie sich nichts anmerken. »In Ordnung. Ich habe es gelesen.« Sie sieht Detective Mendoza an. »Dann erzählen Sie mir mal, was daran so von Bedeutung für Sie ist, Rick.«

»Das würde ich gern von Bronwyn hören.«

»Nein.« Robins Stimme klingt wie der Hieb einer Samtpeitsche, sanft, aber unerbittlich. »Erklären Sie uns, warum wir hier sind.«

»In diesem Post scheint es um Bronwyns Schwester Maeve zu gehen.«

»Und was veranlasst Sie zu dieser Annahme?«, fragt Robin.

Meine Mutter stößt ein ungläubiges Lachen aus, sodass ich sie schließlich doch ansehe. Ihr Gesicht ist gerötet, in ihren Augen glitzern Tränen, und als sie zu sprechen beginnt, zittert ihre Stimme. »Ist das Ihr Ernst, Detective? Sie bestellen uns eigens hierher, um uns diesen grauenhaften Text zu zeigen, der von einem Jungen geschrieben wurde, der ganz offensichtlich massive psychische Probleme hatte – und wozu das alles? Was genau versuchen Sie, damit zu bezwecken?«

Detective Mendoza beugt den Kopf in ihre Richtung. »Ich kann mir vorstellen, wie schmerzhaft es sein muss, so etwas zu lesen, Mrs Rojas. Aber die Initialen und die Erwähnung der Krebserkrankung lassen keinen Zweifel daran, dass Simon über Ihre jüngere Tochter geschrieben hat. Es gibt keine derzeitige oder ehemalige Schülerin der Bayview High, auf die diese Beschreibung passt.« Er dreht sich zu mir. »Das muss sehr demütigend für Ihre Schwester gewesen sein, Bronwyn. Und nach dem, was uns die anderen Schüler erzählt haben, ist sie seitdem nie wieder auf einer Party oder ähnlichen Veranstaltung gewesen. Haben Sie Simon deswegen gehasst?«

Meine Mutter öffnet den Mund, um etwas zu sagen, aber Robin legt ihr eine Hand auf den Arm und hält sie davon ab. »Bronwyn wird sich nicht dazu äußern.«

Detective Mendozas Augen beginnen zu leuchten, und er sieht aus, als könnte er sich nur mit Mühe ein Lächeln verkneifen. »Oh, aber das hat sie bereits. Simon hat die Seite zwar vor über einem Jahr vom Netz genommen, aber sämtliche Posts und Kommentare gespeichert.« Er zieht den Laptop wieder zu sich heran, drückt ein paar Tasten und dreht ihn uns dann erneut zu. »Man musste seine E-Mail-Adresse angeben, um einen Kommentar zu hinterlassen. Das hier ist Ihre, nicht wahr, Bronwyn?«

»Jeder hätte dort die E-Mail-Adresse einer anderen Person angeben können«, sagt Robin schnell, bevor sie sich wieder über meine Schulter beugt und liest, was ich am Ende des zehnten Schuljahrs geschrieben habe.

Verrecke und fahr zur Hölle, Simon.

ADDY
Montag,
15. Oktober,
16:15 Uhr

Den Weg von mir zu Jake kann man mit dem Rad eigentlich ziemlich entspannt zurücklegen, nur als ich auf die Clarendon Street abbiege, muss ich die stark befahrene Kreuzung ohne die Hilfe eines Radwegs überqueren. Anfangs bin ich immer auf die Gehwege ausgewichen, wenn ich über eine verkehrsreiche Straße musste, aber mittlerweile flitze ich schon wie ein Profi zwischen den drei Fahrspuren hindurch.

In Jakes Einfahrt angekommen, steige ich ab, schiebe mit dem Fuß den Ständer runter, ziehe den Helm aus und hänge ihn an den Lenker. Während ich auf das Haus zugehe, streiche ich mir durch die Haare, auch wenn das nichts bringt. Ich habe mich an den Schnitt gewöhnt und manchmal mag ich ihn sogar, aber es ist unmöglich, meine Haare über Nacht fünfundvierzig Zentimeter wachsen zu lassen, und es gibt nichts, was ich tun kann, damit sie in Jakes Augen besser aussehen.

Unsicherheit steigt in mir hoch, als ich klingle und einen Schritt zurücktrete. Ich habe keine Ahnung, warum ich überhaupt hergekommen bin oder was ich mir davon erhoffe.

Jake sieht aus wie immer, als er mir einen Moment später die Tür aufmacht – zerzauste Haare, blitzende blaue Augen, ein wie maßgeschneidert sitzendes T-Shirt, das seine vom Footballtraining definierten Arme perfekt zur Geltung bringt. »Hey. Komm rein.«

Automatisch gehe ich in Richtung der Tür, die nach unten führt, aber er bedeutet mir, ihm ins Wohnzimmer zu folgen, in dem ich in den drei Jahren, in denen Jake und ich zusammen waren, insgesamt vielleicht maximal eine Stunde verbracht habe. Ich setze mich auf das Ledersofa, das unangenehm an meinen verschwitzten Beinen klebt, und frage mich, wie irgendjemand Ledermöbel für eine gute Idee halten kann.

Jake, der sich mir gegenüber in einen Sessel setzt, presst den Mund zu einer so dünnen Linie zusammen, dass mir spätestens jetzt klar ist, dass das hier kein Versöhnungsgespräch wird. Aber die niederschmetternde Enttäuschung, mit der ich gerechnet habe, bleibt aus.

»Du fährst jetzt also Fahrrad?«, fragt er.

Warum er von all den Themen, über die wir sprechen könnten, ausgerechnet damit anfängt, weiß ich nicht. »Ich hab kein Auto«, erinnere ich ihn. *Und früher hast du mich immer überall hingefahren.*

Er beugt sich vor und stützt die Ellbogen auf die Knie – die Geste ist so vertraut, dass ich fast damit rechne, dass er gleich anfängt, von der Football-Saison zu erzählen, so wie er es vor einem Monat noch getan hätte. »Wie laufen die Ermittlungen? Cooper erzählt gar nichts mehr. Stimmt es, dass ihr immer noch alle unter Verdacht steht?«

Ich will nicht über die Ermittlungen reden. Die Polizei hat mich letzte Woche mehrmals befragt und immer neue Möglichkeiten gefunden, mich zu den verschwundenen EpiPens im Krankenzimmer auszuquetschen. Mein Anwalt sagt, diese sich ständig wiederholenden Fragen würden lediglich bedeuten, dass sie mit ihren Ermittlungen auf der Stelle treten, nicht dass ich ihre Hauptverdächtige bin. Aber das geht Jake nichts an, also erfinde ich eine alberne Geschichte darüber, wie wir vier staunend beobachtet hätten, dass Detective Wheeler während einer Vernehmung klischeemäßig einen ganzen Teller voller Donuts verschlungen hat.

Als ich fertig bin, verdreht Jake die Augen. »Sie kommen also nicht weiter.«

»Bronwyns Schwester ist der Meinung, dass sie sich Simon mal genauer anschauen sollten«, antworte ich.

»Warum Simon? Er ist tot, Herrgott noch mal.«

»Weil die Polizei dabei auf Verdächtige stoßen könnte, die sie bis jetzt noch nicht auf dem Schirm hatten. Leute, die einen Grund dafür gehabt haben könnten, Simon aus dem Weg zu räumen.«

Jake seufzt genervt und schwingt einen Arm über die Lehne seines Sessels. »Dann soll also jetzt dem Opfer die Schuld in die Schuhe geschoben werden? Ganz toll! Simon ist nicht für das verantwortlich, was mit ihm passiert ist. Hätten die Leute nicht immer wieder hintenherum irgendwelche miesen Sachen abgezogen, hätte es *About That* nie gegeben.« Er sieht mich mit schmalen Augen an. »Das solltest du selbst am besten wissen.«

»Das ändert nichts an der Tatsache, dass Simon kein besonders netter Mensch war«, halte ich zu meiner eigenen Überraschung trotzig dagegen. »Mit dem, was er auf *About That* geschrieben hat, hat er viele Leute verletzt. Ich verstehe nicht, warum er so lange damit weitergemacht hat. Hat es ihm vielleicht gefallen, dass die Leute Angst vor ihm hatten? Ich meine, du kanntest ihn schon, als ihr klein wart, oder? War er schon immer so? Hast du deswegen irgendwann aufgehört, mit ihm befreundet zu sein?«

»Ist das Bronwyns Einfluss, dass du jetzt die Privatdetektivin spielst?«

Macht er sich gerade über mich *lustig*? »Uns ist es eben wichtig, die Wahrheit herauszufinden. Und Simon spielt zur Zeit nun mal eine ziemlich zentrale Rolle in meinem Leben.«

Er schnaubt. »Ich hab dich nicht hierher eingeladen, damit du dich mit mir streitest.«

Ich sehe ihn an und suche in seinem Gesicht nach irgendetwas Vertrautem. »Ich streite nicht mit dir. Wir führen eine Unterhaltung.« Aber noch während ich es sage, versuche ich mich daran zu erinnern, wann ich das letzte Mal mit Jake gesprochen und ihm nicht zu hundert Prozent in allem, was er sagte, zugestimmt habe. Mir fällt keine Gelegenheit ein. Ich spiele an meinem Ohrring herum, bis fast der Verschluss abgeht, und stecke ihn dann wieder fest. Meine neue nervöse Angewohnheit, seit meine Haare zu kurz sind, um sie mir um den Finger zu wickeln. »Und warum *hast* du mich dann gefragt, ob ich vorbeikomme?«

Er schiebt das Kinn vor und wendet den Blick von mir ab. »Wahrscheinlich aus dem alten Reflex heraus, mir Sorgen um dich zu machen. Außerdem hab ich ein Recht zu erfahren, was los ist. Ständig rufen irgendwelche Reporter bei mir an und ich hab langsam die Nase voll davon.«

Er klingt, als würde er darauf warten, dass ich mich entschuldige. Aber das habe ich schon zur Genüge getan. »Geht mir genauso«, sage ich, und als er nichts erwidert und das Schweigen anhält, bin ich mir überdeutlich des lauten Tickens der Uhr über dem Kamin bewusst. Ich zähle stumm die Sekunden mit, und als ich bei dreiundsechzig angekommen bin, frage ich: »Wirst du es jemals schaffen, mir zu verzeihen?«

Ich weiß noch nicht einmal mehr so genau, was für eine Art der Vergebung ich mir wünsche. Es ist nur schwer vorstellbar, dass ich je wieder Jakes Freundin sein könnte. Aber es wäre schön, wenn er irgendwann aufhören würde, mich zu hassen.

Seine Nasenflügel blähen sich und er zieht verbittert die Mundwinkel nach unten. »Wie sollte ich das jemals können? Du hast mich betrogen und belogen, Addy. Du bist nicht der Mensch, für den ich dich gehalten habe.«

Allmählich komme ich zu dem Schluss, dass das etwas Gutes ist. »Ich werde nicht versuchen, mich rauszureden, Jake. Ich hab riesigen Mist gebaut und es vermasselt, aber nicht, weil du mir egal warst. Irgendwie hatte ich schon immer das Gefühl, deiner nicht würdig zu sein. Und genau das habe ich mir und dir am Ende dann wohl auch bewiesen.«

Sein kalter Blick bleibt fest. »Zieh nicht die Arme-Sünderin-Nummer ab, Addy. Du hast gewusst, was du tust.«

»Okay.« Und in diesem Moment erinnere ich mich an die Erkenntnis, die ich hatte, als Detective Wheeler mich das erste Mal befragt hat: *Ich muss nicht mit ihm reden.* Jake verschafft es vielleicht irgendeine Art von Genugtuung, am Schorf unserer Beziehung herumzukratzen, aber mir nicht. Als ich aufstehe, löst sich meine Haut mit einem leisen schmatzenden Geräusch vom Leder. Wahrscheinlich habe ich zwei feuchte Schenkelabdrücke auf der Sitzfläche hinterlassen. Ekelhaft, aber wen interessiert das jetzt noch. »Tja, dann … man sieht sich.«

Ohne eine Reaktion abzuwarten, verlasse ich das Haus, gehe zu meinem Rad, stülpe mir den Helm über und fege aus Jakes Einfahrt. Sobald mein Puls einen regelmäßigen Rhythmus gefunden hat, muss ich daran denken, wie mein Herz mir fast aus der Brust gesprungen wäre, als ich Jake meinen Fehltritt gebeichtet habe. Noch nie in meinem Leben habe ich mich so in die Enge getrieben gefühlt. Als ich gerade eben bei ihm im Wohnzimmer saß und darauf wartete, dass er mir noch einmal zu verstehen gibt, dass ich nicht gut genug bin, dachte ich, ich würde dasselbe empfinden.

Aber das habe ich nicht und tue es auch jetzt nicht. Stattdessen fühle ich mich zum ersten Mal seit Langem wirklich frei.

COOPER
Montag,
15. Oktober,
16:20 Uhr

Mein Leben gehört nicht mehr mir selbst. Es ist von einem Medienzirkus übernommen worden. Zwar stehen die Reporter nicht mehr täglich bei uns vor der Tür, aber es kommt immer noch so häufig vor, dass ich auf dem Weg nach Hause jedes Mal Magenschmerzen habe.

Ich versuche nur dann online zu gehen, wenn es sein muss. Früher hab ich davon geträumt, dass mein Name einmal ganz oben steht, wenn man ihn bei Google eingibt, aber dafür, bei den World Series einen No-Hitter geworfen zu haben – nicht weil ich verdächtigt werde, einen Typen mit Erdnussöl umgebracht zu haben.

Alle raten mir, *einfach in Deckung zu gehen.* Ich habe es versucht, aber wenn man von allen Seiten unter die Lupe genommen wird, bleibt niemandem mehr etwas über einen verborgen. Letzten Freitag kam ich zur selben Zeit am Schulparkplatz an wie Addy und ihre Schwester und wir stiegen gleichzeitig aus. Wir hatten beide Sonnenbrillen auf – ein ziemlich sinnloser Tarnungsversuch – und begrüßten uns mit dem üblichen angespannten Kann-immer-noch-nicht-glauben-dass-das-alles-tatsächlich-passiert-Lächeln. Auf dem Weg zum Schulgebäude sahen wir, wie Nate zu Bronwyns Wagen rüberging und ihr übertrieben höflich die Tür aufmachte. Die beiden grinsten sich so merkwürdig vertraut an, dass Addy und ich uns hinter unseren Sonnenbrillen unwillkürlich einen Blick zuwarfen. Am Ende steuerten wir vier dann in einer fast geschlossenen Linie auf den Hintereingang zu.

Die Szene dauerte noch nicht mal eine Minute, aber das reichte einem unserer Mitschüler, um sie mit dem Handy aufzunehmen. Das Video wurde noch am selben Abend auf der Promi-Website TMZ gepostet. Sie spielten es in Zeitlupe ab und unterlegten es mit dem Song »Kids« von MGMT, als wären wir irgendein hipper Highschool-Mörderclub, ohne eine einzige Sorge auf der Welt. Das Video ging innerhalb eines einzigen Tages viral.

Das ist vielleicht das Seltsamste an der ganzen Sache. Viele Leute hassen uns und wollen uns hinter Gittern sehen, aber es gibt genauso viele – wenn nicht sogar mehr –, die uns lieben. Ich habe auf einmal eine eigene Facebook-Fanseite mit über fünfzigtausend Likes. Laut meinem Bruder hauptsächlich von Mädchen.

Zwischendurch ebbt die Aufmerksamkeit etwas ab, aber sie verschwindet nie ganz. Als ich vorhin aus dem Haus ging, um mich mit Luis im Fitnessstudio zu treffen, dachte ich, ich würde heute mal meine Ruhe haben, aber gerade bin ich dort angekommen und sehe prompt eine hübsche dunkelhaarige

Frau mit jeder Menge Make-up im Gesicht winkend auf mich zulaufen. Da ich diesen Typ Frau mittlerweile kenne, weiß ich sofort, dass ich mal wieder verfolgt worden bin.

»Cooper, haben Sie ein paar Minuten für mich? Liz Rosen von Channel Seven News. Ich würde wahnsinnig gern Ihre Sicht auf die Dinge hören. Es gibt eine Menge Menschen, die Ihnen die Daumen drücken!«

Ich gehe wortlos an ihr vorbei und schlüpfe durch den Eingang des Fitnessstudios. Sofort hängt sie sich mir mit ihrem Kameramann und klackernden High Heels an die Fersen, wird aber von dem Mitarbeiter an der Anmeldung aufgehalten. Ich komme schon seit Jahren hierher und bin froh, dass sie ziemlich cool mit dieser ganzen Sache umgehen. Während er ihr zu verstehen gibt, dass sie nicht einfach so mit sofortiger Wirkung Mitglied werden kann, verschwinde ich den Flur hinunter.

Luis und ich machen eine Weile Bankdrücken, aber ich bin nicht bei der Sache, weil ich ständig daran denken muss, was mich draußen erwarten wird, wenn wir hier fertig sind. Wir verlieren kein Wort darüber, aber als wir nach dem Training zur Umkleidekabine gehen, sagt er: »Gib mir deine Klamotten und deine Autoschlüssel.«

»Was?«

»Ich verkleide mich als dich und marschiere mit deiner Kappe und deiner Sonnenbrille hier raus. Niemand wird den Unterschied merken. Nimm meinen Wagen und verschwinde von hier. Fahr nach Hause oder sonst wohin. Die Autos können wir dann morgen in der Schule wieder tauschen.«

Ich bin mir ziemlich sicher, dass das nicht funktionieren wird. Er ist ein ganz anderer Typ als ich, mit dunklen Haaren und dunklem Teint. Andererseits … mit einem Langarmshirt und einer Kappe fällt das vielleicht wirklich nicht auf. Es ist zumindest einen Versuch wert.

Also warte ich in der Eingangshalle, während Luis in meinen Klamotten in das Blitzlicht der Kameras tritt. Er hat sich meine Baseballkappe tief in die Stirn gezogen und schirmt mit einer Hand sein Gesicht ab, als er in meinen Jeep steigt. Kaum ist er vom Parkplatz gefahren, nehmen mehrere Übertragungswagen seine Verfolgung auf.

Ich warte noch ein paar Sekunden, dann setze ich mir Luis' Mütze und Sonnenbrille auf, laufe zu seinem Honda rüber und werfe meine Sporttasche auf den Beifahrersitz. Es braucht ein paar Anläufe, bis ich es geschafft habe, den Motor zu starten, aber dann gebe ich Gas und fahre durch kleinere Seitenstraßen zum Highway Richtung San Diego. Dort angekommen kurve ich erst mal eine halbe Stunde lang im Kreis herum, bis ich mir sicher bin, dass mir wirklich niemand gefolgt ist, und mache mich schließlich auf den Weg ins North-Park-Viertel, wo ich vor einem alten Fabrikgelände halte, das letztes Jahr zu einem Gebäudekomplex mit Eigentumswohnungen umgebaut wurde.

Die Gegend ist ziemlich hip, mit vielen angesagten Läden und Restaurants. Ein hübsches Mädchen in einem Blumenkleid krümmt sich vor Lachen über irgendeine witzige Bemerkung des Typen, mit dem sie unterwegs ist. Sie hält sich an seinem Arm fest, als die beiden, ohne in meine Richtung zu schauen, an Luis' Wagen vorbeikommen, und auf einmal überfällt mich das niederschmetternde Gefühl, etwas Unwiederbringliches verloren zu haben. Vor ein paar Wochen war ich noch wie die beiden und jetzt bin ich … es nicht mehr.

Ich hätte nicht hierherkommen dürfen. Was wenn mich jemand erkennt?

Ich hole einen Schlüssel aus meiner Sporttasche und warte, bis sich zwischen den über den Gehweg strömenden Leuten eine kleine Lücke auftut. Dann steige ich aus Luis' Wagen und sprinte zum Eingang. Im Aufzug drücke ich den Knopf für das oberste Stockwerk und seufze erleichtert auf, als auf dem Weg nach oben niemand mehr zusteigt. Vollkommene Stille hallt von den Wänden des Hausflurs wider; die Hipster, die hier leben, scheinen den Nachmittag alle woanders zu verbringen.

Mit einer Ausnahme, hoffe ich.

Als ich klopfe, rechne ich nur halb damit, dass aufgemacht wird. Ich habe nicht Bescheid gegeben, dass ich vorbeikomme. Aber ein paar Sekunden später geht die Tür auf und ich schaue in ein Paar überraschte grüne Augen.

»*Hey.*« Kris tritt zur Seite, um mich reinzulassen. »Was machst du denn hier?«

»Ich hab's zu Hause nicht mehr ausgehalten.« Ich schließe die Tür hinter uns, ziehe die Mütze und die Sonnenbrille ab und schmeiße beides auf das Tischchen im Flur. Ich komme mir albern vor, wie ein Kind, das dabei ertappt wurde, wie es James Bond spielt. Nur dass ich tatsächlich verfolgt werde. »Außerdem dachte ich, dass wir endlich mal über die ganze Sache mit Simon reden sollten, oder?«

»Später.« Kris zögert nur den Bruchteil einer Sekunde, dann beugt er sich vor, zieht mich an sich und presst die Lippen auf meine. Ich schließe die Augen und die Welt um mich herum rückt in den Hintergrund, wie sie es immer tut, wenn ich die Hände in seinen Haaren vergrabe und ihn küsse.

DRITTER TEIL

WAHRHEIT ODER PFLICHT

19

NATE
Montag,
15. Oktober,
16:30 Uhr

Meine Mutter ist oben und versucht sich mit meinem Vater zu unterhalten.

Viel Glück dabei.

Ich sitze mit dem Handy im Wohnzimmer auf der Couch und frage mich, was ich Bronwyn schreiben soll, damit sie mich nicht hasst. *Sorry, dass ich dich angelogen und im Glauben gelassen habe, meine Mom wäre tot*, würde wahrscheinlich eher nicht so viel bringen.

Es ist nicht so, als hätte ich ihr den Tod gewünscht. Ich bin einfach davon ausgegangen, dass sie nicht lange leben wird oder vielleicht sogar schon tot ist. Es war einfacher so, als die Wahrheit zu sagen – oder zu denken: *Sie ist eine Kokserin, die nach Oregon in irgendeine Kommune geflüchtet ist und sich seitdem nicht mehr bei mir gemeldet hat.* Also habe ich gelogen, wenn ich nach meiner Mutter gefragt wurde. Und als mir irgendwann klar wurde, dass das ziemlich krank war, war es schon zu spät, um es wieder zurückzunehmen.

Es hat sowieso nie jemanden groß interessiert. Den meisten Leuten, die ich kenne, ist es ziemlich egal, was ich sage oder tue, solange ich den Drogennachschub sichere. Außer Officer Lopez und jetzt Bronwyn.

Ich habe ein paarmal spätnachts, wenn wir telefoniert haben, mit dem Gedanken gespielt, es ihr zu sagen. Aber ich wusste einfach nicht, wie ich ihr das alles erklären soll. Ich weiß es immer noch nicht.

Seufzend lege ich das Handy wieder weg.

Die Stufen knarzen, als meine Mutter runterkommt und sich die Hände an ihrer Hose abwischt. »Dein Vater ist gerade nicht in der Verfassung, sich zu unterhalten.«

»Na so was«, murmle ich.

Sie sieht älter und gleichzeitig jünger aus als früher. Ihre Haare sind ziemlich grau geworden und sie trägt sie jetzt kürzer, aber ihr Gesicht ist nicht mehr so ausgezehrt, und sie hat zugenommen, was wohl etwas Gutes ist. Zumindest bedeutet es, dass sie isst. Sie geht zu Stans Terrarium, schaut rein und dreht sich dann mit einem kleinen nervösen Lächeln zu mir um. »Schön, dass Stan immer noch da ist.«

»Hier hat sich nicht viel verändert, seit wir dich das letzte Mal gesehen haben.« Ich lege die Füße auf den Couchtisch. »Dieselbe gelangweilte Echse, derselbe versoffene Vater, dasselbe marode Haus. Außer dass zurzeit wegen Mordes gegen mich ermittelt wird. Vielleicht hast du davon gehört?«

»Ach, Nathaniel.« Meine Mutter setzt sich in den Sessel und verschränkt die Hände im Schoß. Mir fällt auf, dass sie anscheinend immer noch an den Nägeln kaut. »Ich … ich weiß gar nicht, wo ich anfangen soll. Ich bin jetzt seit fast drei Monaten clean und in dieser Zeit ist keine Sekunde vergangen, in der ich mich nicht bei dir melden wollte. Aber ich hatte so eine Angst, dass ich noch nicht stark genug bin und dich wieder enttäuschen würde. Dann habe ich die Nachrichten gesehen. Ich bin schon ein paarmal hier gewesen in den letzten Tagen, aber du warst nie zu Hause.«

Ich deute auf die Wände, von denen der Putz abblättert, und die absackende Decke. »Wärst du's?«

Ihr Gesicht fällt in sich zusammen. »Es tut mir leid, Nathaniel. Ich … ich hatte gehofft, dass dein Vater sich berappeln würde.«

Du hast es gehofft. *Toller Ansatz, seiner elterlichen Fürsorge nachzukommen.* »Zumindest ist er nicht abgehauen.« Das ist ein Schlag unter die Gürtellinie und bedeutet nicht, dass ich froh darüber bin, weil der Kerl so gut wie keinen Finger für irgendwas rührt, aber ich habe trotzdem das Gefühl, das Recht dazu zu haben, so was zu sagen.

Meine Mutter nickt nervös und knackt mit den Fingerknöcheln. Gott, diese nervige Angewohnheit von ihr hatte ich ganz vergessen. »Ich weiß. Es steht mir nicht zu, ihn zu kritisieren. Ich erwarte nicht, dass du mir verzeihst. Oder glaubst, dass du etwas Besseres von mir zu erwarten hast, als was du gewohnt bist. Aber ich habe endlich Medikamente gefunden, die anschlagen und mich vor Nervosität nicht krank machen. Das ist der einzige Grund, warum ich die Therapie diesmal durchziehen konnte. Ich habe in Oregon ein ganzes Ärzteteam, das mir geholfen hat, clean zu bleiben.«

»Muss schön sein. Ein Team zu haben, das sich um einen kümmert.«

»Das ist mehr, als ich verdient habe, ich weiß.« Ihr gesenkter Blick und unterwürfiger Tonfall machen mich aggressiv. Aber ich bin mir ziemlich sicher, dass mich gerade alles zur Weißglut treiben würde, was sie sagen oder tun könnte.

Ich stehe auf. »War echt nett, aber ich hab noch einen Termin. Du findest allein raus, oder? Es sei denn, du willst noch ein bisschen mit Dad abhängen. Manchmal wacht er so gegen zehn auf.«

Oh verflucht. Jetzt weint sie auch noch. »Es tut mir leid, Nathaniel. Du hast so viel bessere Eltern als uns beide verdient. Mein Gott, schau dich nur an – ich kann nicht glauben, was für ein hübscher junger Mann du geworden bist. Und du bist klüger, als dein Vater und deine Mutter zusammen. Warst du schon immer. Du solltest in einem dieser großen Häuser in den Bayview Hills leben und dich nicht allein um diese Bruchbude kümmern müssen.«

»Schon gut, Mom. War nett, dich zu sehen. Kannst mir ja ab und zu eine Postkarte aus Oregon schicken.«

»Nathaniel, bitte.« Sie steht auf und berührt mich kurz am Arm. Ihre Hände sehen zwanzig Jahre älter aus als der Rest von ihr – weich und faltig, mit braunen Flecken und Narben übersät. »Ich möchte etwas tun, um dir zu helfen. Egal was. Ich wohne im Motel Six auf der Bay Road. Darf ich dich morgen Abend zum Essen einladen? Sobald du ein bisschen Zeit hattest, das alles zu verarbeiten?«

Das alles zu verarbeiten. Was ist das für eine Reha-Therapie-Scheiße, die sie da von sich gibt? »Weiß nicht. Lass eine Nummer da, ich ruf dich an. Vielleicht.« Ich gehe zur Tür.

»Okay.« Sie nickt wieder wie ein eifriges kleines Hündchen, und ich weiß, dass ich ausrasten werde, wenn ich nicht bald von ihr wegkomme. »Das Mädchen vorhin, Nathaniel … ist das Bronwyn Rojas gewesen?«

»Ja«, sage ich. »Warum?«

Sie lächelt. »Nur weil … Na ja, wenn du mit ihr zusammen bist, dann haben wir vielleicht nicht alles falsch gemacht.«

»Ich bin *nicht* mit Bronwyn zusammen. Wir sind beide Verdächtige in einem Mordfall, schon vergessen?«, sage ich, gehe raus und knalle die Tür hinter mir zu. Womit ich mir selbst keinen Gefallen tue, weil ich derjenige bin, der sie reparieren muss, falls sie mal wieder aus den Angeln springt.

Als ich draußen stehe, weiß ich nicht, wohin ich soll. Ich

setze mich aufs Motorrad und fahre zuerst in Richtung San Diego, überlege es mir dann aber wieder anders und steuere auf die I-15 North zu. Auf dem Highway fahre ich einfach immer weiter, bis ich eine Stunde später anhalten muss, um zu tanken. Währenddessen hole ich mein Handy raus und checke meine Nachrichten. Nichts. Ich sollte Bronwyn anrufen, fragen, wie es bei der Polizei gelaufen ist. Aber es wird schon alles gut gegangen sein. Sie hat eine teure Anwältin und Eltern, die wie Wachhunde zwischen ihr und den Leuten stehen, die ihr zu schaden versuchen. Und was könnte ich ihr schon sagen?

Ich stecke das Handy wieder weg.

Nachdem ich fast drei Stunden lang ziellos herumgefahren bin, lande ich auf einer der breiten, mit struppigen Büschen übersäten Landstraßen, die mitten durch die Mojave-Wüste führen. Obwohl es schon ziemlich spät ist, ist es hier immer noch ganz schön heiß. Ich halte an, um meine Jacke auszuziehen, und fahre danach noch ein bisschen näher an den Joshua Tree Nationalpark heran. Als ich neun war, sind meine Eltern mal zum Zelten mit mir hier rausgefahren. Das war der einzige Urlaub, den wir je zusammen verbracht haben. Ich hab die ganze Zeit darauf gewartet, dass irgendetwas Schlimmes passiert: dass unsere alte Schrottkarre den Geist aufgibt, dass meine Mutter anfängt, wegen irgendwas zu schreien und zu weinen, oder dass mein Vater aufhört zu reden, wie er es immer getan hat, wenn wir ihm zu viel wurden.

Aber alles lief fast normal ab. Klar, die beiden waren natürlich angespannt miteinander, aber sie fingen nicht ständig an, sich zu streiten. Meine Mutter war gut drauf, vielleicht lag das an diesen kurzen, knorrigen Bäumen, die hier überall herumstehen und sie total begeisterten. »In den ersten sieben

Jahren seines Lebens ist der Josuah Tree nichts als ein kleiner Pflanzenstiel«, erzählte sie mir damals auf einer Wanderung. »Es dauert Jahre, bis er Zweige austreibt und zum ersten Mal blüht. Und sobald ein Zweig geblüht hat, hört er auf zu wachsen, weshalb zwischen den ganzen toten Trieben immer wieder neues Wachstum entsteht.«

Daran habe ich früher manchmal gedacht, wenn ich mich gefragt habe, wie viel von ihr schon tot ist.

Es ist nach Mitternacht, als ich wieder in Bayview ankomme. Eigentlich wollte ich die ganze Nacht auf der I-15 weiterfahren, so lange, bis ich vor Erschöpfung umgefallen wäre. Sollen meine Eltern doch ihre beschissene Wiedervereinigung – oder wie auch immer man es nennen soll – feiern. Soll die Polizei doch nach mir suchen, wenn sie was von mir will. Aber das wäre das gewesen, was meine Mutter getan hätte. Abhauen. Also bin ich zurückgefahren, hab meine Handys gecheckt und bin der Einladung gefolgt, die in der einzigen eingegangenen Nachricht stand: Party bei Chad Posner.

Als ich dort ankomme, ist Posner nirgends zu sehen. Ich hole mir ein Bier aus dem Kühlschrank und bleibe in der Küche stehen, wo sich zwei Mädchen über irgendeine Serie unterhalten, von der ich noch nie was gehört habe. Die Handlung klingt sterbenslangweilig und kann mich weder vom plötzlichen Wiederauftauchen meiner Mutter ablenken noch von Bronwyns Termin bei der Polizei.

Auf einmal fängt eines der Mädchen an zu kichern. »Ich kenn dich«, sagt sie und stupst mich in die Seite. Sie kichert noch lauter und streicht mir über den Bauch. »Du bist doch einer von den vier Schülern, die diesen Typen umgebracht haben sollen, stimmt's? Ich hab dich bei *Mikhail Powers Investi-*

gates gesehen.« Sie ist angetrunken und schwankt leicht. Genau der Typ Mädchen, den ich auf Posners Partys schon zuhauf getroffen hab: hübsch auf eine Art, an die man sich nicht erinnert.

»Oh mein Gott, Mallory«, stöhnt ihre Freundin. »Das ist voll unhöflich.«

»Du verwechselst mich«, sage ich. »Ich sehe ihm bloß ähnlich.«

»Lügner.« Mallory fummelt weiter an mir herum und ich trete einen Schritt zurück. »Aber ich glaub sowieso nicht, dass du's warst. Brianna auch nicht. Ist doch so, Bri, oder?« Ihre Freundin nickt. »Wir glauben, dass es das Mädchen mit der Brille war. Diese eingebildete Schlampe, die sich für was Besseres hält.«

Mein Griff um die Bierflasche wird fester. »Ich hab dir doch gesagt, dass du mich verwechselst. Also lass gut sein.«

»Tut mir leid«, nuschelt Mallory. Sie legt den Kopf schräg und schüttelt sich den Pony aus den Augen. »Ist doch kein Grund, sauer zu sein. Ich hab auch was, was dich garantiert aufmuntert.« Sie schiebt eine Hand in ihre Tasche und holt ein zerknülltes Päckchen heraus, das mit kleinen quadratischen Pillen gefüllt ist. »Lust, mit uns nach oben zu verschwinden und ein bisschen zu fliegen?«

Ich zögere. Ich würde fast alles tun, um nicht mehr denken zu müssen. So sind die Macauleys nun mal. Glauben doch sowieso schon alle, dass ich genauso bin.

Fast alle. »Kann nicht«, sage ich, hole mein Handy raus und fange an, mich durch die Menge Richtung Tür zu schieben. Es klingelt, noch bevor ich draußen angekommen bin. Das Display zeigt Bronwyns Nummer an, was ich eigentlich schon vorher wusste, weil sie die Einzige ist, die mich auf diesem Handy anruft, trotzdem bin ich unendlich erleichtert. Als wäre mir eiskalt gewesen und jemand hätte endlich eine Decke um mich gewickelt.

»Hey«, sagt Bronwyn, als ich drangehe. Ihre Stimme klingt, als käme sie von weit weg. »Können wir reden?«

BRONWYN
Dienstag, 16. Oktober, 00:30 Uhr

Nate kommt gleich und ich muss ihn irgendwie heimlich ins Haus schleusen, was mich ziemlich nervös macht. Meine Eltern sind sowieso schon sauer auf mich, weil ich ihnen nie etwas von dem Post auf Simons Website erzählt habe. Nachdem wir auf der Polizei gesagt haben, dass wir keine Fragen beantworten, sind wir einfach gegangen. Niemand hat versucht, uns aufzuhalten. *Hören Sie endlich auf, unsere Zeit mit inhaltslosen Spekulationen über Dinge, die passiert sein könnten, zu verschwenden, obwohl Sie keinerlei Beweise haben,* hat Robin Detective Mendoza zum Abschied noch hingeworfen.

Und anscheinend hat die Polizei wirklich nichts, was mir vorgeworfen werden könnte, sonst wäre ich nicht mehr hier. Allerdings habe ich Hausarrest, bis ich, wie meine Mutter es nennt, aufhöre, »mir mit meiner Geheimniskrämerei meine Zukunft zu verbauen«.

»Hättest du dich nicht auch noch in Simons alten Blog hacken können, wenn du schon mal dabei warst?«, habe ich zu Maeve gesagt, bevor sie vorhin ins Bett gegangen ist.

Sie wirkte aufrichtig geknickt. »Den hatte er doch schon vor einer Ewigkeit eingestellt! Ich wäre nie darauf gekommen, dass er überhaupt noch existiert. Und ich hatte keine

Ahnung, dass du damals diesen Kommentar geschrieben hast. Er hat ihn nie online gestellt.« Sie sah mich kopfschüttelnd und mit einer Art verzweifelter Zuneigung an. »Du bist wegen der Sache damals immer viel wütender gewesen als ich, Bronwyn.«

Vielleicht hat sie recht. Als ich vorhin in meinem dunklen Zimmer lag und hin und her überlegt habe, ob ich Nate anrufen soll oder nicht, wurde mir klar, dass Maeve gar nicht so zerbrechlich, sondern viel robuster ist, als ich all die Jahre geglaubt habe.

Jetzt bin ich unten in unserem Fernsehzimmer und warte auf Nate. Als er schreibt, dass er in der Einfahrt ist, öffne ich die Kellertür und spähe nach draußen. »Hier drüben«, rufe ich leise und eine Gestalt tritt aus dem Schatten neben der Carport-Trennwand und kommt auf mich zu.

Wortlos lasse ich ihn rein. Er trägt eine Lederjacke über einem löchrigen T-Shirt und streicht sich die vom Helm verschwitzten Haare aus dem Gesicht. Immer noch schweigend führe ich ihn ins Fernsehzimmer und schließe die Tür hinter uns. Meine Eltern liegen ganze drei Stockwerke über uns in ihrem Bett und schlafen, aber in Zeiten wie diesen ist ein schallisolierter Raum ein unschätzbarer Bonus.

»Also.« Ich setze mich an das äußerste Ende der Couch, ziehe die Knie an und schlinge die Arme darum, als wollte ich eine Barriere zwischen uns errichten. Nate wirft seine Jacke auf den Boden und setzt sich ans andere Ende. Als er mich ansieht, liegt ein so unglücklicher Ausdruck in seinen Augen, dass ich fast vergesse, wütend zu sein.

»Wie ist es bei der Polizei gelaufen?«, fragt er.

»Gut. Aber ich wollte über was anderes mit dir reden.«

Er senkt den Blick. »Ich weiß.« Schweigen füllt den Raum

zwischen uns, das ich gern durch ein Dutzend Fragen ersetzen würde, aber ich tue es nicht. »Du musst mich für ein ziemliches Arschloch halten«, sagt er schließlich und starrt zu Boden. »Und für einen Lügner.«

»Warum hast du es mir nicht erzählt?«

Nate stößt langsam die Luft aus und schüttelt den Kopf. »Das wollte ich. Ich hab mehr als einmal darüber nachgedacht. Aber ich wusste nicht, wo ich anfangen soll. Die Sache ist die – ich hab gelogen, weil das einfacher war, als die Wahrheit zu sagen. Und weil ich dachte, dass sie wahrscheinlich sowieso nicht mehr lebt. Jedenfalls war ich mir sicher, dass sie nie wieder zurückkommt. Und wenn man so was erst mal gesagt hat, wie soll man es dann wieder zurücknehmen? Da hält einen doch jeder für einen verdammten Psycho.« Er hebt den Blick und sieht mich fast beschwörend an. »Aber das bin ich nicht. Das ist das einzige Mal gewesen, dass ich dich angelogen hab. Ich verkaufe keine Drogen mehr und hab nichts mit Simons Tod zu tun. Ich nehme es dir nicht übel, wenn du mir nicht glaubst, aber ich schwöre bei Gott, dass es die Wahrheit ist.«

Wieder ist es eine Weile still zwischen uns, und ich versuche, meine Gedanken zu ordnen. Wahrscheinlich sollte ich viel wütender sein und mir von ihm beweisen lassen, dass ich ihm vertrauen kann, auch wenn ich keine Ahnung habe, wie er das tun soll. Jedenfalls dürfte ich mich nicht mit diesem einen Satz zufrieden geben, sondern müsste versuchen, irgendwie herauszufinden, ob er mir nicht doch mehr Lügen aufgetischt hat.

Aber das Problem ist, dass ich ihm glaube. Ich behaupte nicht, Nate nach gerade mal ein paar Wochen schon in- und auswendig zu kennen, aber ich weiß aus eigener Erfahrung, wie es ist, wenn man sich selbst so lange belügt, bis sich die Lüge irgendwann wahr anfühlt. Nur musste ich mich im Unterschied zu ihm nie komplett allein durchs Leben schlagen.

Und ich habe keinen Moment lang geglaubt, dass er fähig gewesen wäre, Simon umzubringen.

»Erzähl mir von deiner Mom. Aber diesmal die Wahrheit, okay?«, sage ich. Und das tut er. Er redet über eine Stunde lang, in der ich eigentlich gar nicht so viel Neues erfahre, weil ich die meisten Details schon kannte. Als ich irgendwann anfange, vom langen Sitzen ganz steif zu werden, hebe ich die Arme über den Kopf, um mich zu strecken.

»Müde?«, sagt Nate und rutscht näher.

Ich frage mich, ob er gemerkt hat, dass ich die letzten zehn Minuten auf seinen Mund gestarrt habe. »Eigentlich nicht.«

Er zieht meine Beine auf seinen Schoß und zeichnet mit dem Daumen Kreise auf mein linkes Knie. Ein Zittern geht durch meinen Körper, und ich spanne die Muskeln an, um es zu verbergen. Er sieht mich kurz an und senkt den Blick dann wieder. »Meine Mutter dachte, wir wären zusammen.«

Vielleicht schaffe ich es, nicht mehr herumzuzappeln, wenn ich meine Hände mit irgendetwas beschäftige. Ich streiche über die warme Haut in seinem Nacken, schiebe sanft die Finger in seine gewellten Haare. »Na ja … Ich meine … Ist das denn so abwegig?«

Oh Gott. Habe ich das gerade eben wirklich gefragt? Was wenn er Ja sagt?

Nate lässt gedankenverloren die Hand an meinem Bein entlangwandern, als hätte er keine Ahnung, dass er damit meinen ganzen Körper in Wackelpudding verwandelt. »Du willst mit einem Typen zusammen sein, der mit Drogen dealt, unter Mordverdacht steht und so getan hat, als wäre seine Mutter tot?«

»Gedealt hat«, korrigiere ich. »Und ich bin nicht in der Position, mir ein moralisches Urteil über irgendwen zu erlauben.«

Er hebt mit einem kleinen Lächeln den Kopf, aber sein Blick ist wachsam. »Ich weiß nicht, wie ich mit jemandem wie dir zusammen sein sollte, Bronwyn.« Als er meinen Gesichtsausdruck sieht, fügt er hastig hinzu: »Das bedeutet nicht, dass ich es nicht will, sondern dass ich glaube, dass ich es vermasseln würde. Bis jetzt hab ich so was … du weißt schon … immer ziemlich locker angehen lassen.«

Nein, weiß ich nicht. Ich ziehe meine Hände zurück, verknote sie in meinem Schoß und sehe, wie mein Puls unter der dünnen Haut meines Handgelenks pocht. »Lässt du es im Moment auch locker angehen? Mit jemand anderem, meine ich?«

»Nein«, sagt Nate. »Seit wir angefangen haben, jeden Abend zu telefonieren, habe ich damit aufgehört.«

»Also …« Ich bin einen Moment lang still und versuche abzuwägen, ob ich nicht gerade dabei bin, einen Riesenfehler zu machen. Wahrscheinlich, aber ich stürze mich trotzdem kopfüber ins kalte Wasser. »Ich würde es gern versuchen, Nate. Wenn du willst. Nicht weil wir zusammen in dieser absurden Situation feststecken und du zufälligerweise wahnsinnig sexy bist. Sondern weil du klug bist und witzig, und weil du viel öfter das Richtige machst, als du dir selbst zugestehst. Ich mag deinen grauenhaften Filmgeschmack und dass du nie irgendwas schönredest und eine Echse als Haustier hast. Ich wäre stolz, deine Freundin zu sein, auch wenn wir das nicht offiziell machen dürfen, solange wir noch unter

Mordverdacht stehen. Außerdem kann ich mich keine zwei Minuten konzentrieren, ohne dich küssen zu wollen, also … tja – jetzt weißt du's.«

Nate sagt erst einmal nichts, und ich habe Angst, dass ich alles falsch gemacht habe. Vielleicht waren das einfach zu viele Informationen auf einmal. Aber er streicht immer noch mit der Hand über mein Bein, und schließlich sagt er: »Da geht es dir besser als mir. Ich kann keine einzige Sekunde an irgendetwas anderes denken, als dich küssen zu wollen.«

Er nimmt meine Brille ab, klappt sie zusammen und legt sie auf den kleinen Tisch neben der Couch. Seine Hand auf meinem Gesicht ist federleicht, als er sich zu mir beugt und meinen Mund an seinen zieht. Ich halte den Atem an, als unsere Lippen sich treffen, und der sanfte Druck löst einen warmen, durch meine Adern pulsierenden Schmerz aus. Der Kuss ist süß und unendlich zärtlich, anders als der heiße, drängende auf dem Marshall's Peak. Aber er macht mich trotzdem benommen. Ich zittere am ganzen Körper, und als ich meine Handflächen gegen seine Brust presse, um mich irgendwie unter Kontrolle zu bekommen, spüre ich seine festen Muskeln durch das dünne Shirt. *Oh Gott, das ist keine Hilfe.*

Meine Lippen öffnen sich zu einem Seufzen, das sich in ein leises Stöhnen verwandelt, als Nate mit seiner Zunge meine sucht. Unsere Küsse werden immer tiefer und leidenschaftlicher und unsere Körper sind so ineinander verschlungen, dass ich nicht sagen kann, wo meiner aufhört und seiner anfängt. Ich fühle mich, als würde ich fallen, schweben … fliegen. Alles auf einmal. Wir küssen uns, bis meine Lippen wund sind und meine Haut prickelt, als wäre sie elektrisch aufgeladen.

Nates Hände halten sich überraschend zurück. Er berührt vor allem meine Haare und mein Gesicht, und irgendwann lässt er eine Hand unter mein Shirt gleiten und streicht über meinen Rücken, und … oh Gott, möglicherweise entwischt mir dabei ein kleines Wimmern. Als er seine Finger unter den Bund meiner Shorts schiebt, durchläuft mich ein Schauer, aber weiter geht er nicht. Die unsichere Seite in mir fragt sich, ob er mich womöglich nicht genauso anziehend findet wie andere Mädchen oder ich ihn. Andererseits ist mein Körper schon seit einer halben Stunde an seinen gepresst und ich kann sehr deutlich … *spüren*, dass es nicht so ist.

Irgendwann löst er sich von mir und sieht mich unter seinen dichten dunklen Wimpern an. Himmel, diese Augen. Sie sind so wunderschön. »Ich muss ständig daran denken, dass dein Vater jeden Moment reinkommen könnte«, murmelt er. »Er macht mir irgendwie Angst.« Ich seufze, weil mir derselbe Gedanke im Hinterkopf herumspukt, wenn ich ehrlich bin. Obwohl die Chancen, dass das passiert, allerhöchstens bei fünf Prozent stehen, aber selbst das ist noch zu viel.

Nate zeichnet mit dem Zeigefinger die Kontur meines Munds nach. »Deine Lippen sind ganz wund. Wir sollten eine Pause einlegen, bevor ich ihnen dauerhaften Schaden zufüge. Außerdem muss ich, ähm, ein bisschen abkühlen.« Er küsst mich auf die Wange und bückt sich nach seiner Jacke.

Mein Magen krampft sich zusammen. »Gehst du?«

»Nein.« Er zieht sein Handy aus der Tasche, öffnet Netflix und reicht mir meine Brille. »Aber wir können endlich *Ring* zu Ende gucken.«

»Verdammt. Und ich dachte, du hättest es vergessen.« Aber diesmal ist meine Enttäuschung gespielt.

»Komm schon, das ist jetzt der perfekte Moment.« Nate

streckt sich auf der Couch aus und ich schmiege mich an ihn und lege den Kopf an seine Schulter, während er das iPhone in seine Armbeuge klemmt. »Wir schauen ihn lieber auf dem Handy als auf diesem Kinoleinwandmonster an der Wand, oder? Auf so einem winzigen Bildschirm kann man vor nichts Angst haben.«

Mir ist es völlig egal, was wir machen. Ich will einfach nur so lange wie möglich so eng umschlungen mit ihm daliegen, gegen den Schlaf ankämpfen und den Rest der Welt vergessen.

20

COOPER
Dienstag,
16. Oktober,
17:45 Uhr

»Reich mir doch mal die Milch, Cooperstown, bist du so nett?« Paps nickt beim Abendessen kurz mit dem Kinn in meine Richtung, während sein Blick auf den stumm gestellten Fernseher im Wohnzimmer geheftet bleibt, wo gerade im unteren Bildschirmrand die College-Football-Platzierungen eingeblendet werden. »Und, was hast du mit deinem freien Abend angestellt?« Er findet es wahnsinnig komisch, dass Luis sich gestern nach dem Fitnessstudio als mich ausgegeben hat.

Ich reiche ihm die Milch und stelle mir vor, ich würde ihm ehrlich antworten. *Ich war bei Kris, dem Typen, den ich liebe. Ja, Paps, du hast richtig gehört, ein Typ. Nein, Paps, das ist kein Scherz. Er studiert an der UCSD Medizin im ersten Semester und arbeitet nebenbei als Model. Ein absoluter Traummann. Ich bin mir sicher, du würdest ihn mögen.*

In meiner Fantasie endet die Szene immer damit, dass Paps' Kopf explodiert.

»Bin bloß eine Weile durch die Gegend gefahren«, sage ich stattdessen.

Ich schäme mich nicht wegen Kris. Wirklich nicht. Aber es ist kompliziert.

Dass ich solche Gefühle für einen Typen empfinden kann, ist mir erst klar geworden, als ich ihn kennengelernt habe.

Ich meine, okay, *geahnt* hab ich es schon. Seitdem ich elf war oder so. Aber ich habe diese Gedanken so tief wie möglich vergraben, weil man als Baseballtalent aus den Südstaaten, dem eine MLB-Karriere prophezeit wird, nicht so gepolt sein sollte.

Den Großteil meines Lebens habe ich auch wirklich daran geglaubt, dass ich hetero bin. Ich hatte ja auch immer eine Freundin, wobei es mir nie schwerfiel, auf den Sex zu verzichten, weil ich dazu erzogen worden bin, bis zur Hochzeit damit zu warten. Erst mit Kris habe ich verstanden, dass das eher eine Ausrede als ein tief verwurzelter moralischer Glaube war.

Ich habe Keely monatelang angelogen, aber was Kris angeht, habe ich ihr die Wahrheit gesagt. Wir haben uns tatsächlich beim Baseball kennengelernt, auch wenn er selbst nicht spielt. Er ist mit einem Typen befreundet, mit dem ich ein paar Präsentationsspiele gemacht habe und der uns beide zu seiner Geburtstagsparty eingeladen hat. Und er *ist* Deutscher.

Ich habe bloß den Teil weggelassen, in dem vorkommt, dass ich ihn liebe.

Ich bin noch nicht so weit, mit irgendjemandem darüber zu sprechen. Trotzdem weiß ich für mich, dass das nicht bloß eine Phase oder ein Ausprobieren oder eine Ablenkung von dem Druck ist, der ständig auf mir lastet. Nonny hatte recht. Wenn es der Richtige ist, spürt man das. Mein Magen schlägt einen Salto, wenn Kris anruft oder mir eine Nachricht schickt. Jedes Mal. Und wenn ich mit ihm zusammen bin, fühle ich mich wie ein echter Mensch, nicht wie ein Roboter, so wie Keely es mir vorgeworfen hat: darauf programmiert, den Erwartungen anderer zu entsprechen.

Aber das Paar Cooper und Kris existiert im Moment nur in der Schutzzone seines Apartments. Die Vorstellung, meine Gefühle für ihn an irgendeinem anderen Ort zu zeigen, jagt mir tierische Angst ein. Zum einen ist es schon schwierig genug, im Baseball Erfolg zu haben, wenn man hetero ist. Die Antwort auf die Frage, wie viele Spieler der Profiliga sich als schwul geoutet haben, lautet: exakt einer. Und der ist noch minderjährig.

Zum anderen: Paps. Allein wenn ich mir seine Reaktion nur vorstelle, krampft sich alles in mir zusammen. Er gehört der Männergeneration an, die Schwule »Schwuchteln« nennt und denkt, wir hätten nichts anderes im Sinn, als zu versuchen Heteromänner zu verführen und »umzudrehen«. Als wir mal zusammen einen Bericht über den einen schwulen Baseballspieler gesehen haben, hat er verächtlich geschnaubt und gesagt, normale Jungs sollten sich in der Umkleidekabine nicht mit so einem Mist herumschlagen müssen.

Wenn ich ihm von Kris erzählen würde, würden sich die siebzehn Jahre, in denen ich ihm der perfekte Sohn war, mit einem Schlag in Luft auflösen. Er würde mich nie wieder so ansehen, wie er mich jetzt ansieht, obwohl ich unter Mordverdacht stehe und Steroide genommen haben soll. *Damit* kann er umgehen.

»Morgen ist der Test«, erinnert er mich. Ich muss mich jetzt jede verfluchte Woche einem Dopingtest unterziehen. In der Zwischenzeit stehe ich weiter als Pitcher auf dem Platz und, nein, mein Fastball ist nicht langsamer geworden. Weil ich die Wahrheit gesagt habe. Ich habe nicht gedopt. Ich habe nur eine ziemlich gute Strategie gehabt.

Das war Paps' Idee. Er wollte, dass ich mich ein Jahr lang zurückhalte und erst während der Präsentationsspiele alles gebe, damit meine herausragenden Leistungen für mehr Wirbel sorgen. Und er hatte recht. Talentscouts wie Josh Langley sind auf mich aufmerksam geworden. Aber jetzt wirkt es natürlich verdächtig. *Vielen Dank auch, Paps.*

Wenigstens hat er ein schlechtes Gewissen deswegen.

Ich war mir sicher, dass ich etwas über mich und Kris lesen würde, als die mir bei der Polizei letzten Monat den unveröffentlichten Post gezeigt haben. Ich habe Simon zwar kaum gekannt und nur ein-, zweimal ein paar Sätze mit ihm gewechselt, aber jedes Mal, wenn er in der Nähe war, hatte ich Angst, er könnte hinter mein Geheimnis kommen. Auf dem Abschlussball letzten Frühling hatte er sich total weggeschossen, und als ich ihm irgendwann auf der Toilette begegnete, hat er einen Arm um mich geschlungen und mich so eng an sich gezogen, dass ich plötzlich davon überzeugt war, dieser Simon – der, soweit ich weiß, noch nie eine Freundin hatte – hätte irgendwie gemerkt, dass ich schwul bin, und würde versuchen, sich an mich ranzumachen.

Ich habe ihn weggestoßen und bin so panisch geworden, dass ich Vanessa gebeten habe, ihn von ihrer alljährlichen After-Prom-Party auszuladen. Und Vanessa, die sich nie eine Chance entgehen lässt, jemanden zu dissen, hat mir den Gefallen nur allzu gern getan. Ich hab mich nie bei ihm entschuldigt, obwohl ich später mitbekommen habe, wie er Keely so heftig angegraben hat, dass völlig klar war, dass er nicht schwul sein konnte.

Ich habe mir nicht erlaubt darüber nachzudenken, seit Simon gestorben ist, dass ich mich wie ein Arschloch aufgeführt habe, als ich das letzte Mal mit ihm zu tun gehabt habe, weil ich nicht damit umgehen konnte, wer ich bin.

Und das Schlimmste ist – nach allem, was passiert ist, schaffe ich es immer noch nicht.

NATE
Dienstag,
16. Oktober,
18:00 Uhr

Als ich eine halbe Stunde später als verabredet bei Glenn's Diner ankomme, um mich mit meiner Mutter zu treffen, bin ich fast ein bisschen überrascht, auf dem kleinen Parkplatz davor tatsächlich ihren Kia stehen zu sehen. Es hätte mich nicht gewundert, wenn sie nicht aufgetaucht wäre.

Ich selbst habe auch lange darüber nachgedacht, ob ich hingehen soll. Aber es hat noch nie sonderlich gut funktioniert, so zu tun, als würde sie nicht existieren.

Kaum habe ich das Motorrad abgestellt, fängt es an zu regnen, und ich jogge die letzten Meter zum Restaurant. Als ich reingehe, mustert die Bedienung mich mit einem höflich fragenden Blick. »Ich hatte reserviert. Macauley«, sage ich.

Sie nickt und deutet auf eine Sitznische. »Gleich da drüben.«

Meine Mutter scheint pünktlich gewesen zu sein. Ihr Wasserglas ist fast leer und sie hat die Papierhülle eines Strohhalms in tausend kleine Fetzen zerrupft. Ohne sie anzusehen, rutsche ich auf die Bank ihr gegenüber und greife nach der Speisekarte. »Hast du schon bestellt?«

»Oh, nein, nein. Ich habe auf dich gewartet«, sagt sie, und ich kann förmlich spüren, wie sie versucht, mich durch reine Willenskraft dazu zu bringen, aufzuschauen. Wäre ich doch bloß nicht gekommen. »Für dich wie immer einen Hamburger, Nathaniel? Früher hast du die Hamburger hier immer so gerne gegessen.«

Stimmt, und das tue ich immer noch, aber jetzt will ich lieber etwas anderes. »Nenn mich bitte Nate, okay?« Ich klappe die Speisekarte zu und starre durchs Fenster in das graue Nieselwetter hinaus. »Keiner nennt mich mehr Nathaniel.«

»Okay, Nate«, sagt sie, aber es klingt seltsam aus ihrem Mund. Wie ein Wort, das man immer und immer wieder vor sich hin sagt, bis es seine Bedeutung verliert. Die Bedienung kommt zu uns an den Tisch, und ich bestelle eine Coke und ein Clubsandwich, auf das ich eigentlich gar keine Lust habe. Mein Prepaid-Handy vibriert in der Tasche, und ich ziehe es heraus, um Bronwyns Nachricht zu lesen. *Hoffe, es läuft okay.* Mich durchströmt kurz ein warmes Gefühl, aber ich stecke das Handy wieder weg, ohne zu antworten. Mir fehlen die Worte, um Bronwyn zu erklären, wie es sich anfühlt, mit einem Geist zu Abend zu essen.

»Also, Nate.« Meine Mutter räuspert sich. Es klingt immer noch falsch. »Wie … wie geht es dir in der Schule? Bist du in den naturwissenschaftlichen Fächern immer noch so gut?«

Großer Gott. *Ob ich immer noch gut bin?* Ich bin seit der Neunten nur noch in Förderkursen, aber woher soll sie das auch wissen? Die Beurteilungen über meine Fortschritte werden zu mir nach Hause geschickt, ich fälsche die Unterschrift meines Vaters und schicke sie wieder zurück. Bis jetzt ist nie jemand misstrauisch geworden. »Kannst du dir das überhaupt leisten?«, frage ich und zeige mit weit ausholender Geste durchs Restaurant. Ganz das aggressive Arschloch, in das ich mich in den letzten fünf Minuten verwandelt habe. »Ich kann es nämlich nicht. Dachte nur, wir sollten das klären, bevor das Essen kommt.«

Ein unglücklicher Ausdruck huscht über ihr Gesicht, was mir ein sinnloses Triumphgefühl verschafft. »Nathan… Nate.

Ich würde dich doch nie … Aber warum solltest du mir das glauben?« Sie holt ihr Portemonnaie heraus und legt ein paar Zwanzigdollarscheine auf den Tisch. Einen Moment lang komme ich mir wie der letzte Scheißkerl vor, allerdings nur, bis mir die Rechnungen einfallen, die ich immer wieder in den Müll werfe, statt sie zu bezahlen. Jetzt, wo ich nichts mehr verdiene, reicht die Erwerbsunfähigkeitsrente meines Vaters gerade so für die Hypothek, die Nebenkosten und seinen Alkohol.

»Wie kommt es, dass du Geld hast, wenn du monatelang in der Entzugsklinik warst?«

Die Bedienung kehrt mit meiner Coke zurück, und meine Mutter wartet mit der Antwort, bis sie wieder weg ist. »Einer der Ärzte in Pine Valley – das ist die Einrichtung, in der ich war – hat mir einen Job als Schreibkraft für ein medizinisches Schreibbüro vermittelt. Ich tippe Audiodateien für Ärzte und Krankenhäuser ab. Das ist ein sehr sicherer Job, den ich von überall aus erledigen kann. Ich brauche nur einen Computer.« Sie streicht über meine Hand und ich zucke zurück. »Ich habe jetzt die Möglichkeit, dir und deinem Vater finanziell unter die Arme zu greifen, Nate. Und das werde ich auch. Was ich dich fragen wollte – hast du schon einen Anwalt, der dich in dem Fall vertritt? Wenn nicht, könnten wir dir vielleicht einen suchen.«

Irgendwie schaffe ich es, nicht laut loszulachen. Egal, wie viel sie mit ihrem Job verdient, es wird garantiert nicht reichen, um einen Anwalt zu bezahlen. »Ich komm schon klar.«

Sie versucht es weiter, erkundigt sich nach der Schule, nach Simon, nach meiner Bewährungsstrafe, nach meinem Vater. Fast hätte sie mich damit gekriegt, weil sie anders ist, als ich mich an sie erinnere. Ruhiger und ausgeglichener. Aber dann fragt sie: »Wie wird Bronwyn mit all dem fertig?«

Falsche Frage. Jedes Mal, wenn ich an Bronwyn denke, reagiert mein Körper, als würde ich wieder mit ihr in diesem Fernsehzimmer auf der Couch liegen – mein Herz hämmert, mir rauscht das Blut in den Ohren, meine Haut kribbelt. Und ich hab definitiv nicht vor, das einzig Gute, das aus dieser ganzen Scheißsituation entstanden ist, als Small-Talk-Futter zu benutzen, um die angespannte Stimmung zwischen meiner Mutter und mir aufzulockern. Was bedeutet, dass so gut wie keine Gesprächsthemen übrig bleiben. Zum Glück ist mittlerweile unser Essen gekommen, sodass wir nicht länger angestrengt so tun müssen, als hätte es die letzten drei Jahre nie gegeben. Alles ist besser, als ihr verkrampft gegenüberzusitzen und zu reden – selbst mein pappiges Sandwich, das nach nichts schmeckt.

Aber meine Mutter sieht das offensichtlich anders. Sie erzählt von Oregon, von ihren Ärzten, und als sie dann auch noch mit mir über *Mikhail Powers Investigates* sprechen will, habe ich irgendwann das Gefühl, keine Luft mehr zu kriegen. Es geht einfach nicht. Ich kann nicht länger hier sitzen und mir anhören, was sie zu sagen hat, und hoffen, dass alles gut werden wird. Dass sie nicht wieder rückfällig wird, ihren Job behält, seelisch gesund bleibt. Überhaupt *bleibt.*

»Sorry. Ich muss los.« Ich werfe mein halb gegessenes Sandwich auf den Teller, stehe auf, ramme mir so heftig das Knie am Tisch an, dass ich zusammenzucke, und gehe, ohne sie noch einmal anzuschauen. Sie wird mir nicht nachkommen. So tickt sie nicht.

Draußen bleibe ich kurz stehen und schaue mich verwirrt nach meinem Motorrad um, bis ich sehe, dass es zwischen zwei großen Range Rovers eingekeilt ist, die vorhin noch nicht dort gestanden haben. Als ich darauf zugehe, tritt mir plötzlich ein Typ mit einem strahlenden Lächeln entgegen, der für ein Restaurant wie das Glenn's Diner viel zu gut angezogen ist. Ich hab ihn sofort erkannt, schaue aber durch ihn hindurch, als hätte ich keine Ahnung, wer er ist.

»Nate Macauley? Mikhail Powers. Sie können sich nicht vorstellen, wie oft ich schon versucht habe, Sie mal persönlich zu erwischen. Umso mehr freue ich mich, dass es jetzt endlich geklappt hat. Wir arbeiten an unserem nächsten Beitrag zu den Ermittlungen im Fall Simon Kelleher und ich würde gern Ihre Meinung dazu hören. Was halten Sie davon, wenn ich Ihnen dort drin einen Kaffee ausgebe und wir uns ein paar Minuten unterhalten?«

Ich steige auf mein Bike und setze mir den Helm auf, als hätte ich ihn nicht gehört. Als ich zurücksetzen will, blockieren zwei seiner Mitarbeiter mir den Weg. »Was halten Sie davon, Ihre Leute zurückzupfeifen?«

Sein Lächeln verliert nichts von seiner Strahlkraft. »Ich bin nicht Ihr Feind, Nate. In einem Fall wie diesem ist die öffentliche Meinung nicht ganz unwichtig. Ich könnte Ihnen dabei helfen, die Leute auf Ihre Seite zu kriegen. Was sagen Sie dazu?«

Plötzlich taucht meine Mutter auf dem Parkplatz auf und bleibt überrascht stehen, als sie sieht, wer neben mir steht. Aber ich beachte sie nicht weiter, sondern setze langsam rückwärts aus der Parklücke heraus, bis die beiden Typen endlich zur Seite gehen und ich freie Bahn habe. Soll sie doch mit ihm reden, wenn sie mich unterstützen will.

21

BRONWYN
Mittwoch,
17. Oktober,
12:25 Uhr

Am Mittwoch unterhalten Addy und ich uns in der Mittagspause über Nagellack. Sie ist Expertin auf diesem Gebiet. »Wenn man wie du die Nägel kurz trägt, sollte man lieber helle Töne verwenden«, sagt sie, während sie mit Profiblick meine Hände studiert. »Aber er muss unbedingt super glänzend sein.«

»Ich benutze fast nie Nagellack«, sage ich.

»Na ja, aber du scheinst in letzter Zeit ziemlich viel Wert auf dein Äußeres zu legen … *Warum auch immer.*« Sie mustert mit hochgezogener Braue meine sorgfältig geföhnten Haare, und ich spüre, wie ich rot werde, als Maeve zu lachen anfängt. »Vielleicht willst du es ja mal ausprobieren.«

Ich staune darüber, wie harmlos diese Unterhaltung im Vergleich zu der von gestern ist, als wir uns beim Mittagessen gegenseitig auf den neuesten Stand brachten und über meine Befragung bei der Polizei, Nates Mutter und die Tatsache gesprochen haben, dass Addy einbestellt und noch einmal zu den verschwundenen EpiPens befragt wurde. Gestern waren wir Mordverdächtige mit einem komplizierten Privatleben, heute sind wir einfach nur Mädchen, die sich über Mädchenkram unterhalten.

Jedenfalls bis eine schrille Stimme unser Gespräch übertönt. »Es ist genau so, wie ich es denen da draußen gesagt hab«, posaunt Vanessa Merriman ein paar Tische weiter durch die Cafeteria. »Man muss sich bloß zwei Fragen stellen – auf wen trifft das, was im Netz behauptet wird, *definitiv* zu? Und wer ist total zusammengebrochen, seit Simon tot ist? Schon weiß man, wer es getan hat.«

»Wovon redet sie?«, murmelt Addy und knabbert wie ein Eichhörnchen an einem der gerösteten Brotstückchen auf ihrem Salat.

Janae, die immer noch nicht viel spricht, wenn sie bei uns sitzt, wirft ihr einen Blick zu. »Hast du's noch nicht gehört? Mikhail Powers' Team ist draußen vor der Schule und die Leute stehen wie immer Schlange, um sich interviewen zu lassen.«

Mein Magen krampft sich zusammen und Addy schiebt ihr Tablett von sich weg. »Na großartig. Das ist genau das, was mir noch gefehlt hat – Vanessa, die sich im Fernsehen darüber auslässt, warum sie mich für die Täterin hält.«

»Niemand denkt wirklich, dass du es warst«, sagt Janae. Sie nickt in meine Richtung. »Oder du. Oder ...« Sie beobachtet, wie Cooper mit einem Tablett auf Vanessas Tisch zugeht, wieder umkehrt, als er uns entdeckt, und sich neben Addy setzt. Das macht er manchmal, immer nur gerade so lange, dass klar ist, dass er sie im Gegensatz zu den anderen aus der Clique nicht fallen gelassen hat, Jake aber keinen Grund hat, sauer zu sein. Ich kann mich nicht entscheiden, ob ich das süß oder feige finde.

»Alles klar bei euch?«, fragt er und beginnt, eine Orange zu schälen. Er trägt ein khakifarbenes Hemd, das seine haselnussbraunen Augen zum Strahlen bringt, und seine Wangen sind gebräunter als der Rest seines Gesichts, weil sie unter seiner obligatorischen Baseballkappe die meiste Sonne abbekommen. Was bei ihm aber nicht komisch aussieht, sondern nur zu seinem Cooper-Clay-Glow beiträgt.

Früher habe ich Cooper für den hübschesten Jungen an unserer Schule gehalten. Vielleicht ist er das immer noch, aber seit Kurzem hat er fast etwas von Barbies männlichem Pendant Ken an sich – irgendwie zu glatt und zu aufgesetzt. Vielleicht hat sich aber auch nur mein Geschmack verändert. »Hast du Mikhail Powers schon ein Interview gegeben?«, frage ich scherzhaft.

Bevor er antworten kann, ertönt hinter mir eine Stimme. »Gute Idee. Werdet eurem Ruf als Mörder-Club gerecht, der die Bayview High von den Arschlöchern befreit.« Leah Jackson quetscht sich neben Cooper an den Tisch, ohne zu merken, dass Janae, die feuerrot geworden und zur Salzsäule erstarrt ist, ebenfalls bei uns sitzt.

»Hallo, Leah«, begrüßt Cooper sie geduldig, als hätte er so etwas Ähnliches schon mal von ihr gehört. Vielleicht hat sie das bei Simons Gedenkgottesdienst gesagt, als er mit ihr gesprochen hat.

Leah schaut in die Runde, bis ihr Blick an mir hängen bleibt. »Hast du eigentlich vor, irgendwann mal zuzugeben, dass du in Chemie gepfuscht hast?« Ihre Stimme klingt nicht feindselig und ihr Blick ist fast freundlich, aber ich bin trotzdem wie gelähmt.

»Tu nicht so scheinheilig, Leah«, mischt Maeve sich zu meiner Überraschung ein. Ihre Augen funkeln angriffslustig. »Du kannst nicht im gleichen Atemzug, in dem du Simon als Arschloch betitelst, seine Gerüchte wiederholen.«

Leah salutiert kurz vor Maeve. »Touché, Rojas die Jüngere.«

Aber Maeve kommt gerade erst in Fahrt. »Ich hab dieses ganze einseitige Gerede so was von satt. Warum spricht nie mal jemand offen aus, was für eine grauenhafte Wirkung *About That* auf die Atmosphäre an dieser Schule gehabt hat?« Sie sieht Leah herausfordernd an. »Warum machst *du* das nicht? Die Fernsehleute, die draußen vor der Tür stehen, sind ganz heiß darauf, mal einen neuen Blickwinkel zu bekommen.«

Leah weicht entsetzt zurück. »Ich werde auf keinen Fall mit den Medien darüber sprechen.«

»Warum nicht?« Maeve starrt Leah beinahe wütend an. Ich habe sie noch nie so erlebt. »Du hast nichts gemacht. Simon schon, und zwar jahrelang. Und jetzt tun alle so, als wäre er ein Heiliger gewesen. Hast du damit etwa kein Problem?«

Während Leah Maeves Blick erwidert, huscht ein Ausdruck über ihr Gesicht, den ich nicht richtig deuten kann. Er wirkt fast … triumphierend? »Natürlich hab ich ein Problem damit.«

»Dann tu was dagegen«, sagt Maeve.

Leah steht abrupt auf und schiebt ihre Haare über die Schultern nach hinten. Durch die Bewegung rutschen die Ärmel ihres Oberteils ein Stück höher und enthüllen eine mondsichelförmige Narbe an ihrem Handgelenk. »Vielleicht mache ich das ja«, antwortet sie und verlässt dann mit weit ausholenden Schritten die Cafeteria.

Cooper sieht ihr blinzelnd hinterher. »Verdammt, Maeve. Dir kommt man besser nicht in die Quere.«

Maeve zuckt bloß mit den Achseln, und ich muss an die Datei mit Coopers Namen denken, die sie immer noch nicht öffnen konnte. »Mir ist nicht *Leah* in die Quere gekommen«, murmelt sie und tippt aufgebracht auf ihrem Handy herum.

Ich habe fast Angst zu fragen. »Was machst du da?«

»Ich schicke Simons 4chan-Threads an *Mikhail Powers Investigates*«, antwortetet sie. »Das sind Journalisten, oder? Ich finde, die könnten ruhig mal einen Blick darauf werfen, wenn es sonst niemand tut.«

»Was?«, ruft Janae. »Wovon redest du?«

»Von dem kranken Zeug, das in diesen Threads verbreitet wird, da geht es permanent um Schulmassaker und solche Sachen«, sagt Maeve. »Ich lese mich seit Tagen durch das Forum und mir wird immer schlechter. Die feiern das dort richtig und Simon ist voll darauf eingestiegen und hat genau wie die anderen alle möglichen grauenhaften Sachen von sich gegeben. Es hat ihn komplett kaltgelassen, als bei diesem Amoklauf in Orange County so viele Schüler getötet wurden.« Sie tippt immer noch, als Janae sie plötzlich am Arm packt und ihr dabei fast das Telefon aus der Hand schlägt.

»Woher willst du das so genau wissen?«, zischt sie, worauf Maeve endlich klar zu werden scheint, dass sie vielleicht zu viel gesagt hat.

»Lass sie los«, sage ich. Als Janae nicht reagiert, heble ich ihre Finger mit Gewalt von Maeves Handgelenk. Sie sind eiskalt. Janae schiebt ihren Stuhl zurück und zittert am ganzen Körper, als sie aufspringt. »Ihr wisst absolut nichts über ihn. Keiner von euch«, sagt sie mit erstickter Stimme und stürmt dann genauso davon wie Leah vor ein paar Minuten. Nur dass sie wahrscheinlich nicht vorhat, Mikhail Powers ein Interview zu geben. Maeve und ich tauschen einen Blick aus, während ich mit den Fingern auf der Tischplatte trommle und fieberhaft nachdenke. Ich werde aus dieser Janae einfach nicht schlau. An den meisten Tagen verstehe ich noch nicht mal, warum sie überhaupt bei uns sitzt, obwohl wir sie doch permanent an Simon erinnern müssen.

Außer es geht ihr darum, genau solche Sachen mitzubekommen, wie die, über die wir gerade gesprochen haben.

»Ich muss dann mal wieder«, sagt Cooper plötzlich, als wäre seine Zeit an unserem Tisch abgelaufen, nimmt sein Tablett mit dem noch unangerührten Mittagsessen und geht zu Jake rüber.

Damit besteht unser kleines Grüppchen also wieder nur aus Mädchen und so bleibt es für den Rest der Mittagspause auch. Der einzige andere Typ, der sich zu uns setzen würde, lässt sich grundsätzlich nie in der Cafeteria blicken. Aber ich begegne Nate auf dem Weg zu meinem nächsten Kurs im Flur, und all die Fragen über Simon, Leah und Janae, die in meinem Kopf Karussell fahren, lösen sich auf, als er mir ein flüchtiges Lächeln zuwirft.

Weil es einen mitten ins Herz trifft, wenn dieser Junge lächelt.

ADDY
Freitag,
19. Oktober,
11:12 Uhr

Es ist heiß auf der Laufbahn. Meine Stirn ist schweißgebadet und mein T-Shirt klebt mir am Rücken. Ich sollte mich nicht so verausgaben, ist schließlich nur Sportunterricht. Aber meine Arme und Beine bewegen sich fast wie von selbst und meine Lungen ziehen begierig die Luft ein und weiten sich, als hätten die ganzen Fahrradtouren, die ich in letzter Zeit unternommen habe, mich mit Energiereserven versorgt, die dringend freigesetzt werden wollen.

Es macht mich ein bisschen stolz, als ich an Luis vorbeiziehe – der sich zugegebenermaßen so gut wie nicht anstrengt – und kurz darauf auch noch Olivia überhole, die immerhin in der Leichtathletikmannschaft ist. Jake läuft weit vor mir und es ist eigentlich total lächerlich, ihn einholen zu wollen, weil er natürlich viel schneller ist als ich, und trotzdem verringert sich mit jedem meiner Schritte der Abstand zwischen uns, bis uns nur noch wenige Meter trennen. Wenn ich die Bahn wechsle und das Tempo halte, könnte ich ihn vielleicht … nein, sogar ganz sicher …

Meine Beine fliegen unter mir weg und ein metallischer Geschmack breitet sich in meinem Mund aus, als ich mit den Handflächen hart auf dem Boden aufschlage und mir auf die Lippe beiße. Winzige Steinchen schürfen meine Haut auf und graben sich ins bloße Fleisch und in meinen Knien explodiert ein höllischer Schmerz.

»Oh nein!«, ertönt Vanessas übertrieben besorgte Stimme dicht hinter mir. »Die Ärmste! Sie ist über ihre eigenen Füße gestolpert.«

Bin ich nicht. Während mein Blick auf Jake geheftet war, hat mir jemand ein Bein gestellt. Und ich weiß auch ziemlich genau, wer. Leider bringe ich keinen Ton heraus, weil ich zu sehr damit beschäftigt bin, nach Atem zu ringen.

»Addy, bist du okay?« Vanessa spielt weiter die Besorgte, als sie neben mir stehen bleibt, doch dann beugt sie sich zu mir herunter und flüstert: »Geschieht dir recht, du miese Schlampe.«

Ich würde ihr liebend gern antworten, kriege aber immer noch keine Luft.

Als unsere Sportlehrerin auf uns zugerannt kommt, richtet Vanessa sich auf, und bis ich endlich wieder atmen und sprechen kann, ist sie schon verschwunden. Die Sportlehrerin untersucht meine Knie und sieht sich meine Hände an. »Sie müssen ins Krankenzimmer. Lassen Sie sich die Wunden reinigen und sicherheitshalber Antibiotika geben.« Sie schaut sich kurz um und ruft dann: »Miss Vargas! Begleiten Sie Miss Prentiss bitte.«

Wahrscheinlich sollte ich dankbar sein, dass sie nicht Vanessa oder Jake ausgesucht hat. Aber ich habe Janae nicht mehr gesehen, seit Bronwyns Schwester vor ein paar Tagen mit ihr aneinandergeraten ist. Von ihr gestützt humple ich Richtung Schulgebäude, ohne dass eine von uns etwas sagt. Erst als wir den Eingang erreicht haben, sieht sie mich an. »Wie ist das passiert?«, fragt sie, während sie die Tür aufzieht.

Mittlerweile habe ich mich so weit erholt, dass ich sogar wieder lachen kann. »Vanessas Version von Slut-Shaming.« Als wir an der Treppe sind, biege ich nach links statt nach rechts und steuere auf die Umkleidekabinen zu.

»Du sollst doch ins Krankenzimmer«, sagt Janae, aber ich winke bloß ab. Ich habe schon seit Wochen keinen Fuß mehr über die Türschwelle des Krankenzimmers gesetzt, außerdem sind die Verletzungen zwar schmerzhaft, aber nur oberflächlich. Das Einzige, was ich brauche, ist eine Dusche. Ich humple zu einer Kabine, schäle mich vorsichtig aus meinen Klamotten, stelle mich unter den warmen Strahl und schaue zu, wie das rotbraun gefärbte Wasser strudelförmig im Ausfluss verschwindet. Als ich danach aus der Kabine trete und mich in ein Handtuch wickle, steht Janae schon mit einer Packung Pflaster da.

»Die hab ich dir besorgt. Für deine Knie.«

»Danke.« Ich lasse mich auf eine Bank sinken und klebe vorsichtig ein paar von den hautfarbenen Streifen, die sich natürlich sofort mit Blut vollsaugen, über die Schürfwunden. Meine aufgerissenen Handflächen brennen, aber ein Pflaster würde hier nichts nützen.

Janae, die sich in einigem Abstand auf die Bank gesetzt hat, sagt plötzlich leise: »Vanessa ist echt so ein Miststück.«

»Absolut.« Ich stehe auf und mache ein paar vorsichtige Schritte. Als ich merke, dass es geht, humple ich zu meinem Schließfach rüber und hole meine Sachen raus. »Aber ich kriege eben das, was ich verdient habe, oder? Zumindest denken das alle. Simon würde das bestimmt gefallen. Alle wissen Bescheid und können sich als Richter aufspielen. Keine Geheimnisse mehr.«

»Simon ist kein …« Janaes Stimme bricht. »Er war kein schlechter Mensch. Ich meine, klar, er hat es mit *About That* übertrieben und ein paar ziemlich schreckliche Dinge geschrieben. Aber die letzten Jahre sind echt hart für ihn gewesen. Er hat so verzweifelt versucht, dazuzugehören, und es doch nie geschafft. Ich glaube nicht …« Sie stockt kurz. »Der wahre Simon hätte nicht gewollt, dass du so gemobbt wirst.«

Sie klingt traurig. Trotzdem ist Simon gerade der Letzte, über den ich mir Gedanken machen will. Ich ziehe mich fertig an und schaue auf die Uhr. In zwanzig Minuten ist der Sportunterricht zu Ende, und ich habe keine Lust, hier zu sein, wenn Vanessa und ihre Hofschranzen zurückkommen. »Danke für das Pflaster. Sag einfach, ich bin immer noch im Krankenzimmer, okay? Bis zur nächsten Stunde setze ich mich in die Bibliothek.«

»Okay.« Janae sackt auf der Bank in sich zusammen und wirkt völlig leer und erschöpft, aber als ich mich auf den Weg zur Tür mache, ruft sie plötzlich: »Wie wäre es, wenn wir heute Nachmittag irgendwas zusammen machen?«

Überrascht drehe ich mich um. Okay, wir haben uns ein paar Mal unterhalten, aber ich würde nicht so weit gehen, uns schon als so was wie Freundinnen zu bezeichnen. »Ähm, klar, wenn du willst.«

»Meine Mom hält heute ihren Lesezirkel ab, wäre es okay, wenn ich zu dir komme?«

»Kein Problem«, sage ich und stelle mir vor, wie meine Mutter auf Janae reagieren wird, nachdem mein Leben lang immer nur hübsch gestylte und selbstbewusste Mädchen wie Keely und Olivia bei uns ein und aus gegangen sind. Der Gedanke hebt meine Laune wieder, und wir machen aus, dass Janae nach der Schule vorbeikommt. Aus einer Eingebung heraus schreibe ich Bronwyn, dass sie auch kommen soll. Erst als ich die Nachricht schon abgeschickt habe, fällt mir ein, dass sie Hausarrest hat und außerdem fast täglich Klavierunterricht, weshalb es eher schwierig ist, sich spontan mit ihr zu verabreden.

••••

Kaum habe ich nach der Schule mein Fahrrad unter der Veranda abgestellt, biegt Janae auch schon in unsere Einfahrt. Sie schleppt ihren riesigen Rucksack mit, als wären wir zum Lernen verabredet. Nachdem wir den quälenden Small Talk mit meiner Mutter hinter uns gebracht haben, deren Blick immer wieder von Janaes etlichen Piercings zu ihren zerschrammten Springerstiefeln gewandert ist, gehe ich mit ihr auf mein Zimmer und überlege, was wir machen könnten.

»Hast du Lust, mal in diese neue Serie auf Netflix reinzuschauen?« Ich schalte den Fernseher ein und lege mich aufs Bett, damit Janae den Sessel nehmen kann. »Die mit diesem Superhelden?«

Sie setzt sich so vorsichtig in den rosa karierten Polstersessel, als hätte sie Angst, in einem Stück von ihm verschlungen zu werden. »Klar, warum nicht.« Sie stellt ihren Rucksack neben sich ab und sieht sich die gerahmten Fotografien an meiner Wand an. »Du stehst total auf Blumen, was?«

»Eigentlich nicht. Meine Schwester hat eine neue Kamera, mit der ich ein bisschen rumgespielt hab und … na ja, ich musste in letzter Zeit ziemlich viele Fotos abhängen.« Sie liegen jetzt in einem Schuhkarton unter meinem Bett: Erinnerungen an Jake und mich aus den letzten drei Jahren und fast genauso viele von meinen Freundinnen. Bei einem habe ich gezögert – Keely, Olivia, Vanessa und ich letzten Sommer am Strand mit riesigen Sonnenhüten und einem unbeschwerten Grinsen im Gesicht vor einem strahlend blauen Himmel. Es war einer der seltenen Tage gewesen, an denen wir uns allein, ohne die Jungs, getroffen haben. Eigentlich ein total schöner Tag, aber nach heute bin ich umso froher, dass ich Vanessas dämliches Grinsen zerrissen und im Klo runtergespült habe.

Janae nestelt am Riemen ihres Rucksacks. »Du vermisst dein altes Leben bestimmt«, sagt sie leise.

Ich schaue weiter auf den Fernseher, während ich über ihre Bemerkung nachdenke. »Ja und nein«, sage ich schließlich. »Früher bin ich echt gern in die Schule gegangen, weil ich mich da mit den anderen treffen konnte – diese Leichtigkeit vermisse ich natürlich schon. Aber jetzt ist klar, dass ich keinem von denen jemals wirklich was bedeutet habe, oder? Sonst würden sie sich jetzt anders verhalten.« Ich rutsche unruhig auf dem Bett hin und her. »Aber ich weiß natürlich auch, dass das noch nicht einmal annähernd so hart ist wie das, was du durchmachst. Dass du Simon auf diese Weise verloren hast.«

Janae wird rot und antwortet nicht, und ich wünschte, ich hätte nicht davon angefangen. Ich weiß einfach nicht, wie ich mit ihr umgehen soll. Sind wir Freundinnen oder nur zwei Menschen, die gerade niemand anderen haben? Wir starren schweigend auf den Fernseher, bis Janae sich räuspert und sagt: »Hast du vielleicht was zu trinken für mich?«

»Klar.« Es ist fast eine Erleichterung, dem unbehaglichen Schweigen zwischen uns entfliehen zu können, bis ich in der Küche meiner Mutter begegne und mir einen zehnminütigen Vortrag darüber anhören muss, mit *was für Leuten* ich mich jetzt umgebe. Als ich endlich wieder mit zwei Gläsern Limo nach oben komme, hat Janae ihren Rucksack aufgesetzt und ist schon halb aus der Tür.

»Ich fühle mich plötzlich nicht so gut«, murmelt sie.

Großartig. Noch nicht einmal meine unpassende neue Freundin will mit mir abhängen.

Ich schicke Bronwyn eine frustrierte Nachricht, rechne aber nicht mit einer Antwort, weil sie wahrscheinlich gerade eine Chopin-Sonate übt oder etwas anderes Wichtiges zu tun hat. Umso überraschter bin ich, als sie mir sofort antwortet. Was sie schreibt, überrascht mich allerdings noch mehr.

Sei vorsichtig. Ich traue ihr nicht.

22

COOPER
Sonntag,
21. Oktober,
17:25 Uhr

Kurz bevor wir mit dem Abendessen fertig sind, klingelt Paps' Handy. Er geht sofort dran, als er die Nummer auf dem Display sieht, und die Falten, die sich von seinen Nasenflügeln zu den Mundwinkeln hinunterziehen, graben sich noch tiefer in die Haut. »Kevin hier. Ja. Wie, heute Abend noch? Muss das sein?« Er hält kurz inne. »In Ordnung. Dann bis gleich.« Er legt auf und atmet genervt aus. »Deine Anwältin. Wir sollen in einer halben Stunde auf dem Police Department sein. Detective Chang möchte noch mal mit dir reden.« Er hebt eine Hand, als ich den Mund öffne. »Ich weiß nicht, um was es geht.«

Ich schlucke schwer. Die letzte Befragung ist schon eine Weile her, und ich hatte gehofft, dass die ganze Angelegenheit irgendwie im Sand verlaufen würde. Ich spiele kurz mit dem Gedanken, Addy eine Nachricht zu schreiben und sie zu fragen, ob man sie auch einbestellt hat, verwerfe ihn dann aber wieder, weil unsere Anwälte uns die strikte Anweisung gegeben haben, uns auf keinen Fall per Handy über irgendetwas auszutauschen, was die Ermittlungen betrifft. Also esse ich schweigend zu Ende und fahre anschließend mit Paps zum Police Department.

Mary, meine Anwältin, spricht bereits mit Detective Chang, als wir reinkommen. Er bedeutet uns, in den Vernehmungsraum vorzugehen, der nicht die geringste Ähnlichkeit mit denen hat, die man immer im Fernsehen sieht. Es gibt keine große einseitig verspiegelte Glaswand in dem Raum, bloß einen Besprechungstisch und ein paar Klappstühle. »Hallo, Cooper. Mr Clay. Danke, dass Sie gekommen sind.« Ich will gerade an dem Detective vorbei durch die Tür, als er mir eine Hand auf den Arm legt. »Sind Sie sicher, dass Sie bei dem Gespräch Ihren Vater dabeihaben wollen?«

Bevor ich *Warum sollte ich das nicht wollen?* fragen kann, fängt Paps an sich aufzuregen, dass es ja wohl sein von Gott gegebenes Recht ist, bei der Vernehmung anwesend zu sein. Er hat diese Rede mittlerweile perfektioniert, und wenn er erst mal losgelegt hat, ist er nicht mehr zu stoppen.

»Natürlich«, entgegnet Detective Chang höflich, als Paps fertig ist. »Ich dachte nur, weil es in dieser Angelegenheit um etwas sehr Privates für Cooper geht.«

Die Art, wie er das sagt, macht mich nervös, und ich schaue Hilfe suchend zu Mary. »Es sollte genügen, wenn erst einmal nur ich dabei bin, Kevin«, sagt sie. »Wenn es um irgendetwas Entscheidendes geht, lasse ich Sie sofort holen.« Mary ist in Ordnung. Sie ist ungefähr Mitte fünfzig, nüchtern und sachlich und kann sowohl mit der Polizei als auch mit meinem Vater umgehen. Also sind es am Ende nur Detective Chang, Mary und ich, die sich an den Tisch setzen.

Mein Herz schlägt mir bis zum Hals, als der Detective einen Laptop herausholt. »Sie haben immer wieder überzeugend beteuert, dass an Simons Behauptungen nichts dran ist, Cooper. Und Ihre Leistungen im Baseball sind trotz regelmäßig durchgeführter, negativer Dopingtests tatsächlich nicht abgefallen. Aber genau das ist es, was uns stutzig werden ließ, da seine Anschuldigungen sich sonst immer als zutreffend erwiesen haben.«

Ich versuche, einen neutralen Gesichtsausdruck zu wahren, obwohl ich mir schon dieselben Gedanken gemacht habe. Als Detective Chang mir vor ein paar Wochen Simons unveröffentlichten Post gezeigt hat, war ich eher erleichtert als wütend, weil diese Lüge für mich besser war als die Wahrheit. Aber warum hätte Simon in meinem Fall lügen sollen?

»Um der Sache auf den Grund zu gehen, haben wir noch ein bisschen tiefer gegraben und festgestellt, dass wir bei der ersten Auswertung von Simons Dateien etwas übersehen haben. Es gab noch einen verschlüsselten zweiten Eintrag zu Ihrer Person, den er aus dem Ursprungstext wieder rausgenommen und durch den Doping-Vorwurf ersetzt hat. Es hat eine Weile gedauert, die Originaldatei wiederherzustellen, aber hier ist sie.« Er dreht den Laptop so, dass Mary und ich auf den Bildschirm schauen können. Wir beugen uns beide vor und beginnen zu lesen.

Jeder will ein Stück vom Linkshänder CC abhaben und einer Person scheint es nun endlich gelungen zu sein, ihn in Versuchung zu führen. Die Rede ist von einem heißen deutschen Unterwäschemodel, mit dem er die schöne KS betrügt. Welcher Typ könnte da schon widerstehen? Außer dass das Objekt der Begierde in diesem Fall mit Boxershorts und enthaarter Brust für die Fotografen posiert, statt in BHs und sexy Tangas. Sorry, K, aber wenn man fürs falsche Team spielt, hat man keine Chance, zu gewinnen.

Alles an mir ist erstarrt, bis auf meine Augen, die nicht aufhören können zu blinzeln. Jetzt ist doch passiert, wovor ich die ganze Zeit Angst hatte.

»Cooper«, sagt Mary ruhig. »Sie müssen sich nicht dazu äußern. Haben Sie eine Frage, Detective Chang?«

»Ja. Ist das Gerücht, das Simon veröffentlichen wollte, wahr, Cooper?«

Mary antwortet ihm, bevor ich es kann. »Nichts an dieser Anschuldigung ist gesetzeswidrig. Cooper muss keine Aussage dazu machen.«

»Das sehe ich anders, Mary. Von den vier Einträgen, die jeder dieser vier Schüler gern geheim gehalten hätte, wird ausgerechnet dieser eine gelöscht und durch eine Lüge ersetzt. Wissen Sie, wonach das aussieht?«

»Nach schäbiger Verbreitung von Gerüchten?«, fragt Mary.

»Als hätte sich jemand Zugang zu Simons Computer verschafft, um diesen speziellen Eintrag loszuwerden, und anschließend dafür gesorgt, dass Simon keine Gelegenheit bekommen würde, ihn jemals wieder zu korrigieren.«

»Ich würde gern ein paar Minuten allein mit meinem Mandanten sprechen«, sagt Mary.

Mir ist speiübel. Ich habe mir Dutzende verschiedene Varianten ausgemalt, wie ich meinen Eltern von Kris erzählen könnte, aber dieses Horrorszenario ist nie dabei gewesen.

»Natürlich. Sie sollten wissen, dass wir einen Durchsuchungsbefehl beantragen werden, der sich nicht nur auf Coopers Computer und seine Handyverbindungen beschränkt. Da er nach diesen neuen Informationen von bedeutend stärkerem Interesse für uns geworden ist, wollen wir uns auch im gesamten Haus der Familie Clay umschauen.«

Mary legt mir eine Hand auf den Arm, um mich davon abzuhalten, irgendetwas dazu zu sagen. Da muss sie sich keine Sorgen machen. Selbst wenn ich es versuchen würde, würde ich keinen Ton herausbringen.

Die sexuelle Orientierung eines Menschen preiszugeben, verletzt sein verfassungsmäßig verbrieftes Recht auf Privatsphäre. Mary gibt sich nicht so einfach geschlagen und droht sogar damit, die ACLU – die Amerikanische Bürgerrechtsunion – einzuschalten, sollte die Polizei Simons Post über mich an die Öffentlichkeit weitergeben. Wobei es für mich dann schon zu spät wäre.

Detective Chang geht nicht wirklich darauf ein, sondern versichert nur, dass niemand die Absicht habe, in meine Privatsphäre einzudringen, sie der Sache jedoch nachgehen müssten, und es hilfreich wäre, wenn ich eine umfassende Aussage machen würde. Allerdings haben wir eine unterschiedliche Vorstellung von *umfassend.* Er möchte, dass ich zugebe, Simon getötet, den Eintrag über mich auf *About That* gelöscht und ihn dann durch den unbegründeten Dopingvorwurf ersetzt zu haben.

Was ziemlich idiotisch gewesen wäre. Hätte ich in dem Fall nicht vielmehr dafür sorgen müssen, überhaupt nicht erwähnt zu werden? Oder mir irgendetwas ausdenken müssen, das meiner Karriere weniger schadet? Zum Beispiel, dass ich Keely mit einem anderen Mädchen betrogen habe? Damit hätte ich sozusagen zwei Fliegen mit einer Klappe geschlagen.

»Das ändert gar nichts«, wiederholt Mary ein ums andere Mal. »Sie haben jetzt auch nicht mehr Beweise dafür in der Hand, dass Cooper sich angeblich an Simons Dateien zu schaffen gemacht hat, als vorher. Ich warne Sie, Detective, wagen Sie es ja nicht, im Namen Ihrer *Ermittlungen* sensible Informationen preiszugeben.«

Aber das Problem ist, dass das keine Rolle spielt. Es wird so oder so rauskommen. Bei den Ermittlungen hat es von Anfang an undichte Stellen gegeben. Und ich kann nicht einfach hier rausspazieren, nachdem ich eine Stunde lang vernommen worden bin, und meinem Vater erzählen, dass alles beim Alten ist.

Bevor Detective Chang aus dem Raum geht, macht er noch einmal deutlich, dass er und seine Kollegen in den nächsten Tagen mein komplettes Leben umgraben werden, und bittet mich, ihm Kris' Nummer zu geben. Mary kontert, dass ich dazu nicht verpflichtet bin, worauf Detective Chang sie daran erinnert, dass sie die Nummer sowieso über den Einzelverbindungsnachweis meines Handys herausfinden würden. Als er mir mitteilt, dass sie außerdem mit Keely sprechen wollen, droht Mary erneut mit der ACLU, aber Detective Chang beruft sich weiterhin darauf, dass es für die Ermittlungen unabdingbar sei, sich ein genaues Bild meines Verhaltens in den Wochen vor dem Mord zu machen.

Nachdem Detective Chang gegangen ist, bleibe ich mit Mary noch einen Moment im Vernehmungsraum sitzen, vergrabe den Kopf in den Händen und bin dankbar dafür, dass es hier keinen Einwegspiegel gibt. Das Leben, das ich bisher geführt habe, ist zu Ende, und schon bald wird mich niemand mehr so ansehen wie vorher. Ich wäre sicher irgendwann von selbst damit herausgerückt, aber … erst in ein paar Jahren. Vielleicht wenn ich ein gefeierter Pitcher und unantastbar gewesen wäre. Nicht jetzt. Nicht *so*.

»Cooper.« Mary legt mir eine Hand auf die Schulter. »Ihr Vater wird sich fragen, warum wir immer noch hier drin sind. Sie müssen mit ihm sprechen.«

»Ich kann nicht«, sage ich tonlos.

»Ihr Vater liebt Sie«, sagt sie leise.

Ich muss beinahe lachen. Paps liebt *Cooperstown*. Er liebt es, wenn ich Leistung bringe und Talentscouts in maßgeschneiderten Anzügen auf mich aufmerksam mache und mein Name bei ESPN über den unteren Bildschirmrand läuft. Aber den Menschen Cooper?

Den kennt er doch überhaupt nicht.

Bevor ich antworten kann, klopft es an der Tür und Paps steckt den Kopf rein und schnippt mit den Fingern. »Sind wir hier fertig? Ich würde dann gern mal wieder nach Hause.«

»Alles geregelt«, sage ich.

»Um was ging es denn diesmal, Himmelherrgott?«, fragt er Mary.

»Sie und Cooper sollten miteinander sprechen«, antwortet sie und Paps spannt die Kiefermuskeln an. In seinem Gesicht steht dick und fett: *Wofür bezahlen wir Sie eigentlich, verflucht noch mal?* »Danach können wir dann unsere weiteren Schritte besprechen.«

»Fantastisch«, murmelt Paps. Ich stehe auf und schiebe mich an Mary und meinem Vater vorbei in den Flur, wo wir schweigend hintereinander hergehen, bis wir durch die verglaste Doppeltür nach draußen treten und Mary sich murmelnd verabschiedet. »Nacht«, erwidert Paps mürrisch und marschiert zu unserem Wagen voraus, der am anderen Ende des Parkplatzes steht.

Alles in mir zieht sich zusammen, als ich mich neben ihn in den Jeep setze und anschnalle. Wie soll ich anfangen? Was soll ich ihm sagen? Soll ich es jetzt hinter mich bringen oder warten, bis wir zu Hause sind, damit ich es auch gleich Mom und Nonny sagen kann und … Oh Gott – *Lucas?*

»Also, worum ging's?«, fragt Paps. »Warum hat es so lange gedauert?«

»Es gibt eine neue Faktenlage«, antworte ich ausweichend.

»Ach ja? Welche denn?«

Ich kann es nicht. Ich schaffe es einfach nicht. Nicht, solange ich allein in diesem Wagen mit ihm bin. »Lass uns erst mal nach Hause fahren.«

»Ist es so ernst, Coop?« Paps schaut mich kurz von der Seite an, während er einen langsam fahrenden VW überholt. »Steckst du in Schwierigkeiten?«

Meine Handflächen werden feucht. »Lass uns zu Hause darüber reden«, wiederhole ich.

Ich muss Kris sagen, was passiert ist, traue mich aber nicht, ihm jetzt eine Nachricht zu schicken. Außerdem sollte ich es ihm persönlich erklären. Noch ein Gespräch, vor dem mir graut, weil ich nicht weiß, ob er verstehen wird, was das alles für mich bedeutet. Kris ist seit der Junior High geoutet. Seine Eltern sind beide Künstler und haben kein Problem damit. Im Gegenteil, sie haben wohl sogar gesagt, dass sie sich so was schon länger dachten, und ihn gefragt, warum er so lange gebraucht hat, sich selbst darüber klar zu werden. Kris hält nichts von Heimlichtuerei.

Den Rest der Fahrt starre ich aus dem Fenster und trommle mit den Fingern auf dem Türgriff, bis Paps schließlich in unsere Einfahrt biegt und mein Zuhause vor mir auftaucht: eine sicherere Festung, vertraut und dennoch der letzte Ort, an dem ich jetzt sein will.

Drinnen wirft Paps seine Schlüssel auf das Flurtischchen und geht ins Wohnzimmer, wo meine Mutter und Nonny nebeneinander auf der Couch sitzen, als hätten sie auf uns gewartet. »Wo ist Lucas?«, frage ich und bleibe in der Tür stehen.

»Unten und spielt Xbox.« Mom stellt den Ton am Fernseher aus und Nonny sieht mich fragend an. »Ist alles in Ordnung?«

»Cooper tut schon die ganze Zeit so geheimnisvoll.« Der Blick, den Paps mir zuwirft, ist eine Mischung aus Augenzwinkern und Missbilligung. Er weiß nicht, ob er meine nicht zu übersehende Panik ernst nehmen soll oder nicht. »Jetzt spuck's schon aus, Cooperstown. Was soll das ganze Theater? Haben sie diesmal einen echten Beweis in der Hand?«

»Sie denken es zumindest.« Ich räuspere mich und schiebe die Hände in die Hosentaschen. »Das heißt … sie haben tatsächlich etwas herausgefunden, das sie bisher nicht wussten. Über mich.«

Keiner sagt etwas, alle warten darauf, dass ich weiterrede. Erst als ich stumm bleibe, fragt Mom: »Und was soll das sein?«

»Auf Simons Seite gab es eine verschlüsselte Datei, die mittlerweile gefunden und dechiffriert wurde. Darin steht etwas, was er wohl ursprünglich über mich posten wollte, und … das hat nichts mit Doping zu tun«, druckse ich herum.

Paps hört wieder mal nur das, was er hören will. »Ich wusste es!«, sagt er triumphierend. »Dann bist du also entlastet?«

Ich kann nicht antworten, mein Kopf ist wie leer gefegt. Nonny stützt die Hände auf ihren Totenkopfstock und beugt sich vor. »Cooper, was wollte Simon über dich posten?«

»Tja.« Ein paar Worte sind alles, was es braucht, um mein Leben in ein Vorher und Nachher zu spalten. Ich hab das Gefühl, keine Luft mehr zu bekommen, und kann weder meine Mutter und noch weniger meinen Vater ansehen. Also konzentriere ich mich auf Nonny. »Simon … hat irgendwie … rausgefunden … dass …« *Gott.* Mir sind die Füllwörter ausgegangen. Nonny klopft mit ihrem Stock auf den Boden, als wollte sie mir auf die Sprünge helfen. »Ich bin schwul.«

Paps lacht. Er lacht wirklich, es klingt erleichtert. »Großer Gott, Coop«, sagt er und klopft mir auf die Schulter. »Fast hättest du mich drangekriegt. Im Ernst, was ist los?«

»Kevin«, zischt Nonny ungehalten. »Cooper meint es *ernst.*«

»Quatsch, das war ein Witz«, sagt Paps immer noch lachend. Ich betrachte sein Gesicht, das ziemlich sicher nie wieder diesen Ausdruck haben wird, wenn er mich in Zukunft ansieht. »… oder?« Er schaut mich an, entspannt und ohne jeden Zweifel, aber als er meinen Blick sieht, verblasst sein Lächeln. *Schon ist es so weit.* »Ist doch so, Coop?«

»Nein, Paps«, antworte ich.

23

ADDY
Montag, 22. Oktober, 8:45 Uhr

Vor der Bayview High parken mehrere Streifenwagen. Und Cooper stolpert durch die Flure, als hätte er seit Tagen nicht geschlafen. Mir ist nicht klar, dass die beiden Dinge etwas miteinander zu tun haben, bis er mich vor dem ersten Gong beiseite nimmt. »Können wir kurz reden?«

Von Nahem sieht er noch fertiger aus und in meinem Magen macht sich ein unbehagliches Gefühl breit. So habe ich ihn noch nie erlebt. »Klar.« Ich dachte eigentlich, er würde mir hier im Flur etwas sagen wollen, aber zu meiner Verwunderung führt er mich durch das hintere Treppenhaus auf den Parkplatz hinaus. Das bedeutet, dass ich wohl zu spät zur Anwesenheitsprüfung kommen werde, aber ich habe mittlerweile schon so viele Fehlstunden angesammelt, dass es keinen Unterschied machen wird. »Was ist los?«

Cooper fährt sich mehrmals angespannt durch seine glatten rotblonden Haare, bis sie senkrecht in die Höhe stehen, was ich bis dahin für ein Ding der Unmöglichkeit gehalten hätte. »Ich glaube, die Polizei ist wegen mir hier. Um sich über mich zu erkundigen. Ich wollte nur … wollte es nur jemandem erzählen, bevor alles den Bach runtergeht.«

»Okay.« Ich lege eine Hand auf seinen Arm und spüre überrascht, dass er zittert. »Cooper, was ist denn passiert?«

»Also, die Sache ist die …« Er zögert, schluckt.

Es ist offensichtlich, dass er kurz davor ist, mir irgendetwas zu gestehen, und für den Bruchteil einer Sekunde sehe ich wieder Simon vor mir, wie er beim Nachsitzen zusammenbricht und mit rot anlaufendem Gesicht nach Luft schnappt. Ich schrecke unwillkürlich vor Cooper zurück, doch dann schaue ich in seine gutherzigen Augen, in denen Tränen schimmern, und da weiß ich, dass das nicht sein kann. »Die Sache ist was, Cooper? Es ist okay. Du kannst es mir sagen.«

Cooper sieht mich an und einen Moment lang bin ich mir überdeutlich meines Äußeren bewusst: zerzauste Haare, weil ich mir nicht die Zeit genommen habe, sie zu föhnen, unreine Haut von dem ganzen Stress, ausgewaschenes Shirt mit dem Logo einer Band, die Ashton mal gut fand, weil wir total mit Waschen hinterherhinken. Dann holt er Luft und sagt: »Ich bin schwul.«

»Oh.« Es dauert ein paar Sekunden, bevor mir die ganze Bedeutung aufgeht. »*Ohhhh.*« Und weil ich das Gefühl habe, dass ich vielleicht noch ein bisschen mehr sagen sollte, setze ich noch ein »Cool« hinterher. Wahrscheinlich nicht wirklich passend, aber ehrlich. Weil Cooper trotz seiner immer etwas distanzierten Art ein ziemlich toller Mensch ist. Und das erklärt wirklich so *einiges*.

»Simon hat herausgefunden, dass ich einen Freund habe, und wollte das zusammen mit den Sachen über euch auf *About That* posten. Mein Eintrag wurde dann aber vorher aus irgendwelchen Gründen ausgetauscht und durch die falsche Behauptung ersetzt, dass ich gedopt hätte. Allerdings nicht von mir«, fügt er hastig hinzu. »Nur dass die Polizei mir das nicht glaubt. Also fühlen sie mir jetzt so richtig auf den Zahn, was bedeutet, dass es schon bald die ganze Schule erfahren wird. Ich glaube, ich wollte … ich wollte es wenigstens einem Menschen selbst erzählen.«

»Cooper, das wird keinen interessieren …«, beginne ich, aber er schüttelt den Kopf.

»Oh doch, Addy. Und das weißt du auch«, sagt er, worauf ich betreten den Blick senke. »Seit die Ermittlungen angefangen haben, hab ich den Kopf in den Sand gesteckt«, fährt er mit rauer Stimme fort. »Ich hab gehofft, dass sie Simons Tod als Unfall zu den Akten legen, weil sie niemandem etwas nachweisen können. Aber jetzt muss ich die ganze Zeit an das denken, was Maeve neulich über Simon gesagt hat – dass er auf dieser Website so krasse Sachen gepostet haben soll. Glaubst du, da ist was dran?«

»Bronwyn tut es jedenfalls«, antworte ich. »Sie möchte, dass wir vier uns treffen und uns austauschen. Selbst Nate will mitmachen.« Als Cooper zerstreut nickt, wird mir klar, dass er von manchen Dingen noch gar nichts mitgekriegt hat, weil er sich immer noch die meiste Zeit in Jakes Dunstkreis aufhält. »Hast du das von Nates Mutter gehört? Dass sie, ähm, doch nicht tot ist?«

Ich hätte nicht gedacht, dass Cooper noch blasser werden könnte. »W… was?«

»Ist eine ziemlich lange Geschichte, aber – ja. Sie war wohl drogensüchtig und hat irgendwo in Oregon in einer Art Kommune gelebt. Aber jetzt ist sie plötzlich wieder aufgetaucht und anscheinend auch clean. Ach, und Bronwyn wurde auch noch mal ins Police Department bestellt und zu einem widerlichen Post befragt, den Simon in der Zehnten über ihre Schwester veröffentlicht hat, woraufhin Bronwyn damals in den Kommentaren geschrieben hat, dass er verrecken soll, was jetzt natürlich einen ziemlich üblen Beigeschmack hat.«

»Wie bitte?« Dem fassungslosen Ausdruck auf Coopers Gesicht nach zu urteilen, habe ich es wohl geschafft, ihn von seinen eigenen Problemen abzulenken. Dann ertönt der zweite Gong und seine Schultern sacken nach unten. »Wir gehen besser rein. Aber wenn ihr euch trefft, bin ich auf jeden Fall dabei.«

••••

Die Polizei zieht wieder mit einem Vertrauenslehrer in einen Konferenzraum der Schule und befragt die Schüler dort in Einzelgesprächen. Anfangs ist es noch relativ ruhig, und als wir es durch den Tag schaffen, ohne irgendwas gehört zu haben, schöpfe ich Hoffnung, dass Cooper sich geirrt hat und sein Geheimnis doch nicht enthüllt wird. Aber am Dienstagvormittag setzt das Getuschel ein. Ich weiß nicht, ob es an der Art der Fragen lag, die die Polizei gestellt hat, daran, mit wem sie gesprochen haben, oder ob es ganz altmodisch eine undichte Stelle gab, aber als ich vor der Mittagspause an meinem Schließfach stehe, kommt meine ehemalige Freundin Olivia angerannt – die nicht mehr mit mir geredet hat, seit Jake TJ die Nase gebrochen hat – und packt mich mit einem Ausdruck purer Sensationslust im Gesicht am Arm.

»Oh mein Gott. Hast du schon das über Cooper gehört?« Ihr springen vor Aufregung fast die Augen aus dem Kopf, als sie die Stimme zu einem durchdringenden Flüstern senkt. »Er ist angeblich *schwul*!«

Ich mache mich von ihr los. Falls Olivia geglaubt hat, ich wäre dankbar, dass sie mich an dem Klatsch teilhaben lässt, hat sie sich getäuscht. »Wen interessiert's?«, sage ich achselzuckend.

»Tja, *Keely* schon«, kichert Olivia und wirft ihre Haare

nach hinten. »Kein Wunder, dass er nicht mit ihr schlafen wollte! Bist du auf dem Weg in die Cafeteria?«

»Ja. Ich bin mit Bronwyn verabredet. Man sieht sich.« Ich knalle meine Schließfachtür zu und drehe mich auf dem Absatz um, bevor sie noch etwas sagen kann.

Nachdem ich mir etwas zu essen geholt habe, setze ich mich zu Bronwyn an unseren Stammtisch. Sie sieht super hübsch aus in einem Sweatshirt-Kleid mit Boots, und ihre Wangen sind so rosig, dass ich mich frage, ob sie sich zur Abwechslung mal geschminkt hat. Falls ja, hat sie es geschafft, es total natürlich aussehen zu lassen.

»Wartest du auf jemanden?«, erkundige ich mich, als sie immer wieder zur Tür schaut.

Ihre Wangen röten sich noch mehr. »Vielleicht.«

Ich glaube ziemlich genau zu wissen, auf wen. Und bestimmt ist es – im Gegensatz zu allen anderen in der Cafeteria – nicht Cooper. Als er durch die Tür tritt, verstummen plötzlich alle und einen Augenblick später steigt von sämtlichen Tischen lautes Getuschel auf.

»Cooper Clay ist Cooper GAY!«, ruft jemand mit übertrieben hoher Stimme, und Cooper bleibt wie erstarrt stehen, als etwas durch die Luft fliegt und ihn an der Brust trifft. Ich erkenne die blaue Packung sofort: Trojan-Kondome. Jakes Lieblingsmarke. Mit Sicherheit nicht nur seine, aber das Wurfgeschoss kam aus der Ecke, wo ich früher immer gesessen habe.

Irgendjemand fängt an, *»Doin' the butt, hey, pretty, pretty«* von EU zu singen, und der ganze Raum bricht in Gelächter aus. Man hört aber nicht nur Häme heraus, es gibt auch viele, denen man ansieht, dass sie aus Schock oder Betretenheit lachen. Ich glaube, die meisten wissen einfach nicht, wie sie sich verhalten sollen. Mir selbst hat es die Sprache verschlagen, weil der Ausdruck auf Coopers Gesicht mir fast das Herz bricht.

»Großer Gott, was ist denn hier los.« Plötzlich steht Nate neben Cooper. Die Szene wirkt seltsam surreal, weil ich ihn noch nie zuvor in der Cafeteria gesehen habe. Allen anderen scheint es genauso zu gehen, weil es auf einmal so leise im Raum wird, dass Nates verächtliche Stimme bis in die hinterste Ecke zu hören ist. »Habt ihr verdammten Loser nichts Besseres zu tun, als euch über so was das Maul zu zerreißen? Werdet verflucht noch mal erwachsen.«

Ein Mädchen ruft: »Turteltäubchen!«, und tarnt es als lautes Husten. Vanessa grinst gehässig, als alle um sie herum in die Art von Lachen ausbrechen, das im letzten Monat immer an meine Adresse gerichtet gewesen ist: halb schuldbewusst, halb schadenfroh und mit einem Ausdruck im Gesicht, der ganz offensichtlich sagt: *Gott sei Dank passiert das dir und nicht mir.* Die einzige Ausnahme ist Keely, die auf ihrer Unterlippe kaut und zu Boden starrt, und Luis, der sich halb in seinem Stuhl aufgerichtet hat und die Fäuste auf den Tisch stemmt. Eine der Cafeteria-Mitarbeiterinnen ist in der Tür zur Küche stehen geblieben und scheint hin- und hergerissen zwischen dem Bedürfnis, den Dingen ihren Lauf zu lassen oder einen Lehrer zu informieren.

Nates Blick heftet sich auf Vanessa, deren selbstgefällige Miene keine Spur von Verlegenheit zeigt. »Im Ernst jetzt? Ausgerechnet *du* traust dich, hier den Mund aufzureißen? Auf der letzten Party hast du versucht, mir an die Wäsche zu gehen, dabei weiß ich nicht mal, wie du heißt.« Noch mehr Gelächter, aber dieses Mal nicht auf Coopers Kosten. »Falls es einen Typen an der Bayview gibt, bei dem du's noch nicht versucht hast, würde ich ihn echt wahnsinnig gern kennenlernen.«

Vanessas Mund steht offen, als in einer Ecke eine Hand in die Höhe schnellt. »Ich«, ruft ein Junge, der bei den IT-Nerds sitzt. Seine Freunde lachen nervös, als sich die pulsierende Aufmerksamkeit des Raums – es kommt mir tatsächlich vor wie eine Welle, die sich von einem Ziel zum nächsten bewegt – auf sie richtet. Nate zeigt ihm den gereckten Daumen und sieht dann wieder Vanessa an.

»Na bitte. Versuch dein Glück bei ihm und halt ansonsten verdammt noch mal die Klappe.« Er kommt zu unserem Tisch rüber und lässt seinen Rucksack auf den Stuhl neben Bronwyn fallen, die sofort aufspringt, ihm die Arme um den Hals schlingt und ihn küsst, als wären sie die einzigen Menschen auf der Welt. Die Cafeteria keucht kollektiv auf, gefolgt von anfeuernden Pfiffen und lautem Gejohle. Ich starre die beiden genauso fassungslos an wie alle anderen. Klar, ich habe es mir schon irgendwie gedacht, aber nicht mit öffentlichen Zärtlichkeitsbekundungen gerechnet. Unwillkürlich frage ich mich, ob Bronwyn versucht, von Cooper abzulenken oder ob es sie einfach überkommen hat. Vielleicht beides.

So oder so hat es funktioniert – Cooper ist vergessen. Er steht immer noch reglos im Eingang, bis ich aufstehe, zu ihm gehe und ihn am Arm fasse. »Los, komm. Sämtliche Mitglieder des Mörder-Clubs an einem Tisch vereinigt. Geben wir ihnen was zu gaffen.«

Cooper folgt mir, ohne sich etwas zu essen zu holen. Nachdem wir uns gesetzt haben, herrscht einen Moment lang unbehagliches Schweigen, bis plötzlich noch jemand auftaucht: Luis, der sich mit seinem Tablett auf den letzten freien Stuhl an unserem Tisch setzt.

»Das war echt scheiße«, sagt er finster, und als er sieht, dass Cooper kein Tablett vor sich stehen hat, fragt er: »Isst du nichts?«

»Keinen Hunger«, sagt Cooper.

»Du musst trotzdem was essen.« Luis nimmt die Banane, die auf seinem Tablett liegt, und hält sie ihm hin. »Hier.«

Alle erstarren für einen kurzen Moment, dann brechen wir gleichzeitig in Lachen aus. Sogar Cooper.

»Nein danke«, sagt er und stützt kopfschüttelnd das Kinn in die Hand.

Luis wird feuerrot. »Warum hab ich mir nur keinen Apfel genommen?«, murmelt er und Cooper schenkt ihm ein müdes Lächeln.

Scheint, als müssten erst solche Dinge passieren, damit man weiß, wer seine echten Freunde sind. Wie sich herausgestellt hat, hatte ich keine, aber ich bin froh, dass es bei Cooper anders aussieht.

24

NATE
Donnerstag, 25. Oktober, 00:20 Uhr

Ich fahre langsam bis zum Ende der Sackgasse auf dem Gelände der Bayview Estates, schalte den Motor aus und warte einen Moment, um zu prüfen, ob sonst noch jemand in der Nähe ist. Als alles ruhig bleibt, steige ich vom Motorrad und helfe Bronwyn, ebenfalls abzusteigen.

Da es in dem unfertigen Neubauviertel noch keine Straßenbeleuchtung gibt, ist es um uns herum stockdunkel und wir nutzen die Taschenlampenfunktion an unseren Handys, als wir zum Haus mit der Nummer fünf gehen. Der Vordereingang ist leider verschlossen, also versuchen wir unser Glück auf der Rückseite des Hauses, wo ich an allen Fenstern rüttle, bis ich eines gefunden hab, das sich öffnen lässt. Ich ziehe mich am Fensterbrett hoch und klettere hindurch. »Geh zur Haustür zurück, ich lasse dich rein«, sage ich leise, als ich drin bin.

»Nicht nötig«, antwortet Bronwyn und macht sich daran, sich ebenfalls am Fensterbrett hochzuziehen. Ich beuge mich durchs Fenster, um ihr zu helfen, und trete dann zurück, damit sie genügend Platz hat, über den Sims zu klettern. Sie landet mit einem ziemlich lauten Plumps auf dem Boden.

»Wirklich sehr anmutig«, necke ich sie, während sie sich aufrappelt und ihre Jeans abklopft.

»Ha, ha«, murmelt sie und schaut sich um. »Sollen wir schon mal die Tür für Addy und Cooper aufmachen?«

Die ganze Aktion hat was von einem schlechten Spionagefilm – die »Bayview Four« schleichen sich nach Mitternacht in einen leer stehenden Rohbau. Aber das ist der einzige Ort, der uns eingefallen ist, an dem wir uns treffen können, ohne zu viel Aufmerksamkeit auf uns zu ziehen. Selbst meine normalerweise so desinteressierten Nachbarn haben plötzlich angefangen, ihre Nase in meine Angelegenheiten zu stecken, seit ständig Mitglieder von Mikhail Powers' Fernsehteam unsere Straße rauf- und runterpatrouillieren.

Außerdem hat Bronwyn immer noch Hausarrest.

»Okay«, sage ich und wir gehen durch eine noch unfertige Küche in ein Wohnzimmer mit riesigem Erkerfenster. Helles Mondlicht strömt durch das kleine Fenster in der Tür, als ich den Riegel zurückschiebe. »Was für eine Uhrzeit hast du ihnen gesagt?«

»Halb eins«, antwortet sie und drückt auf ihrer Apple-Uhr auf einen Knopf.

»Und wie spät ist es jetzt?«

»Fünf vor halb eins.«

»Gut. Wir haben noch fünf Minuten.« Ich lege eine Hand an ihr Gesicht, schiebe sie gegen die Wand und ziehe ihren Mund an meinen. Sie schmiegt sich an mich, schlingt die Arme um mich und öffnet mit einem leisen Seufzen die Lippen. Meine Hände wandern von ihrer Taille zu ihren Hüften runter und finden einen Streifen nackte Haut unter dem Saum ihres Shirts. Unter den eher braven Klamotten, die Bronwyn immer trägt, verbirgt sich ein unglaublicher Körper, auch wenn ich bis jetzt noch so gut wie nichts davon gesehen habe.

»Nate«, flüstert sie nach ein paar Minuten mit dieser atemlosen Stimme, die mich verrückt macht. »Du wolltest mir noch erzählen, wie es mit deiner Mutter gelaufen ist.«

Ach ja, das. Heute Nachmittag hab ich mich noch einmal mit ihr getroffen und es war … ganz okay. Sie ist pünktlich aufgetaucht, machte einen nüchternen Eindruck, hat sich mit Fragen zurückgehalten und mir etwas Geld gegeben, um ein paar offene Rechnungen bezahlen zu können. Aber ich hab trotzdem mit mir selbst eine Wette darüber abgeschlossen, wie lange sie wohl durchhalten wird. Nach meiner derzeitigen Einschätzung maximal zwei Wochen.

Bevor ich Bronwyn antworten kann, wird knarzend die Tür aufgedrückt und eine schmale Gestalt schlüpft herein. Als ich die Handytaschenlampe auf sie richte, sehen wir, dass es Addy ist, die auf einmal dunkle Strähnen in ihren Haaren hat. »Oh, gut, ich bin nicht die Erste«, flüstert sie, dann stemmt sie die Hände in die Hüften und sieht Bronwyn und mich fassungslos an. »Habt ihr euch etwa gerade geküsst?«

»Hast du dir die Haare gefärbt?«, gibt Bronwyn zurück und löst sich von mir. »Was ist das für ein Farbton?« Sie streicht durch Addys Pony. »Lila! Gefällt mir. Wie bist du darauf gekommen?«

»Irgendwie sind kurze Haare viel aufwendiger als lange«, sagt Addy seufzend. »Und weil mir meistens die Zeit fehlt, sie zu stylen, dachte ich, mit Strähnen fällt das vielleicht weniger auf.« Sie legt ihren Fahrradhelm auf dem Boden ab und sieht mich dann mit schräg gelegtem Kopf an. »Falls du anderer Meinung bist, spar dir deinen Kommentar.«

Ich hebe beschwichtigend die Hände. »Hatte nicht vor, irgendwas zu sagen, Addy.«

»Seit wann weißt du, wie ich heiße«, erwidert sie trocken.

Ich grinse. »Du bist ganz schön angriffslustig geworden, seit du keine langen Haare mehr hast. Und keinen Freund.«

Sie verdreht die Augen. »Wo halten wir unser konspiratives Treffen ab? Im Wohnzimmer?«

»Ja, aber weit genug weg vom Fenster, damit niemand das Licht sieht.« Bronwyn bahnt sich einen Weg zwischen den Baumaterialien hindurch und setzt sich im Schneidersitz vor den Kamin. Ich hocke mich neben sie und warte, dass Addy uns folgt, aber sie ist in der Tür stehen geblieben.

»Ich glaube, ich hab was gehört.« Sie öffnet die Tür einen Spaltbreit, späht hinaus und tritt dann zur Seite, um Cooper reinzulassen. Als sie ihn ins Wohnzimmer führt, stolpert sie über ein Verlängerungskabel. »*Oh Shit*!«, flucht sie und flüstert: »Sorry, das war wohl ein bisschen zu laut«, als sie sich mit Cooper zu uns auf den Boden setzt.

Bronwyn beugt sich zu ihm. »Hey. Wie geht's dir?«

Er reibt sich übers Gesicht. »Och, na ja, wie es einem eben so geht, wenn man in einem verfluchten Albtraum lebt. Mein Vater redet nicht mehr mit mir, im Netz reißen sie mich in Stücke, und von den Teams, die an mir interessiert waren, beantwortet keines mehr die Anrufe von Coach Ruffalo. Aber ansonsten ist alles super.«

»Oh Mann, das tut mir so leid«, seufzt Bronwyn, und Addy greift nach seiner Hand.

Er zuckt mit den Achseln. »Es ist, wie es ist. Lasst uns lieber darüber reden, weshalb wir hier sind.«

Bronwyn räuspert sich. »Also … vor allem, um uns auszutauschen und selbst zu versuchen, ein bisschen Licht in diesen Fall zu bringen. Eli Kleinfelter – ihr wisst schon, der Typ von *Until Proven* – hat davon gesprochen, dass man nach Mustern und Verbindungen suchen muss, deswegen dachte ich, wir könnten vielleicht erst noch mal die Fakten durchgehen, die wir kennen.« Sie zählt sie an den Fingern ab. »Simon war kurz davor, ein paar ziemlich schockierende Dinge über uns alle zu veröffentlichen. Jemand hat uns diese Handys untergeschoben und so dafür gesorgt, dass wir alle bei Mr Avery im Chemieraum nachsitzen mussten, wo Simon vor unseren Augen starb, nachdem er aus einem mit Erdnussöl präparierten Becher Wasser getrunken hatte. Außer uns gibt es noch eine Menge anderer Leute, die einen Grund hatten, wütend auf Simon zu sein. Und dann sind da noch diese krassen Kommentare, die er auf 4chan gepostet hat – wer weiß, wem er dort vielleicht zu nahegetreten ist?«

»Janae hat erzählt, dass er total darunter gelitten hat, so ein Außenseiter zu sein, und es nie verwunden hat, dass Keely nichts von ihm wollte«, erzählt Addy und sieht Cooper an. »Er hat sie doch auf dem Abschlussball in der Neunten so heftig angegraben, weißt du noch? Und auf einer Party ein paar Wochen später hat sie dann nachgegeben und paar Minuten mit ihm rumgeknutscht. Er hat wohl tatsächlich gedacht, es würde mehr daraus werden.«

Cooper zieht ein Gesicht, als würde er sich an etwas erinnern, das er lieber aus seinem Gedächtnis streichen würde. »Ach ja, stimmt. Über Keeley gibt es tatsächlich eine Verbindung oder wie auch immer man es nennen will. Zwischen mir und Nate, meine ich.«

Ich kapiere es nicht. »Was?«

Er sieht mich an. »Als ich mit Keely Schluss gemacht hab, hat sie mir erzählt, dass sie damals auf einer Party mit dir rumgeknutscht hat, um Simon loszuwerden. Und ein paar Wochen später ist sie dann mit mir zusammengekommen.«

»Du und *Keely*?« Addy starrt mich an. »Davon hat sie nie was erzählt!«

»Da lief bloß ein paarmal was.« Im Ernst, ich hatte die ganze Sache längst vergessen.

»Und *du* bist gut mit Keely befreundet. Oder warst es jedenfalls«, sagt Bronwyn zu Addy. Es scheint sie kein bisschen aus der Fassung zu bringen, dass Keely und ich mal was miteinander hatten, und ich bin zugegebenermaßen beeindruckt, dass sie sich stattdessen weiter auf das eigentliche Thema konzentriert. »Ich bin die Einzige, die nie wirklich etwas mit ihr zu tun gehabt hat«, sagt sie nachdenklich. »Also … keine Ahnung. Hat das jetzt was zu bedeuten oder nicht?«

»Ich wüsste nicht, was«, meint Cooper. »Außer Simon hat es doch niemanden interessiert, was zwischen ihm und Keely war.«

»*Keely* könnte es interessiert haben«, sagt Bronwyn.

Cooper unterdrückt ein Lachen. »Du kannst nicht wirklich glauben, dass Keely irgendetwas damit zu tun hat!«

»Wir sammeln erst mal nur Anhaltspunkte.« Bronwyn beugt sich vor und stützt das Kinn in die Hand.

»Schon, aber Keely hat überhaupt kein Motiv. Sollten wir nicht lieber über die Leute reden, die Simon gehasst haben? Mal abgesehen von dir.« Cooper zeigt auf Bronwyn, die ihn stirnrunzelnd ansieht. »Ich meine, wegen diesem Post, den er über deine Schwester geschrieben hat. Addy hat mir davon erzählt. Das war echt mies. Ich hab das damals gar nicht mitbekommen. Aber wenn, hätte ich was gesagt.«

»Ich habe ihn nicht *umgebracht*«, sagt Bronwyn angespannt.

»Das wollte ich dir doch auch gar nicht unterstellen …«, beginnt Cooper, aber Addy unterbricht ihn.

»Lasst uns beim Thema bleiben. Was ist mit Leah und

Aiden Wu? Ihr könnt mir nicht erzählen, dass die beiden keine Rachegedanken hatten.«

Bronwyn schluckt und senkt den Blick. »Ich habe auch schon über Leah nachgedacht. Sie ist … Also, es gibt da was, wovon ich euch bisher noch nichts erzählt habe. Leah und ich haben mal bei einem Wettbewerb der Model United Nations teilgenommen und Simon, der damals auch mitmachen wollte, aus Versehen einen falschen Abgabetermin genannt, wodurch er disqualifiziert wurde. Direkt danach fing er an, Leah auf *About That* fertigzumachen. Nur Leah, mich nicht.«

Mir hat Bronwyn es erzählt. Die Sache nagt schon seit einer Weile an ihr. Aber für Cooper und Addy ist die Information neu. »Also hatte Leah einen Grund, Simon zu hassen *und* wütend auf dich zu sein«, sagt Addy, aber dann schüttelt sie den Kopf. »Trotzdem passt das nicht zusammen. Warum hätte sie uns andere da mit reinziehen sollen?«

»Gegen uns hatte Simon eben zufällig auch was in der Hand«, sage ich achselzuckend. »Vielleicht sind wir einfach als Kollateralschaden in Kauf genommen worden.«

Bronwyn seufzt. »Ich weiß nicht. Leah ist ziemlich … temperamentvoll, aber sie ist nicht hinterhältig. Mich verwirrt Janaes Rolle viel mehr.« Sie wendet sich an Addy. »Das Seltsamste an diesen Tumblr-Posts sind die vielen Details, von denen eigentlich nur wir selbst wissen können – oder jemand, der viel Zeit mit uns verbringt. Findet ihr es nicht merkwürdig, dass Janae in der Mittagspause immer bei uns sitzt, obwohl wir verdächtigt werden, ihren besten Freund umgebracht zu haben?«

»Na ja, zu ihrer Verteidigung muss ich sagen, dass ich ihr angeboten habe, sich zu uns zu setzen«, wirft Addy ein. »Aber ich hab das Gefühl, dass sie selbst nicht so genau weiß, ob sie das überhaupt will. Ist euch auch aufgefallen, dass sie und Simon in der Zeit vor seinem Tod nicht mehr so oft wie sonst zusammen unterwegs gewesen sind? Ich frage mich schon die ganze Zeit, ob zwischen den beiden vielleicht irgendwas vorgefallen ist.« Sie lehnt sich zurück. »Wenn es jemand gibt, der wusste, welche Geheimnisse Simon verraten wollte, kann das eigentlich nur Janae sein. Aber … keine Ahnung. Ich kann mir nicht vorstellen, dass sie zu so was fähig wäre.«

»Vielleicht hat Simon sie abgewiesen und sie wollte sich rächen?« Kaum hat Cooper den Satz beendet, winkt er auch schon ab. »Aber wie soll sie das angestellt haben? Sie war ja gar nicht da, als es passierte.«

»Das können wir nicht mit Sicherheit sagen«, widerspricht Bronwyn. »Als ich mit Eli Kleinfelter gesprochen habe, meinte er, dass jemand den Auffahrunfall auf dem Parkplatz inszeniert haben könnte, um uns abzulenken und unbemerkt in den Raum zu schlüpfen. Wenn man das in Betracht zieht, könnte es jeder getan haben.«

Ich habe Bronwyn damit aufgezogen, als sie mir das erste Mal davon erzählt hat, aber … vielleicht muss man wirklich alle Szenarien durchspielen. Ich wünschte, ich könnte mich genauer an den Tag erinnern, um einschätzen zu können, ob das überhaupt möglich gewesen wäre.

»Eines der beiden Autos war ein roter Camaro«, sagt Cooper. »Sah schon was älter aus. Jedenfalls kann ich mich nicht erinnern, so einen schon mal auf dem Schulparkplatz gesehen zu haben. Weder davor noch danach. Was tatsächlich seltsam ist, wenn man darüber nachdenkt.«

»Ach, komm schon.« Addy schüttelt den Kopf. »Das ist echt weit hergeholt. Klingt nach etwas, das ein Anwalt sich ausdenken würde, der nach jedem Strohhalm greift, um seinen

Mandanten rauszuhauen. Wahrscheinlich war das einfach jemand, der an dem Tag jemanden abgeholt hat.«

»Vielleicht«, sagt Cooper. »Keine Ahnung. Der Bruder von Luis arbeitet in einer Autowerkstatt. Vielleicht frage ich ihn mal, ob sie so einen Wagen zur Reparatur dahatten oder ob er sich in ein paar anderen Werkstätten danach erkundigen kann.« Er hebt eine Hand, als er Addys hochgezogene Brauen sieht. »Hey, *du* bist nicht die neue Lieblingsverdächtige der Polizei, okay? Wenn sich hier jemand Sorgen machen muss, dann ich.«

Diese Diskussion führt zwar zu keinem echten Ergebnis, aber während wir uns unterhalten, fallen mir ein paar Dinge auf, die mich überraschen. Erstens: Ich finde alle drei netter, als ich gedacht hätte. Wobei das Wort *nett* in Bronwyns Fall natürlich nicht annähernd an das herankommt, was ich für sie empfinde. Aber Addy hat in den letzten Wochen so was wie eine Hundertachtziggradwendung gemacht und sich vom kleinen Mäuschen in eine echte Persönlichkeit verwandelt. Und auch Cooper ist längst nicht so eindimensional, wie ich dachte.

Und zweitens: Ich glaube nicht, dass einer von ihnen Simon ermordet hat.

BRONWYN
Freitag,
26. Oktober,
20:00 Uhr

Am Freitagabend versammelt sich die ganze Familie vor dem Fernseher, um *Mikhail Powers Investigates* zu schauen. Mir graut noch mehr davor, als beim letzten Mal. Zum einen versuche ich mich innerlich zu stählen, weil sie garantiert etwas zu Simons Post über

Maeve sagen werden, zum anderen habe ich Angst, dass womöglich über mich und Nate berichtet wird. Ich hätte ihn in der Schule nicht küssen sollen. Wobei ich zu meiner Verteidigung sagen muss, dass er in diesem Moment einfach unwiderstehlich cool war. Ich konnte nicht anders!

Egal. Wir sind alle nervös. Maeve kuschelt sich neben mir in eine Decke, als die Titelmusik ertönt und in schneller Folge Aufnahmen von Bayview eingeblendet werden.

Eine Mordermittlung wird zur Hexenjagd. Geht die Polizei zu weit, wenn private Informationen preisgegeben werden, um in einem Fall weiterzukommen?

Moment mal. Wie bitte?

Die Kamera fährt an Mikhail heran, der hinter seinem Schreibtisch sitzt und *stinksauer* aussieht. Ich setze mich aufrechter hin, als er zu sprechen beginnt. »Die Ermittlungen im Mordfall Simon Kelleher haben diese Woche eine hässliche Wendung genommen, als einer der vier unter Verdacht stehenden Schüler, der seine Homosexualität verschwiegen hat, gegen seinen Willen geoutet wurde, was einen medialen Feuersturm auslöste, über den jeder Amerikaner besorgt sein sollte, dem das Recht auf Privatsphäre heilig ist.«

Und dann fällt es mir wieder ein. Mikhail Powers ist selbst schwul. Er wurde, noch während er auf die Junior Highschool ging, zwangsgeoutet, nachdem irgendwer im Internet Fotos von ihm in Umlauf gebracht hatte, auf denen er einen Jungen küsste. Und seiner Reaktion nach zu urteilen, scheint er das immer noch nicht verwunden zu haben.

Auf einmal steht nämlich das Bayview Police Department am Pranger, das, ohne einen einzigen echten Beweis gegen uns in der Hand zu haben, unser Leben auf den Kopf stellt und nicht mal davor zurückscheut, Coopers Persönlichkeitsrechte zu verletzen. Mittlerweile hat sich sogar die ACLU eingeschaltet, aber ein Sprecher der Polizei verteidigt das Vorgehen und behauptet, man wäre bei den Befragungen behutsam vorgegangen und es gäbe keine undichte Stelle in ihren Reihen. Im Anschluss kommt noch mal Eli Kleinfelter von *Until Proven* zu Wort, der die von Anfang an stümperhaft durchgeführten Ermittlungen verurteilt, in denen wir vier zu Sündenböcken gemacht wurden, ohne dass irgendjemand auch nur danach gefragt hätte, wer sonst noch unter Simon Kelleher gelitten haben könnte.

»Warum hat bis jetzt eigentlich noch niemand den Lehrer, der an besagtem Nachmittag die Aufsicht hatte, genauer unter die Lupe genommen?«, fragt er und beugt sich über seinem mit Akten übersäten Schreibtisch nach vorn. »Er ist genauso in dem Raum gewesen wie die Schüler, wird jedoch als Einziger nicht als Verdächtiger, sondern als Zeuge behandelt, obwohl er von allen die beste Gelegenheit hatte, dieses Verbrechen durchzuführen. Das darf meiner Meinung nach nicht einfach außer Acht gelassen werden.«

Maeve beugt sich zu mir. »Du solltest für *Until Proven* arbeiten, Bronwyn«, flüstert sie.

Mikhail wechselt zum nächsten Beitrag mit dem Titel: *Würde der echte Simon Kelleher bitte aufstehen?* Simons Schulfoto wird eingeblendet, während verschiedene Leute sich an seine glänzenden Noten, seine netten Eltern und all die AGs zurückerinnern, in denen er aktiv gewesen ist. Dann sieht man plötzlich Leah Jackson, die vor dem Schulgebäude mit einem Reporter spricht. Ich sehe Maeve mit großen Augen an, die meinen Blick genauso fassungslos erwidert.

»Sie hat es getan«, murmelt sie. »Sie hat es tatsächlich getan.«

Dem Interview mit Leah folgen Einspieler über andere Schüler, denen Simon mit seiner App hart zugesetzt hat, unter anderem geht es um Aiden Wu und ein Mädchen, das von zu Hause rausflog, nachdem ihre Eltern von ihrer Schwangerschaft erfuhren. Maeves greift nach meiner Hand, als Mikhail die letzte Bombe platzen lässt. Ein Screenshot des 4chan-Threads wird eingeblendet, in dem Simons schlimmste Äußerungen über das Schulmassaker in Orange County farbig hervorgehoben sind:

> Also in der Theorie bin ich durchaus ein Befürworter von Amokläufen an Schulen, aber dieser Typ hat echt eine deprimierende Fantasielosigkeit an den Tag gelegt. Okay, die Sache hat ihren Zweck erfüllt. Aber wie uninspiriert kann man sein? Das haben wir alle mittlerweile schon hundertmal gesehen. Schüler schießt im Schulgebäude rum und richtet sich anschließend selbst, Sondersendungen auf allen Kanälen. Gähn. Geht doch mal ein Risiko ein, Herrgott noch mal! Lasst euch was Originelles einfallen. Vielleicht eine Handgranate. Samurai-Schwerter? Überrascht mich, wenn ihr das nächste Mal eine Horde überheblicher Arschlöcher kaltmacht. Mehr verlange ich doch gar nicht.

Ich denke an den Tag in der Cafeteria zurück, an dem Maeve auf ihrem Handy herumtippte und Janae so sauer auf sie wurde. »Dann hast du denen die Datei also tatsächlich geschickt?«

»Hab ich«, flüstert sie zurück. »Aber ich wusste nicht, ob sie das Material verwenden würden. Es hat sich nie jemand bei mir gemeldet.«

Am Ende der Sendung ist das Bayview Police Department der eigentliche Übeltäter, dicht gefolgt von Simon. Addy, Nate und ich sind unbeteiligte Opfer, die völlig zu Unrecht ins Kreuzfeuer der Presse und der Polizei geraten sind, und Cooper ist ein Heiliger. Das Blatt hat sich auf einmal überraschend gewendet.

Ich weiß nicht, ob man das noch seriösen Journalismus nennen kann, aber wie sich in den darauffolgenden Tagen herausstellt, hat Mikhail Powers definitiv einen Stein ins Rollen gebracht. Es wird eine Online-Petition ins Leben gerufen, mit der erreicht werden soll, dass die Ermittlungen gegen uns eingestellt werden. Innerhalb kürzester Zeit kommen fast zwanzigtausend Unterschriften zusammen. Dem Baseball-Verband und diversen Colleges wird vorgeworfen, homosexuelle Spieler zu diskriminieren. Der Tonfall in den Medien verändert sich, auf einmal werden mehr Fragen zu den Ermittlungsmethoden der Polizei gestellt als über unsere möglichen Motive. Und als ich am Montag in die Schule komme, werde ich nicht mehr wie eine Aussätzige behandelt. Selbst Evan Neiman, der die letzten Wochen so getan hat, als wären wir uns noch nie begegnet, kommt nach Unterrichtsschluss zu mir und fragt, ob ich heute auch zum Mathlete-Training gehe.

Vielleicht wird mein Leben nie wieder vollkommen normal werden, aber gegen Ende der Woche fange ich an zu hoffen, dass ich mich in Zukunft wenigstens weniger wie eine verurteilte Kriminelle fühlen muss.

Als ich am Freitagabend mit Nate telefoniere, lese ich ihm den neuesten Tumblr-Post vor. Sogar im Netz kündigt sich so etwas wie Endzeitstimmung an:

Die Geschichte um die Mordverdächtigen zieht sich gerade ganz schön, um nicht zu sagen, ist sterbenslangweilig. Ich meine, klar, die Wende in der TV-Berichterstattung ist ganz interessant. Und ich finde es cool zu sehen, dass mein Ablenkungsmanöver funktioniert – aber die Leute haben immer noch keine Ahnung, wer Simon getötet hat.

Nate unterbricht mich nach dem ersten Absatz. »Sorry, aber genau zu dem Thema habe ich eine wichtige Frage. Sag ehrlich: Wirst du mich auch noch sexy finden, wenn ich nicht mehr unter Mordverdacht stehe?«

Ich lache. »Keine Sorge. Du bist ja immer noch wegen Handels mit Rauschmitteln auf Bewährung. Das ist ziemlich heiß.«

»Tja, aber meine Bewährungszeit läuft im Dezember aus«, gibt Nate zurück. »Bis nächstes Jahr könnte ich mich in einen vorbildlichen Bürger verwandelt haben. Vielleicht erlauben mir deine Eltern dann ja sogar ganz offiziell, mal mit dir ins Kino zu gehen oder so was in der Art. Wenn du das wollen würdest.«

Wenn ich das wollen würde. »Nate, ich warte seit der fünften Klasse darauf, dass du mich das fragst«, antworte ich. Es ist schön, dass er sich Gedanken darüber macht, wie es nach diesem ganzen Irrsinn mit uns weitergehen könnte. Wenn uns das beide so beschäftigt, stehen die Chancen vielleicht gar nicht so schlecht, dass wir ähnliche Vorstellungen haben.

Nachdem er mir vom letzten Treffen mit seiner Mutter erzählt hat, die sich wirklich Mühe zu geben scheint, schauen wir uns einen Film an, den leider wieder mal er ausgesucht hat. Während er sich über die miese Kameraführung aufregt, schlafe ich ein – und als ich am nächsten Morgen aufwache, sind auf dem Handy nur noch zwei Minuten Guthaben übrig. Ich werde ihn bitten müssen, mir ein neues zu besorgen, was dann schon das vierte sein wird.

Es wäre echt schön, wenn wir irgendwann unsere richtigen Handys benutzen könnten.

Ich bleibe ein bisschen länger liegen als sonst, bis ich mich schließlich fertig machen muss, um mit Maeve unser übliches Samstags-Ritual vollziehen zu können. Als ich mir gerade meine Laufschuhe gebunden habe und in der Kommodenschublade nach meinem iPod-Nano suche, klopft es zaghaft an meine Tür.

»Bin fertig! Komm rein«, rufe ich und grabe das kleine metallicblaue Gerät aus einem Haufen Stirnbänder hervor. »Habe ich dir zu verdanken, dass er nur noch zu zehn Prozent geladen ist?« Ich drehe mich zu Maeve um, die so blass und mitgenommen wirkt, dass mir der Nano fast aus der Hand rutscht. Immer wenn Maeve krank aussieht, bekomme ich sofort Panik, sie könnte einen Rückfall haben. »Alles in Ordnung?«, frage ich besorgt.

»Mir geht's gut.« Die Worte klingen abgehackt. »Aber du musst dir was anschauen. Komm gleich mit runter, okay?«

»Was ist los?«

»Du … Komm einfach mit.« Maeves Stimme klingt so bekümmert, dass sich mein Herz zusammenzieht. Sie klammert sich den ganzen Weg die Treppe hinunter am Geländer fest. Ich will sie gerade fragen, ob irgendwas mit Mom oder Dad ist, als sie mich ins Wohnzimmer führt und stumm auf den Fernseher zeigt.

Ich sehe, wie Nate in Handschellen aus seinem Haus und zu einem Streifenwagen geführt wird, begleitet von einer Laufschrift am unteren Bildschirmrand: *Festnahme im Mordfall Simon Kelleher.*

25

BRONWYN
Samstag,
3. November,
10:17 Uhr

Diesmal lasse ich meinen iPod wirklich fallen.

Er gleitet mir aus der Hand und schlägt dumpf auf dem Teppich auf, während ich zusehe, wie einer der Polizisten, die Nate eskortieren, die Tür des Streifenwagens öffnet und ihn unsanft auf die Rückbank stößt. Das Bild wechselt zu einer Reporterin, die vor Nates Haus steht und sich ihre vom Wind zerzausten Haare aus dem Gesicht streicht. »Das Bayview Police Department hat bislang jeden Kommentar zur Festnahme abgelehnt und lediglich mitgeteilt, es würden neue Beweise vorliegen, die einen hinreichenden Verdacht liefern, um Nate Macauley, den einzigen der Bayview Four, der schon einmal straffällig wurde, wegen Mordes an Simon Kelleher zu verhaften. Über die weiteren Entwicklungen in dem Fall werden wir Sie auf dem Laufenden halten. Das war Liz Rosen von Channel Seven News.«

Ich zupfe Maeve am Ärmel. »Kannst du bitte noch mal zum Anfang zurückspringen?«

Sie drückt auf die Fernbedienung, und als der Beitrag noch einmal von vorn beginnt, versuche ich Nates Gesichtsausdruck zu deuten. Er wirkt völlig gelassen, fast gelangweilt. Als hätte ihn jemand überredet, auf eine Party mitzukommen, die ihn nicht interessiert.

Ich kenne diesen Blick. Den hat er auch an dem Nachmittag in der Mall gehabt, als ich *Until Proven* erwähnt habe. Er hat komplett dichtgemacht und ist in Abwehrhaltung gegangen. Keine Spur mehr von dem sensiblen, freundlichen Menschen, den ich bei unseren Telefongesprächen, den Fahrten mit dem Motorrad oder seinem nächtlichen Besuch bei mir kennengelernt habe. Oder dem Jungen, mit dem ich auf der Grundschule war, der mit schief geknoteter Schuluniform-Krawatte und aus der Hose hängendem Hemd seine schluchzende Mutter den Flur entlangführte und jeden von uns mit finsterem Blick warnte, bloß nicht zu lachen.

Und trotzdem vertraue ich Nate. Egal was die Polizei denkt oder herausgefunden hat, es ändert nichts daran.

Ich überlege fieberhaft, was ich tun könnte. Meine Eltern sind nicht zu Hause, also hole ich mein Handy und rufe meine Anwältin an, aber sie geht nicht ran. Die aufgelöste Nachricht, die ich ihr hinterlasse, ist so lang, dass ihre Mailbox mich mittendrin rauswirft und ich mit einem Gefühl totaler Hilflosigkeit auflege. Robin ist meine einzige Hoffnung, irgendwie an Informationen zu kommen, aber heute ist Samstag und für sie ist das kein Notfall. Um dieses Problem muss Nates zukünftiger Anwalt sich kümmern, nicht sie.

Dieser Gedanke versetzt mich noch mehr in Panik. Was soll ein überarbeiteter Pflichtverteidiger, der sich für Nate gar nicht interessiert, schon ausrichten können? Mein Blick wandert hektisch durch den Raum und begegnet dem von Maeve, in dem Zweifel liegt.

»Glaubst du, er könnte …«

»Nein«, unterbreche ich sie energisch. »Komm schon, Maeve, du hast doch selbst gesehen, wie chaotisch diese Ermittlungen laufen. Selbst *mich* hatten sie eine Zeit lang ganz oben auf ihrer Liste. Egal, was sie ihm vorwerfen, da ist nichts dran. Ich bin mir absolut sicher, dass sie sich irren.«

»Ich frage mich, was sie herausgefunden haben«, sagt Maeve. »Nach der schlechten Presse, die das Department diese Woche hatte, sollte man eigentlich meinen, sie wären vorsichtiger.«

Ich erwidere nichts. Zum ersten Mal in meinem Leben weiß ich nicht, was ich tun soll. Ich mache mir solche Sorgen um Nate, dass ich nicht klar denken kann. Auf Channel 7 haben sie es mittlerweile aufgegeben, so zu tun, als gäbe es irgendetwas Neues, und spielen immer wieder dieselben Beiträge zu den bisherigen Ermittlungen ab. Ausschnitte aus *Mikhail Powers Investigates.* Addy mit ihrem Pixie Cut, die demjenigen, der sie da gerade filmt, trotzig den Mittelfinger zeigt. Das Statement des Sprechers des Bayview Police Departments. Eli Kleinfelter.

Natürlich!

Ich scrolle in meinem Handy nach Elis Kontakt. Bei unserem letzten Gespräch hat er mir seine Handynummer gegeben und gesagt, dass ich ihn jederzeit anrufen kann. Hoffentlich hat er das ernst gemeint.

Er meldet sich direkt nach dem ersten Klingeln. »Eli Kleinfelter.«

»Eli? Hier ist Bronwyn Rojas. Von …«

»Hi, Bronwyn. Ich nehme an, Sie haben gerade die Nachrichten gesehen. Was halten Sie davon?«

»Die Polizei irrt sich.« Obwohl ich auf den Fernseher schaue, spüre ich Maeves stirnrunzelnden Blick auf mir. Eine entsetzliche Angst breitet sich wie ein unglaublich schnell wachsendes Rankengewächs in mir aus und schnürt mir die Luft ab. »Eli … Nate braucht rechtlichen Beistand. Jemanden, der besser ist als irgendein Pflichtverteidiger, der ihm zugewiesen wird. Er braucht jemanden, dem man nichts vormachen kann und der genau weiß, was er tut. Jemanden wie … Sie, Eli. Könnten Sie seinen Fall nicht übernehmen?«

Eli schweigt einen Moment. Als er schließlich antwortet, klingt er verhalten. »Sie wissen, dass mich dieser Fall außerordentlich interessiert und dass ich auf Ihrer Seite stehe, Bronwyn. Sie alle sind Opfer stümperhaft geführter Ermittlungen, und ich bin mir sicher, dass es sich bei dieser Verhaftung genauso verhält. Aber ich ersticke zurzeit in Arbeit und …«

»*Bitte*«, unterbreche ich ihn und erzähle ihm dann von Nates Eltern und wie er sich seit der fünften Klasse praktisch allein durchs Leben schlagen muss. Ich erzähle ihm all die herzzerreißenden Einzelheiten, die ich von Nate erfahren, selbst mitbekommen oder mir zusammengereimt habe. Nate würde mich dafür verfluchen, aber ich habe noch nie fester an etwas geglaubt, als daran, dass er Eli braucht, um nicht im Gefängnis zu landen.

»Schon gut, schon gut«, gibt sich Eli schließlich seufzend geschlagen. »Ich verstehe. Glauben Sie, sein Vater oder seine Mutter wären in der Lage, mit mir zu sprechen? Ich schaufle mir etwas Zeit für ein Beratungsgespräch frei und informiere die Familie über die Möglichkeiten einer Rechtsbeihilfe. Mehr kann ich im Moment nicht tun.«

Das ist zwar nicht genug, aber besser als nichts. »Danke!«, sage ich. »Ich setze mich mit Nates Mutter in Verbindung.« Als Nate sich vor zwei Tagen mit ihr getroffen hat, war sie in guter Verfassung. Ich kann nur hoffen, dass die heutigen Nachrichten sie nicht wieder aus der Bahn geworfen haben. »Wann können wir uns treffen?«

»Morgen um zehn in meinem Büro.«

Maeve starrt mich immer noch an, als ich das Handy sinken lasse. »Was soll das, Bronwyn?«

Ich schnappe mir die Schlüssel für den Volvo von der Kücheninsel. »Ich muss zu Mrs Macauley.«

Maeve beißt sich auf die Unterlippe. »Bronwyn, du kannst nicht immer alles ganz allein …«

… organisieren wollen? Sie hat recht. Alleine schaffe ich das nicht. Ich brauche Hilfe. »Kommst du mit? Bitte?«

Sie schaut mich mit ihren bernsteinfarbenen Augen an und ich sehe, wie sie mit sich ringt. Schließlich nickt sie. »Na gut.«

Mit schweißnasser Hand umklammere ich das Handy, als wir zum Wagen laufen. Während meines Telefonats mit Eli sind etliche Anrufe und Nachrichten bei mir eingegangen. Von meinen Eltern, Freunden und diversen unbekannten Nummern, die wahrscheinlich irgendwelchen Reportern gehören. Addy hat mir gleich vier Nachrichten geschickt, in denen praktisch immer dasselbe steht: *Hast du es mitbekommen? WTF???*

»Erzählen wir Mom und Dad davon?«, fragt Maeve, als ich aus der Einfahrt setze.

»Was meinst du mit ›davon‹? Dass Nate verhaftet wurde?«

»Das haben sie mittlerweile bestimmt selbst gehört. Nein, ich meine von deiner … *juristischen Beihilfe*.«

»Du findest es falsch?«

»Nicht unbedingt *falsch*, aber du machst alle Welt verrückt, obwohl du noch gar nicht weißt, was die bei der Polizei herausgefunden haben. Vielleicht gibt es ja doch irgendeinen Grund. Ich weiß, wie gern du Nate hast, aber … könnte es nicht sein, dass er es doch war?«

»Nein«, antworte ich mit fester Stimme. »Und ja, ich werde Mom und Dad erzählen, dass ich ihn unterstütze. Es ist ja schließlich nicht verboten, sei… *einem* Freund zu helfen.« Maeve schweigt, und ich sage auch nichts mehr, bis wir das Motel erreichen, in dem Nates Mutter sich eingemietet hat.

Ich bin unglaublich erleichtert, als der Angestellte an der Rezeption bestätigt, dass Mrs Macauley bei ihnen Gast ist. Also hat sie noch nicht ausgecheckt. Allerdings geht sie nicht ans Telefon, als er versucht, sie auf ihrem Zimmer zu erreichen, was ich als gutes Zeichen werte, weil das vielleicht bedeutet, dass sie bei Nate ist. Ich hinterlasse ihr eine Nachricht mit meiner Handynummer, wobei ich versuche, es mit Unterstreichungen und Großbuchstaben nicht zu übertreiben. Auf dem Rückweg setzt Maeve sich ans Steuer, während ich Addy anrufe.

»Was für einen Mist haben die von der Polizei sich diesmal ausgedacht?«, sagt sie zur Begrüßung und der Schraubstock, der meinen Brustkorb einzwängt, lockert sich etwas, als ich die Fassungslosigkeit in ihrer Stimme höre. »Zuerst glauben sie, wir hätten die Tat gemeinschaftlich begangen, und dann spielen sie Bäumchen wechsle dich. Erst verdächtigen sie Cooper und jetzt soll es auf einmal Nate gewesen sein.«

»Gibt es irgendwas Neues?«, frage ich. »Ich hab schon seit einer halben Stunde keine Nachrichten mehr verfolgt.«

Aber es gibt keine neuen Informationen. Die Polizei hüllt sich in Schweigen, und Addys Anwalt hat auch keine Ahnung, was passiert ist. »Willst du heute Abend vielleicht bei uns vorbeikommen?«, fragt sie. »Du musst total am Durchdrehen sein. Meine Mom und ihr Freund gehen aus, und Ashton und ich haben uns überlegt, Pizza zu machen. Bring Maeve mit, dann veranstalten wir ein Schwestern-Doppel-Date.«

»Klingt gut«, sage ich dankbar. »Das heißt, wenn jetzt nicht alles völlig außer Kontrolle gerät.«

Einen Moment später biegt Maeve in unsere Straße ein, und mir wird flau, als ich die weißen Übertragungswagen sehe, die sich vor unserem Haus aufreihen. Darunter sind auch welche der spanischsprachigen Nachrichtensender Univision und Telemundo, worüber mein Dad sicher alles andere als begeistert sein wird. Über seine Erfolgsgeschichte als Unternehmer mit kolumbianischen Wurzeln haben sie noch nie berichtet, aber wenn es um *so was* geht, tauchen sie plötzlich auf.

Sobald wir hinter dem Wagen unserer Eltern in der Einfahrt geparkt haben und ich die Tür aufmache, werden mir ein halbes Dutzend Mikrofone unter die Nase gehalten. Ich steige aus, schiebe mich an den Reportern vorbei zu Maeve, die vor dem Wagen auf mich wartet, und wir bahnen uns Hand in Hand einen Weg durch die Kameras und Blitzlichter zur Haustür. Bis wir dort sind, werden wir von verschiedenen Versionen ein und derselben Frage bombardiert: »Bronwyn, glauben Sie, dass Nate Simon umgebracht hat?« Ich schalte auf Durchzug, bis ich eine Frage höre, die mich zusammenzucken lässt: »Bronwyn, stimmt es, dass Sie und Nate eine Liebesbeziehung haben?«

Ich hoffe *inständig*, dass meine Eltern nicht dieselben Fragen gestellt bekommen haben.

Maeve knallt die Tür hinter uns zu, und als wir in die Küche kommen, sitzt Mom mit einem dampfenden Becher Kaffee in den Händen und sorgenvoller Miene an der Kücheninsel. Aus dem Arbeitszimmer dringt Dads laute, erregte Stimme zu uns.

»Bronwyn, wir müssen reden«, begrüßt Mom mich, worauf Maeve sich diskret nach oben verzieht.

Ich setze mich meiner Mutter gegenüber, und es versetzt mir einen Stich, als ich die dunklen Schatten unter ihren

Augen sehe. *Daran bin ich schuld.* »Du hast die Nachrichten ja offenbar auch schon gesehen«, leitet sie das Gespräch ein. »Dein Vater spricht gerade mit Robin Stafford darüber, wie es jetzt für dich weitergeht. Als wir an diesem Medienauflauf da draußen vorbeimussten, haben wir eine Menge Fragen gestellt bekommen. Fragen über dich und Nate.« Sie bemüht sich um einen sachlichen Tonfall, aber ich höre trotzdem die Enttäuschung in ihrer Stimme. »Ich kann mir vorstellen, dass du nicht wusstest, wie du mit uns darüber sprechen sollst, in welcher … Beziehung du zu den anderen drei Schülern stehst. Wir haben von Anfang an keinen Zweifel daran gelassen, dass wir es für das Beste halten, wenn du dich zu deinem eigenen Schutz von ihnen fernhältst. Vielleicht hast du es deshalb nicht gewagt, dich uns anzuvertrauen, aber jetzt, wo Nate verhaftet wurde, ist es umso wichtiger, dass du uns gegenüber ganz ehrlich bist. Gibt es etwas, das ich wissen sollte?«

Ich überlege, wie ich so wenige Informationen wie möglich preisgeben und sie trotzdem davon überzeugen kann, dass Nate geholfen werden muss. Aber dann greift sie nach meiner Hand und drückt sie, und mir wird schmerzhaft bewusst, dass ich bis zu meinem Betrug bei der Chemieprüfung nie Geheimnisse vor ihr gehabt habe. Mittlerweile sollte ich eigentlich gelernt haben, dass Lügen zu nichts Gutem führen.

Und dann erzähle ich ihr alles – na ja, bis auf kleine Ausnahmen. Nates nächtlichen Besuch bei uns zu Hause und unser Treffen auf dem Baugrundstück der Bayview Estates verschweige ich, weil ich mir ziemlich sicher bin, dass das nur zu einem unnötigen Konflikt führen würde. Aber ansonsten lasse ich nichts aus, auch nicht, dass wir uns geküsst haben.

Meine Mutter strengt sich *unglaublich* an, nicht die Beherrschung zu verlieren, was ich ihr wirklich hoch anrechne.

»Dann … ist es dir also ernst mit ihm?« Sie erstickt fast an den Worten.

Sie will gar keine ehrliche Antwort hören, das spüre ich. Vielleicht ist das jetzt der richtige Moment, um eine Strategie anzuwenden, die Robin mir beigebracht hat: Wenn du auf etwas nicht antworten willst, antworte einfach auf eine andere Frage. »Mom, mir ist klar, was für eine bizarre Situation das ist und dass ich Nate im Grunde überhaupt nicht kenne. Aber ich bin mir absolut sicher, dass er Simon nichts angetan hat. Und er hat niemanden, der sich um ihn kümmert. Er braucht einen guten Anwalt, also versuche ich, ihm zu helfen.« Mein Handy klingelt und zeigt eine Nummer an, die ich nicht kenne, aber ich nehme das Gespräch trotzdem an, vielleicht ist es Mrs Macauley. »Ja? Bronwyn hier.«

»Bronwyn! Toll, dass Sie drangehen! Hier ist Lisa Jacoby von der *Los Angeles Ti …*«

Ich drücke sie weg und sehe wieder meine Mutter an. »Es tut mir leid, dass ich nach allem, was ihr für mich getan habt, nicht offen zu euch war. Aber bitte lasst mich wenigstens den Kontakt zwischen Mrs Macauley und dem Anwalt von *Until Proven* herstellen. Okay?«

»Ach, Bronwyn.« Meine Mutter massiert sich die Schläfen. »Ich bin nicht sicher, ob du begreifst, wie unvorsichtig du gehandelt hast. Du hast Robin Staffords Rat ignoriert und kannst von Glück sagen, dass dir die Sache noch nicht um die Ohren geflogen ist. Aber … ich werde dich trotzdem nicht davon abhalten, mit Nates Mutter zu sprechen. Die Ermittlungen in diesem Fall sind von Anfang an so fragwürdig gewesen, dass jeder, der in den Fall verwickelt ist, eine anständige Verteidigung braucht.«

Ich schlinge die Arme um sie und … Gott, es fühlt sich so

tröstlich an, einfach eine Minute lang meine Mom zu umarmen.

Sie seufzt, als ich mich von ihr löse. »Lass mich mit deinem Vater reden. Ich glaube nicht, dass eine Unterhaltung zwischen euch beiden im Augenblick besonders effektiv wäre.«

Ich drücke sie noch einmal dankbar an mich und bin gerade auf dem Weg nach oben, als mein Handy wieder klingelt. Mein Herz macht einen Satz, als ich die Vorwahl einer Festnetznummer erkenne – ein Anschluss aus dem Stadtteil, in dem das Motel liegt. »Bronwyn hier«, melde ich mich hoffnungsvoll.

»Bronwyn, hallo.« Die Stimme klingt leise und angespannt. »Hier ist Ellen Macauley. Nates Mutter. Du hast mir eine Nachricht hinterlassen.«

Sie ist nicht im Drogenrausch wieder nach Oregon abgehauen! *Gottseidankgottseidankgottseidank.* »Ja. Ja, das hab ich.«

COOPER
Samstag, 3. November, 15:15 Uhr

Es ist mittlerweile schwierig geworden, einzuschätzen, wie ich bei einem Präsentationsspiel rüberkomme, aber dieses ist insgesamt ziemlich gut gelaufen. Mein Fastball hat hunderteinundfünfzig Stundenkilometer erreicht, ich habe zwei Strikeouts geworfen und wurde nur ein paarmal durch laute Zwischenrufe aus der Zuschauertribüne gestört. Allerdings kamen sie von Typen, die Balletttröckchen anhatten und dadurch noch mehr auffielen als die üblichen Idioten, die nicht mit ihrer Meinung über Schwule hinterm Berg halten können. Zum Glück kam sofort die Security und hat sie aus dem Stadion eskortiert.

Ein paar College-Scouts haben mein Spiel verfolgt, darunter auch jemand von der California State University, der sich anschließend sogar kurz mit mir unterhalten hat. Coach Ruffalo ist mittlerweile auch von ein paar Teams kontaktiert worden, aber ich habe das Gefühl, dass es vielen eher um die PR geht, als dass sie echtes Interesse an mir haben. Die Cal-State ist bis jetzt die einzige Uni, die mir ein Stipendium anbietet, obwohl ich besser denn je pitche. Tja. Schätze, so läuft das nun mal für ein geoutetes Nachwuchstalent, das zusätzlich noch unter Mordverdacht steht. Paps wartet nach den Spielen auch nicht mehr vor der Umkleidekabine auf mich, sondern verzieht sich immer sofort zu seinem Wagen, damit wir so schnell wie möglich abhauen können, sobald ich fertig bin.

Die Reporter reißen sich dagegen förmlich darum, mit mir zu sprechen. So ist es auch heute wieder. Kaum komme ich aus der Kabine, prasselt das mittlerweile gewohnte Blitzlichtgewitter auf mich ein und eine Reporterin drängelt sich zu mir durch und reckt mir ihr Mikro entgegen – allerdings stellt sie mir keine der üblichen Fragen.

»Cooper, was halten Sie von Nate Macauleys Festnahme?«

»Was?« Ich bleibe völlig überrumpelt stehen, sodass Luis fast in mich hineinläuft.

»Sie wissen es noch gar nicht?« Die Reporterin strahlt, als hätte sie im Lotto gewonnen. »Nate Macauley wurde heute wegen Mordes an Simon Kelleher verhaftet. Das Bayview Police Department hat mitgeteilt, dass Sie nicht länger unter Verdacht stehen. Können Sie mir sagen, wie sich das anfühlt?«

»Ähm …« *Nein, kann ich nicht.* Oder will es nicht. Was aufs selbe rauskommt. »Kein Kommentar.«

»Was zur Hölle …?«, zischt Luis, sobald wir den Kamerapulk hinter uns gelassen haben. Auf dem Weg zum Parkplatz holt er sein Handy heraus und wischt hektisch darauf herum. »Krass! Was sie gesagt hat, stimmt. *Alter …*« Er sieht mich mit großen Augen an. »Du bist aus dem Schneider.«

Seltsamerweise wird mir das erst in dem Moment bewusst, in dem er es sagt.

Beim Wagen angekommen, werfen wir unsere Rucksäcke hinten rein. Ich bin froh, dass Luis bei uns mitfährt und damit die Zeit verkürzt, die mein Vater und ich allein im Auto verbringen müssen. »Sie haben diesen Macauley verhaftet«, sagt Paps mit grimmiger Genugtuung, als wir einsteigen. Im Radio läuft gerade eine Nachrichtensendung. »Das Police Department kann sich auf eine Klagewelle gefasst machen, wenn das alles überstanden ist, und zwar mit mir an vorderster Front, so viel steht fest.«

Er wirft mir einen kurzen Seitenblick zu, als ich mich neben ihn setze. Das ist Paps' neues Ding: in meine *ungefähre* Richtung schauen. Seit meinem Outing hat er mir nicht mehr in die Augen gesehen.

»Na ja, ist doch eigentlich klar gewesen, dass es Nate war«, meint Luis achselzuckend, als hätte er letzte Woche in der Mittagspause nicht jeden Tag mit ihm am selben Tisch gesessen.

Ich weiß nicht, was ich denken soll. Als die ganze Sache anfing und ein Schuldiger gesucht wurde, hätte ich noch, ohne zu zögern, mit dem Finger auf Nate gezeigt. Obwohl er sich an dem Nachmittag wirklich total bemüht hat, Simons EpiPen zu finden. Aber er war einfach derjenige, den ich am wenigsten kannte, und ist außerdem schon mal straffällig geworden, deswegen … na ja, es lag irgendwie nahe.

Aber an dem Tag, an dem sich die komplette Cafeteria der

Bayview High wie ein Rudel Hyänen auf mich stürzen wollte, war Nate der Einzige, der mich verteidigt hat. Ich habe mich nie bei ihm bedankt, aber seitdem viel darüber nachgedacht, wie viel schlimmer es in der Schule geworden wäre, wenn er damals einfach an mir vorbeigegangen wäre und den Dingen ihren Lauf gelassen hätte.

Mein Handy quillt über vor Nachrichten, aber die von Kris sind die einzigen, die mich interessieren. Ich war kurz bei ihm, um ihn vor der Polizei zu warnen und mich für den bevorstehenden Medienrummel zu entschuldigen, aber abgesehen davon, haben wir uns in den letzten Wochen kaum gesehen. Obwohl jetzt alle über uns Bescheid wissen und wir uns nicht mehr verstecken müssten, hatten wir bis jetzt noch keine Gelegenheit, so was wie Normalität miteinander zu leben.

Wobei ich keine konkrete Vorstellung davon habe, wie so eine Normalität überhaupt aussehen würde. Ich wünschte, ich könnte es herausfinden.

OMG. Habe die Nachrichten gesehen

Das ist gut, oder???

Ruf mich an, wenn du kannst

Ich schreibe ihm zurück und höre Paps und Luis nur noch mit halbem Ohr zu. Nachdem wir Luis bei sich zu Hause abgesetzt haben, füllt sich das Auto mit bleierner Stille. Ich bin der Erste, der versucht, sie zu durchbrechen. »Also, wie war ich?«

»Gut. Sah gut aus.« Auf ein Minimum beschränkte Antworten, wie immer in letzter Zeit.

Ich versuche es noch mal. »Ich hab mich mit dem Scout von der CalState unterhalten.«

»Na toll«, schnaubt er. »Die CalState gehört noch nicht mal zu den Top Ten.«

»Stimmt«, murmle ich.

Als wir in unsere Straße biegen, sehen wir schon von Weitem die Übertragungswagen vor unserer Einfahrt. »Verdammt noch mal«, knurrt Paps. »Die schon wieder. Hoffe, das war es dir wert.«

»Was meinst du damit?«

Er fährt um einen der Transporter herum, parkt und zieht den Schlüssel aus der Zündung. »Deine *Entscheidung*.«

Wut kocht in mir hoch – sowohl wegen dem, *was* er sagt, als auch *wie* er es sagt, ohne dabei auch nur in meine Richtung zu schauen. »Nichts von all dem ist *meine* Entscheidung gewesen«, entgegne ich, aber meine Stimme geht im Gebrüll der Reporter unter, sobald er die Autotür aufmacht.

Es sind weniger als sonst, was wahrscheinlich daran liegt, dass ihre Kollegen bei Bronwyn vor der Tür stehen. Ich folge Paps ins Haus, wo er sich sofort ins Wohnzimmer verzieht und den Fernseher einschaltet. Sonst treibt er mich nach einem Spiel immer dazu an, Lockerungsübungen zu machen, aber die Mühe macht er sich schon seit einer Weile nicht mehr.

Nonny ist in der Küche und streut gerade braunen Zucker auf zwei gebutterte Toastbrote. »Wie ist das Spiel gelaufen, mein Liebling?«

»Fantastisch.« Ich lasse mich seufzend auf einen Stuhl fallen und spiele mit einer auf dem Tisch liegenden Vierteldollarmünze herum, die ich auf die Kante stelle und zu einem silbrigen Wirbel drehe. »Ich hab super geworfen, aber das interessiert niemanden mehr.«

»Na, na.« Sie setzt sich mir gegenüber und bietet mir eine Scheibe Toast an, aber ich schiebe ihr den Teller wieder hin. »Du musst dem Ganzen Zeit geben. Weißt du noch, was ich im Krankenhaus zu dir gesagt habe?« Ich schüttle den Kopf.

»Meistens wird es erst mal schlimmer, bevor es wieder aufwärts geht. Tja, du warst ganz unten und jetzt kann es nur noch besser werden.« Sie beißt von ihrem Toast ab und ich lasse den Vierteldollar weiter kreiseln. »Du solltest diesen Jungen, der dir so am Herzen liegt, mal zum Abendessen mitbringen, Cooper«, sagt sie, nachdem sie den Bissen gekaut und hinuntergeschluckt hat. »Es ist an der Zeit, dass wir ihn kennenlernen.«

Ich versuche mir vorzustellen, wie mein Vater Kris vom Hühnerschmortopf anbietet und höflich Konversation mit ihm betreibt. »Für Paps wäre das die reinste Folter.«

»Dann wird er sich eben daran gewöhnen müssen.«

Bevor ich antworten kann, verkündet mein Handy den Eingang einer Nachricht von einer mir unbekannten Nummer. *Ich bin's, Bronwyn. Addy hat mir deine Nummer gegeben. Kann ich dich kurz anrufen?*

Klar.

Kaum habe ich die Antwort versendet, klingelt mein Handy. »Hi, Cooper. Hast du das von Nate schon gehört?«

»Ja.« Ich weiß nicht, was ich sonst sagen soll, aber Bronwyn spricht sowieso sofort weiter.

»Ich hab ein Treffen zwischen Nates Mutter und Eli Kleinfelter von *Until Proven* organisiert, weil ich hoffe, dass er Nates Fall übernehmen wird. Und in dem Zusammenhang wollte ich dich fragen, ob du mit Luis' Bruder schon wegen dem roten Camaro gesprochen hast.«

»Luis hat ihn letzte Woche deswegen angerufen. Er wollte sich darum kümmern, aber bis jetzt hab ich noch nichts von ihm gehört.«

»Würde es dir was ausmachen, noch mal bei ihm nachzuhaken?«, fragt Bronwyn.

Ich zögere. Auch wenn das alles noch nicht komplett bei mir angekommen ist, fange ich trotzdem allmählich an, so etwas wie Erleichterung zu empfinden. Bis gestern hatte mich die Polizei noch als Hauptverdächtigen auf dem Schirm. Heute nicht mehr. Es wäre gelogen, wenn ich sagen würde, dass sich das nicht gut anfühlt.

Aber hier geht es um Nate. Ich kann zwar nicht behaupten, dass wir befreundet sind, aber es ist auch nicht so, als wäre er mir egal.

»In Ordnung, ich kümmere mich gleich darum«, sage ich zu Bronwyn.

26

BRONWYN
Sonntag,
4. November,
10:00 Uhr

Zu dritt finden wir uns am Sonntagvormittag in den Büroräumen von *Until Proven* ein – ich, Mrs Macauley und meine Mom, die darauf bestanden hat, mich zu begleiten.

In dem eher spartanisch eingerichteten Großraumbüro sitzen an jedem Tisch mindestens zwei Leute, die entweder in eindringlichem Tonfall telefonieren oder geschäftig in die Tastaturen ihrer Computer hauen. Manchmal auch beides gleichzeitig. »Ganz schön viel los für einen Sonntag«, sage ich zu Eli, als er uns in einen winzigen Besprechungsraum führt.

Seine Haare scheinen seit seinem Auftritt bei *Mikhail Powers Investigates* gut fünf Zentimeter gewachsen zu sein, und zwar ausschließlich in die Höhe. Er fährt sich durch seinen wuscheligen Einstein-Schopf, was aber nur bewirkt, dass die Haare noch mehr vom Kopf abstehen. »Ist heute schon Sonntag?«

Da es nicht genügend Stühle gibt, setze ich mich in einer Ecke auf den Boden. »Tut mir leid«, entschuldigt sich Eli. »Aber wir können es kurz machen. Als Erstes möchte ich Ihnen, Mrs Macauley, sagen, wie leid mir die Verhaftung Ihres Sohnes tut. Sein Glück, dass er nicht in eine normale Haftanstalt überstellt, sondern in einem Jugendgefängnis untergebracht wurde. Das ist definitiv angenehmer für ihn. Wie ich Bronwyn schon erklärt habe, kann ich angesichts meiner derzeitigen Arbeitsauslastung leider nicht wirklich viel für Sie tun. Aber wenn Sie bereit sind, mir sämtliche Informationen zu geben, die Sie haben, kann ich Ihnen wenigstens schon mal ein paar erste Tipps geben und Ihnen vielleicht einen Anwalt nennen, an den Sie sich wenden können.«

Mrs Macauley sieht erschöpft aus, aber man merkt ihr an, dass sie sich Mühe gegeben hat, sich dem Anlass entsprechend schick anzuziehen, auch wenn die graue Strickjacke, die sie zu einer blauen Stoffhose trägt, etwas ausgewaschen wirkt. Meine Mutter dagegen verströmt in ihren Leggins, den hohen Stiefeln, einer langen Kaschmir-Jacke und einem dezent gemusterten Rundschal wie immer lässige Eleganz. Die beiden könnten nicht unterschiedlicher sein, und Mrs Macauley zupft am Saum ihres Cardigans, als wäre ihr diese Tatsache nur allzu bewusst.

»Tja, also …«, beginnt sie unsicher. »Ich weiß eigentlich nur, dass in der Schule ein Anruf einging, dass Nate in seinem Schließfach Drogen hätte und …«

»Wer hat angerufen?«, unterbricht Eli sie und notiert sich etwas auf einem gelben Notizblock.

»Die Schulleitung wollte mir dazu nichts sagen. Ich vermute, es war ein anonymer Anrufer. Trotzdem sind sie dem Hinweis nachgegangen und haben am Freitag sein Schließfach aufgebrochen und durchsucht. Es befanden sich zwar keine Drogen darin, dafür haben sie eine Tasche mit Simons Wasserflasche und seinem EpiPen gefunden. Die EpiPens, die an dem Tag, an dem er starb, aus dem Krankenzimmer entwendet wurden, waren auch drin.« Sie schluckt.

Ich streiche über den rauen Teppich, auf dem ich sitze, und denke daran, wie oft Addy und Cooper wegen dieser Pens befragt worden sind. Beide haben uns immer wieder erzählt, dass sie darauf angesprochen wurden, und selbst wenn Nate sich tatsächlich irgendetwas zuschulden hat kommen lassen, wäre er garantiert niemals so dumm gewesen, sie in seinem Schließfach aufzubewahren.

»Verstehe«, seufzt Eli, ohne im Schreiben innezuhalten.

»Daraufhin wurde die Polizei eingeschaltet, die am Samstagmorgen mit einem Durchsuchungsbefehl für das komplette Haus vor der Tür meines Mannes stand«, fährt Mrs Macauley fort. »Bei der Durchsuchung haben sie in Nates Schrank einen Laptop gefunden, auf dem die Tumblr-Posts verfasst wurden, die seit Simons Tod im Netz verbreitet wurden.«

Ich hebe überrascht den Kopf und ertappe meine Mutter dabei, wie sie mich mit einer Art besorgtem Mitgefühl ansieht. Aber ich halte ihrem Blick stand und schüttle den Kopf. Ich glaube kein einziges Wort von alldem.

»Verstehe«, sagt Eli erneut. Dieses Mal schaut er auf, aber der Ausdruck auf seinem Gesicht ist weiterhin ruhig und neutral. »Irgendwelche Fingerabdrücke?«

»Nein«, antwortet Mrs Macauley und ich atme leise aus.

»Was sagt Nate denn zu der ganzen Sache?«, fragt Eli.

»Dass er keine Ahnung hat, wie diese Dinge in sein Schließfach oder zu ihm nach Hause gekommen sind.«

»Okay. Bis dahin ist Nates Schließfach aber nie durchsucht worden?«

»Das weiß ich nicht.« Mrs Macauley zuckt mit den Achseln, worauf Eli mich ansieht.

»Doch«, sage ich. »Nate hat erzählt, die Polizei hätte noch an dem Tag, an dem wir das erste Mal befragt wurden, sein Schließfach durchsucht und wäre später auch bei ihm zu Hause gewesen. Sie hatten Drogenhunde dabei. Aber sie haben nichts gefunden«, füge ich hastig an meine Mutter gewandt hinzu, bevor ich Eli wieder ansehe. »Und wenn Nate irgendwas von Simon gehabt hätte, hätten sie die Sachen ja wohl damals entdeckt.«

»Wird die Haustür bei Ihnen üblicherweise abgeschlossen?«, erkundigt sich Eli bei Mrs Macauley.

»Nein.« Sie schüttelt den Kopf. »Ich glaube, die Tür hat überhaupt kein Schloss mehr.«

»Hm.« Eli macht sich weiter Notizen.

»Da ist noch etwas.« Mrs Macauleys Stimme zittert leicht. »Der Bezirksstaatsanwalt möchte Nate in ein normales Gefängnis verlegen, weil er seiner Meinung nach in Sicherheitsverwahrung gehört. Angeblich ist er zu gefährlich, um in der Jugendstrafanstalt zu bleiben.«

In meiner Brust öffnet sich ein gähnender Abgrund und Eli setzt sich ruckartig aufrecht. Es ist das erste Mal, dass er seine neutrale Anwaltsmaske fallen lässt und Gefühle zeigt. Sein entsetzter Gesichtsausdruck jagt mir eine panische Angst ein. »*Fuck*!« Er fängt sich schnell wieder. »Entschuldigen Sie bitte meine Ausdrucksweise, aber das wäre eine absolute Katastrophe. Hat sein Anwalt schon irgendwelche Schritte dagegen in die Wege geleitet?«

»Wir haben ihn noch gar nicht getroffen.« Mrs Macauley klingt, als wäre sie den Tränen nahe. »Er hat einen Pflichtverteidiger zugewiesen bekommen, aber der hatte noch keine Zeit für ihn.«

Eli wirft mit einem frustrierten Seufzen den Stift auf den Tisch. »Dass Simons Sachen bei ihm gefunden wurden, ist nicht gut. Das ist gar nicht gut. Es sind schon Leute wegen weniger verurteilt worden. Aber die Art und Weise, wie die Polizei an die Beweise gekommen ist … Mir gefällt das alles nicht. Anonyme Hinweise, Gegenstände, von denen zuvor jede Spur fehlte, tauchen plötzlich wie aus dem Nichts an Orten auf, zu denen jeder sich leicht Zugang verschaffen kann. Zahlenschlösser sind ganz einfach zu knacken. Und falls der Bezirksstaatsanwalt allen Ernstes vorhat, Nate mit siebzehn in ein Bundesgefängnis zu überstellen … dann sollte jeder Verteidiger, der auch nur einen Funken Selbstachtung hat, alles tun, um das zu verhindern.« Er reibt sich das Gesicht und sieht mich finster an. »Verdammt, Bronwyn. Das ist ganz allein Ihre Schuld.«

Bisher hat alles, was Eli gesagt hat, meine Sorge und Angst noch gesteigert, aber jetzt bin ich einen Moment lang einfach nur verwirrt. »Was?«, frage ich verdutzt. »Was habe ich denn getan?«

»Sie haben mich auf diesen Fall aufmerksam gemacht, und jetzt habe ich keine andere Wahl, als ihn anzunehmen. Ich weiß zwar nicht, wo ich die Zeit dafür hernehmen soll, aber was soll's. Vorausgesetzt natürlich, Sie sind bereit, mir das Mandat zu übertragen, Mrs Macauley?«

Gott sei Dank. Die Erleichterung, die mich durchströmt, macht mich fast benommen. Mrs Macauley nickt energisch und Eli seufzt zum dritten Mal.

»Ich kann Ihnen dabei helfen, Eli«, sage ich eifrig und will ihm gerade von dem roten Camaro erzählen, aber er hebt abwehrend eine Hand.

»Stopp, Bronwyn. Wenn ich Nate vertreten soll, darf ich mit niemandem sprechen, der sonst noch in den Fall verwickelt ist. Das könnte mich meine Anwaltslizenz kosten und auch für Sie schwerwiegende Folgen haben. Ich muss Sie und Ihre Mutter deshalb jetzt bitten, zu gehen, damit ich noch ein paar Details mit Mrs Macauley besprechen kann.«

»Aber …« Ich schaue hilflos zu meiner Mutter, die schon aufgestanden ist und sich ihre Handtasche über die Schulter hängt.

»Er hat recht, Bronwyn. Du musst die Angelegenheit ab sofort Mr Kleinfelter und Mrs Macauley überlassen.« Ihr Gesicht wird weicher, als sie Mrs Macauley ansieht. »Ich wünsche Ihnen von ganzem Herzen, dass alles gut ausgeht.«

»Vielen Dank«, sagt Mrs Macauley. »Und ganz besonders *dir*, Bronwyn.«

Mission erfüllt. Ich sollte froh sein. Aber das bin ich nicht. Eli weiß noch nicht einmal die Hälfte von dem, was wir mittlerweile wissen, und ich habe nicht die leiseste Ahnung, wie ich ihm diese Informationen jetzt noch zukommen lassen soll.

ADDY
Montag, 5. November, 18:30 Uhr

Seit Nates Verhaftung hat sich für uns Übrigen plötzlich alles wieder seltsam normalisiert. Oder besser gesagt: auf eine neue Art normalisiert. *Neumalisiert*? Egal. Was ich damit ausdrücken will, ist, dass keine Übertragungswagen mehr in der Einfahrt stehen und mein Anwalt ausnahmsweise nicht anruft, als ich mit meiner Mutter und Ashton zu Abend esse.

Mom stellt zwei Fertiggerichte von Trader Joe's vor Ashton und mich auf den Tisch und setzt sich dann mit einem Glas zwischen uns. »Ich esse nichts«, verkündet sie, obwohl wir nicht nachgefragt haben. »Ich faste gerade.«

Ashton rümpft die Nase und deutet auf das mit einer gelbbraunen Flüssigkeit gefüllte Glas. »Gott, Mom. Ist das wieder diese Limonade mit Ahornsirup und Cayenne-Pfeffer? Das Zeug ist so widerlich.«

»Aber die Wirkung ist phänomenal.« Mom nimmt einen tiefen Schluck und tupft sich anschließend ihre übertrieben aufgespritzten Lippen ab. Ich betrachte ihre mit zu viel Haarspray fixierten blonden Haare, die rot lackierten Nägel und das hautenge Kleid, das sie an einem ganz normalen Montagabend trägt. Bin das ich in fünfundzwanzig Jahren? Die Vorstellung verdirbt mir meinen sowieso schon kaum vorhandenen Appetit.

Ashton greift nach der Fernbedienung und schaltet die Lokalnachrichten ein, in denen gerade ein Bericht über Nates Verhaftung gezeigt wird, gefolgt von einem Interview mit Eli Kleinfelter. »Hübscher Kerl«, bemerkt Mom, als Nates Polizeifoto eingeblendet wird. »Zu schade, dass er sich als Mörder entpuppt hat.«

Ich schiebe meinen kaum angerührten Teller von mir weg. Es wäre zwecklos, sie darauf hinzuweisen, dass die Polizei sich möglicherweise irrt. Mom ist einfach nur froh, dass bald keine Anwaltsrechnungen mehr ins Haus flattern.

Kurz darauf klingelt es an der Tür. »Ich geh schon.« Ashton legt ihre Serviette neben ihren Teller und steht auf. »Kommst du mal, Addy? Da ist jemand für dich«, ruft sie ein paar Sekunden später. Meine Mutter wirft mir einen erstaunten Blick zu. Abgesehen von irgendwelchen Reportern, die Ashton immer sofort weggeschickt hat, ist schon seit Wochen niemand mehr bei uns vorbeigekommen. Sie folgt mir in den Flur, wo Ashton mit TJ steht.

»Hey.« Ich sehe ihn überrascht an. »Was machst du denn hier?«

»Irgendwie ist nach Geologie dein Geschichtsbuch in meinem Rucksack gelandet. Das ist doch deins, oder?« Er reicht mir ein dickes graues Schulbuch. Seit wir das erste Mal zusammen Steine klassifiziert haben, sind wir in Geologie ein Zweierteam geblieben, und der Kurs ist für gewöhnlich der Lichtblick meines Tages.

»Oh, ja. Danke. Aber das hättest du mir auch morgen geben können.«

»Aber wir schreiben doch morgen diesen Test.«

»Ach ja, stimmt.« Es hat keinen Sinn, ihm zu erzählen, dass ich das restliche Schuljahr für mich praktisch schon abgehakt habe. »Woher weißt du, wo ich wohne?«

»Ich hab ins Adressverzeichnis im Jahrbuch geschaut«, sagt er und erwidert höflich lächelnd den ungenierten Blick, mit dem Mom ihn von oben bis unten mustert, als würde sie ihn gern zum Nachtisch verspeisen. »Hallo, ich bin TJ Forrester. Addy und ich gehen zusammen zur Schule.« Sie schüttelt ihm mit einem aufreizenden Lächeln die Hand und betrachtet mit beifälligem Ausdruck seine Grübchen und die Jacke, die ihn als Mitglied des Football-Teams ausweist. Er sieht fast ein bisschen wie eine dunkelhäutige Version von Jake aus. Mom strahlt, weil ihr der Name natürlich nichts sagt, aber ich höre, wie Ashton, die hinter mir steht, leise die Luft einzieht.

Ich muss TJ schleunigst von hier wegschaffen, bevor Mom eins und eins zusammenzählt. »Okay, ähm … dann vielen Dank noch mal. Ich fang am besten gleich mit Lernen an. Wir sehen uns ja dann morgen.«

»Wir könnten auch zusammen lernen, wenn du magst«, sagt TJ.

Ich zögere. Ich mag TJ wirklich. Aber ich bin einfach noch nicht so weit, dass ich außerhalb der Schule Zeit mit ihm verbringen könnte. Dazu ist es noch zu früh. »Oh, äh … das geht leider nicht, weil … mir gerade eingefallen ist, dass ich vorher noch ein paar andere Dinge erledigen muss.« Ich schiebe ihn praktisch zur Tür hinaus, und als ich mich danach umdrehe, sieht Mom mich mit einem Gesichtsausdruck an, der zwischen Mitleid und Verärgerung schwankt.

»Was stimmt nicht mit dir?«, zischt sie. »Wie kannst du zu so einem attraktiven Jungen nur so unhöflich sein! Schließlich ist es nicht so, als würden die Kerle dir noch die Tür einrennen.« Ihr Blick wandert über meine lila gesträhnten Haare. »So wie du dich in letzter Zeit gehen lässt, solltest du dich glücklich schätzen, dass er überhaupt Interesse zeigt.«

»Gott, Mom, sie …«, stöhnt Ashton, aber ich unterbreche sie.

»Ich suche keinen neuen Freund, Mom.«

Meine Mutter starrt mich an, als wären mir Flügel gewachsen und ich würde Chinesisch sprechen. »Warum nicht, um alles in der Welt? Es ist eine Ewigkeit her, seit du und Jake Schluss gemacht haben.«

»Ich war über drei Jahre mit Jake zusammen. Ich kann eine kleine Auszeit gebrauchen.« Das sage ich vor allem, um sie zu ärgern, aber sobald die Worte draußen sind, weiß ich, dass sie wahr sind. Meine Mutter war vierzehn – genau wie ich –, als sie anfing, sich mit Jungs zu treffen, und hat seitdem nicht mehr damit aufgehört. Auch wenn das für sie bedeutet, dass sie mit einem unreifen jungen Typen zusammen ist, der zu feige ist, sie zu seinen Eltern mit nach Hause zu nehmen.

Ich will nicht genauso viel Angst davor haben, allein zu sein.

»Mach dich nicht lächerlich. Eine Auszeit ist ja wohl das Letzte, was du jetzt brauchst. Triff dich mit Jungs wie TJ, ganz egal, ob du wirklich etwas von ihnen willst oder nicht, dadurch wirst du für die anderen Jungs an der Schule vielleicht auch wieder begehrenswert. Du kannst doch nicht ernsthaft als trauriges Singlemädchen auf der Resterampe landen wollen und deine Zeit weiterhin mit diesen komischen Gestalten verbringen, die du neuerdings deine Freunde nennst. Du könntest *viel* mehr aus dir machen, wenn du dir diese Quatschsträhnchen aus den Haaren waschen, sie wieder ein bisschen wachsen lassen und dich wieder schminken würdest.«

»Ich brauche keinen Freund, um glücklich zu sein, Mom.«

»Und ob du einen brauchst«, fährt sie mich an. »Ich habe doch mitgekriegt, wie verzweifelt du den ganzen letzten Monat gewesen bist.«

»Weil ich unter Mordverdacht stand«, erinnere ich sie. »Nicht weil ich *Single* bin.« Das stimmt zwar nicht zu hundert Prozent, weil die Hauptursache meines Kummers tatsächlich Jake war, aber ich bin mit ihm zusammen gewesen, weil ich mit *ihm* zusammen sein wollte, und nicht, weil ich irgendeinen Freund brauchte.

Meine Mutter schüttelt verständnislos den Kopf. »Wie stellst du dir deine Zukunft vor, Adelaide? Du glaubst, du könntest es aufs College schaffen, aber machen wir uns nichts vor – dazu hast du nicht wirklich das Zeug. Die Highschool ist deine einzige Chance, einen anständigen Jungen mit einer vielversprechenden Zukunft zu finden, der bereit ist, dich zu versorgen …«

»Mom, sie ist *siebzehn*«, unterbricht Ashton sie. »Spar dir deinen Vortrag für in zehn Jahren auf. Oder am besten für immer. Ist schließlich nicht so, als hätte eine von uns in Sachen Beziehungen besonders viel Glück gehabt.«

»Das trifft vielleicht auf dich zu, Ashton«, sagt Mom verkniffen. »Justin und ich sind sehr glücklich miteinander.«

Ashton setzt zu einer Erwiderung an, aber genau in dem Moment klingelt mein Handy, und ich hebe die Hand, als ich Bronwyns Name auf dem Display lese. »Hey. Was gibt's?«

»Hi.« Ihre Stimme klingt belegt, als hätte sie geweint. »Ich habe eine Idee, wie wir Nate unterstützen könnten, und wollte dich bitten, dabei zu helfen. Hast du vielleicht Zeit, heute Abend noch bei mir vorbeizukommen? Cooper will ich gleich auch noch anrufen und fragen.«

Das ist um Längen besser, als mich von meiner Mutter niedermachen zu lassen. »Klar. Schreib mir nur noch kurz, wo du wohnst.«

Ich entsorge mein kaum angerührtes Abendessen im Abfall, schnappe mir meinen Fahrradhelm und rufe Ashton ein »Bis später« zu, bevor ich gehe. Es ist ein perfekter Herbstabend, und die Bäume, die unsere Straße säumen, wiegen sich in der leichten Brise, als ich vorbeiradle. Die Adresse, die Bronwyn mir geschickt hat, liegt nur ein paar Kilometer entfernt, aber es ist eine komplett andere Wohngegend als das Reihenhausviertel, in dem ich aufgewachsen bin. Als ich in ihre Einfahrt biege und die große viktorianische Villa mit dem gepflegten, parkähnlichen Garten und der um das ganze Haus verlaufenden Veranda sehe, versetzt es mir einen kleinen neidischen Stich. Das Haus ist wunderschön, aber das allein ist es nicht. Es sieht aus wie ein echtes *Zuhause.*

Bronwyn begrüßt mich mit einem leisen »Hey«, als sie mir die Tür aufmacht. Ihre Augen sind glasig vor Erschöpfung und aus ihrem sonst immer so ordentlichen Pferdeschwanz hängen lose Strähnen. Wir haben in den letzten Wochen zusätzlich zu dem, was mit Simon passiert ist, alle unser Päckchen zu tragen gehabt: ich, als Jake mich abservierte und mein gesamter Freundeskreis mich fallen ließ; Cooper, als er durch die gegen ihn geführten polizeilichen Ermittlungen geoutet und den Beleidigungen homophober Schwachköpfe ausgesetzt wurde; und jetzt Bronwyn, indem der Junge, in den sie sich verliebt hat, wegen Mordes im Gefängnis sitzt.

Nicht dass sie je gesagt hätte, sie wäre in Nate verliebt. Aber das ist ziemlich offensichtlich.

»Komm rein.« Bronwyn zieht die Tür noch ein Stück weiter auf. »Cooper ist schon da.«

Sie führt mich ein Stockwerk tiefer in einen großen Raum mit dick gepolsterten Sofas und einem riesigen Flachbildschirm an der Wand. Cooper hat es sich in einem der Sessel bequem gemacht, genau wie Maeve, die mit untergeschlagenen Beinen neben ihm sitzt und ihren Laptop auf der Armlehne abgestellt hat.

»Wie geht's Nate?«, frage ich Bronwyn und setze mich neben sie auf eines der Sofas. »Hast du ihn schon gesehen oder mit ihm reden können?«

Das war wohl die falsche Frage. Bronwyn schluckt ein paarmal schwer. »Er will nicht mit mir sprechen. Seine Mom sagt, dass es ihm … okay geht. Zumindest den Umständen entsprechend. Eingesperrt zu sein, ist mit Sicherheit immer schrecklich, aber wenigstens ist er in der Jugendstrafanstalt und nicht in einem normalen Gefängnis.« Noch nicht. Wir alle wissen, dass Eli darum kämpft, dass Nate dort bleiben kann. »Jedenfalls, danke, dass ihr gekommen seid. Ich glaube, ich bin einfach …« Ihre Augen füllen sich mit Tränen. Cooper und ich tauschen einen besorgten Blick aus, aber dann schafft sie es, sie wieder zurückzublinzeln. »Wisst ihr, ich war so froh, als wir uns endlich alle zusammengetan und uns über die ganze Sache ausgetauscht haben. Ich habe mich viel weniger allein gefühlt. Jetzt stehen wir drei zwar nicht mehr unter Mordverdacht, aber ich wollte euch trotzdem fragen, ob ihr bereit wärt, zusammen mit mir weiter zu überlegen, was passiert sein könnte. Vielleicht finden wir ja heraus, wer es wirklich gewesen ist.«

»Ich hab leider noch nichts von Luis wegen dem Wagen gehört«, sagt Cooper.

»Daran habe ich gerade gar nicht gedacht, aber es wäre toll, wenn du an der Sache dranbleibst. Der eigentliche Grund, warum ich euch gebeten habe, vorbeizukommen, ist der, dass ich gern noch mal diese Tumblr-Posts durchgehen würde. Ich habe mich bisher nicht wirklich mit ihnen auseinandergesetzt, weil sie mich so wütend gemacht haben. Aber jetzt, wo die Polizei behauptet, Nate hätte sie geschrieben, dachte ich, es wäre vielleicht gut, sie noch mal gründlich zu lesen und alles zu markieren, was uns auffällt oder was nicht zu dem passt, woran wir uns erinnern.« Sie zieht ihren Pferdeschwanz über die Schulter nach vorn und klappt ihren Laptop auf. »Seid ihr dabei?«

»Jetzt sofort?«, fragt Cooper.

Maeve dreht ihren Laptop in seine Richtung, sodass er auf den Bildschirm schauen kann. »Was du heute kannst besorgen …«

Bronwyn, die neben mir sitzt, scrollt zum Anfang der Tumblr-Posts. *Die Idee, Simon zu töten, kam mir, als ich Dateline schaute.* Nate hat auf mich nie den Eindruck gemacht, als würde er sich für Boulevard-Nachrichtensendungen interessieren, in denen sensationslüstern über irgendwelche Kriminal- und Mordfälle berichtet wird, aber das sind wahrscheinlich nicht die Auffälligkeiten, um die es Bronwyn geht. Nachdem wir eine Weile schweigend gelesen haben, merke ich, wie meine Gedanken abdriften und ich immer wieder ganze Passagen überspringe, also fange ich noch mal von vorne an und versuche, mich zu konzentrieren. *Blablabla, ich bin ja so wahnsinnig clever, niemand weiß, dass ich es war, die Polizei hat keinen blassen Schimmer …*

»Moment mal. So war das nicht.« Cooper gelingt es anscheinend besser als mir, bei der Sache zu bleiben. »Seid ihr schon bei dem Eintrag vom 20. Oktober? Der, in dem es um Detective Wheeler und die Donuts geht?«

Ich hebe den Kopf wie eine Katze, die in der Ferne ein Geräusch hört und die Ohren aufstellt. »Warte …«, murmelt Bronwyn und lässt den Blick suchend über den Bildschirm wandern. »Ah ja, hier. Stimmt. Wir sind nie alle gleichzeitig bei der Polizei gewesen. Oder doch, einmal, direkt nach Simons Beerdigung, aber wir haben uns dort nicht gesehen oder miteinander gesprochen. Normalerweise treffen die Details, über die derjenige schreibt, immer zu hundert Prozent zu.«

»Wo seid ihr gerade?«, frage ich.

Bronwyn vergrößert die Seite und zeigt auf eine Stelle. »Hier. Zweitletzte Zeile.«

Das Klischee, Cops wären süchtig nach Donuts, stimmt übrigens. Als wir zu viert im Vernehmungszimmer saßen, haben wir mit eigenen Augen gesehen, wie Detective Wheeler einen ganzen Teller davon verputzt hat.

Eine kalte Welle schlägt über mir zusammen, als die Worte in mein Bewusstsein sickern und alles andere verdrängen. Cooper und Bronwyn haben recht: So war das nicht.

Aber ich habe es Jake so erzählt.

27

BRONWYN
Dienstag,
6. November,
19:30 Uhr

Da ich nun nicht mehr selbst mit Eli sprechen kann, habe ich Mrs Macauley gestern Abend noch einen Link zu dem Tumblr-Post geschickt und ihr beschrieben, was daran merkwürdig ist. Dann habe ich gewartet. Und die Warterei hat mich fast verrückt gemacht, bis heute nach der Schule endlich eine Reaktion kam.

Vielen Dank, Bronwyn. Ich habe die Information an Eli weitergeleitet, aber ich soll dich bitten, dich nicht noch einmal einzumischen.

Das war alles. Am liebsten hätte ich mein Handy durchs Zimmer geschleudert. Ja, ich gebe zu, dass ich die ganze Nacht davon geträumt habe, dass Nate dank Addys Enthüllung sofort aus dem Gefängnis entlassen wird. Und auch wenn mir klar ist, dass das lächerlich naiv war, bin ich trotzdem der Meinung, dass diese Information es nicht verdient hat, einfach so beiseitegefegt zu werden.

Obwohl ich es ja selbst nicht begreife. Ich meine – *Jake Riordan?* Wenn ich von allen Leuten, die auch nur im Entferntesten in die Sache verwickelt sein könnten, jemanden aussuchen sollte, würde ich trotzdem nicht auf ihn kommen. Und was heißt überhaupt *verwickelt*? Hat er sämtliche Tumblr-Posts geschrieben oder bloß diesen einen? Hat er Nate etwas angehängt? Hat er Simon womöglich umgebracht?

Cooper hat das praktisch sofort ausgeschlossen. »Jake kann

es nicht getan haben«, sagte er. »Er war beim Footballtraining, als Addy ihn angerufen hat.«

»Vielleicht ist er früher gegangen«, hielt ich dagegen, worauf Cooper Luis sofort eine Nachricht schrieb, um ihn zu fragen.

»Laut Luis ist Jake bis zum Ende da gewesen«, berichtete er, sobald er eine Antwort bekommen hatte.

Wobei ich nicht viel Vertrauen in Luis' Erinnerungsvermögen habe. Um seine Gehirnzellen scheint es nicht zum Besten zu stehen – er wollte noch nicht mal wissen, warum Cooper ihn das gefragt hat.

Jetzt sitze ich mit Maeve und Addy in meinem Zimmer und klebe Dutzende farbige Post-its an die Wand, auf denen wir alles zusammengetragen haben, was wir zum gegenwärtigen Zeitpunkt über den Fall wissen. Das Ganze sieht beeindruckend *Law&Order*-mäßig aus – nur dass es uns kein Stück weiterbringt.

- *Jemand hat Handys in unsere Rucksäcke geschmuggelt*
- *Simon wurde während des Nachsitzens vergiftet*
- *Personen, die außer Simon im Chemiesaal waren: Bronwyn, Nate, Cooper, Addy und Mr Avery*
- *Der Unfall auf dem Parkplatz hat uns abgelenkt*
- *Mindestens einer der Tumblr-Posts wurde von Jake verfasst*
- *Jake und Simon waren früher befreundet*
- *Leah hasst Simon*
- *Aiden Wu hasst Simon*
- *Simon stand auf Keely*
- *Simon hat bei 4chan unter seinem Nick Forenbeiträge geschrieben, in denen er andere dazu angestachelt hat, Amokläufe zu begehen.*

- *Simon war unglücklich*
- *Janae scheint depressiv zu sein*
- *Ist es zwischen Janae & Simon zum Bruch gekommen, während er noch lebte?*

»Bronwyn!«, ertönt die Stimme meiner Mutter von unten. »Cooper ist hier.«

Meine Mom hat Cooper sofort ins Herz geschlossen. Was wahrscheinlich auch der Grund dafür ist, dass sie uns dieses Treffen durchgehen lässt, obwohl Robin uns nach wie vor dringend dazu rät, uns voneinander fernzuhalten.

»Hey«, sagt Cooper lässig, als er kurz darauf ins Zimmer kommt. Obwohl er die Treppen hochgejoggt sein muss, ist er kein bisschen außer Atem. »Ich kann leider nicht lange bleiben, aber ich hab Neuigkeiten. Luis glaubt, dass er den Wagen gefunden hat. Ein Kumpel von seinem Bruder arbeitet in einer Werkstatt in Eastland und bei denen wurde ein paar Tage nach Simons Tod tatsächlich ein roter Camaro mit Blechschaden am Kotflügel zur Reparatur abgegeben. Ich hab euch das Kennzeichen und eine Telefonnummer besorgt.« Er kramt in seinem Rucksack und reicht mir einen zerknitterten Umschlag, auf dessen Rückseite er beides notiert hat. »Vielleicht kann Eli ja was rausfinden. Es ist zumindest eine Spur.«

Ich sehe ihn dankbar an. »Tausend Dank, Cooper.«

Er lässt den Blick über meine Zimmerwand gleiten. »Nützt das was?«

Addy seufzt. »Nicht wirklich. Es ist bloß eine Ansammlung von Fakten. Simon dies, Janae das, Leah dies, Jake das ...«

Cooper verschränkt die Arme und beugt sich stirnrunzelnd vor, um die Zettel zu lesen. »Das mit Jake will mir nicht in den Kopf. Ich kann mir einfach nicht vorstellen, dass dieser verdammte Post auf seinem Mist gewachsen ist. Vielleicht hat er es bloß … der falschen Person gegenüber in einem Gespräch erwähnt.« Er tippt mit dem Finger auf das Post-it mit unseren Namen. »Das frage ich mich auch immer wieder: Warum *wir*? Warum sind ausgerechnet wir vier in die Geschichte mit reingezogen worden? Nate vermutet, dass wir bloß als Kollateralschaden laufen. Oder gibt es doch einen ganz bestimmten Grund dafür, dass man uns ausgesucht hat?«

Ich sehe ihn an. »Zum Beispiel?«

Cooper zuckt mit den Achseln. »Keine Ahnung. Bei dir gibt es die Verbindung zu Leah. Die Sache mit der Model-UN damals. War das so was wie eine Initialzündung? Vielleicht gibt es ja noch mehr Querverbindungen zu anderen Leuten. Zum Beispiel zwischen mir und …« Sein Blick wandert wieder über die Wand. »Da.« Er deutet auf ein Post-it. »Aiden Wu. Er wurde als Cross-Dresser geoutet, und ich hab versucht geheim zu halten, dass ich schwul bin.«

»Aber der Text, den er ins Netz stellen wollte, wurde vorher geändert.«, erinnere ich ihn.

»Ich weiß. Und das ist noch so was, das komisch ist. Warum hat er etwas, das absolut wahr war, durch etwas komplett Erfundenes ersetzt? Ich werde irgendwie das Gefühl nicht los, dass es hier um was *Persönlicheres* geht, versteht ihr? Als hätten diese Tumblr-Posts einzig und allein den Zweck gehabt, die Aufmerksamkeit auf uns zu lenken. Ich verstehe nur nicht, warum.«

Addy zupft an ihrem Ohrring. Sie wirkt nervös, und als sie spricht, zittert ihre Stimme. »Das, was zwischen Jake und mir gewesen ist, war definitiv eine ziemlich persönliche Angelegenheit. Und was dich angeht … keine Ahnung … vielleicht ist er neidisch auf dich gewesen, Cooper. Aber wo ist die Verbindung zu Bronwyn oder zu Nate?«

Kollateralschaden. Es hat jeden von uns getroffen, aber Nate hat es bis jetzt am schlimmsten erwischt. Was keinen Sinn ergibt, falls tatsächlich Jake dahintersteckt. Andererseits ergibt nichts von all dem einen Sinn.

»Ich muss los«, sagt Cooper. »Ich treffe mich noch mit Luis.«

Ich grinse. »Nicht mit Kris?«

Cooper lächelt, aber er wirkt angespannt. »Wir sind immer noch dabei, herauszufinden, wie es jetzt mit uns weitergeht. Gebt mir Bescheid, ob die Info über den Camaro hilfreich war.«

Als er gegangen ist, steht Maeve auf und stellt sich dorthin, wo Cooper gerade stand. Sie verschiebt ein paar der Post-its und klebt vier davon zu einem Quadrat zusammen:

- *Jake hat mindestens einen Tumblr-Post verfasst*
- *Leah hasst Simon*
- *Aiden Wu hasst Simon*
- *Janae scheint depressiv zu sein*

»Das sind die Leute mit der engsten Verbindung zu Simon. Sie haben ihn gehasst oder sind in irgendeiner anderen Form in die ganze Sache verwickelt. Bei manchen ist es ziemlich unvorstellbar, dass sie die Möglichkeit gehabt hätten, das alles so zu organisieren …«, sie tippt auf Aidens Namen, »… und die beiden hätten eigentlich keinen Grund gehabt, ihn zu ermorden.« Sie zeigt auf Jakes und Janaes Namen. »Tja … das hilft irgendwie auch nicht weiter, oder? Was übersehen wir?«

Wir starren ratlos auf die Post-its.

Man kann eine Menge über jemanden erfahren, wenn man sein Autokennzeichen und seine Telefonnummer kennt. Seine Adresse zum Beispiel. Seinen Namen und auf welche Schule er geht. Wenn man also wollte, könnte man vor Unterrichtsbeginn auf dem Parkplatz seiner Schule herumlungern und theoretisch darauf warten, dass er in seinem roten Camaro auftaucht.

Praktisch auch.

Eigentlich wollte ich die Infos, die Cooper besorgt hat, Mrs Macauley schicken, damit sie sie an Eli Kleinfelter weiterleiten kann. Doch dann dachte ich an die knappe Nachricht von ihr: *Ich habe die Information an Eli weitergeleitet, aber ich soll dich bitten, dich nicht noch einmal einzumischen.* Würde Eli mich überhaupt ernst nehmen? Er war zwar derjenige, der überhaupt erst auf die Idee gekommen ist, der Unfall könnte etwas mit dem Fall zu tun haben, aber im Moment steckt er alle Energie in seine Bemühungen, dafür zu sorgen, dass Nate im Jugendstrafvollzug bleiben kann. Vielleicht würde er es bloß als lästige Ablenkung betrachten, wenn ich schon wieder mit etwas anderem ankommen würde.

Deshalb habe ich beschlossen, mir die Sache erst einmal selbst ein bisschen genauer anzuschauen. Das rede ich mir zumindest ein, als ich auf den Parkplatz der Eastland High fahre. Der Unterricht beginnt hier vierzig Minuten früher als bei uns, sodass mir nachher noch genügend Zeit bleibt, rechtzeitig vor dem ersten Gong in der Bayview zu sein. Es ist ziemlich schwül, und ich lasse beide Fenster herunter, nachdem ich geparkt und den Motor ausgestellt habe.

Ich muss einfach irgendwas tun. Wenn ich passiv bleibe, denke ich zu viel an Nate. Frage mich, wo er ist, was er gerade durchmacht und warum er nicht mit mir reden will. Ich weiß, dass er vom Gefängnis aus nicht viele Möglichkeiten hat, mit der Außenwelt in Kontakt zu treten. Klar. Aber es ist auch nicht so, als hätte er gar keine. Als ich Mrs Macauley gefragt habe, ob ich ihn besuchen kann, hat sie gesagt, dass Nate das nicht will.

Das tut verdammt weh. Seine Mutter glaubt, dass er mich beschützen will, aber ich bin mir da nicht so sicher. Er ist zu sehr daran gewöhnt, im Stich gelassen zu werden. Vielleicht will er derjenige sein, der mit mir Schluss macht, weil er Angst hat, dass ich ihm sonst zuvorkomme.

Plötzlich nehme ich aus dem Augenwinkel etwas Rotes wahr. Als ich den Kopf drehe, sehe ich, wie ein paar Meter von mir entfernt ein alter Camaro mit funkelndem neuem Kotflügel in eine Parklücke fährt. Ein nicht besonders großer, dunkelhaariger Junge steigt aus, hievt einen Rucksack vom Beifahrersitz und hängt ihn sich über die Schulter.

Ich hatte eigentlich nicht vor, ihn anzusprechen, aber als er an meinem Wagen vorbeikommt, schaut er in meine Richtung und mir rutscht ein »Hey« heraus.

Er bleibt stehen und sieht mich aus neugierigen braunen Augen an. »Hey. Dich kenne ich doch. Du bist eine von den Bayview Four. Bronte, oder?«

»Bronwyn.« Tja, nachdem meine Deckung jetzt aufgeflogen ist, kann ich auch alles auf eine Karte setzen.

»Was machst du hier?« Unter seinem karierten Flanellhemd trägt er ein Pearl-Jam-Shirt, als würde er auf ein Comeback der 90er-Jahre-Grunge-Bewegung hoffen.

»Ähm …« Mein Blick wandert zu seinem Wagen. Ich sollte ihn einfach ganz offen darauf ansprechen … oder? Deswegen bin ich schließlich hier. Aber auf einmal kommt mir die ganze Aktion total lächerlich vor. Was sollte ich sagen? *Was hat es eigentlich mit diesem Unfall auf sich, den du zu einem ziemlich seltsamen Zeitpunkt auf dem Parkplatz einer Schule hattest, auf die du gar nicht gehst?* »Ich warte auf jemanden.«

Er runzelt die Stirn. »Du kennst hier Leute?«

»Ja.« *In gewisser Weise. Jedenfalls weiß ich von deinem erst kürzlich reparierten Wagen.*

»Ihr seid das Gesprächsthema Nummer eins hier gewesen. Ganz schön schräge Sache, was? Der Schüler, der gestorben ist … war ein ziemlich krasser Typ, oder? Ich meine, wer hat schon so eine App? Und die ganzen Sachen, die bei *Mikhail Powers* über ihn rauskamen. Echt übel.«

Er wirkt … nervös. Mein Gehirn skandiert *Frag ihn, frag ihn, frag ihn,* aber mein Mund gehorcht nicht.

»Tja okay, dann bis irgendwann mal.« Er wendet sich zum Gehen.

»Warte! Kann ich kurz mit dir reden?«

Er hält inne. »Wir haben doch gerade geredet.«

»Stimmt, aber … Ich würde dich gern etwas fragen. Die Sache ist die … als ich gesagt habe, ich würde auf jemanden warten, habe ich dich gemeint.«

Jetzt wirkt er definitiv nervös. »Warum solltest du auf mich warten? Du kennst mich doch gar nicht.«

»Wegen deinem Wagen«, sage ich. »Ich hab mitgekriegt, dass du einen kleinen Unfall auf dem Parkplatz unserer Schule gehabt hast. An dem Tag, an dem Simon gestorben ist.«

Er wird blass und sieht mich blinzelnd an. »Woher weißt du das … Ich meine, warum denkst du, dass ich das war?«

»Ich hab mir dein Kennzeichen gemerkt«, lüge ich. Es gibt keinen Grund, Luis' Bruder zu verraten. »Na ja … Das Timing war schon ein bisschen seltsam, oder? Und jetzt ist jemand für etwas ins Gefängnis gekommen, von dem ich mir sicher bin, dass er es nicht getan hat, und ich habe mich gefragt … ob dir an dem Tag zufällig irgendetwas merkwürdig vorkam? Egal was, alles könnte hilfreich sein …« Meine Stimme bricht, und mir treten Tränen in die Augen, die ich aber energisch zurückblinzle. »Kannst du dich an irgendwas erinnern. Bitte? Es wäre echt wichtig.«

Er tritt zögernd einen Schritt zurück und wirft einen Blick in Richtung des Stroms von Schülern, die sich ins Schulgebäude schieben. Ich erwarte, dass er sich umdreht und zu ihnen aufschließt, da geht er plötzlich um meinen Wagen herum, öffnet die Beifahrertür und steigt ein. Ich fahre die Scheiben hoch und sehe ihn erwartungsvoll an.

»Das ist alles echt ganz schön schräg.« Er fährt sich kopfschüttelnd durch die Haare. »Ich bin übrigens Sam. Sam Barron.«

»Bronwyn Rojas. Aber das weißt du ja schon.«

»Okay, hör zu. Ich hab natürlich die Nachrichten verfolgt und mich selbst ein paarmal gefragt, ob ich mich vielleicht bei der Polizei melden sollte. Aber ich konnte mir einfach nicht vorstellen, dass die Sache etwas mit dem Mord zu tun haben könnte. Kann ich immer noch nicht.« Er wirft mir einen unsicheren Seitenblick zu. »Wir haben nichts Verbotenes gemacht. Also nichts Illegales, meine ich. Jedenfalls nicht, dass ich wüsste.«

Mir läuft ein Schauder über den Rücken. »Wer ist ›wir‹?«

»Mein Kumpel und ich. Wir haben den Unfall mit Absicht gebaut. Ein Typ von eurer Schule hat jedem von uns tausend Dollar dafür gegeben. Er meinte, dass er jemandem einen Streich spielen will. Ich meine, das Angebot war zu gut, um es abzulehnen, oder? Ein kaputter Kotflügel kostet keine fünfhundert Dollar. Den Rest konnten wir behalten.«

»Dieser Typ …« Es ist warm geworden im Wagen, seit ich die Scheiben wieder hochgefahren habe, und meine Hände, die das Lenkrad umklammern, sind schweißnass. Ich sollte die Klimaanlage anmachen, kann mich aber nicht bewegen. »Kanntest du ihn?«

»Nein, aber …«

»Hatte er braune Haare und blaue Augen?«, unterbreche ich ihn.

»Ja, genau.«

Jake. Also hat er sich doch irgendwie vom Training weggestohlen, ohne dass Luis es mitgekriegt hat. »Ist er … Warte, ich habe irgendwo ein Foto«, sage ich und krame in meinem Rucksack nach meinem Handy. Ich bin mir sicher, dass ich im September auf der Homecoming-Party ein Foto von ihm gemacht habe.

»Ich brauche kein Foto«, sagt Sam. »Mittlerweile weiß ich, wer er ist.«

»Echt? Weißt du auch, wie er heißt?« Mein Herz schlägt so schnell, dass ich sehen kann, wie meine Brust sich hebt und senkt. »Bist du sicher, dass er euch seinen richtigen Namen genannt hat?«

»Er hat uns nicht gesagt, wie er heißt. Den Namen weiß ich erst, seit ich ihn in den Nachrichten gehört habe.«

In einem der ersten Berichte über den Fall wurde Jakes Jahrbuchfoto neben dem von Addy eingeblendet. Es gab damals eine Menge Leute, die gesagt haben, dass der Sender nicht irgendwelche Unbeteiligten hätte zeigen dürfen, aber ich bin froh, dass er es getan hat. Ich reiche Sam mein Handy mit dem Foto von der Homecoming-Party, das ich mittlerweile gefunden habe. »Das ist er, oder? Jake Riordan?«

Sam schaut sich das Foto an und gibt mir das Handy dann

kopfschüttelnd zurück. »Nein. Das ist er nicht. Es war jemand, der sehr viel … enger in die ganze Sache verwickelt gewesen ist.«

Mein Herz ist kurz davor zu zerspringen. Außer Jake gibt es nur noch einen Jungen mit dunklen Haaren und blauen Augen, der enger in die Ermittlungen verwickelt ist. Sehr viel *enger.* Und das ist Nate.

Nein. Bitte, lieber Gott, bitte nicht.

»Wer?«, flüstere ich so leise, dass ich nicht sicher bin, ob Sam mich überhaupt gehört hat.

Er lehnt sich seufzend ins Sitzpolster zurück und die Sekunden, bis er endlich antwortet, erscheinen mir wie die längsten meines Lebens: »Es war Simon Kelleher.«

28

COOPER
Mittwoch, 7. November, 19:40 Uhr

Der Mörder-Club trifft sich mittlerweile regelmäßig. Wobei ich nichts dagegen hätte, wenn wir uns langsam mal einen neuen Namen zulegen würden.

Diesmal halten wir unsere konspirative Sitzung in einem Café im Zentrum von San Diego ab, wo wir kaum alle an den Tisch passen, weil unsere Truppe Zuwachs bekommen hat. Ich habe Kris mitgebracht und Addy ihre Schwester Ashton. Bronwyn hat verschiedene Faltmappen vor sich ausgebreitet, auf denen die Post-its aus ihrem Zimmer kleben. Zusätzlich gibt es einen neuen Zettel: *Simon hat zwei Schüler bezahlt, um auf dem Schulparkplatz einen Unfall zu inszenieren.* Dieser Sam Barron hat sich bereit erklärt, Eli von *Until Proven* anzurufen und ihm von der Sache zu erzählen. Allerdings weiß ich nicht, was das bringen soll.

»Warum wolltest du dich eigentlich unbedingt hier mit uns treffen, Bronwyn?«, fragt Addy. »Das Café liegt nicht gerade um die Ecke.«

Bronwyn räuspert sich und sortiert übertrieben geschäftig ihre Post-its. »Kein besonderer Grund. Also …« Sie schaut mit ernstem Blick in die Runde. »Danke, dass ihr gekommen seid. Maeve und ich sind immer wieder alles durchgegangen, kommen aber jedes Mal zum selben Schluss – das alles ergibt einfach keinen Sinn. Deswegen dachten wir, es würde vielleicht helfen, wenn wir zusammen darüber nachdenken.«

Maeve und Ashton kommen mit unseren Bestellungen von der Theke zurück. Als jeder sein Getränk vor sich stehen hat, beobachte ich, wie Kris nacheinander fünf Zuckertütchen aufreißt und in seinen Latte schüttet. »*Was*?«, fragt er, als er meinen Blick bemerkt. Er trägt ein grünes Poloshirt, das seine Augen zum Leuchten bringt, und sieht einfach umwerfend aus. Ich habe nur immer noch das Gefühl, dass mir das eigentlich gar nicht auffallen dürfte.

»Du trinkst deinen Kaffee gern süß, was?« Gott, was für eine bescheuerte Bemerkung, aber was ich eigentlich damit sagen wollte, ist: *Ich hatte keine Ahnung, wie du deinen Kaffee trinkst, weil wir noch nie zusammen in einem Café waren.* Kris zieht eine kleine Grimasse, die jeden anderen Menschen entstellen würde, nur ihn nicht. Ich rutsche nervös auf meinem Stuhl herum und stoße unterm Tisch aus Versehen mit meinem Knie an seines.

»Jeder hat eben seinen eigenen Geschmack«, meint Addy und prostet Kris mit ihrer Tasse zu. Die Flüssigkeit darin ist so milchig, dass sie kaum noch an Kaffee erinnert.

Kris und ich haben uns mittlerweile wieder ein paarmal bei ihm zu Hause getroffen, aber es fühlt sich immer noch nicht normal an. Entweder habe ich mich an die Heimlichtuerei gewöhnt, oder ich komme einfach selbst noch nicht mit der Tatsache klar, dass ich mit einem Typen zusammen bin. Als wir vorhin vom Wagen zum Café gelaufen sind, habe ich mich dabei ertappt, wie ich Abstand zu ihm gehalten habe, weil ich nicht wollte, dass irgendjemand erkennt, dass wir ein Paar sind.

Ich hasse mich selbst dafür. Aber so ist es nun mal.

Bronwyn schiebt ihren dampfenden Becher Tee zur Seite und lehnt eine ihrer Mappen an die Wand an der hinteren Seite des Tischs. »Okay. Das sind die Fakten, die wir über Simon haben: Er kannte Geheimnisse von uns, die er im Netz verbreiten wollte. Er hat zwei Schüler bezahlt, die einen Autounfall inszenieren sollten. Er war unglücklich. Er hat auf 4chan ziemlich üble Kommentare gepostet. Er und Janae hatten anscheinend zum Schluss nicht mehr so ein gutes Verhältnis. Er stand auf Keely. Er war früher mit Jake befreundet. Habe ich irgendwas vergessen?«

»Er hat den Eintrag auf *About That*, in dem es um mich ging, gelöscht und stattdessen etwas anderes verbreitet«, sage ich.

»Das wissen wir nicht«, entgegnet Bronwyn. »Dein Eintrag wurde zwar gelöscht, aber das heißt nicht, dass Simon ihn gelöscht hat.«

Damit hat sie allerdings recht.

»Jetzt zu den Fakten über Jake.« Bronwyn stellt einen zweiten Ordner an die Wand. »Er hat mindestens einen Tumblr-Post geschrieben oder jemand anderem geholfen, ihn zu schreiben. Laut Luis ist er auf dem Footballfeld gewesen, als Simon starb. Er …«

»Ist ein totaler Kontrollfreak«, unterbricht Ashton sie. Addy öffnet protestierend den Mund, aber ihre Schwester lässt sie nicht zu Wort kommen. »Das *ist* er, Addy. Er hat drei Jahre lang über jeden Bereich in deinem Leben bestimmt. Und kaum leistest du dir einen Fehltritt, jagt er dich zur Hölle.« Bronwyn wirft Addy einen entschuldigenden Blick zu und kritzelt *Jake ist ein Kontrollfreak* auf ein Post-it.

»Das ist erst mal nur ein Punkt auf der Liste«, sagt Bronwyn. »Also, mal angenommen …«

Sie wird plötzlich feuerrot, als sie zur Tür schaut, durch die gerade jemand ins Café gekommen ist. »Na so was«, murmelt sie. »Das ist ja ein Zufall.«

Ich folge ihrem Blick und sehe einen jungen Typen mit wildem Lockenschopf und Ziegenbart. Irgendwo hab ich ihn schon mal gesehen, aber ich kann ihn nicht einordnen. Als er Bronwyn entdeckt, stutzt er kurz, dann macht sich ein verzweifelt-resignierter Ausdruck auf seinem Gesicht breit, der sich in Entsetzen verwandelt, sobald er auch noch Addy und mich bemerkt.

»Ich hab euch nicht gesehen«, ruft er rüber und hält sich eine Hand vors Gesicht. Plötzlich bleibt sein Blick an Ashton hängen und er scheint es sich anders zu überlegen, denn auf einmal kommt er doch zu unserem Tisch rüber. »Hallo.« Er sieht Ashton an. »Sie sind bestimmt Adelaides Schwester, stimmt's? Sieht man sofort.«

Ashton schaut verwirrt zwischen ihm und Bronwyn hin und her. »Kennst du ihn?«

»Das ist Eli Kleinfelter von *Until Proven*«, sagt Bronwyn. »Das Büro liegt zufälligerweise direkt über dem Café hier. Er ist, ähm, Nates Anwalt.«

»*Der nicht mit Ihnen sprechen darf*«, sagt Eli streng, als würde ihm diese Tatsache erst jetzt wieder bewusst werden. Er schaut noch einmal eine Spur zu lange Ashton an, bevor er sich umdreht und zur Theke zurückkehrt. Ashton nimmt achselzuckend einen Schluck von ihrem Kaffee. Wahrscheinlich ist sie es gewöhnt, diese Wirkung auf Männer zu haben.

Addys Augen werden groß. »Gott, Bronwyn, ich fasse es nicht. Du stalkst Nates Anwalt.«

Bronwyn sieht fast so verlegen aus, wie sie es angemessenerweise auch sein sollte, während sie den Umschlag, den ich ihr gegeben habe, aus ihrem Rucksack kramt. »Ich wollte fragen, ob Sam Barron sich bei ihm gemeldet hat, und ihm seine Kontaktdaten geben, falls nicht. Ich dachte, wenn ich Eli mehr oder weniger zufällig begegne, überlegt er es sich vielleicht und redet doch mit mir. Tja, da habe ich mich wohl geirrt.« Sie seufzt, dann wirft sie Ashton einen hoffnungsvollen Blick zu. »Ich wette, mit *dir* würde er reden.«

Addy stemmt empört die Hände in die Hüften. »Hey, du kannst meine Schwester doch nicht als Köder benutzen.«

Ashton lächelt und streckt die Hand nach dem Umschlag aus. »Solange es für eine gute Sache ist. Was soll ich sagen?«

»Richte ihm aus, dass er mit seinem Verdacht recht hatte. Der Unfall, der an dem Tag, an dem Simon starb, passiert ist, war inszeniert. Auf dem Umschlag steht, wie er sich mit dem Jungen, den Simon dafür bezahlt hat, in Verbindung setzen kann.«

Ashton geht zur Theke, und wir nippen alle schweigend an unseren Getränken, während wir warten. Als sie eine Minute später zurückkommt, hat sie den Umschlag immer noch in der Hand. »Sam hat ihn angerufen«, sagt sie. »Er wird der Sache nachgehen und weiß die Information zu schätzen, will aber, dass ihr euch – Achtung, O-Ton: *in Zukunft verflucht noch mal um eure eigenen Angelegenheiten kümmert*.«

Bronwyn sieht erleichtert aus und scheint nicht im Mindesten beleidigt zu sein. »Cool. Danke. Das sind gute Neuigkeiten. Also, wo waren wir?«

»Bei Simon und Jake«, antwortet Maeve, die das Kinn in die Hand gestützt hat und nachdenklich die Post-its betrachtet. »Zwischen den beiden gibt es irgendeine Verbindung. Aber welche?«

»Wenn ich vielleicht etwas dazu sagen darf«, meldet sich

Kris vorsichtig zu Wort, worauf alle ihn so erstaunt anschauen, als hätten sie vergessen, dass er mit am Tisch sitzt. Was wahrscheinlich tatsächlich der Fall ist. Seit wir hier sind, hat er kaum etwas gesagt.

Maeve versucht es wiedergutzumachen, indem sie ihn aufmunternd anlächelt. »Klar, schieß los.«

»Was mir aufgefallen ist …«, beginnt Kris, dessen Englisch so akzent- und beinahe fehlerfrei ist, dass sich nur anhand seiner manchmal etwas steifen Formulierungen erkennen lässt, dass er nicht hier geboren ist. »Soweit ich es verstanden habe, wurde der Hauptfokus immer auf die Leute gelegt, die sich im Chemiesaal befunden haben. Deswegen hat die Polizei euch überhaupt erst ins Visier genommen. Weil es für jemanden, der nicht mit im Raum war, so gut wie unmöglich gewesen wäre, die Tat auszuführen. Richtig?«

»Richtig«, bestätige ich.

»Wenn also weder Cooper noch Bronwyn …«, Kris zieht zwei Post-its von den Heftern ab, »… noch Addy oder Nate es getan haben – und wir davon ausgehen, dass euer Lehrer, dieser Mr Avery, nichts damit zu tun hat –, wer bleibt dann noch übrig?« Er klebt die beiden Post-its untereinander an die Wand, bevor er sich wieder zurücklehnt und uns mit höflicher Aufmerksamkeit ansieht.

- *Simon wurde beim Nachsitzen vergiftet*
- *Simon war unglücklich*

Einen Moment lang sagt keiner von uns ein Wort, bis Bronwyn leise aufkeucht. »Ich bin der allwissende Erzähler«, sagt sie.

»Was?«, fragt Addy.

»So hat Simon sich damals im Klassenzimmer bezeichnet. Daraufhin habe ich gesagt, dass es so was in Teenie-Filmen nicht gibt, und er meinte, *im echten Leben schon*. Dann hat er den Becher angesetzt und in einem Zug ausgetrunken.« Bronwyn wirbelt herum und ruft *»Eli?!«*, aber da ist die Tür des Cafés schon hinter dem Anwalt zugefallen.

Ashton sieht Kris an und schüttelt fassungslos den Kopf. »Willst du damit sagen … dass Simon *Selbstmord* begangen hat?« Als Kris nickt, fügt sie hinzu: »Aber warum? Warum *auf diese Art*?«

»Fassen wir noch mal zusammen, was wir wissen«, sagt Bronwyn. Ihre Stimme klingt sachlich, aber ihre Wangen glühen förmlich. »Simon gehörte zu dem Typ Mensch, der das starke Bedürfnis hatte, im Mittelpunkt zu stehen, aber eigentlich interessierte sich niemand für ihn. Er war von Schulmassakern fasziniert und hat auf 4chan ausgiebig irgendwelche Gewaltfantasien gepostet. Könnte es sein, dass dieser Selbstmord seine Version eines Amoklaufs gewesen ist? Sich selbst umzubringen und eine Gruppe von Schülern mit ins Verderben zu reißen, indem er ihnen einen Mord anhängt.« Sie sieht ihre Schwester an. »Was hat Simon noch mal in diesem einen 4chan-Thread gesagt, Maeve? *Lasst euch was Originelles einfallen. Überrascht mich, wenn ihr eine Horde überheblicher Arschlöcher kaltmacht.*«

Maeve nickt. »Das war so ziemlich der genaue Wortlaut.«

Mir schaudert, als ich daran denke, wie Simon gestorben ist. Wie er panisch nach Luft rang und qualvoll erstickte. Ich wünschte, wir hätten seinen verfluchten EpiPen gefunden. »Wenn es so war, dann glaube ich, dass er es am Ende bereut hat«, sage ich und die Worte legen sich wie ein Bleigewicht auf meine Brust. »Er sah aus, als würde er nichts mehr wollen, als dass ihm jemand hilft. Wenn er rechtzeitig Adrenalin bekommen und überlebt hätte, hätte das vielleicht einen anderen Menschen aus ihm gemacht.«

Kris drückt unter dem Tisch meine Hand. Bronwyn und Addy sitzen stumm und erstarrt da, als würden sie auch noch einmal den Moment durchleben, in dem Simon starb. Sie wissen, dass ich recht habe.

Es ist eine Weile still an unserem Tisch, und ich fange gerade an zu denken, dass unser Treffen für heute zu Ende ist, als Maeve den Blick auf die Post-its richtet und sich nachdenklich auf die Unterlippe beißt.

»Aber wie passt Jake ins Bild?«, fragt sie.

Kris räuspert sich, als würde er auf die Erlaubnis warten, sprechen zu dürfen. Als alle ihn erwartungsvoll ansehen, sagt er: »Wenn Jake nicht Simons Mörder ist, muss er sein Komplize sein. Jemand musste nach seinem Tod dafür sorgen, dass der Plan zu Ende gebracht wird.«

Er sieht Bronwyn an und die beiden nicken in stillem Einverständnis. Sie sind die klugen Köpfe in dieser Runde. Wir anderen versuchten bloß kläglich, mitzuhalten. Diesmal bin ich es, der unter dem Tisch nach Kris' Hand greift und sie drückt.

»Simon wusste, was zwischen Addy und TJ passiert war«, sagt Bronwyn. »Vielleicht ist er damit zu Jake, weil er gehofft hat, er wäre auf Rache aus und würde ihm bei seinem kranken Plan helfen …«

Addy, die neben mir sitzt, schiebt abrupt ihren Stuhl nach hinten. »Schluss damit«, sagt sie mit erstickter Stimme und streicht sich ihre lila Strähnchen aus den Augen. »Jake würde niemals … Er könnte nicht …«

»Ich glaube, für heute Abend reicht es«, sagt Ashton bestimmt und steht auf. »Ihr könnt ja noch weitermachen, aber wir müssen nach Hause.«

»Tut mir leid, Addy«, sagt Bronwyn bekümmert. »Das war nicht besonders sensibel von mir.«

Addy hebt fahrig eine Hand. »Schon okay. Ich … Es ist nur alles gerade ein bisschen viel.« Ashton hakt sich bei ihr unter, führt sie zur Tür, zieht sie für sie auf und lässt sie dann vorgehen.

Maeve stützt wieder das Kinn in die Hand und schaut ihnen hinterher. »Die Arme. Das Ganze klingt echt ziemlich unvorstellbar. Und selbst wenn es so gewesen wäre, können wir nichts beweisen.« Sie sieht hoffnungsvoll zu Kris, als wolle sie ihn dazu bringen, noch ein bisschen Post-it-Magie zu wirken.

Kris zuckt mit den Achseln und tippt auf einen der Klebezettel. »Eine Person gibt es vielleicht noch, die etwas Licht ins Dunkel bringen könnte.«

- *Janae scheint depressiv zu sein*

Als Bronwyn und Maeve gegen neun aufbrechen, sammeln Kris und ich den Müll ein, den wir auf unserem Tisch hinterlassen haben, und werfen ihn in den Abfalleimer neben dem Ausgang, bevor wir schweigend das Café verlassen. Schon verrückt, wenn man sich vorstellt, dass ausgerechnet dieses Treffen das erste Mal war, dass wir uns zusammen in der Öffentlichkeit gezeigt haben.

»Tja«, sagt Kris, als wir draußen stehen. »Das war interessant …« Weiter kommt er nicht, weil ich ihn gegen die Hausmauer des Cafés schiebe, die Hände in seinen Haaren vergrabe und hungrig meine Zunge zwischen seine Lippen gleiten lasse. Er gibt einen kleinen überraschten Laut von sich und zieht mich noch enger an sich. Als ein Paar aus dem Café kommt und wir uns voneinander lösen, wirkt er benommen.

Er streicht sein Hemd glatt und fährt sich durch die Haare. »Dachte schon, du hättest vergessen, wie das geht.«

»Tut mir leid.« Meine Stimme ist belegt vor Verlangen, ihn noch mal zu küssen. »Es ist nicht so, dass ich nicht gewollt hätte. Ich …«

»Ich weiß.« Kris verschränkt seine Finger mit meinen und hält dann fragend unsere Hände hoch. »Ja?«

»Ja!«, sage ich und wir gehen gemeinsam die Straße runter.

NATE
Mittwoch, 7. November, 23:30 Uhr

Es gibt da ein paar Regeln, die man beachten sollte, wenn man im Knast sitzt.

Man hält den Mund. Man redet nicht über sein Leben oder warum man hier ist. Das interessiert niemanden und wenn, dann höchstens, weil er es gegen einen verwenden will. Man lässt sich nichts gefallen. Niemals. Hier im Jugendstrafvollzug geht es nicht ganz so hart zu wie in der Serie *Oz – Hölle hinter Gittern*, aber man wird trotzdem fertiggemacht, falls man auch nur das kleinste Anzeichen von Schwäche zeigt.

Man schließt Freundschaften. Soll heißen: Man findet heraus, wer die am wenigsten beschissenen Leute sind, und verbündet sich mit ihnen. Sich im Rudel zu bewegen, ist sicherer.

Man bricht keine Regeln, aber man schaut weg, wenn andere es tun.

Man trainiert und hockt vor dem Fernseher. Zeit genug hat man ja.

Man verhält sich den Wärtern gegenüber so unauffällig wie möglich. Das gilt auch für die überfreundliche Angestellte, die einem immer wieder anbietet, dass man von ihrem Büro aus gerne telefonieren dürfte.

Man beschwert sich nicht darüber, wie langsam die Zeit vergeht. Wenn man wegen eines Kapitalverbrechens in U-Haft sitzt und in knapp vier Monaten volljährig wird, sind die Tage, die an einem vorbeikriechen, Freunde.

Man lässt sich immer wieder neue Varianten einfallen, um die endlosen Fragen seines Anwalts zu beantworten. *Ja, ich lasse mein Schließfach manchmal offen. Nein, Simon ist nie bei mir zu Hause gewesen. Ja, wir sind uns manchmal außerhalb der Schule begegnet. Das letzte Mal? Wahrscheinlich, als ich ihm Gras verkauft hab. Oh, sorry, darüber sollen wir wahrscheinlich nicht reden, oder?*

Man denkt nicht daran, was draußen los ist. Oder wer womöglich gerade an einen denkt. Besonders wenn eine ganz bestimmte Person besser dran ist, wenn sie vergisst, dass es einen gibt.

29

ADDY
Donnerstag,
8. November,
19:00 Uhr

Ich lese immer und immer wieder den Tumblr-Eintrag, als könnte er sich dadurch irgendwie ändern. Aber das tut er nicht. Ashtons Worte kreisen in meinem Kopf: *Jake ist ein totaler Kontrollfreak.* Das stimmt. Aber muss man daraus gleich den Schluss ziehen, dass Jake derjenige ist, der das geschrieben hat? Vielleicht hat er in einem Gespräch mit irgendwelchen Leuten erwähnt, was ich gesagt habe, und das hat dann derjenige aufgeschnappt, der den Post verfasst hat. Vielleicht ist es ja auch bloß ein seltsamer Zufall.

Es sei denn … Eine Erinnerung an etwas steigt in mir auf, das mir damals so bedeutungslos schien, dass es mir erst jetzt wieder einfällt: Jake, wie er mir an dem Tag, an dem Simon starb, mit entspanntem Grinsen den Rucksack abnimmt, als wir morgens zusammen den Flur entlanggehen. *Der ist doch viel zu schwer für dich, Baby.* Das hat er vorher noch nie gemacht, aber ich habe mich nicht darüber gewundert. Warum auch?

Ein paar Stunden später wurde in meinem Rucksack ein Handy entdeckt, das mir nicht gehörte.

Ich weiß nicht, was schlimmer wäre – dass Jake an so etwas Grauenhaftem beteiligt sein könnte, dass ich ihn womöglich dazu getrieben habe oder dass er mir wochenlang etwas vorgemacht hat.

»Wenn, dann war es seine Entscheidung, Addy«, erinnert mich Ashton. »Etliche Leute werden betrogen und verlieren deswegen nicht gleich den Verstand. Schau dir mich an. Ich hab Charlie eine Vase an den Kopf geworfen und bin ausgezogen. Das ist eine normale Reaktion. Was immer hier vor sich geht – es ist nicht deine Schuld.«

Vielleicht hat sie recht. Aber es *fühlt* sich nicht so an.

Jedenfalls habe ich von den anderen den Auftrag bekommen, heute Abend mit Janae zu sprechen, die die ganze Woche nicht im Unterricht war. Ich habe ihr nach der Schule ein paarmal geschrieben, zuletzt vorhin nach dem Abendessen, aber sie hat auf keine der Nachrichten reagiert. Schließlich bin ich auf die Idee gekommen, es wie TJ zu machen – mir aus dem Schulverzeichnis ihre Adresse zu besorgen und einfach bei ihr vorbeizufahren. Als ich Bronwyn von meinem Plan erzählt habe, bot sie an, mitzukommen, aber ich glaube, dass ich ohne sie mehr erreichen kann. Janae ist mit Bronwyn nie wirklich warm geworden.

Cooper besteht darauf, mich zu fahren, aber ich bitte ihn, im Wagen zu warten, weil ich mir sicher bin, dass Janae nichts sagen würde, wenn er dabei wäre. »Schreib mir eine Nachricht, wenn es irgendwie komisch wird, dann komme ich dich holen«, sagt er, als er gegenüber von dem im mittelalterlichen Tudorstil gebauten Haus, in dem Janae wohnt, den Wagen abstellt.

»Mach ich«, sage ich und salutiere kurz, bevor ich die Tür zuwerfe und über die Straße gehe. In der dunklen Einfahrt ist kein Wagen zu sehen, aber im Haus brennt Licht. Ich klingle viermal, ohne dass jemand aufmacht. Achselzuckend schaue ich über die Schulter zu Cooper zurück und will gerade aufgeben, als die Tür sich einen Spaltbreit öffnet und

Janaes dick mit schwarzem Kajal umrandete Augen zu mir rausspähen. »Was machst du hier?«, fragt sie.

»Wollte mal nach dir schauen. Du warst nicht in der Schule und hast nicht auf meine Nachrichten geantwortet. Alles okay bei dir?«

»Mir geht's gut«, murmelt Janae und will die Tür wieder schließen, aber ich schiebe schnell einen Fuß dazwischen.

»Kann ich reinkommen?«, sage ich.

Sie zögert einen Moment, dann zieht sie die Tür ganz auf und tritt zur Seite, um mich reinzulassen. Ich muss mich zwingen, mir nicht vor Schreck die Hand auf den Mund zu pressen, als ich sie sehe. Sie ist noch magerer als sonst und hat einen fiesen Ausschlag im Gesicht, der sich bis zu ihrem Hals hinunterzieht. »Was?« Sie kratzt unbehaglich über ihre mit roten Pusteln bedeckte Wange. »Ich fühl mich nicht so gut. Sieht man ja.«

Ich spähe den Flur hinunter. »Bist du allein?«

»Ja. Meine Eltern sind essen gegangen. Hör mal, ähm, nimm es mir nicht übel, aber was willst du hier?«

Bronwyn hat mir vorher eingeschärft, was ich sagen soll – nicht gleich mit der Tür ins Haus fallen, sondern erst mal fragen, wo sie die ganze Woche gesteckt hat und wie es ihr geht, bevor ich dann langsam auf Simons seelische Verfassung zu sprechen komme, sie dazu ermutige, mehr darüber zu erzählen, und vielleicht noch erwähne, dass der Bezirksstaatsanwalt vorhat, Nate ins Bundesgefängnis zu überstellen.

Ich tue nichts davon. Stattdessen nehme ich sie in den Arm und reibe ihr sanft über den Rücken, als wäre sie ein kleines Kind, das Trost braucht. So dürr und zerbrechlich wie sie ist, fühlt sie sich auch tatsächlich wie ein Kind an. Anfangs versteift sie sich noch, aber es dauert nicht lang, bis sie in meinen Armen praktisch zusammenbricht und zu weinen beginnt.

»Oh Gott«, sagt sie nach einer Weile mit rauer, belegter Stimme. »Das ist alles so krank. So verflucht krank.«

»Komm.« Ich führe sie nach nebenan ins Wohnzimmer, wo wir uns auf eine Couch setzen. Sie fängt wieder an zu weinen und vergräbt unbeholfen den Kopf an meiner Schulter. Ich streiche ihr über die blauschwarzen Haare, die am Ansatz mausbraun sind und sich anfühlen, als hätte sie zu viel Haarspray benutzt.

»Simon hat sich das selbst angetan, oder?«, frage ich vorsichtig.

Janae löst sich von mir, schlägt die Hände vors Gesicht und wiegt sich dabei vor und zurück. »Woher weißt du das?«, schluchzt sie.

Gott. Es ist also wahr. Bis jetzt hatte ich immer noch Zweifel.

Ich weiß, dass ich ihr nicht alles erzählen sollte. Dass ich ihr eigentlich *gar nichts* erzählen sollte, aber ich tue es trotzdem. Weil ich keine Ahnung habe, wie ich dieses Gespräch sonst führen soll. Als ich fertig bin, steht sie wortlos auf und verschwindet nach oben. Während ich warte, reibe ich mir mit der einen Hand nervös über den Schenkel und zupfe mit der anderen an meinem Ohrring herum. Ruft sie jemanden an? Holt sie eine Waffe, um mir das Gehirn rauszupusten? Schneidet sie sich die Pulsadern auf, um Simon in den Tod zu folgen?

Als ich gerade überlege, vielleicht lieber mal nach ihr zu schauen, kehrt sie mit einem dünnen Stapel Blätter zurück und wirft ihn mir hin. »Simons Manifest«, sagt sie und zieht eine bittere Grimasse. »Es sollte ein Jahr, nachdem euer Leben komplett zerstört wurde, an die Polizei geschickt werden. Damit alle erfahren würden, dass er dahintersteckt.«

Die Seiten zittern in meiner Hand, während ich anfange zu lesen:

Das Erste, was jeder wissen sollte, ist Folgendes: Ich hasse mein Leben und alles, was damit zu tun hat.
Also habe ich beschlossen, mich davon zu befreien. Aber nicht heimlich, still und leise, sondern mit einem Paukenschlag.
Ich habe viel über das »Wie« nachgedacht. Ich hätte mir zum Beispiel eine Waffe besorgen können, wie es in Amerika jeder Idiot tun kann. Und dann eines Morgens die Ausgänge der Schule verriegeln und so viele Bayview-Arschlöcher abknallen, wie ich Kugeln hätte, bevor ich mir die letzte selbst in den Kopf jage. Und ich hätte eine Menge Kugeln gehabt.
Aber das ist so oder ähnlich schon bis zum Erbrechen durchexerziert worden. Es hat einfach keine durchschlagende Wirkung mehr.
Ich will kreativer sein. Einzigartiger. Ich will, dass noch Jahre später über meinen Abgang gesprochen wird. Ich will, dass andere mir nacheifern – und scheitern, weil die Vorbereitung, die es für so eine Tat braucht, den Horizont der allermeisten depressiven Loser mit Todeswunsch bei Weitem übersteigt.
Ihr hattet jetzt ein Jahr lang Gelegenheit, die Ereignisse und ihre Entwicklung zu verfolgen. Wenn alles so gelaufen ist, wie ich es mir erhoffe, habt ihr nicht den kleinsten Schimmer einer Ahnung, wie es wirklich gewesen ist.

Ich schaue auf. »Warum?«, frage ich und spüre, wie mir saure Gallenflüssigkeit die Kehle hochsteigt. »Wie konnte es so weit kommen?«

»Er war schon seit einer Weile echt schlecht drauf.« Janae knetet den Stoff ihres schwarzen Rocks. Die nietenbesetzten Bänder, die sie an beiden Armen trägt, klirren leise. »Simon hatte schon immer das Gefühl, dass er nicht den Respekt und die Aufmerksamkeit bekommt, die er seiner Meinung nach verdient hatte, verstehst du? In den Monaten vor seinem Tod wurde das zu einer richtig fixen Idee von ihm. Er fing an, sich in so komischen Internetforen rumzutreiben, und tauschte sich dort ständig mit irgendwelchen Spinnern aus, die davon träumten, sich an jedem zu rächen, der sie jemals schlecht behandelt hat. Die haben sich gegenseitig hochgepusht, und ich glaube, er hatte irgendwann gar keinen Bezug mehr zur Realität, weil ihm alles Negative, was ihm jemals passiert ist, auf einmal riesengroß vorkam.«

Die Worte stürzen nur so aus ihr heraus. »Er fing an, von Selbstmord zu sprechen, sagte aber, er würde sich auf eine *kreative* Art aus dem Leben verabschieden, nämlich so, dass auch andere Leute leiden würden. Er hat sich in die Idee reingesteigert, seine App dazu zu benutzen, jeden fertigzumachen, den er hasste. Er wusste, dass Bronwyn gepfuscht hat, und war stinksauer deswegen. Sie war praktisch sowieso schon Jahrgangsbeste, aber dadurch hat sie es ihm unmöglich gemacht, sie noch jemals einzuholen. Außerdem war er davon überzeugt, dass sie absichtlich dafür gesorgt hat, dass er damals nicht beim Finale der Model-UN mitmachen konnte. Bei Nate war es die Sache mit Keely. Simon hat sich eingebildet, er hätte Chancen bei ihr, und dann hat Nate sie ihm einfach vor der Nase weggeschnappt, ohne sich auch nur anstrengen zu müssen oder überhaupt wirklich an ihr interessiert zu sein.«

Mein Herz zieht sich zusammen. Gott, der arme Nate. Was für ein dummer, sinnloser Grund, um im Gefängnis zu landen. »Und warum Cooper? Ging es Simon bei ihm auch um Keely?«

Janae stößt ein hartes Lachen aus. »Mr *Nice Guy*? Cooper hat dafür gesorgt, dass Vanessa ihn von ihrer After-Prom-Party ausgeladen hat. Obwohl Simon es geschafft hatte, in den Hofstaat des Prom-Kings gewählt zu werden. Das war eine unglaubliche Demütigung für ihn, einfach so rausgekickt worden zu sein und als Einziger nicht kommen zu dürfen.«

»Das hat *Cooper* gemacht?«, frage ich ungläubig. Davon wusste ich nichts. Cooper hatte es nie erwähnt und mir ist damals gar nicht aufgefallen, dass Simon nicht da war.

Was wohl Teil des Problems war.

Janae zuckt mit den Achseln. »Ja. Aber ich hab keine Ahnung, warum. Jedenfalls hatte Simon es auf die drei abgesehen und Einträge über sie vorbereitet, die er auf seiner App posten wollte. Zu dem Zeitpunkt dachte ich noch, das wäre alles nur Gerede von ihm. Eine Art Ventil, um Dampf abzulassen. Und vielleicht wäre es ja auch dabei geblieben, wenn ich es geschafft hätte, ihn davon zu überzeugen, nicht mehr mit diesen Leuten im Netz zu chatten, um mal wieder ein bisschen runterzukommen. Aber dann hat Jake etwas rausgefunden, von dem Simon nicht wollte, dass es jemand erfährt, und das hat das Fass für ihn endgültig zum Überlaufen gebracht.«

Oh nein. Mit jeder Sekunde, die vergangen ist, ohne dass sie Jake erwähnt hat, war meine Hoffnung gewachsen, dass er doch nichts mit all dem zu tun hat. »Was meinst du?« Ich ziehe so fest an meinem Ohrring, dass ich wahrscheinlich Gefahr laufe, mir das Ohrläppchen durchzureißen.

Janae schabt an ihrem abgeplatzten Nagellack herum, der in grauen Splittern auf ihren Rock rieselt. »Simon hat das

Wahlergebnis damals manipuliert, um sich einen Platz im Hofstaat zu sichern.« Die Hand an meinem Ohr erstarrt und ich sehe sie ungläubig an. Janae lacht freudlos. »Ich weiß. Wie bescheuert kann man sein? Simon hat sich immer über die Idioten lustig gemacht, die den Schulstars nachgelaufen sind, aber er wollte trotzdem dasselbe wie sie. Und er wollte, dass sie zu ihm aufschauen. Aber als wir dann im Sommer eines Nachmittags im Schwimmbad waren, hat er es mir erzählt und damit geprahlt, wie einfach es gewesen wäre und dass er das bei der Homecoming-Party wieder so machen wird und … Jake hat das Gespräch zufällig mitbekommen.«

Ich kann mir sofort vorstellen, wie Jake darauf reagiert hat, weshalb mich Janaes nächste Worte nicht überraschen. »Er hat sich kaputtgelacht. Simon ist daraufhin völlig ausgeflippt. Er hat den Gedanken nicht ertragen, dass Jake es überall herumerzählt und jeder von seiner erbärmlichen Aktion erfahren würde. Ausgerechnet er, der jahrelang die Geheimnisse von anderen rausposaunt hat, sollte jetzt selbst mit seinem eigenen Geheimnis an den Pranger gestellt werden.« Sie schaudert. »Kannst du dir das vorstellen? Der Macher von *About That* wird selbst als Betrüger entlarvt? Das hat ihm den Rest gegeben.«

»Den Rest?«, sage ich.

»Ja. Von da an hat er nicht mehr nur über seinen verrückten Plan geredet, sondern angefangen, ihn in die Tat umzusetzen. Er wusste schon von der Sache zwischen dir und TJ, aber er hat es für sich behalten, bis die Ferien vorbei waren. Danach hat er die Geschichte benutzt, um Jake zum Schweigen zu bringen und dafür zu sorgen, dass er ihm hilft. Er hat ja jemanden gebraucht, der nach seinem Tod alles am Laufen hielt, und ich wollte dabei nicht mitmachen.«

Ich weiß nicht so richtig, ob ich ihr das glauben soll. »Du wolltest nicht mitmachen?«

»Nein.« Janae weicht meinem Blick aus. »Nicht wegen *euch*. Ihr seid mir egal gewesen. Mir ging es um Simon. Ich wollte nicht, dass er sich wirklich umbringt. Aber er ließ nicht mit sich reden und dann brauchte er mich plötzlich nicht mehr. Er kannte Jake und wusste, dass er ausflippen würde, wenn er das von dir und TJ erfährt. Simon hat Jake angeboten, alles auf dich zu schieben, damit du ins Gefängnis wanderst. Und Jake war sofort Feuer und Flamme. Es war seine Idee, dich an dem Tag ins Krankenzimmer zu schicken, um ihm eine Tylenol zu besorgen, damit der Verdacht auf dich fällt.«

Weißes Rauschen füllt meinen Kopf. »Die perfekte Rache an jemandem, von dem man betrogen wurde.« Ich merke nicht einmal, dass ich das laut ausgesprochen habe, bis Janae nickt.

»Genau, und niemand wäre je darauf gekommen, dass zwischen Jake und Simon eine Verbindung bestand, weil die beiden ja schon lange nicht mehr miteinander befreundet waren. Der zusätzliche Vorteil für Simon war, dass es ihm egal war, ob Jake es vermasselte und erwischt werden würde. Vielleicht hat er ja sogar irgendwie gehofft, dass das passieren würde. Er hat Jake jahrelang gehasst.«

Janae redet sich förmlich in Rage, so wie sie und Simon es wahrscheinlich früher oft gemacht haben, wenn sie zusammen über die Leute an der Schule abgelästert haben. »Jake hat Simon in der Neunten einfach fallen gelassen und war von da an nur noch mit Cooper unterwegs, als wären sie schon immer beste Freunde gewesen. Als würde Simon nicht mehr existieren. Als wäre er *wertlos*.«

Ich habe das Bedürfnis, mich zu übergeben. Nein, ohnmächtig zu werden. Vielleicht beides gleichzeitig. Hauptsache, ich muss nicht länger hier sitzen und mir weiter diese ganzen grauenhaften Dinge anhören. Ich denke an die Zeit nach Simons Tod. Jake hat mich getröstet, er hat es so eingefädelt, dass TJ bei uns zum Strand mitfuhr, er hat mit mir geschlafen – und dabei hat er längst Bescheid gewusst. Er wusste, dass ich ihn betrogen habe, und wartete nur auf den richtigen Zeitpunkt. Darauf, dass ich meine Strafe bekam.

Das ist vielleicht das Schlimmste daran. Wie vollkommen *normal* er sich die ganze Zeit verhalten hat.

Irgendwie finde ich meine Sprache wieder. »Aber er … Aber der Mord ist *Nate* angehängt worden. Heißt das, dass Jake seine Meinung geändert hat?«

Ich wünsche es mir so sehr, dass es wehtut.

Janae antwortet nicht sofort. Bis auf ihre abgehackten Atemzüge ist es still im Raum. »Nein«, sagt sie schließlich. »Das Problem ist … Es ist fast alles genauso eingetroffen, wie Simon es geplant hatte. Er und Jake haben an dem Morgen die Handys in eure Rucksäcke geschmuggelt und Mr Avery hat sie gefunden und euch nachsitzen lassen, genau wie Simon es vorausgesagt hatte. Der Polizei hat er die Ermittlungen erleichtert, indem er auf seinem Computer die Administrationsseite für die App offen gelassen hat. Er hatte die Tumblr-Posts schon vorgeschrieben und Jake beauftragt, Updates von öffentlichen Computern zu verschicken, in denen weitere Details zu seinem Tod verraten werden. Das war total verrückt. Ich hatte manchmal das Gefühl, mir eine außer Kontrolle geratene Reality-TV-Show anzuschauen, bei der man immer wieder erwartet, dass gleich der Regisseur einschreitet und die Sache abbricht. Aber es ist niemand eingeschritten. Das hat mich krank gemacht. Ich hab Jake immer wieder gesagt, dass das alles zu weit geht und er damit aufhören muss.«

Mir dreht sich der Magen um. »Aber Jake wollte nicht?«

Janae schüttelt den Kopf. »Im Gegenteil. Nach Simons Tod hat er sich nur noch mehr reingesteigert. Es hat ihm ein Gefühl der absoluten Macht gegeben, dabei zuzuschauen, wie ihr aufs Police Department gebracht wurdet, wie an der Schule das Chaos ausgebrochen ist und alle wegen den Tumblr-Posts ausgeflippt sind. Er hat es total genossen, die absolute Kontrolle zu haben.« Sie hält kurz inne und sieht mich an. »Du weißt ja, wie er ist.«

Stimmt, aber es wäre nicht nötig gewesen, mich ausgerechnet in diesem Moment daran zu erinnern. »*Du* hättest es verhindern können, Janae«, sage ich und meine Stimme wird lauter, weil die Wut jetzt größer ist als der Schock. »Du hättest mit jemandem darüber reden sollen, was vor sich geht.«

»Ich *konnte nicht.*« Janae zieht die Schultern hoch. »Als wir uns einmal beide mit Simon getroffen und darüber geredet haben, hat Jake das Gespräch mit seinem Handy aufgenommen. Ich hab damals versucht, Simon zur Vernunft zu bringen, aber Jake hat die Aufnahme so zusammengeschnitten, dass es am Ende so klang, als wäre die ganze Sache praktisch meine Idee gewesen. Er hat damit gedroht, die Aufnahme der Polizei zu geben und alles mir anzuhängen, wenn ich nicht mitmache.«

Sie atmet zitternd ein. »Ich sollte dir Simons Computer unterschieben. Erinnerst du dich noch an den Tag, als ich bei dir zu Hause war? Ich hatte den Laptop dabei. Aber ich hab das nicht über mich gebracht. Danach hat Jake mich noch mehr unter Druck gesetzt und ich bin total panisch geworden und dann hab ich … hab ich einfach alles bei Nate deponiert.«

Sie schluchzt auf. »Es war ein Kinderspiel. Die Haustür war noch nicht mal abgeschlossen, ich konnte einfach so bei ihm reinspazieren und brauchte danach nur noch in der Schule anrufen und denen anonym den Tipp geben.«

»Warum?« Meine Stimme ist jetzt so leise, dass sie kaum zu hören ist, und meine Hände, die immer noch Simons Manifest halten, zittern. »Warum hast du den ursprünglichen Plan nicht durchgezogen?«

Janae fängt wieder an, sich vor und zurück zu wiegen. »Du warst nett zu mir. Von all den Leuten an dieser verkackten Schule hat mich nie jemand gefragt, wie es mir geht und ob ich Simon vermisse – nur du. Und ich hab ihn vermisst. Ich vermisse ihn immer noch. Mir ist absolut klar, wie kaputt er gewesen ist, aber ... er war mein einziger Freund.« Sie bricht wieder in Tränen aus. »Bis du mich damals angesprochen hast. Ich weiß, dass wir nicht wirklich befreundet sind und dass du mich jetzt natürlich hasst, aber ... ich konnte dir das nicht antun.«

Ich weiß nicht, was ich sagen soll. Ich weiß nur, dass ich die Beherrschung verliere, wenn ich weiter über Jake nachdenke. Mein Verstand dockt an dem einzigen Punkt an, der in diesem kranken Puzzle keinen Sinn ergibt. »Was ist mit dem Text über Cooper? Warum hat Simon etwas verbreitet, das nicht stimmte?«

»Das ist Jake gewesen.« Janae wischt sich über die Augen. »Er hat Simon dazu gebracht, den Post zu ändern. Angeblich, um Cooper einen Gefallen zu tun, aber ... Keine Ahnung. Ich könnte mir vorstellen, dass es eher etwas damit zu tun hatte, dass niemand erfahren sollte, dass sein bester Freund schwul ist. Und er ist wohl ziemlich neidisch auf Coopers Erfolg im Baseball.«

Mir dreht sich der Kopf. Ich müsste ihr noch viel mehr Fragen stellen, aber mir fällt nur eine einzige ein. »Und was jetzt? Wirst du … Ich meine, du kannst nicht zulassen, dass Nate wegen Mordes verurteilt wird, Janae. Du wirst doch hoffentlich zur Polizei gehen, oder? Du *musst* es ihnen sagen.«

Janae reibt sich übers Gesicht. »Ich weiß. Aber das Problem ist, dass ich außer diesem einen Ausdruck von Simons Manifest nichts in der Hand habe. Jake hat eine Videoversion davon auf Simons externer Festplatte und sämtliche Backup-Dateien, die beweisen, dass er das alles Monate im Voraus geplant hat.«

Ich halte den Blätterstapel mit beiden Händen wie einen Schutzschild hoch. »Das hier reicht. Das und dein Wort.«

»Und was passiert dann mit mir?«, sagt Janae leise. »Ich komme wegen Beihilfe dran oder wegen Behinderung der Justiz … *Ich* könnte im Gefängnis landen. Und Jake hat diese Audiodatei gegen mich in der Hand. Er ist sowieso schon stinksauer auf mich. Ich habe solche Angst vor ihm, dass ich nicht mehr in die Schule gehe. Ständig lauert er mir auf und …« Im selben Moment klingelt es an der Haustür und mein Handy verkündet den Eingang einer Nachricht. »Oh Gott, Addy«, sagt Janae panisch. »Das ist er bestimmt. Er kommt immer nur dann, wenn das Auto meiner Eltern nicht in der Einfahrt steht.«

Die Nachricht ist von Cooper. *Jake ist an der Tür. Was ist bei euch los?* Ich packe Janae am Arm. »Hör zu. Wir legen ihn auf dieselbe Weise rein, wie er dich reingelegt hat. Hast du dein Handy bei dir?«

Janae zieht es aus der Tasche, als es ein zweites Mal an der Tür klingelt. »Aber das bringt nichts. Er nimmt es mir immer ab, bevor wir reden.«

»Okay. Dann benutzen wir meins.« Mein Blick wandert zu dem im Dunkeln liegenden Esszimmer nebenan. »Ich verstecke mich da drüben, während du mit ihm redest.«

»Ich weiß nicht, ob ich das schaffe«, wispert Janae.

Ich rüttle sie leicht an der Schulter. »Du hast keine andere Wahl, Janae. Du musst das wieder in Ordnung bringen. Ihr seid schon viel zu weit gegangen.« Meine Hände zittern, trotzdem gelingt es mir, Cooper eine kurze Nachricht zu schicken. *Ist okay. Warte noch ab.* Dann stehe ich auf, ziehe Janae mit mir hoch und schiebe sie Richtung Tür. »Lass ihn rein.« Ich husche ins Esszimmer, kauere mich in eine Ecke, öffne die Voice-Recorder-App auf meinem Handy und tippe auf das Mikro-Icon. Dann halte ich es so dicht an den Durchgang zwischen Ess- und Wohnzimmer, wie ich es wage, und presse mich neben einer Geschirrvitrine an die Wand.

Zuerst übertönt das Rauschen in meinen Ohren alle anderen Geräusche, aber als es nachlässt, höre ich Jake sagen: »… nicht in der Schule?«

»Mir geht's nicht so gut«, antwortet Janae.

»Ach, echt?« Jakes Stimme trieft vor Verachtung. »Mir auch nicht, aber ich bin trotzdem jeden Tag da. Und du gehst ab morgen auch wieder hin. *Business as usual*, verstanden?«

Ich muss mich anstrengen, um Janae zu verstehen, weil sie so leise redet. »Findest du nicht, dass es langsam reicht, Jake? Ich meine, Nate ist im *Gefängnis.* Mir ist klar, dass das der Plan war, aber jetzt, wo es so weit ist, finde ich es ziemlich krank. Wir müssen damit aufhören.« Ich bin nicht sicher, ob ihre Stimme überhaupt aufgenommen wird, aber daran lässt sich gerade nichts ändern. Ich kann sie schließlich nicht wie eine Theatersouffleuse bitten, etwas lauter zu sprechen.

»Ich hab gewusst, dass du die Nerven verlieren würdest.«

Jakes Stimme ist zum Glück klar und deutlich zu verstehen. »Und nein, verdammt, wir können *nicht* damit aufhören, Janae. Dafür stecken wir beide viel zu tief drin. Außerdem war es *deine* Entscheidung, Nate ins Gefängnis zu bringen, oder? Es hätte Addy sein sollen, was übrigens auch der Grund dafür ist, warum ich heute hier bin. Du hast es vermasselt und musst das wieder geradebiegen. Ich hab auch schon ein paar Ideen, wie es funktionieren könnte.«

»Simon war *krank*, Jake.« Diesmal ist Janaes Stimme besser zu verstehen. »Sich selbst umzubringen und die Tat einem anderen als Mord anzuhängen, das ist … komplett verrückt. Ich will damit nichts mehr zu tun haben. Ich werde den Mund halten und niemandem sagen, dass du mit drinsteckst, aber ich will, dass wir … keine Ahnung … Wir könnten der Polizei eine anonyme Nachricht zukommen lassen, in der steht, dass das Ganze ein fieser Scherz war oder so was. Wir müssen dafür sorgen, dass alles wieder in Ordnung kommt.«

Jake schnaubt. »Das ist nicht deine Entscheidung, Janae. Vergiss nicht, was ich gegen dich in der Hand habe. Ich kann das alles dir anhängen, ohne mich selbst dabei zu belasten. Es gibt keinen einzigen Beweis dafür, dass ich irgendetwas mit der ganzen Sache zu tun habe.«

Irrtum, Arschloch, denke ich, als plötzlich Rihannas »Only Girl« losdudelt und eine Nachricht von Cooper auf meinem Handy eingeht. *Ist wirklich alles okay bei euch?*

Es ist, als würde einen Moment lang die Zeit stillstehen. Wie konnte ich nur vergessen, mein Handy auf stumm zu stellen, bevor ich es als Aufnahmegerät benutze?

»Was zur Hölle … *Addy?*«, brüllt Jake, und mein Fluchtinstinkt übernimmt die Führung. Ohne nachzudenken, stürze ich aus dem Esszimmer und rase in die Küche, wo ich dem lieben Gott kurz dafür danke, dass es dort eine Tür zum Garten gibt. Hinter mir werden schwere Schritte laut, weshalb ich in meiner Panik nicht zu Coopers Wagen Richtung Straße laufe, sondern in den dichten Wald hinter dem Haus. Ich hetze durchs Unterholz und weiche Büschen und Wurzeln aus, bis ich mich in irgendwas verfange und der Länge nach hinschlage. Es ist wieder wie auf der Aschenbahn neulich beim Sportunterricht – Knie aufgeschürft, Atem weg, Handflächen aufgerissen – und diesmal ist auch mein Knöchel verstaucht, glaube ich.

Hinter mir knacken Äste. Noch ist das Geräusch ziemlich weit weg, aber Jake läuft mir zielstrebig hinterher. Als ich mich aufrapple und versuche, den Fuß vorsichtig zu belasten, schießt mir ein stechender Schmerz ins Schienbein. Verzweifelt wäge ich meine Möglichkeiten ab. Nach allem, was ich gerade eben mit angehört habe, steht eines fest: Jake wird diesen Wald nicht verlassen, bevor er mich nicht gefunden hat. Und mit dem verletzten Knöchel werde ich nicht besonders weit kommen … Ich hole tief Luft und schreie so laut ich kann. »*Hilfe!*« Dann humple ich los und versuche mich im Zickzackkurs von der Richtung wegzubewegen, aus der ich Jake kommen höre, und gleichzeitig wieder zu Janaes Haus zurückzugelangen.

Mein Knöchel tut so höllisch weh, dass ich kaum vom Fleck komme, und die Schritte hinter mir werden immer lauter, bis mich schließlich jemand am Arm packt und zurückreißt. Wenigstens schaffe ich es, noch einmal um Hilfe zu schreien, bevor Jake eine Hand auf meinen Mund presst.

»Du miese kleine Schlampe«, zischt er atemlos. »Das hast du jetzt davon.« Ich grabe die Zähne in seine Handfläche. Er heult schmerzerfüllt auf und lässt reflexartig die Hand sinken, nimmt sie aber genauso schnell wieder hoch und schlägt mir damit ins Gesicht.

Ich taumle rückwärts, kann aber gerade noch das Gleichgewicht halten. Mit brennender Wange wirble ich herum und versuche, ihm das Knie in den Unterleib zu rammen und die Finger in die Augen zu stechen, was mir immerhin so gut gelingt, dass er ins Straucheln kommt und ich wieder ein paar Meter von ihm weghumpeln kann. Doch dann gibt mein Knöchel unter mir nach, Jake holt mich mit zwei Sätzen ein und schließt wie ein Schraubstock die Finger um meinen Arm. Als er mich zu sich heranzieht und hart an den Schultern packt, denke ich einen bizarren Moment lang, dass er mich küssen will.

Stattdessen stößt er mich zu Boden, kniet sich über mich und schlägt meinen Kopf gegen einen Stein. Ein unglaublicher Schmerz explodiert in meinem Schädel und mein Gesichtsfeld färbt sich an den Rändern zuerst rot, dann schwarz. Im nächsten Moment spüre ich einen heftigen Druck auf meiner Kehle, der mir die Luft abschnürt. »Statt Nate solltest jetzt eigentlich du im Gefängnis schmoren, Addy«, höre ich Jake knurren, während ich versuche, seine Hände von meinem Hals zu hebeln. »Aber das hier erfüllt auch seinen Zweck.«

Die panische Stimme eines Mädchens durchdringt den hämmernden Schmerz in meinem Kopf. »Jake, hör auf! Lass sie los!«

Der schreckliche Druck lässt nach und ich ringe röchelnd nach Luft. Jakes leise, wütende Stimme dringt an mein Ohr, gefolgt von einem Schrei und einem dumpfen Aufprall. Ich muss aufstehen … *jetzt sofort.* Auf der Suche nach etwas, an dem ich mich festhalten kann, taste ich über den Waldboden.

Ich muss es nur irgendwie schaffen, mich hochzurappeln ... und wieder klar sehen zu können.

Aber schon im nächsten Moment schließen sich Jakes Hände erneut um meinen Hals und drücken zu. Ich trete wild um mich und zwinge meine Beine, sich genauso energisch wie auf dem Fahrrad zu bewegen, aber ich habe keine Kraft. Ich blinzle hektisch, bis ich endlich wieder etwas sehen kann. Nur dass ich mir sofort wünsche, ich könnte es nicht. Jakes Augen blitzen im Mondlicht silbern auf und sind voller kalter Wut. *Wie konnte ich mich bloß so in ihm täuschen?*

Ich kann seine Hände nicht einen Millimeter von meinem Hals wegziehen, egal wie sehr ich mich anstrenge.

Und dann fliegt Jake auf einmal rückwärts, und ich frage mich benommen, wie er das gemacht hat und warum. Nicht weit von mir ertönen seltsam ächzende Laute, während ich mich zur Seite rolle und keuchend nach Luft schnappe. Ein paar Sekunden oder Minuten später – ich habe jedes Zeitgefühl verloren – legt sich mir eine Hand auf die Schulter, aber die Augen, in die ich schaue, sind nicht die von Jake. Es liegt ein warmer, besorgter Ausdruck darin. Und mindestens genau so viel Angst, wie ich sie gerade gespürt habe.

»Cooper«, krächze ich. Er zieht mich ein Stück hoch, sodass ich aufrecht sitze. Ich lasse den Kopf an seine Brust fallen und spüre, wie sein Herz an meiner Wange hämmert, während sich aus der Ferne Sirenengeheul nähert.

30

NATE
Freitag,
9. November,
15:40 Uhr

Am Blick des Wärters, der meinen Namen aufruft, erkenne ich sofort, dass irgendwas passiert sein muss. Er wirkt nicht mehr ganz so angewidert wie sonst – nicht so, als wäre ich ein Stück Dreck, das er gern unter seinen Schuhen zertreten würde. »Packen Sie Ihre Sachen zusammen«, brummt er. Viel ist es nicht, aber ich lasse mir Zeit damit, alles in eine Plastiktüte zu stopfen, bevor ich ihm den langen grauen Korridor entlang zum Büro der Gefängnisleitung folge.

Dort steht Eli Kleinfelter in der Tür. Er hat die Hände in die Hosentaschen geschoben und sieht mich mit diesem für ihn typischen, durchdringenden Blick an, nur dass diesmal ein aufgeregtes Funkeln darin liegt. »Willkommen im Rest Ihres Lebens, Nate.« Als ich nicht reagiere, sagt er: »Sie sind frei. Die ganze Sache war eine kranke Intrige, aber jetzt hat sich alles aufgeklärt. Also steigen Sie aus diesem Overall und ziehen Sie Ihre eigenen Klamotten an, damit wir Sie verdammt noch mal so schnell wie möglich hier rausschaffen können.«

Mittlerweile bin ich schon so daran gewöhnt, zu tun, was man mir sagt, dass ich einfach gehorche. Nichts anderes dringt zu mir durch, noch nicht einmal Elis Bericht über Jakes Verhaftung. Erst als er erzählt, dass Addy mit einem

Schädelbruch im Krankenhaus liegt, horche ich auf. »Zum Glück ist es nur eine leichte Knochenfissur, die keine bleibenden Schäden am Gehirn nach sich ziehen wird. Bald ist sie wieder vollkommen gesund.«

Unfassbar, oder? Addy, die oberflächliche Homecoming-Prinzessin, hat sich in eine krasse Ninja-Kämpferin verwandelt und liegt mit gebrochenem Schädel im Krankenhaus, weil sie mir helfen wollte. Dass sie überhaupt noch am Leben ist, hat sie vermutlich Janae zu verdanken, die sich dafür einen Kieferbruch eingehandelt hat, und Cooper, der die beiden gerettet hat und jetzt auf einmal ein in den Medien gefeierter Superheld ist. Ich würde mich ja für ihn freuen, wenn mich die ganze Sache nicht so krank machen würde.

Es gibt eine Menge Papierkram zu erledigen, wenn man aus einem Gefängnis entlassen wird, in das man für ein Verbrechen geworfen wurde, das man nicht begangen hat. Bei *Law&Order* wird nie gezeigt, wie viele Formulare die Leute ausfüllen müssen, bevor sie wieder in die Außenwelt dürfen. Das Erste, was ich sehe, als ich blinzelnd ins grelle Sonnenlicht trete, sind ein Dutzend Kameras, die in dem Moment lossurren. Natürlich. Für die Medien ist dieser Fall wie eine Erfolgsserie, in der ich mich von einer Folge zur nächsten vom Bösewicht zum Helden entwickelt habe, obwohl ich in der Zwischenzeit im Jugendknast saß und nicht das Geringste zu dieser Entwicklung beigetragen habe.

Meine Mutter erwartet mich draußen, was eine angenehme Überraschung ist. Wahrscheinlich werde ich nie aufhören, damit zu rechnen, dass sie doch plötzlich wieder verschwinden könnte. Bronwyn ist auch da, obwohl ich ausdrücklich gesagt habe, dass ich nicht will, dass sie auch nur in die Nähe von diesem beschissenen Ort kommt. Schätze, niemand hat geglaubt, dass es mir damit ernst ist. Bevor ich reagieren kann, schlingt sie ihre Arme um mich und mein Gesicht ist in ihren nach grünen Äpfeln duftenden Haaren vergraben.

Gott. Dieses Mädchen. Ein paar Sekunden lang atme ich sie ein und alles ist gut.

Dabei ist nichts gut.

»Nate! Wie fühlt es sich an, wieder auf freiem Fuß zu sein? Haben Sie irgendetwas zu Jake zu sagen? Wie wird es jetzt für Sie weitergehen?« Eli gibt auf dem Weg zu seinem Wagen ein paar knappe Stellungnahmen in die Mikrofone ab, die mir unter die Nase gehalten werden. Er ist der Mann der Stunde, wobei mir nicht klar ist, was er getan hat, um diese Aufmerksamkeit zu verdienen. Die Klage ist fallen gelassen worden, weil Bronwyn den Knoten hartnäckig entwirrt und einen entscheidenden Zeugen aufgespürt hat. Weil Coopers Freund Verbindungen gezogen hat, wo niemand sonst welche gesehen hat. Weil Addy sich selbst in die Schusslinie gebracht hat. Und weil Cooper sie gerettet hat, bevor Jake sie für immer zum Schweigen bringen konnte.

Ich bin das einzige Mitglied des Mörder-Clubs, das kein einziges verdammtes Puzzleteil zur Lösung des Falls beigetragen hat. Ich hab nichts weiter getan, als der Typ zu sein, dem man leicht etwas anhängen kann.

Kurz darauf lenkt Eli seinen Wagen an der Kolonne der Übertragungswagen vorbei, bis wir auf dem Highway sind und die Jugendstrafanstalt zu einem kleinen Fleck in der Ferne verschwimmt. Er redet in einem fort und gibt so viele Informationen an mich weiter, dass ich ihm kaum folgen kann: Dass er mit Officer Lopez zusammenarbeiten will, um dafür zu sorgen, dass die Anklage wegen Drogenhandels fallen gelassen wird; dass er mir Mikhail Powers' Sendung empfiehlt, falls ich das Bedürfnis habe, in den Medien eine öffentliche Stellungnahme abzugeben; dass ich mir überlegen muss, wie ich es schaffen kann, meine Noten zu verbessern. Ich starre aus dem Fenster, während meine Hand wie ein totes Gewicht in der von Bronwyn liegt. Als seine Stimme schließlich wieder zu mir durchdringt und ich ihn frage höre, ob es noch irgendetwas gibt, das ich gern wissen möchte, wird mir klar, dass er diese Frage nicht zum ersten Mal stellt.

»Hat sich jemand um Stan gekümmert?«, frage ich. Mein Vater hat es mit Sicherheit nicht getan.

»Ich hab nach ihm geschaut«, sagt Bronwyn. Als ich nichts darauf erwidere, drückt sie meine Hand und flüstert: »Nate, ist alles in Ordnung?«

Sie sucht meinen Blick, aber ich schaffe es nicht, sie anzuschauen. Sie will, dass ich mich freue, was ich genauso wenig schaffe. Die Erkenntnis, dass Bronwyn unerreichbar für mich ist, trifft mich wie ein Hieb in den Magen: Alles, was sie sich wünscht, ist gut und richtig und konsequent, aber ich kann keinen ihrer Wünsche erfüllen. Sie wird immer das Mädchen sein, das bei der Schnitzeljagd vor mir hergeht und dessen schimmernde Haare mich so sehr in ihren Bann ziehen, dass ich beinahe vergesse, wie nutzlos ich hinter ihr herlaufe.

»Ich will einfach nur nach Hause und schlafen.« Ich schaue sie immer noch nicht an, aber aus dem Augenwinkel sehe ich, wie ihr Gesicht in sich zusammenfällt, und das verschafft mir aus irgendeinem Grund eine perverse Genugtuung. Ich habe sie enttäuscht, wie es nicht anders von mir zu erwarten war. Und endlich ergibt mal etwas einen Sinn.

COOPER
Samstag,
17. November,
9:30 Uhr

Es ist ein ziemlich surrealer Anblick, als ich am Samstagmorgen zum Frühstück in die Küche runterkomme und sehe, wie meine Großmutter in einer Ausgabe der *People* blättert, auf deren Cover ich abgebildet bin.

Das Foto ist nicht im Studio entstanden, sondern ein Schnappschuss von Kris und mir, wie wir das Police Department verlassen, nachdem wir unsere Aussagen gemacht haben. Kris sieht umwerfend aus – ich wie jemand, der die Nacht durchgezecht hat und gerade erst aufgewacht ist. Es liegt auf der Hand, wer von uns beiden das Model ist.

Komisch, wie diese Sache mit der zufälligen Berühmtheit funktioniert. Zuerst haben mich die Leute unterstützt, obwohl ich beschuldigt wurde, gedopt und einen Mord begangen zu haben. Dann haben sie mich für das gehasst, was ich wirklich bin. Und jetzt lieben sie mich, weil ich zum richtigen Zeitpunkt am richtigen Ort war und es geschafft habe, Jake mit einem Schlag außer Gefecht zu setzen.

Wahrscheinlich färbt es auch positiv auf mich ab, dass ich mit Kris zusammen bin, dem Eli Kleinfelter die ganze Anerkennung dafür überlässt, die wahren Hintergründe aufgedeckt zu haben. Er ist der neue Star in dieser kranken Zirkusshow. Dass er die Medien meidet, wo er nur kann, macht ihn für sie nur umso begehrenswerter.

Lucas sitzt gegenüber von Nonny und löffelt Cocoa Pops, während er durch sein iPad scrollt. »Deine Facebook-Fan-Seite hat schon einhunderttausend Likes«, verkündet er und schnippt sich eine Haarsträhne aus dem Gesicht, als wäre sie ein nerviges Insekt. Das sind gute Neuigkeiten für meinen kleinen Bruder, der es beinahe als persönliche Beleidigung aufgefasst hat, dass die meisten meiner sogenannten Fans sich von mir abwendeten, nachdem die Polizei mich geoutet hatte.

Nonny schnaubt und wirft die Zeitschrift quer über den Tisch. »Grauenhaft. Ein Junge ist tot, ein anderer hat sich sein Leben ruiniert und deines fast gleich mit, und die Leute tun noch so, als wäre das Ganze irgendeine spannende Fernsehshow. Dem Himmel sei Dank, dass die Menschen eine so kurze Aufmerksamkeitsspanne haben. Es wird nicht lange dauern, bis sie sich auf irgendeine neue Sensation stürzen und du wieder dein normales Leben führen kannst.«

Ja. Wie auch immer das aussehen soll.

Jakes Verhaftung ist mittlerweile knapp eine Woche her. Die Anklage umfasst Körperverletzung, Behinderung der Justiz, Verdunklungsgefahr und noch eine ganze Reihe anderer Dinge, die mir jetzt entfallen sind. Er sitzt zurzeit in derselben Jugendstrafanstalt ein, in der Nate untergebracht gewesen ist. So etwas nennt man wohl ausgleichende Gerechtigkeit, aber ich kann keine Genugtuung darüber empfinden. Ich schaffe es immer noch nicht, den Typen, den ich von Addy weggezerrt habe, mit dem Jungen unter einen Hut zu bringen, der seit der Neunten mein bester Freund war. Sein Anwalt spricht davon, dass Simon einen unguten Einfluss auf ihn ausgeübt hat, und vielleicht ist das ja eine Erklärung für alles. Oder Ashton hatte recht und Jake ist schon immer ein Kontrollfreak gewesen.

Janae kooperiert mit der Polizei und wird wohl im Gegenzug für ihre Aussage mit einer außergerichtlichen Einigung davonkommen. Sie und Addy sind seit der Sache unzertrennlich. Ich habe Janae gegenüber gemischte Gefühle und verstehe nicht, wie sie das alles überhaupt so weit kommen lassen konnte. Aber ich bin selbst ja auch nicht unschuldig. Als ich Addy im Krankenhaus besucht habe, hat sie mir alles erzählt, auch dass meine dumme und panische Reaktion nach dem Abschlussball damals Simon dazu gebracht hat, mich so sehr zu hassen, dass er mir einen Mord anhängen wollte.

Ich muss einen Weg finden, mit dieser Schuld zu leben, aber das wird nicht funktionieren, wenn ich nicht auch lerne, anderen ihre Fehler zu verzeihen.

»Triffst du dich später noch mit Kris?«, fragt Nonny.

»Yep.« Ich nicke. Lucas schiebt sich weiter seine Cocoa Pops in den Mund, ohne mit der Wimper zu zucken. Wie sich herausgestellt hat, gibt es nichts, was ihn weniger interessieren könnte, als die Tatsache, dass sein Bruder mit einem Typen zusammen ist. Obwohl ich das Gefühl habe, dass er Keely vermisst.

Mit der ich mich heute auch noch treffe. Teils, weil ich ihr eine echte Erklärung schulde, teils, weil sie durch das, was Simon in seinem »Manifest« geschrieben hat, ebenfalls in dieses Desaster mit reingezogen wurde, obwohl die Polizei versucht hat, ihren Namen herauszuhalten. In der Presseerklärung wurde er tatsächlich nicht erwähnt, aber die Leute in der Schule wussten genug, um sich ihren Teil zu denken. Als ich ihr Anfang der Woche geschrieben habe, um mich nach ihr zu erkundigen, hat sie sich in ihrer Antwort dafür entschuldigt, mich nicht mehr unterstützt zu haben, als das mit mir und Kris herauskam. Was ziemlich groß von ihr ist, wenn man die ganzen Lügen bedenkt, die ich ihr aufgetischt habe.

Wir haben uns danach noch ein paarmal hin- und hergeschrieben. Sie war ziemlich fertig wegen der Rolle, die sie in dieser Geschichte gespielt hat, obwohl sie ja nicht wissen konnte, was ihretwegen in Simon vor sich ging. Ich bin wahrscheinlich einer der wenigen Menschen in dieser Stadt, der ihr das ganz genau nachfühlen kann.

Vielleicht kriegen wir es ja nach all dem trotzdem irgendwie hin, so was wie Freunde zu werden. Das würde mich echt freuen.

Paps kommt mit seinem Laptop in die Küche und trägt ihn mit einer so vielsagenden Miene vor sich her, als würde sich darin ein Geschenk befinden. »Hast du schon deine Mails gecheckt?«

»Noch nicht.«

»Josh Langley hat sich gemeldet. Will wissen, was du davon hältst, direkt in die Profiliga zu wechseln, statt erst mal aufs College zu gehen. Und die UCLA bietet dir ein Stipendium an. Aber von der LSU ist immer noch nichts gekommen.« Paps wird erst zufrieden sein, wenn alle fünf führenden College-Baseballteams mir ein Stipendium angeboten haben. Die Louisiana State ist die Einzige, die sich noch verweigert, was ihn total fuchst, weil sie im Uni-Ranking ganz oben steht. »Jedenfalls will Josh sich nächste Woche mit dir treffen. Bist du dabei?«

»Klar«, sage ich, obwohl ich insgeheim schon entschieden habe, nicht sofort in die Profiliga zu wechseln. Je länger ich über meine Zukunft nachdenke, desto klarer wird mir, dass ich erst mal aufs College will. Baseball kann ich noch den Rest meines Lebens spielen, aber der richtige Zeitpunkt für ein Studium ist nur jetzt.

Und meine erste Wahl ist die CalState. Weil es das einzige College ist, das auch dann noch Interesse an mir gezeigt hat, als ich am Boden lag.

Aber Paps wird es glücklich machen, mit Josh Langley zu

sprechen. Seit es im Baseball für mich wieder bergauf geht, haben wir zu einer zaghaften Vater-Sohn-Beziehung zurückgefunden. Er redet immer noch nicht mit mir über Kris und macht sofort dicht, sobald irgendjemand ihn erwähnt. Aber er verlässt nicht mehr fluchtartig den Raum. Und er schaut mir wieder in die Augen.

Es ist ein Anfang.

ADDY
Samstag,
17. November,
14:15 Uhr

Da ich wegen meiner Schädelfraktur und meinem verstauchten Knöchel noch nicht wieder Fahrrad fahren darf, bringt Ashton mich zu meiner Nachuntersuchung. Alles verheilt so, wie es soll, aber ich kriege immer noch plötzlich Schmerzattacken, wenn ich den Kopf zu ruckartig bewege.

Die seelischen Verletzungen werden länger brauchen, um zu heilen. Die Hälfte der Zeit fühlt es sich für mich so an, als wäre Jake gestorben, und die andere Hälfte würde ich ihn am liebsten umbringen. Ich kann jetzt zugeben, dass Ashton und TJ mit ihrer Meinung über Jake und mich recht hatten. Er hat immer in allem die Führung übernommen und ich habe ihn gewähren lassen. Aber ich hätte ihm niemals zugetraut, dass er in der Lage wäre, zu tun, was er mir in dem Wald hinter Janaes Haus angetan hat. Mein Herz fühlt sich an wie mein Schädel, nachdem Jake mich angegriffen hat – als wäre es mit einer stumpfen Axt in Stücke gehauen worden.

Genauso wenig weiß ich, was ich Simon gegenüber empfinden soll. Manchmal macht es mich unglaublich traurig, wenn ich darüber nachdenke, dass er vorhatte, das Leben von vier Menschen zu zerstören, weil er glaubte, wir hätten ihm vorenthalten, wonach sich jeder Mensch sehnt: erfolgreich zu sein, Freunde zu haben, geliebt zu werden. *Wahrgenommen* zu werden.

Aber die meiste Zeit wünsche ich mir, ich wäre ihm nie begegnet.

Nate hat mich im Krankenhaus besucht und nach meiner Entlassung haben wir uns ein paarmal getroffen. Ich mache mir Sorgen um ihn. Er ist niemand, dem es leicht fällt, sich zu öffnen, aber nach allem, was ich zwischen den Zeilen herausgelesen habe, glaube ich zu wissen, dass die Zeit im Gefängnis, in der er zur Untätigkeit verdammt war, ihm das Gefühl gegeben hat, total nutzlos zu sein. Ich habe versucht, ihn vom Gegenteil zu überzeugen, aber ich glaube nicht, dass es bei ihm angekommen ist. Ich wünschte, er würde mir zuhören, denn wenn es jemanden gibt, der weiß, wie sehr man sich sein Leben vermasseln kann, weil man sich einredet, nicht gut genug zu sein, dann bin ich das.

TJ hat mir ein paarmal geschrieben, seit ich vor ein paar Tagen entlassen worden bin. Er hat immer wieder durch die Blume gefragt, ob ich vielleicht mal was mit ihm unternehmen würde, weshalb ich ihm irgendwann deutlich sagen musste, dass es dazu nicht kommen wird. Er ist der Mensch, mit dem zusammen ich diese ganze Kettenreaktion in Gang gesetzt habe, und das macht es mir unmöglich, jemals unbefangen mit ihm umzugehen. Was schade ist, weil ich das Gefühl habe, dass vielleicht etwas aus uns hätte werden können, wenn alles anders gelaufen wäre. Aber mir wird allmählich klar, dass es Dinge gibt, die man nie mehr rückgängig machen kann, ganz gleich, wie sehr man es sich wünscht.

Aber das ist okay. Im Gegensatz zu meiner Mutter glaube

ich nicht, dass TJ meine letzte große Hoffnung darauf war, einer frühzeitigen Ehelosigkeit zu entkommen. Sie ist nicht die Beziehungsexpertin, für die sie sich hält.

Da nehme ich mir lieber Ashton zum Vorbild, die langsam Geschmack daran findet, von Eli Kleinfelter umworben zu werden. Nachdem mit Nate alles geregelt war, hat er sie ausfindig gemacht und gefragt, ob sie Lust hätte, sich mit ihm zu treffen. Sie hat geantwortet, dass sie für ein Date noch nicht bereit ist, und seitdem schaufelt er sich immer wieder Zeit frei, um sie zu sorgfältig geplanten Nicht-Dates auszuführen. Was sie eindeutig ziemlich genießt.

»Aber ich weiß nicht, ob ich ihn ernst nehmen kann«, sagt sie zu mir, als ich nach meiner Untersuchung auf Krücken zum Wagen humple. »Ich meine, allein schon seine Haare …«

»Ich mag seine Haare. Sie haben Charakter. Außerdem sehen sie ganz weich aus, wie eine Wolke.«

Ashton grinst und streicht mir eine Strähne aus dem Gesicht. »Ich mag *deine* Haare. Wenn du sie noch ein bisschen länger wachsen lässt, sehen wir aus wie Zwillinge.«

Genau das habe ich insgeheim vor. Ich habe Ashton schon immer um ihren Bob beneidet.

»Ich muss dir was zeigen«, sagt sie, als sie vom Krankenhaus-Parkplatz fährt. »Es gibt nämlich ein paar gute Neuigkeiten.«

»Echt? Was denn?« Manchmal weiß ich gar nicht mehr, wie sich gute Neuigkeiten anfühlen.

Ashton schüttelt lächelnd den Kopf. »Das will ich dir zeigen, nicht erzählen.«

Sie hält vor einem Neubaukomplex, der in einem für Bayview-Verhältnisse ziemlich trendigen Viertel liegt. Ashton passt sich meinem langsamen Gang an, als wir in eine lichtdurchflutete Eingangshalle treten, und führt mich zu einer kleinen Sitzecke. »Warte hier«, sagt sie und lehnt meine Krücken an die Bank, auf die ich mich gesetzt habe. Sie verschwindet kurz, und als sie zehn Minuten später zurückkehrt, bringt sie mich zu einem Aufzug, mit dem wir in den dritten Stock fahren.

Dort angekommen, holt Ashton einen Schlüssel aus der Tasche und öffnet damit die Tür zum Apartment mit der Nummer 302, eine große, helle Wohnung mit hohen Decken, bodentiefen Fenstern, freigelegtem Backsteinmauerwerk und glänzendem Parkett. Ich bin sofort hin und weg.

»Was denkst du?«, fragt sie.

Ich lehne meine Krücken an die Wand, hüpfe in die offene Küche und bewundere die Mosaikfliesen. Wer hätte gedacht, dass Bayview so etwas zu bieten hat? »Es ist wunderschön. Hast du vor … das Apartment zu mieten?« Ich gebe mir Mühe, begeistert zu klingen und nicht entsetzt darüber, dass Ashton mich womöglich allein mit Mom zurücklässt. Es ist zwar noch nicht so lange her, seit Ashton wieder nach Hause gezogen ist, aber irgendwie fand ich es schön, sie da zu haben.

»Hab ich schon«, sagt sie grinsend und dreht sich auf den Holzdielen kurz im Kreis. »Charlie und ich haben ein Angebot von einem Käufer für unsere Wohnung bekommen, während du im Krankenhaus warst. Der Vertrag ist noch nicht unterschrieben, aber sobald es so weit ist, werden wir mit einem hübschen kleinen Gewinn aus der Sache rausgehen. Er hat in der Scheidungsvereinbarung zugestimmt, sein Studiendarlehen allein zu übernehmen. Mein Designbüro läuft immer noch langsam an, aber ich habe ein kleines Polster, mit dem ich fürs Erste über die Runden komme. Und in

Bayview ist das Leben viel günstiger als in San Diego. So ein Apartment würde dort dreimal so viel kosten.«

»Das ist … toll!« Hoffentlich glaubt sie mir, dass ich mich freue. Das tue ich auch – *wirklich*. Aber ich werde sie ganz schön vermissen. »Ich hoffe, du hast ein Gästezimmer, damit ich dich besuchen kann.«

»Es gibt tatsächlich ein Extrazimmer«, sagt Ashton. »Aber ich will nicht, dass du es als Gästezimmer benutzt.«

Ich starre sie verdutzt an und denke, dass ich mich verhört haben muss. Wir haben uns in den letzten Monaten doch total gut verstanden.

Sie lacht, als sie mein Gesicht sieht. »Ich will, dass du hier einziehst und mit mir *zusammenwohnst*, Dummerchen. Du musst genauso dringend von zu Hause weg wie ich. Mom hat ihr Okay gegeben. Sie befindet sich gerade in dieser sich dem Ende zuneigenden Phase, in der sie sich einredet, dass sie nur genügend Zweisamkeit mit Justin braucht, um ihre Beziehungsprobleme zu lösen. Außerdem wirst du in ein paar Monaten achtzehn und kannst ab da sowieso selbst entscheiden, wo du wohnen willst.«

Noch bevor sie den Satz zu Ende gesprochen hat, falle ich ihr um den Hals, was sie wie immer etwas überrumpelt und verlegen macht. Wir müssen beide noch lernen, uns unbeschwert unsere schwesterliche Zuneigung zu zeigen. »Und jetzt komm mit«, sagt sie, nachdem sie sich wieder von mir losgemacht hat, »und schau dir dein Zimmer an. Es ist gleich da drüben.«

Ich humple in einen sonnendurchfluteten Raum mit riesigen Fenstern, die auf einen Fahrradweg hinter dem Gebäude blicken. Eine Wand wird von eingebauten Bücherregalen eingenommen und in die Decke sind Dutzende Glühbirnen in verschiedenen Formen und Größen eingelassen. Ich liebe mein neues Zimmer jetzt schon.

Ashton, die in der Tür lehnt, sieht mich lächelnd an. »Ist so was wie ein Neustart für uns beide, was?«

Es fühlt sich so an, als könnte das tatsächlich wahr werden.

BRONWYN
Sonntag, 18. November, 10:45 Uhr

Einen Tag nach Nates Entlassung habe ich den Medien mein erstes und einziges Interview gegeben. Ich hatte es nicht vor. Aber dann fing mich Mikhail Powers höchstpersönlich vor unserer Haustür ab und es passierte das, was ich schon befürchtet habe, seit er das erste Mal über unseren Fall berichtet hat – ich konnte mich seinem legendären Charme einfach nicht entziehen.

»Bronwyn Rojas. Endlich!«, rief er, als er mit ausgestreckter Hand und einem warmherzigen Lächeln in einem perfekt sitzenden dunkelblauen Anzug mit dezent gemusterter Krawatte und goldenen Manschettenknöpfen auf mich zukam. Die Kamera hinter ihm hätte ich fast nicht bemerkt. »Ich warte schon seit Wochen darauf, mit Ihnen sprechen zu können. Sie haben keine Sekunde an der Unschuld Ihres Freunds gezweifelt, nicht wahr? Das bewundere ich sehr. Überhaupt hat mir Ihre ganze Haltung während dieses Falls ungeheuer imponiert.«

»Danke«, sagte ich schwach. Es war ein leicht zu durchschauender Einschmeichlungsversuch und er funktionierte bestens.

»Ich würde unglaublich gern Ihre Sicht auf die Dinge hören. Haben Sie vielleicht ein paar Minuten, um uns zu erzählen, wie Sie diese Tortur erlebt haben und wie Sie sich jetzt, wo alles vorbei ist, fühlen?«

Ich hätte es nicht tun sollen. Wir hatten am Morgen ein letztes Gespräch mit Robin, die mir zum Abschied geraten hat, mich mit öffentlichen Statements zurückzuhalten. Womit sie wie immer sicher recht hatte. Aber es gab da etwas, das ich mir von der Seele reden wollte und worüber ich vorher nicht habe reden dürfen.

»Ich möchte nur eins sagen.« Ich schaute in die Kamera, während Mikhail mich ermutigend anlächelte. »Ich habe mir meine Note in Chemie unrechtmäßig erschlichen und das bereue ich zutiefst. Nicht nur weil es mich in diese schreckliche Situation gebracht hat, sondern weil ich alles verraten habe, woran ich glaube. Meine Eltern haben mich dazu erzogen, immer ehrlich zu sein und hart zu arbeiten, so wie sie es meiner Schwester und mir tagtäglich vorleben, und ich habe sie sehr enttäuscht. Es war weder ihnen gegenüber fair noch meinen Lehrern gegenüber oder den Colleges, bei denen ich mich bewerben wollte. Und auch Simon gegenüber war es nicht fair.« Meine Stimme fing an zu zittern und ich konnte die Tränen nicht länger zurückblinzeln. »Wenn ich geahnt hätte … Wenn mir klar gewesen wäre, dass … Ich werde nie aufhören, diesen Fehler zu bereuen.«

Ich bezweifle, dass es das war, was Mikhail sich erhofft hatte, aber er hat es trotzdem in seinen abschließenden Bericht mit eingebaut. Gerüchten zufolge soll er mit seiner Sendung sogar für einen Emmy nominiert werden.

Meine Eltern sagen mir immer wieder, dass ich mir nicht die Schuld für das geben darf, was Simon getan hat. Genau dasselbe also, was ich Cooper und Addy immer wieder sage. Und was ich Nate sagen würde, wenn er mich lassen würde, aber ich habe von ihm kaum etwas gehört, seit er aus der Haft entlassen wurde. Mit Addy spricht er mittlerweile mehr als mit mir. Ich freue mich, dass die beiden sich jetzt so gut verstehen, weil Addy eine echte Heldin ist. Trotzdem tut es auch weh.

Irgendwann ist er dann doch einverstanden gewesen, dass ich vorbeikomme, um ihm alles in Ruhe zu erzählen, aber als ich jetzt vor seiner Tür stehe und klingle, spüre ich nicht dieselbe Vorfreude wie sonst. Irgendetwas hat sich verändert, seit er verhaftet wurde. Ich rechne fast damit, dass er nicht zu Hause ist, aber dann macht er die Tür auf und tritt zur Seite, um mich reinzulassen.

Seit ich das letzte Mal hier war, um Stan zu füttern, hat sich einiges bei ihm zu Hause verändert. Zum Besseren. Seine Mutter ist wieder eingezogen und hat frischen Wind hereingebracht – neue Vorhänge, bunte Kissen, Bilder an den Wänden. Bei unserem einzigen längeren Gespräch nach seiner Entlassung hat Nate mir erzählt, dass seine Mutter seinen Vater dazu überredet hat, einen Entzug zu machen. Nate hat zwar wenig Hoffnung, dass es klappt, aber ich bin mir sicher, er ist zumindest erleichtert, dass sein Vater eine Zeit lang nicht zu Hause ist.

Nate lässt sich im Wohnzimmer in einen Sessel fallen, während ich – froh über die Ablenkung – zu Stan rübergehe und in sein Terrarium schaue. Er hebt einen Vorderfuß in meine Richtung und ich lache überrascht. »Hat Stan mir etwa gerade *zugewunken*?«

»Ja. Das macht er aber nur ungefähr einmal im Jahr. Es ist sein einziges Kunststück.« Nate grinst mich an, und für eine Sekunde ist zwischen uns wieder alles normal. Dann verblasst das Lächeln und er senkt den Blick. »Also. Ich hab leider nicht so viel Zeit. Officer Lopez will mir bei irgendeiner Baufirma in Eastland einen Wochenendjob vermitteln. Ich muss in zwanzig Minuten dort sein.«

»Das ist toll.« Ich schlucke. Warum ist es auf einmal so schwierig, mit ihm zu reden? Vor ein paar Wochen war es noch das Einfachste auf der Welt. »Ich … ich wollte dir nur sagen … dass ich weiß, dass du Schreckliches durchgemacht hast, und verstehe, wenn du nicht darüber reden willst … Aber ich bin für dich da, wenn du mich brauchst. Meine … Gefühle für dich haben sich nicht verändert, okay? Ich … Das war alles, glaube ich.«

Ich weiß kaum wohin mit mir, und dass er mich während meiner traurigen kleinen Ansprache kein einziges Mal angeschaut hat, macht es nicht besser. Als er es jetzt doch tut, sind seine Augen völlig ausdruckslos.

»Genau darüber wollte ich mit dir reden. Ich möchte mich für alles, was du für mich getan hast, bedanken. Im Ernst, ich bin dir ziemlich was schuldig, auch wenn ich wahrscheinlich nie in der Lage sein werde, das je wieder gutzumachen. Aber ich denke, es ist an der Zeit, dass du und ich … dass wir wieder in unser normales Leben zurückkehren, und du gehörst nun mal nicht zu meinem normalen Leben dazu und ich nicht zu deinem.« Er wendet den Blick wieder ab und ich würde am liebsten sterben. Wenn er mich nur zehn Sekunden länger angeschaut hätte, hätte er das nicht gesagt, da bin ich mir ganz sicher.

»Das stimmt.« Es überrascht mich, wie fest meine Stimme klingt. »Aber das hat mich nie gestört, und ich dachte, dich würde es auch nicht stören. Ich empfinde immer noch genauso viel für dich wie vorher, Nate. Ich will immer noch mit dir zusammen sein.«

Ich habe noch nie so offen und direkt etwas so Wichtiges zu einem anderen Menschen gesagt und bin froh darüber, dass ich nicht im letzten Moment noch einen Rückzieher gemacht habe. Aber Nate sieht aus, als könnte es ihm nicht egaler sein, was ich empfinde. Und obwohl ich mich sonst nicht von irgendwelchen Hindernissen aufhalten lasse, die mir von außen in den Weg geworfen werden – *missbilligende Eltern? Kein Problem! Ein Gefängnisaufenthalt? Ich hol dich da raus!* –, nimmt mir seine Gleichgültigkeit jeden Kampfgeist.

»Ich verstehe nicht, was du dir davon erwartest. Wir führen komplett unterschiedliche Leben und jetzt, wo die Ermittlungen abgeschlossen sind, gibt es nichts mehr, was uns noch verbindet. Du musst dich auf den Wechsel an eine Elite-Uni vorbereiten und ich …« Er schnaubt. »Ich werde das Gegenteil davon tun – was auch immer das ist.«

Am liebsten würde ich die Arme um ihn schlingen und ihn küssen, damit er endlich aufhört, so zu reden. Aber sein Gesicht ist verschlossen, als wäre er in Gedanken schon Tausende von Meilen von mir weg und würde nur darauf warten, dass sein Körper ihn einholt. Als hätte er mich nur aus einem Pflichtgefühl heraus herkommen lassen. Und das ertrage ich nicht.

»Wenn du das so empfindest.«

Er nickt so schnell, dass jeder winzige Hoffnungsfunke, den ich vielleicht noch hatte, erlischt. »Tu ich. Ich wünsch dir viel Glück für alles, Bronwyn. Und noch mal danke.«

Er steht auf, um mich zur Tür zu begleiten, aber oberflächliche Höflichkeiten sind das Letzte, was ich jetzt verkrafte. »Ich finde schon allein raus«, sage ich und gehe steifbeinig und mit gesenktem Blick an ihm vorbei. Auf dem Weg zum Wagen zwinge ich mich, nicht zu rennen, und krame in meiner Tasche mit zitternden Händen nach dem Schlüssel.

Den Blick trocken und starr geradeaus gerichtet, fahre ich nach Hause und schaffe es, erst zusammenzubrechen, als ich in meinem Zimmer bin. Einen Moment später klopft Maeve leise an die Tür, dann kommt sie einfach rein, rollte sich neben mir zusammen und streicht mir über den Kopf, während ich in mein Kissen schluchze, als hätte man mir gerade das Herz gebrochen. Und so ist es wohl auch.

»Es tut mir so leid«, sagt Maeve leise. Sie weiß, wo ich war, und ich muss ihr nicht erzählen, wie es gelaufen ist. »Er ist ein Vollidiot.«

Mehr sagt sie nicht, bis ich leer geweint bin, mich aufsetze und mir die Augen reibe. Ich hatte ganz vergessen, wie müde man wird, wenn man mit dem ganzen Körper weint. »Ich wünschte, ich könnte irgendetwas tun, damit es dir besser geht, aber …«, Maeve greift in ihre Tasche und zieht ihr Handy heraus, »vielleicht kann dich das ein bisschen aufmuntern. Auf Twitter gibt es jede Menge positive Reaktionen auf dein Statement bei *Mikhail Powers Investigates*.«

»Maeve, es ist mir egal, was auf Twitter steht«, sage ich erschöpft. Ich habe überhaupt nicht mehr ins Netz geschaut, seit diese ganze Katastrophe ihren Lauf nahm. Obwohl ich meine Profile überall auf privat gestellt hatte, bin ich nicht mit der Flut von Kommentaren klargekommen.

»Ich weiß. Aber das hier solltest du dir anschauen.« Sie reicht mir ihr Handy und zeigt in der Timeline auf einen Tweet der Yale University:

Irren ist menschlich @BronwynRojas. Wir freuen uns auf Ihre Bewerbung.

Epilog

DREI MONATE SPÄTER

BRONWYN
Freitag,
16. Februar,
18:50 Uhr

Ich bin jetzt irgendwie mit Evan Neiman zusammen. Es ist einfach so passiert. Zuerst haben wir uns nur bei irgendwelchen größeren Anlässen gesehen, dann sind wir ein paarmal mit gemeinsamen Freunden unterwegs gewesen, und vor ein paar Wochen haben wir bei Yumiko mit ein paar Leuten unsere Lieblings-Hass-Sendung *The Bachelor* geschaut. Danach hat er mich nach Hause gefahren, und als wir in unserer Einfahrt standen, hat er sich zu mir runtergebeugt und mich geküsst.

Es war … nett. Er küsst gut. Ich habe mich dabei ertappt, wie ich den Kuss währenddessen einer fast klinischen Analyse unterzog und Evan in Gedanken zu seiner tollen Technik gratulierte, aber gleichzeitig feststellte, dass zwischen uns jede Leidenschaft oder Anziehungskraft fehlt. Weder klopfte mein Herz schneller noch zitterten mir die Knie, als ich den Kuss erwiderte. Es war ein guter Kuss von einem netten Jungen. So wie ich es immer gewollt habe.

Mittlerweile ist es fast genau so, wie ich es mir vorgestellt habe, wenn ich früher davon träumte, mit Evan zusammen zu sein. Wir geben ein vernünftiges Paar ab. Auf diese Weise habe ich auch gleich ein Date für den Frühlingsball, was schön ist. Aber in dem Leben, das ich für die Zeit nach der

Highschool plane, kommt er nicht vor. Wir führen eine Beziehung, die höchstens bis zum Abschluss halten wird.

Ich habe mich in Yale beworben, aber nicht am Frühzulassungsverfahren teilgenommen. Das bedeutet, dass ich genau wie alle anderen erst nächsten Monat erfahren werde, ob ich es geschafft habe oder nicht. Aber es fühlt sich nicht mehr so an, als würde die Entscheidung den Rest meiner Zukunft bestimmen. Ich habe angefangen, an den Wochenenden als Praktikantin für Eli Kleinfelter zu arbeiten, und könnte mir sehr gut vorstellen, mich auch in Zukunft weiter für *Until Proven* zu engagieren.

Es ist alles noch ziemlich ungewiss, und damit versuche ich zu leben. Ich denke oft an Simon und an das, was die Medien sein »gekränktes Ego und seine ungerechtfertigte Anspruchshaltung« nannten – die Überzeugung, etwas verdient zu haben, das ihm verwehrt wurde, wofür andere bezahlen sollten. Was wirklich in ihm vorging, ist für mich fast unmöglich nachzuvollziehen, wenn es da nicht diesen einen Winkel in meinem Gehirn geben würde, der mich dazu brachte, zu betrügen, um mir eine gute Chemienote zu sichern. Der Mensch, der ich in dem Moment war, will ich nie wieder sein.

Nate sehe ich nur noch in der Schule. Er kommt jetzt regelmäßig in den Unterricht, und ich glaube, es geht ihm ganz gut. Aber genau weiß ich das nicht, weil wir nicht mehr miteinander sprechen. Gar nicht. Er hat es ernst gemeint, als er sagte, dass jeder von uns in sein eigenes Leben zurückkehren sollte.

Und trotzdem denke ich immer noch jede Sekunde an ihn. Das macht mich wirklich fertig. Ich hatte gehofft, es würde Nate aus meinem Kopf verbannen, wenn ich etwas mit Evan anfange, aber das hat alles nur noch schlimmer gemacht. Also versuche ich nicht an Evan zu denken, wenn wir nichts zusammen unternehmen, was dazu führt, dass ich manchmal Dinge vergesse, die man als Freundin nicht vergessen sollte. Wie zum Beispiel heute Abend.

Ich habe einen Auftritt mit dem San Diego Symphonieorchester im Rahmen einer High-School-Konzertreihe, für die ich mich schon seit der Neunten bewerbe. Dieses Jahr hat es endlich geklappt. Wahrscheinlich habe ich das den letzten Überresten meiner traurigen Berühmtheit zu verdanken, obwohl ich lieber glauben will, dass es an meinem Bewerbungs-Video liegt, in dem ich »Kanon und Gigue in D-Dur« spiele. Seit vergangenem Herbst habe ich mich ziemlich verbessert.

»Bist du nervös?«, fragt Maeve, als wir die Stufen hinuntergehen. Sie trägt ein weinrotes Samtkleid im Renaissance-Stil und hat sich die Haare zu einem losen Zopf mit kleinen Schmuckperlen geflochten. Vor Kurzem hat sie in der Theater-AG den Part der Lady Guinevere in der diesjährigen Inszenierung von *König Arthur* ergattert und übertreibt es mit der Einarbeitung in die Rolle etwas. Aber der Look steht ihr. Ich sehe in meinem grau-schwarz gepunkteten Jacquard-Kleid mit U-Boot-Ausschnitt und weit schwingendem Rock etwas braver aus.

»Ein bisschen«, antworte ich, aber sie hört nur mit halbem Ohr zu. Ihre Finger fliegen über das Display ihres Handys, wahrscheinlich organisiert sie wieder ein Proben-Wochenende mit dem Jungen, der den Lancelot in *König Arthur* spielt und von dem sie hartnäckig behauptet, er wäre nur ein guter Freund. *Schon klar.*

Ich hole mein eigenes Handy heraus und schicke schnell eine Last-Minute-Wegbeschreibung an Kate, Yumiko und

Addy. Cooper kommt mit Kris, aber vorher essen sie noch mit seinen Eltern zu Abend, weshalb es bei ihnen etwas später werden kann. Soll heißen: mit Kris' Eltern. Coopers Dad gewöhnt sich zwar langsam an den Gedanken, aber er ist noch nicht so weit, dass er Kris zu sich nach Hause einladen würde. Als Yumiko antwortet: *Sollen wir draußen auf Evan warten?*, fällt mir siedend heiß ein, dass ich ihn gar nicht eingeladen habe.

Aber ich glaube, das ist nicht schlimm. Es stand in der Zeitung, und er hätte bestimmt etwas gesagt, wenn er gern gekommen wäre.

••••

Das Konzert findet in der Copley Symphony Hall vor ausverkauftem Haus statt. Als ich an der Reihe bin und die riesige Bühne betrete, in deren Mitte der Flügel geradezu winzig aussieht, herrscht bis auf gelegentliches Räuspern völlige Stille im Publikum, sodass mir das Klackern meine Absätze auf dem glänzenden Parkett besonders laut vorkommt. Ich streiche mein Kleid glatt, bevor ich mich auf die Klavierbank aus Ebenholz setze. Obwohl ich noch nie vor so vielen Menschen gespielt habe, bin ich nicht so nervös, wie ich gedacht hätte.

Während ich auf das Zeichen für meinen Einsatz warte, lockere ich meine Finger, und als ich loslege, weiß ich sofort, dass ich das Stück so gut spielen werde wie nie zuvor. Jede einzelne Note sitzt, aber das allein ist es nicht. Als ich zum Crescendo und den darauf folgenden leiseren Tönen komme, lasse ich sämtliche Gefühle, die ich in den letzten Monaten durchlebt habe, aus meinem Innersten in die Tasten fließen und spüre jede einzelne Note wie einen Herzschlag. Und ich weiß, dem Publikum geht es genauso.

Als ich fertig bin, brandet lauter Applaus durch den Saal. Ich stehe auf, verbeuge mich und sauge die Anerkennung in mich auf, bis ich das Zeichen bekomme, von der Bühne abzugehen. Hinter der Kulisse nehme ich den Blumenstrauß entgegen, den meine Eltern dort für mich hinterlegt haben, und drücke ihn an mich, während ich mir den Rest des Konzerts anhöre.

Anschließend treffe ich mich mit meinen Freundinnen im Foyer, wo Kate und Yumiko mir einen kleineren Blumenstrauß überreichen, den ich zu dem von meinen Eltern stecke. Addy drückt mich mit einem strahlenden Lächeln und rosigen Wangen an sich. Sie trägt die Mannschaftsjacke ihres neuen Laufteams über einem eleganten schwarzen Kleid und sieht wie der schrägste Sportfreak der Welt aus. Ihre Haare sind mittlerweile zu einem stufigen Bob geschnitten, der fast genau wie der ihrer Schwester aussieht – bis auf die Farbe. Sie hat sich dafür entschieden, sie komplett lila zu färben, was ihr großartig steht.

»Das war so super!«, sagt sie begeistert. »Sie hätten dich *alle* Stücke spielen lassen sollen.«

Zu meiner Überraschung tauchen hinter ihr plötzlich Ashton und Eli auf. Von Ashton wusste ich, dass sie kommen wollte, aber ich hätte nicht gedacht, dass Eli sich so früh von seiner Arbeit loseisen kann. Andererseits dürfte mich das eigentlich nicht wundern. Die beiden sind seit kurzer Zeit offiziell ein Paar, und irgendwie schafft Eli es immer irgendwie, sich für die Dinge, die Ashton wichtig sind, Zeit freizuschaufeln. Er hat dieses verträumte Lächeln im Gesicht, das er in ihrer Nähe immer hat, und ich bezweifle, dass er auch nur einen Ton, den ich gespielt habe, mitbekommen hat. »Nicht schlecht, Bronwyn«, sagt er.

»Ich hab dich gefilmt«, meint Cooper und schwenkt sein Handy. »Sobald ich das Video bearbeitet habe, schicke ich es dir.«

Kris, der in einem lässigen Blazer über einer dunklen Jeans umwerfend aussieht, verdreht die Augen. »Seit Cooper sich in iMovie eingearbeitet hat, macht er nichts anderes mehr, als Videos zu schneiden. Glaub mir, ich weiß, wovon ich rede.« Cooper steckt grinsend sein Telefon weg und greift nach Kris' Hand.

Addy schaut sich immer wieder suchend in dem vollen Foyer um, bis ich mich irgendwann frage, ob sie jemanden mitgebracht hat. »Erwartest du noch jemanden?«, frage ich.

»Was? Nein, nein.« Sie winkt ab. »Ich schau mich nur um. Tolle Architektur.«

Addy hat das schlechteste Pokerface der Welt. Ich folge ihren Blicken, kann aber nirgends einen potenziellen Verehrer entdecken. Trotzdem macht sie nicht den Eindruck, als wäre sie enttäuscht.

Zwischendurch bleiben immer wieder Leute bei uns stehen, um sich kurz zu unterhalten, weshalb es eine halbe Stunde dauert, bis Maeve, meine Eltern und ich uns einen Weg nach draußen gebahnt haben. »Ich musste ziemlich weit weg parken«, sagt mein Vater und schaut blinzelnd in den sternenbedeckten Himmel. »Ihr habt bestimmt keine Lust, die lange Strecke in euren hohen Absätzen zu laufen. Wartet hier, ich hole den Wagen.«

»Das ist lieb von dir«, sagt meine Mutter und gibt ihm einen Kuss auf die Wange. Ich drücke wieder meine Blumen an mich und betrachte die festlich gekleideten Menschen, die lachend und plaudernd aus dem Konzertgebäude strömen. Mein Blick wandert zu einer Reihe glänzender Limousinen, die gerade vorfahren. Ein Lexus. Ein Range Rover. Ein Jaguar.

Ein Motorrad.

Mein Herz schlägt schneller, als der Scheinwerfer des Motorrads ausgeht und der Fahrer sich den Helm vom Kopf zieht. Die Augen fest auf mich gerichtet, steigt Nate ab und kommt auf mich zu.

Ich habe das Gefühl, keine Luft zu kriegen.

Maeve zupft meine Mutter am Ärmel. »Wir sollten uns näher an die Straße stellen, damit Dad uns gleich sehen kann.« Ich höre, wie Mom ein tiefes Seufzen ausstößt, Maeve aber folgt. Im nächsten Moment steht Nate auch schon vor mir.

»Hey.« Als er mich mit seinen verträumten Augen mit den dichten dunklen Wimpern ansieht, steigt leise Wut in mir auf. Ich will seine dämlichen Augen, seinen dämlichen Mund und alles andere in seinem dämlichen Gesicht, das mich in den letzten drei Monaten unglücklich gemacht hat, nicht sehen. Das ist der erste Abend seit Langem gewesen, an dem ich es geschafft habe, mich mal in etwas anderem zu verlieren als in meinem erbärmlichen Liebesleben. Und dann taucht er plötzlich wie aus dem Nichts hier auf und macht mir alles wieder kaputt?

Aber ich werde ihm nicht die Genugtuung verschaffen, ihn sehen zu lassen, wie sehr ich immer noch leide. »Hi, Nate.« Ich bin erstaunt, wie ruhig und neutral meine Stimme klingt. Kein Mensch würde ahnen, dass mein Herz gerade verzweifelt versucht, mir aus dem Brustkorb zu springen. »Wie geht's?«

»Okay«, sagt er und schiebt die Hände in die Hosentaschen. Er wirkt beinahe … verlegen? Was ein völlig neuer Wesenszug wäre. »Mein Dad ist wieder in der Entzugsklinik. Aber laut den Ärzten ist es ein gutes Zeichen, dass er es wenigstens noch mal versucht.«

»Das freut mich. Ich hoffe, diesmal klappt es.« Ich klinge nicht so, als würde ich es so meinen, obwohl ich das tue. Je länger er vor mir steht, desto schwerer fällt es mir, mich normal zu verhalten. »Wie geht es deiner Mom?«

»Gut. Arbeitet. Du hast ja noch mitgekriegt, dass sie von Oregon wieder hierhergezogen ist, also … ich schätze, sie bleibt eine Weile. Das hat sie zumindest vor.« Er fährt sich durch die Haare, senkt kurz den Blick und schaut dann von unten zu mir auf. Ich muss schlucken. Genauso hat er mich immer angesehen, bevor er mich küsste. »Ich hab deinen Auftritt gesehen. Und ich muss sagen, dass ich mich damals an dem Abend, als ich das erste Mal bei dir war, geirrt hab. *Das* heute Abend, war das Schönste, was ich je gehört habe.«

Ich drücke die Blumen so fest an mich, dass ich die spitzen Dornen der Rosen spüre. »Warum?«

»Warum was?«

»Warum bist du gekommen? Ich meine …« Ich deute mit dem Kopf auf das Konzerthaus. »Das ist nicht wirklich dein Ding, oder?«

»Nein«, gibt Nate zu. »Aber für dich war es eine ziemlich große Sache, oder? Da wollte ich dabei sein.«

»Warum?«, wiederhole ich. Ich würde ihn gern noch mehr fragen, aber ich kann nicht. Meine Kehle schnürt sich zu und dann steigen mir zu meinem Entsetzen auch noch Tränen in die Augen. Ich konzentriere mich auf meine Atmung und drücke die Handballen in die Dornen, weil der Schmerz mich ablenkt. Na also, geht doch. Das Brennen in meinen Augen lässt nach. Katastrophe abgewendet.

In dem kurzen Moment, in dem ich mich gesammelt habe,

ist Nate einen Schritt näher getreten und steht jetzt so dicht vor mir, dass ich nicht mehr weiß, wo ich hinschauen soll, weil sich jede einzelne Zelle in mir zu ihm hingezogen fühlt.

»Bronwyn …« Nate schluckt schwer und reibt sich den Nacken. Mir wird klar, dass er genauso nervös ist wie ich. »Ich bin ein Idiot gewesen. Die Zeit im Gefängnis hat ein ziemliches Chaos in meinem Kopf angerichtet. Ich dachte, du wärst ohne mich besser dran, also hab ich einfach dafür gesorgt … dass es so ist. Tut mir leid.«

Ich schaue auf seine Sneakers hinunter, weil das der Teil von ihm ist, den ich noch am gefahrlosesten anschauen kann, und schweige, weil ich nicht glaube, dass ich in der Lage wäre, auch nur einen Ton herauszubringen.

»Das Problem ist … dass ich nie jemanden gehabt hab, der für mich da war. Das sage ich nicht, damit ich dir leidtue. Ich versuche nur, es irgendwie zu erklären. Ich weiß nicht … *wusste* nicht, wie man mit so was umgeht. Ich dachte, das Beste wäre, einfach so zu tun, als ob es einem scheißegal wäre, und damit wäre die Sache erledigt. Aber ich hab mich getäuscht.« Nate tritt die ganze Zeit nervös von einem Bein aufs andere, was mir nur auffällt, weil ich immer noch den Blick auf seine Schuhe geheftet habe. »Ich hab mit Addy darüber gesprochen, weil …«, er lacht leise, »… weil sie einfach keine Ruhe gegeben hat. Ich hab sie gefragt, ob sie denkt, du würdest mich abblitzen lassen, wenn ich versuchen würde, mit dir zu reden. Sie hat gesagt, dass es mir darum gar nicht gehen dürfte. Dass ich dir so oder so eine Erklärung schulde. Und sie hatte wie immer recht.«

Addy. Die kleine Kupplerin. Jetzt verstehe ich, warum sie sich vorhin die ganze Zeit umgeschaut hat.

Ich räuspere mich, um den Kloß im Hals loszuwerden,

aber es nützt nichts. Ich muss versuchen, um ihn herum zu sprechen. »Du warst nicht nur der Junge, mit dem ich zusammen war, Nate. Du warst mein *Freund.* Jedenfalls dachte ich, du wärst es. Und dann hast du aufgehört, mit mir zu reden, als hätte dir das alles gar nichts bedeutet.« Ich muss mir fest in die Innenseite meiner Wangen beißen, um die Tränen zurückzuhalten.

»Ich weiß. Das war … Gott, ich kann es dir noch nicht mal erklären, Bronwyn. Du bist das Beste, was mir je passiert ist, und das hat mir eine Scheißangst eingejagt. Ich dachte, ich würde dich kaputt machen. Oder du würdest mich kaputt machen. So ist das bei den Macauleys bis jetzt immer gelaufen. Aber du bist anders.« Er atmet scharf aus und seine Stimme wird leiser. »Anders als jeder, den ich kenne. Das weiß ich schon, seit wir Kinder waren, und ich … ich hab es einfach vermasselt. Ich hatte meine Chance bei dir und habe es komplett vermasselt.«

Er wartet einen Moment ab, ob ich etwas sage, aber ich kann immer noch nicht sprechen. »Es tut mir leid.« Er tritt wieder von einem Bein aufs andere. »Ich hätte nicht heute damit kommen dürfen. War blöd von mir, dich einfach so damit zu überfallen. Ich wollte dir auf keinen Fall deinen großen Abend kaputt machen.«

Es ist kühl geworden und die meisten Leute sind schon gegangen. Es kann nicht mehr lange dauern, bis mein Vater mit dem Wagen da ist. Endlich hebe ich den Blick und sehe ihn an. »Du hast mir verdammt wehgetan, Nate. Du kannst nicht einfach auf deinem Motorrad hier angefahren kommen mit … mit all *dem*«, ich wedle mit der Hand vor seinem Gesicht herum, »und erwarten, dass plötzlich alles wieder gut ist. Das ist es nicht.«

»Ich weiß.« Nates Blick sucht meinen. »Aber ich hatte gehofft … Ich meine, was du gerade gesagt hast … dass wir Freunde waren. Ich wollte dich fragen … also wahrscheinlich ist es total blöd, nach all dem jetzt damit anzukommen, aber kennst du das Porter-Kino in Clarendon? Das ist ein Programmkino und dort läuft gerade *Die Bestimmung*. Ich hab mich gefragt … ob du vielleicht Lust hast, irgendwann mal mit mir reinzugehen.«

In meinem Kopf herrscht ein solches Durcheinander, dass ich nicht klar denken kann, aber eins weiß ich mit Sicherheit – wenn ich Nein sage, dann nur aus Stolz und Selbstschutz. Nicht, weil ich nicht will. »Als Freunde?«

»Als was immer du willst. Ich meine, ja. Freunde wäre toll.«

»Du kannst diesen Film nicht ausstehen«, erinnere ich ihn.

»Ich hasse ihn«, seufzt er, und ich muss mir ein Lächeln verkneifen. »Aber du bist mir wichtiger. Ich vermisse dich wahnsinnig.« Als ich die Brauen zusammenziehe, fügt er hastig hinzu: »Als Freundin.« Wir sehen uns einen Moment lang an und sein Mund verzieht sich zu einem schiefen Lächeln. »Okay. Um ganz ehrlich zu sein – und deswegen bin ich schließlich hier –, mehr als das. Aber ich schätze, du bist noch nicht so weit. Ich würde mir trotzdem gern einen Schrottfilm mir dir anschauen und ein bisschen Zeit mit dir verbringen. Wenn du mich lässt.«

Meine Wangen glühen und meine Mundwinkel versuchen immer wieder, nach oben zu zucken. Mein Gesicht ist ein mieser Verräter. Nates Augen beginnen hoffnungsvoll zu leuchten, aber als ich weiter schweige, fummelt er am Kragen seines Shirts herum und senkt den Kopf. »Du kannst es dir ja noch überlegen, okay?«

Ich atme tief ein. Es hat mir das Herz gebrochen, als Nate mich einfach so fallen ließ, und der Gedanke, mich diesem Schmerz noch einmal auszusetzen, macht mir unglaublich Angst. Aber ich habe mich schon mal für ihn in die Schusslinie gestellt, als ich ihm sagte, wie ich für ihn empfinde. Und das zweite Mal, als ich mitgeholfen habe, ihn aus dem Gefängnis zu holen. Er ist einen dritten Versuch wert. »Wenn du zugibst, dass *Die Bestimmung* eine filmische Glanzleistung ist und du es nicht erwarten kannst, ihn zu sehen, ziehe ich dein Angebot vielleicht in Erwägung.«

Nates Kopf schnellt hoch und er sieht mich mit einem Lächeln an, als wäre gerade die Sonne aufgegangen. »*Die Bestimmung* ist definitiv eine filmische Glanzleistung und ich kann es nicht erwarten, ihn zu sehen.«

Ein warmes Glücksgefühl durchströmt mich, und es fällt mir schwer, es nicht zu zeigen. Trotzdem gebe ich mir allergrößte Mühe, weil ich nicht vorhabe, es ihm *so* leicht zu machen. Nate wird sich jeden einzelnen Teil der Trilogie mit mir anschauen müssen, bevor wir die Nur-Freundschafts-Zone verlassen. »Das war ja einfach«, sage ich. »Ich hätte mit mehr Widerstand gerechnet.«

»Ich hab schon genügend Zeit verschwendet.«

Ich nicke. »In Ordnung. Ich rufe dich an.«

Nates Lächeln verblasst etwas. »Wir haben nie unsere richtigen Nummern ausgetauscht, oder?«

»Hast du dein Prepaid-Handy noch?«, frage ich. Meins liegt schon seit drei Monaten aufgeladen in meinem Schrank. Nur für den Fall.

Seine Miene hellt sich wieder auf. »Ja, hab ich.«

Ein sanftes, aber beharrliches Hupen dringt an mein Ohr. Dads BMW steht hinter uns und Mom, die schon drinsitzt, lässt das Seitenfenster runter. Wenn ich ein Wort wählen müsste, um ihren Gesichtsausdruck zu beschreiben, wäre es *resigniert.* »Meine Eltern ...«, sage ich zu Nate.

Er greift nach meiner Hand und drückt sie kurz, bevor er sie wieder loslässt, und ich schwöre bei Gott, dass dabei elektrische Funken über meine Haut zucken. »Danke, dass du mich nicht zum Teufel geschickt hast. Ich warte auf deinen Anruf, okay? Wann immer du so weit bist.«

»Okay.« Ich gehe an ihm vorbei auf unseren Wagen zu und spüre, wie er sich umdreht und mir hinterhersieht. Endlich erlaube ich mir zu lächeln und dann kann ich nicht mehr damit aufhören. Aber das macht nichts. In der spiegelnden Scheibe des Rückfensters sehe ich, dass er es auch nicht kann.

Danksagung

So viele Menschen haben mir auf der Reise von der Idee bis zur Veröffentlichung dieses Romans geholfen, und dafür werde ich ihnen ewig dankbar sein. Als Erstes möchte ich mich von ganzem Herzen bei Rosemary Stimola und Allison Remcheck bedanken, ohne die dieses Buch nicht existieren würde. Danke, dass ihr mir diese Chance gegeben habt und mir unerschütterlich mit Rat und Tat zur Seite gestanden seid.

Danke, Krista Marino, für dein unglaubliches Einfühlungsvermögen in meine Geschichte und ihre Charaktere. Dein Feedback und deine Führung haben das Buch noch mal auf eine Weise gestärkt, wie ich es nicht für möglich gehalten hätte – du bist eine wunderbare Lektorin. Dank auch an das gesamte Team von Random House/Delacorte Press – es ist mir eine große Ehre, zu euren Autoren zu zählen.

Schriftsteller sind noch viel besser, wenn sie Teil einer Gemeinschaft sind. Ich danke meiner guten Freundin, ehrlichen Kritikerin und unermüdlichen Mutmacherin Erin Hahn. Außerdem meinen Testleserinnen Jen Fulmer, Meredith Ireland, Lana Kondryuk, Kathrine Zahm, Amelinda Berube und Ann Marjory K für ihre klugen Worte. Jede Einzelne von euch hat dieses Buch besser gemacht.

Ich danke Amy Capelin, Alex Webb, Bastian Schlueck und Kathrin Nehm dafür, dass sie *One of Us Is Lying* zu Lesern in anderen Ländern gebracht haben.

Ich danke meiner Schwester Lynne, an deren Küchentisch ich vor ein paar Jahren saß und verkündete: »Es ist so weit. Ich werde ein Buch schreiben.« Du hast jedes Wort gelesen, das ich seitdem geschrieben habe, und schon an mich geglaubt, als meine Ideen nur Luftschlösser zu sein schienen. Luis Fernando, Gabriela, Carolina und Erik – euch danke ich für eure Liebe und eure Unterstützung und dass ihr bereit wart zu akzeptieren, dass ich bei unseren Familientreffen immer auch meinen Laptop dabeihatte. Jay und April – ein Stück von euch steckt in jeder Schwester, über die ich schreibe. Dank auch an Julie, die sich immer nach meinen Fortschritten erkundigt hat.

Tiefen Dank empfinde ich meiner Mom und meinem Dad gegenüber, die mir die Liebe für das Leben mitgegeben haben und die Disziplin, die es fürs Schreiben braucht. Und meiner Lehrerin aus der zweiten Klasse, der mittlerweile leider verstorbenen Karen Hermann Pugh, die die Erste war, die mich eine »Geschichtenerzählerin« nannte. Ich wünschte, ich könnte Ihnen persönlich danken.

Alle Liebe dieser Welt für meinen freundlichen, klugen und lustigen Sohn Jack. Ich bin so stolz auf dich.

Und schließlich meine Leser und Leserinnen – euch danke ich aus tiefstem Herzen dafür, dass ihr euch entschieden habt, Zeit mit diesem Buch zu verbringen. Es mit euch teilen zu dürfen, macht mich sehr glücklich.

© privat

Karen M. McManus hat schon als Kind Bücher geschrieben, während sie eigentlich draußen spielen sollte. Seitdem hat sich nicht viel geändert. Karen war in der Marketing- und Kommunikationsbranche tätig, doch nun hat sie ihre lang gehegte Leidenschaft wiederentdeckt und widmet sich ganz dem Schreiben von Jugendbüchern. Sie hat einen Bachelor-Abschluss in Englischer Literatur und Journalismus und wohnt mit ihrem Sohn in Cambridge, Massachusetts.

Die Autorin ist auch auf Twitter und auf Instagram zu finden unter @writerkmc.

Mehr zu cbj auf Instagram @hey_reader

Nicola Yoon

Du neben mir und zwischen uns die ganze Welt

336 Seiten, ISBN 978-3-570-31099-1

Die 17-jährige Madeline hat noch nie das Haus verlassen, denn sie leidet an einer seltenen Immunkrankheit. Bisher war das kein Problem, weil sie es nicht anders kennt. Doch als im Nachbarhaus der geheimnisvolle Olly einzieht, kommen sich die beiden so nah, wie es für Madeline möglich ist. Plötzlich möchte sie die Welt außerhalb ihres sterilen Zimmer entdecken, die sie sonst nur aus Büchern kennt. Selbst wenn es bedeutet, dafür ihr Leben zu riskieren ...

30291

cbt

www.cbt-buecher.de